W0177361

Volker Elis Pilgrim

«*Du kannst mich ruhig*
‹*Frau Hitler*› *nennen*»

Frauen als Schmuck
und Tarnung
der NS-Herrschaft

Rowohlt

1. Auflage August 1994
Copyright © 1994 by Rowohlt Verlag GmbH,
Reinbek bei Hamburg
Alle Rechte vorbehalten
Lektorat Jürgen Volbeding
Umschlaggestaltung Erasmi & Stein, Graphik Design
(Foto: Bilderdienst Süddeutscher Verlag)
Gesetzt aus der Aldus (Linotronic 500)
Gesamtherstellung Clausen & Bosse, Leck
Printed in Germany
ISBN 3 498 05286 1

# Inhalt

Gewidmet der Gräfin Dohna

# Frauen und Gewalt

Alle sechs Frauen, die in diesem Buch zur Sprache kommen, wollten Frau Hitler werden. Nur eine – Eva Braun – hat es geschafft, Position und Namen «Frau Adolf Hitler», wie es damals hieß, zu ergattern. Doch auch die anderen fünf, Magda Goebbels, Emmy und Carin Göring, Unity Mitford und Geli Raubal, waren – jede auf ihre Weise – ohne standesamtliches Band und kirchlichen Segen Partnerin des äußersten Monsters der bisherigen Geschichte, fühlten sich als Braut dieses Tod-und-Teufel-Ritters der Neuzeit.

Die sechs repräsentieren Millionen von Frauen, die das gleiche gewollt haben und getan hätten, wäre ihnen die Möglichkeit dazu eingeräumt worden.

«Was ist mit diesen Frauen los?» Was bedeutet ihre unheimliche Potenz, sich immer wieder an das extremste Negative der Männlichkeit heranzumachen, für die heutige feministische Emanzipationsbewegung?

Es gibt seit Ende der 80er Jahre von Frauen Zeugnisse der Auseinandersetzung mit der Beteiligung der Frau an der Naziherrschaft: Claudia Koonz: «Mütter im Vaterland», Angelika Ebbinghaus (Hg.): «Opfer und Täterinnen», Lerke Gravenhorst, Carmen Tatschmurat (Hg.): «Töchter-Fragen – NS-Frauengeschichte», Helga Schubert: «Judasfrauen», Inge Marßolek: «Die Denunziantin»... Diese und viele andere Veröffentlichungen rollen das Phänomen historisch-soziologisch auf. Die Bücher von Ebbinghaus, Schubert und Marßolek berichten über Täterinnen in juristischem

Sinne. Koonz widmet sich der offiziellen Anteilnahme von Frauen am politisch-gesellschaftlichen Leben der NS-Zeit, der «Beteiligung von 6−9 Millionen Frauen an den nationalsozialistischen Frauenaktivitäten»[1]. Gravenhorsts/Tatschmurats Buch gibt u. a. Referate eines Symposions feministischer Sozialwissenschaftlerinnen wieder: «Beteiligung und Widerstand. Thematisierung des Nationalsozialismus in der neueren Frauenforschung». In seinem «Zentrum steht eine kritische Auseinandersetzung mit einer diagnostizierten Tendenz der bundesrepublikanischen Frauenforschung, Frauen, wenn es um ihre NS-Beteiligung geht, zumindest partiell zu entschuldigen»[2].

Die erste deutsche Frau, die über Frauenbeteiligung am Patriarchat nachgedacht hat, war Christina Thürmer-Rohr, die mit ihrem Begriff der «Mittäterin» 1987 in die Phalanx feministischen Glaubens von der Nichtbeteiligung der Frau an patriarchalischer Gewalt stieß: «Wir sind zu Mittäterinnen geworden», betont sie mehrfach in ihrem Aufsatz «Aus der Täuschung in die Enttäuschung − zur Mittäterschaft von Frauen». Sie konstatiert, daß «eine differenzierte geschlechtliche Interessenverquickung in den zivilisierten Patriarchaten die Mittäterschaft von Frauen hergestellt hat»[3]. Frauen seien «involviert», hätten sich «arrangiert», «stützten» den Mann, «schirmten» ihn «ab», «indem sie ihre Ressorts − speziell des Hauses, des ‹sozialen Gedankens› und der Menschlichkeit − so strukturierten, daß der Mann für seine Taten freigesetzt wird».[4]

In der ersten Phase feministischer Mittäterinnenforschung ging es um Bestandsaufnahmen und Proklamationen gegen ein Selbstbild der Frauen als pure Opfer der Männergesellschaft, ging es um Lageberichte. Zuerst mußten die Fakten ins Bewußtsein der feministischen Frauen gelangen: «Die Erkenntnis, daß Frauen aktiv ein so mörderisches [das NS-]Regime mitgetragen hatten, enttäuschte mich tief»[5], schreibt Koonz desillusioniert nach ihrem Gang durch die deutschen Archive. Marilyn French reflektiert es unerbittlich in ihrer Kritik des Buches «Mütter im Vaterland»: «Wie kamen ausgerechnet die Frauen, die sich als Spenderinnen des Lebens fühlten, dazu, eine männlich-faschistische Politik tatkräftig zu unterstützen, die sich der Vernichtung verschrieben hat? Claudia Koonz führt uns das nationalsozialistische Deutschland vor Augen, allerdings in einer unerhörten Weise: durch die Taten und Gedanken der Frauen, die mit der ihnen zugeschriebenen ‹Güte› das brutalste und unmenschlichste Regime, das jemals existierte, aufrechterhielten.»[6]

Frenchs Frage blieb bisher unbeantwortet. Es gibt noch keine psychoanalytische Theorie der Mittäterinnenschaft. Sie müßte nach den seelischen Ursachen des Verhaltens von Millionen von Frauen forschen. Es geht nicht nur um Involviertsein, um Sicharrangieren und um Männerunterstützen, um die Aufrechterhaltung ihres Systems. Die Frage muß präzisiert werden: Was *bewegt* Frauen, sich an die Seite von Gewaltmännern zu stellen? Was drängt sie in die Gewaltpartnerschaft mit Männern hinein? Es ist in diesem Verhalten von Frauen mehr Aktion, als die passionsgefärbten Begriffe vieler Feministinnen (verquickt und involviert sein, unterstützen, abschirmen, freistellen, mittragen, aufrechterhalten, sich arrangieren) glauben machen. Frauen zwingt etwas an die Seite der brutalen Männer.

Was motivierte die schöne, junge, freie, reiche, kluge und geschiedene Magda Quandt, Joseph Goebbels zu heiraten? Was trieb die erfolgreiche Schauspielerin Emmy Sonnemann in die Ehe mit Hermann Göring? Was veranlaßte die junge Fotolaborantin Eva Braun, ein eingeschlossenes, abgestelltes Leben an der Seite Adolf Hitlers zu verbringen und ihn am drittletzten Tag ihres Lebens vor ihrem gemeinsamen Selbstmord zu heiraten? «Du kannst mich ruhig ‹Frau Hitler› nennen», sagte sie im Führerbunker am Morgen nach ihrer Trauung zu ihrem «Hausmädchen» Liesl Ostertag, der sie am 29. April 1945 einen letzten Auftrag gab.[7]

Um diese drei – neben Stalin und Himmler – außerordentlichsten Mörder der Männergeschichte hatten sich nicht nur Magda, Emmy und Eva beworben. Joseph, Hermann und Adolf hatten mindestens eine Zweitpartnerin, die die gleichen sozialen Bedingungen mitbrachte wie die Hauptgattinnen. Geli Raubal hätte alles mögliche tun können, aber nicht ihrem Onkel Adolf anheimfallen müssen. Die betuchte schwedische Kleinadlige Carin von

Fock wählte vor Emmy Sonnemann Hermann Göring zum Gemahl und starb 1931 an Herzschwäche. Die tschechische Filmschauspielerin Lida Baarova wollte Joseph Goebbels heiraten, wenn ihm «der Führer» eine Scheidung von Magda erlaubt hätte. Sonnemann und Baarova gesellten sich zu den Männern Göring und Goebbels, als nicht nur deren Wille zur Zerstörung öffentlich geworden, sondern auch ihre destruktiven Tätigkeiten schon deutlich sichtbar waren.

Bei meinen Untersuchungen des Gewaltverhaltens von Männern stieß ich immer wieder auf Frauen in ihrer Nähe, die mich irritierten, verstörten, mein Bild von der «friedfertigen Frau» (Margarete Mitscherlich) bedrohen wollten. Es waren nicht immer Partnerinnen der Männer, es waren zuweilen auch deren Schwestern. Mich überraschte an den gewaltkontaktierten Frauen mehreres: ihr außerordentliches Fixiertsein an destruktive Männer, ihr eigenes Nichthandeln, ihr Hineinlaufen in eine Gewalteskalation, ihr Delegieren aller Tat an den Mann, dann jedoch ihre Explosion vor Eifersucht und Rache, nachdem der Mann von ihrer Seite gegangen oder getötet worden ist.

Meine Irritation begann bei mythologischen Frauen. Medea, Helena, Ariadne, Elektra, Salome, Kriemhild... in den alten Geschichten waren mir ebenso unangenehm wie Lady Macbeth und Lucrezia Borgia in näherer Reichweite. Das Unbehagen ließ sich nicht beschwichtigen bei der Beobachtung des Lebens und des fast trotzig heraufbeschworenen Leidens von Jenny Marx. Noch scheußlicher empfand ich es, wenn Frauengenies zu Männern der Gewalt griffen. Mußte sich die größte Sängerin unseres Jahrhunderts, Maria Callas, in einen der unangenehmsten Kapitalisten, Aristoteles Onassis, verlieben? Romy Schneider lieferte sich aus an Männer, die sie zur Bettlerin machten. Schneider, Callas, ebenso wie Marilyn Monroe, scheiterten letztlich, weil es ihnen nicht gelang, einen gesicherten Platz an der Seite eines noch so zweifelhaften Mannes zu finden.

Mehrmals habe ich die Arbeit an diesem Buch unterbrochen. Immer waren die Gründe Männerstoffe, die ich für dringender und mir gemäßer erachtete. Der wichtigste Aufschub geschah, weil ich vor dem Buch über die weibliche Mittäterschaft das Buch über die männliche Mittäterschaft schreiben wollte.

Wer Patriarchat überwinden will, muß genau hinschauen. Ich stellte fest, daß Männer in die Gewaltversessenheit getrieben werden durch eine ungelöste Bindung an ihre Mutter. «Muttersöhne» konnte ich sozusagen als Täter der Männergesellschaft «enttarnen». Ihnen gegenüber stehen «Vatersöhne», Männer, gezeichnet von Unterwerfungslust und Mittäterdrang. Sie haben eine ungelöste Bindung an ihren Vater oder väterlichen Betreuer, wodurch sie getrieben werden, sich den Muttersohn-Führern auszuliefern.

Die Ursache des Zwangs von Frauen, auf Männer der Gewalt zu fliegen und sich mit ihnen zu verbinden, hat (auch) etwas mit Konflikten unter Frauen zu tun, liegt – für die Betroffenen unerkannt – in der Beziehung zwischen Tochter und Mutter verborgen.

Die Mutter-Tochter-Beziehung war jahrzehntelang geheiligtes Reservat von Frauen. Die Bücher und Aufsätze gehen in die Hunderte, die zu diesem Thema veröffentlicht wurden.

Doch mehrere Gründe drängen gerade mich als Mann, etwas zu diesem Thema beizutragen.

1. Ich werde anderes sagen, als in den Mutter-Tochter-Büchern der Frauen steht. Ich werde es können, gerade weil ich Beobachtender, Mitfühlender und Außenseiter bin.

2. Einem Mann grundsätzlich zu verwehren, etwas über Mutter-Tochter-Probleme zu schreiben, wäre sexistisch gedacht: nur weil ich körperlich männlich bin und sozial mich männlich äußere – was gegenwärtig heißt, in der Männergesellschaft trotz meiner Gegenposition zu ihr «drin» bin –, könnte ich nicht adäquat über Frauen schreiben.

Der Vorwurf der «Frauenfeindlichkeit», der kommen wird – «jetzt zeigt er seine wahre Gesinnung, wir wußten es schon immer!» –, wird mich nicht treffen.

Frauenkritik kann Patriarchatskritik sein, demnach etwas ganz anderes als Frauenverachtung, die ich bekämpfe. Aber undifferenzierte Frauenhuldigung hilft Frauen nicht, im Gegenteil: sie stützt das Patriarchat, weil diese Huldigung alte männergesellschaftsstabilisierende Positionen und dieser Gesellschaft ungefährliche Selbstbilder der Frauen aufrechterhält.

3. Die Lage ist einfacher, als ich sie von der Entfernung des Planens dieses Buches aus eingeschätzt habe. Liege ich falsch mit dem Folgenden, ist alles Staub im Wind. Papier ist geduldig. Keine Frau muß es lesen und sich kränken lassen. Es wird von selbst Makulatur, wenn sich auf ihm nichts ereignet.

Dieses Buch ist also ein «Frauenbuch» und ist es letztlich nicht. Wie in allen meinen Büchern geht es um Phänomene des Patriarchats, hier speziell um die Anteilnahme von Frauen an der Männergesellschaft.

Die Frage nach der Mittäterschaft der Frau hat durchaus etwas mit der historischen Krise des Feminismus zu tun. Frauen begannen mit der Denkrichtung und Handlungsweise des Feminismus, indem sie sich als Außenseiterinnen, als Andere, Gegnerinnen, Nichtbetroffene und Opfer der Männergesellschaft dachten und erlebten. Dieses Denken ist nicht falsch gewesen. Seine Fortsetzung findet permanent statt und wird weiter nötig sein, denn Patriarchat unterdrückt Frauen, baut auf der Unterdrückung der Frau auf.

Schmerzhafterweise ist die Unterdrückung der Frau nur ein Teilmechanismus des Patriarchats. Es hält sich ebenso aufrecht über die Mittäterschaft der Frau.

Die feministische Bewegung kann aus ihrem Stocken erst befreit werden, wenn Frauen massenhaft bereit sind, diesen zweiten Mechanismus des Patriarchats zu durchschauen und gegen ihn zu kämpfen, ihn im eigenen veränderten Verhalten aufzuheben.

Alle Autorinnen zu diesem Problem berichten, auf welche Ablehnung sie bei Frauen trafen, wenn sie das Problem anrührten. Thürmer-Rohr pointiert: «. . . die Frage nach der ‹Mittäterschaft› von Frauen. . . stößt. . . in Kreisen der Frauenbewegung verbreitet auf eisernen Widerstand. Sie ruft Empörung hervor. ‹Mittäterschaft› ist ein Wort, bei dem viele Frauen zusammenzucken. Es klingt unfeministisch, antifeministisch, so als würden neue Schuldige geschaffen und alte Täter entlastet.»[8]

Die Akzeptanz der Mittäterschaft von Frauen zwänge dazu, die

Position der Patriarchatskontrahentin – zumindest für eine Denksekunde – aufzugeben. Und das bringt Schmerzen mit sich.

Das vorliegende Buch betrifft einen Teil der Mittäterschaft von Frauen, handelt von der Psychologie der Gattin, von einer Frau, die an der Seite und nicht anstelle des Mannes agiert. Es betrifft nicht die KZ-Ärztin oder -Aufseherin, nicht die Reichsfrauenführerin und andere Akteurinnen für NS-Gremien. Diesen Täterinnen vor allem widmet Koonz ihr Buch «Mütter im Vaterland».

Die An-der-Stelle-des-Mannes-Frau tut etwas im Verband mit Männern, übernimmt lediglich ein Amt, das im Charakter zuweilen für Frauen zugeschnitten ist, das sich mit Frauenpolitik und Frauenfragen beschäftigen kann, das jedoch in Gemeinschaftsaktion mit Männern abläuft. Diese Aktionen der Frauen sind dem klassischen juristischen Begriff der Mittäterschaft zu subsumieren: Mittäter ist, wer einen Teil der Tat vollbringt, der nicht hinweggedacht werden kann, ohne daß die Gesamttat entfiele. Jeder Teiltäter, jede Teiltäterin tut etwas, das zum Bestandteil der Gesamttat wird, die ohne die Teilaktion nicht geschehen könnte.

Die An-der-Stelle-des-Mannes-Mittäterin ist die «Thatcherseele». Sie tut etwas, was Männer genausogut tun könnten. Sie agiert *anstatt* eines Mannes, neben oder wie Thatcher nach und vor ihm, reiht sich ohne Schwierigkeiten in das patriarchalische Aktionsnetz ein, macht sich selbst die Hände schmutzig.

Die An-der-Seite-Frau tut «nichts», so sieht es zunächst aus. Sie ist die Ressortspezialistin der Menschlichkeit, die Thürmer-Rohr definiert hat, die Frau der «Güte», wie sie Marilyn French charakterisierte. Die An-der-Seite-Frau treibt den Mann allerhöchstens voran oder stützt mit Worten. Meist tut sie jedoch nicht einmal das, sondern sie nutznießt, nutzt aus, legt aber selbst nicht Hand an irgendeine Position, die zu Gewalt führen könnte, mit Gewalt in Verbindung stünde. Sie selbst, die in diesem Buch die Hauptrolle spielt, steht in keinem Zusammenhang zur Gewalt, ist die Unberührte, die oft von nichts weiß, die nur von diesem merkwürdigen Verhalten gekennzeichnet wird, einen Gewalt-

mann zu suchen und sich in die dauerhafte Partnerschaft mit ihm
zu begeben.

Die An-der-Seite-Frauen gibt es in ungleich viel höherer Zahl
als die An-der-Stelle-Frauen, die das Patriarchat massenhaft eigentlich gar nicht zuläßt.

Wenn Frauen die Gewaltpartnerschaft mit Männern millionenhaft verließen, würde das System ziemlich umgehend zusammenbrechen. Denn die Position, den Mann zu wärmen, zu stützen, zu tragen, zu hüten, zu schützen, kann das Patriarchat nicht
automatisch mit Männern besetzen.

Ich kann nicht mehr zählen, wie oft ich den Vorwurf gelesen oder
gehört habe, der mir nach Erscheinen meines Buches «Muttersöhne» gemacht wurde: «Jetzt sollen die Mütter auch noch schuld
an der Gewalt der Männer sein!»

Gerade das Buch «Muttersöhne» handelt noch sehr wenig von
der Wirkung der Frauen im Patriarchat. Sein Gegenstand ist die
Mutter*bindung* des *Mannes*. Objekt meiner Auseinandersetzung
und Kritik ist der *erwachsene Mann*, der an seine Mutter gebunden bleibt. Sogar auf muttergebundene Männer ist der Begriff
«Schuld» kaum angewendet worden.

Von meiner juristischen Ausbildung an bin ich auf seiten des
Täters, nicht um seine Taten zu verteidigen oder zu entschuldigen,
sondern um nach Ursachen für sie zu suchen.

Alice Miller hat einmal den «unsterblichen» Gedanken geäu
ßert: Mörder sei niemand gern, und freiwillig schon überhaupt
nicht. Die Menschen werden in ihren ersten zwei Lebensjahrzehnten dazu konditioniert, das heißt, die Motive zu töten, zu vernichten, Gewalt anzuwenden, werden in Kindheit und Jugend
eines Menschen angebahnt, ja, in ihn «hineingesetzt» – durch
Kommunikationsfehler, gemacht im Verhältnis zwischen Bezugspersonen und Kind.

Generationen werden sich noch verschleißen, ehe das christlich-jüdische Restdenken aus den Köpfen der Menschen herausgewachsen sein wird. «Schuld» ist ein religiöser Terminus, gebraucht im Gut-und-Böse-Antagonismus, ist reserviert für die

Kooperation mit dem Teufel und das Verdienen der Hölle oder irgendeiner vorhöllischen Strafe.

Wer über Verstrickung, Verursachung, Zusammenhänge, (Mit-)Wirkungen forschen will, muß sich immer noch zu Beginn seiner Arbeit von der «Schuldfrage» distanzieren. Claudia Koonz läßt jeden «Schuld»-Vorwurf, gerichtet gegen die Zusammenhangsforschung, mit unnachahmlicher Neutralität abblitzen:

«Die Geschichte der Frauen zu schreiben, die mit Hitler sympathisierten, ist Teil eines feministischen historischen Ansatzes, der die ‹historical agency› in allen geschichtlichen Epochen untersucht.

Im Englischen kann man von ‹historical agency› – wörtlich ‹historischer Wirksamkeit› – sprechen, ohne damit ‹Schuld› zu implizieren. Einer Person oder einer Gruppe ‹Wirksamkeit› zuzusprechen, heißt, etwas darüber auszusagen, inwiefern bestimmte Handlungsweisen zu einem bestimmten Resultat beigetragen haben. Anders als die Begriffe ‹Täter› oder ‹Täterin› enthält die Feststellung von ‹Wirksamkeit› keine Konnotation [Assoziation/Suggestion] von Schuld. Leider gibt es im Deutschen keine adäquate Übersetzung.»[9]

Die Zurückweisung des «Schuld»-Vorwurfes enthält nicht zugleich eine Verpflichtung, alle Passagen des Buches in einem blutgerinnenden Neutralitätsstil zu verfassen.

Eine Theorie der passiven Mittäterinnenschaft, um die es sich im vorliegenden Buch handeln wird, muß, wenn sie brauchbar sein will, eine möglichst weit wirkende Gültigkeit haben.

Die Feministin Ulfa von den Steinen, mit der ich seit Jahren zentrale Fragen der Frauenbewegung diskutiere, gab zu bedenken, ob ich nicht einen Unterschied machen müßte zwischen einerseits Frauen vom Kaliber einer Elena Ceauşescu oder einer Magda Goebbels – Frauen, die Macht und Vernichtungstätigkeit ihres Mannes teilen, also mit einem Mann verbunden sind, der Gewalt gegen andere verübt – und andererseits Frauen, die mit einem Mann zusammenleben, der «nur» gegen sie selbst gewaltvoll ist.

Ich kann diesen Unterschied psychologisch nicht machen.

Zwischen Eva Hitler und einer Frau, die von ihrem «normalen» Mann geschlagen oder lebensgeschichtlich mißhandelt wird, be-

steht ein Unterschied strafrechtlich, und das auch nur, insoweit
eine Gesellschaft Individuen zur Verantwortung ziehen muß, um
sie von schädigendem Tun abzuhalten und sich selbst vor ihnen zu
schützen. Die Gesellschaft ist in puncto der «passiven Mittäterinnenschaft» unschlüssig, ab wann und wie stark sie bestrafen soll.
Hätte sie eine Magda Goebbels schwerer verurteilt, eine Eva Hitler
leichter? Emmy Göring wurde mit staatsanwaltlichen Vorwürfen
belegt und etwa zwei Jahre in Lagern und Gefängnissen inhaftiert
– eine geringe Strafe im Vergleich zu Hermann Göring, der zum
Tode verurteilt wurde und dem Gehängtwerden durch Selbstmord
zuvorkam. Gerda Bormann, die Frau von Hitlers rechter Hand,
Martin Bormann, dem fanatischsten «Blutrichter» des letzten Sta-
diums der Nazidiktatur, starb in einem Lager 1946.

Für die Ursachenforschung besteht kein Unterschied zwischen
Frauen, die sich an einen Mann binden, der andere peinigt, und
Frauen, die einen Mann haben, der sie selbst quält, denn es ist
sekundär und unabsehbar, wohin sich die Gewalt des Mannes
richten wird. Wenn Hitler Maler oder Kunstprofessor geworden
wäre, hätte er mit der gleichen Gewaltkonstitution, die ihn kennzeichnete, Frauen und Kindern, vielleicht noch Schülern, Nachbarn und Kollegen zugesetzt, wie das Tausende leitende Herren in
allen Branchen tun. Für das Phänomen «Drang zur Gewaltpartnerschaft» ist es gleichgültig, wo sich die Gewalt des Mannes aus-
tobt. Es ist wie mit der Selbst- und der Fremdliebe: wer gegen sich
selbst Gewalt zuläßt, läßt sie auch gegen andere zu. Und «andere»
fangen schon bei den eigenen Kindern an. Gewalt «*nur*» gegen die
Partnerin ist schließlich Gewalt gegen einen anderen Menschen.
Die Frau, die diese Gewalt toleriert oder gar sucht, schützt (ihr
eigenes) Leben nicht, sondern willigt in seine Beschädigung und
Zerstörung ein.

Meine Untersuchungen über die Ursprünge der Gewalt des Mannes endeten mit der Feststellung: alle Männer, die direkte oder
indirekte Gewalt ausüben, leiden an einem Vatermangel. Der
Vatermangel kann viele Formen annehmen, physische oder psychische Abwesenheit, Desinteresse am Sohn, Schwäche und gewalt-

volles oder widersprüchliches, für den Sohn uneinsichtiges Verhalten. Dem Sohn ist es unmöglich, ein positives Vaterbild aufzubauen. Aus Mangel an Vaternähe «rutscht» der Sohn zu nah an die Mutter heran. Die Mutter-Sohn-Beziehung wird zu eng und stellt sich meist als unauflösbar heraus. Daraufhin entsteht beim Mann ein Zerstörungs«wille» als verschobener – jedem erwachsen werdenden Individuum innewohnender – Muttertrennungswunsch, der wegen der Konstellation «Vaterferne–Mutternähe» unerfüllbar ist.

Jeder Gewaltmann leidet unter einem Vatermangel. Die These heißt nicht: jeder Mann, der unter einem Vatermangel leidet, wird gewalttätig! Wie in «Muttersöhne» beschrieben, müssen noch weitere psychosoziale Ursachen hinzukommen, um Männer in die diversen Gewaltverhaltensweisen eskalieren zu lassen.

Muttersöhne sind meist die zweit- oder drittgeborenen, die jüngeren und jüngsten Söhne oder die vom Vater vernachlässigten, verlassenen Einzelkinder. Die ältesten oder die älteren Brüder der Gewaltexponenten haben demgegenüber meist unauffällige Männerbiographien.

Der Vatersohn ist der vom Vater besetzte, gewollte, geliebte, in der Regel der älteste, der mit vielen Vaterwünschen ins Leben begleitete Sohn: Namens-, Familien und Geschäftsfortsetzung, Potenzbeweis des Mannes, seine Verjüngungslust, sein Ebenbild- und Ähnlichkeitsrausch. Die Vatersöhne (Erstgeborenen) ähneln meist mehr den Vätern als den Müttern. Bei den nächstgeborenen Söhnen läßt das Interesse des Vaters gemeinhin nach. Der Vater hat mit dem Erstgeborenen sein Soll an Familie, Fortsetzung etc. erfüllt und kann «voll» in den Männergremien aufgehen. Was die Mutter nun noch gebiert, ist ihres, fällt durch die väterlichen Zuwendungsraster durch.

Oder das Interesse des Vaters am Jüngsten/Jüngeren dreht sich zu Wünschen, die für den jeweiligen Sohn ebenfalls unbekömmlich sind. Der Vater benutzt die jüngeren Söhne als «Spielkätzchen», nimmt sie unernst, begehrt sie, versteigt sich gar in ihren Mißbrauch und erledigt sich damit von selbst als Vorbild und Identifikationsfigur.

In «Müttersöhne» und «Vatersöhne» verfolgte ich nicht nur die Herstellung unterschiedlicher männlicher Psychostrukturen, sondern beschäftigte mich auch mit deren Bezogenheit aufeinander in der Gesellschaft, mit dem für das Patriarchat notwendigen Konträrspezifikum von Männern als «Täter» und «Mittäter», Führer und Folgende, Zerstörer und Ganzmacher.

Die Töchter-Frage blieb dabei ständig offen. Und doch schwelte sie unter der Arbeit an der Männerpsyche, weil mir bewußt wurde, daß die Hälfte der Menschheit aus dem Patriarchat nicht herausfallen kann. Den Frauen muß auch eine systematische, ja patriarchatsstabilisierende Funktion zukommen. Welche, darüber war ich mir von Anfang an klar: millionenhafte Unterstützung, Ausschaltung jeden Widerstandes gegen die männliche Vormacht, im Gegenteil geradezu ein Verlangen nach ihr, ein Bewundern des Herrn, ein Anbeten des fraueneliminierenden Gottes, ein Anfeuern des Sohnes zur Einreihung in die Männergesellschaft, ein Wollen der Gewalt des Partners oder ein komplettes Desinteresse am männlichen Tun, was die gleiche Wirkung hat: In-Ruhe-Lassen des einzelnen Mannes und aller Männer während ihrer Weltzerstörungsgeschäfte.

Bei den Millionen Gewaltpartnerinnen bin ich mir nicht sicher, ob sie wirklich das «Gute» = die «menschlichen Werte» vertreten *wollen*. Ja, sie vertreten in ihrem Frauenrollenbereich alles das, was wir das «Positive» nennen – Wärme, Güte, Harmonie, Optimismus, Kreativität, Lebenssinn... Warum dann aber Verbindung mit einem Gewaltmann? Auch der gespaltene, häuslich netteste läßt durch die Jalousien der Trennung seiner Person in Gesellschafts- und Familienmann Schimmer seiner Weltuntaten in die Sphäre des Hauses durchscheinen. Keine Partnerin weiß ganz und gar nichts. Sie weiß zumindest etwas vom *Status* ihres Mannes, Fetzen von seinem Beruf als Soldat bis zum Magnaten.

Die Frage drängte sich mir auf: Die Muttersöhne haben Millionen Schwestern. Auch Frauen wachsen unter einem Vatermangel auf.

Die Vaterlosigkeit ist bei Frauen sogar noch verbreiteter als bei Männern und in der «Qualität» verstärkter und intensiver. Für

einen Sohn *soll* sich der Mann interessieren. Sein Desinteresse für
den Sohn, sein Mangel an Nähe zu ihm, entsteht aus der Kollision
der männlichen Pflichten und Interessen. Wenn schon *ein* Sohn
da ist, soll sich der Mann lieber um seine Positionen in der Gesellschaft kümmern als um das Gedeihen weiterer Söhne.

Und für jedes männliche Kind steht ein Heer von potentiellen
Zweit- und Drittvätern bereit, es nachzubevatern, zu belehren,
einzu«führen», was heißt, in die Männergesellschaft zu hierarchi-
sieren.

Für das weibliche Kind fehlt diese Möglichkeit der Ersatzvater-
schaft meist völlig. Weil die Frau in die Männergremien gerade
nicht hineinsoll, nehmen sich ihrer als Kind auch keine Scharen
von männlichen Vorbildern, Meistern etc. an. Die Beziehung der
Tochter zum leiblichen Vater ist von vornherein gekennzeichnet
als Stoppschild vor der Männergesellschaft und nicht als Einwei-
hung in sie.

Die Anfang dieses Jahrhunderts aufgewachsenen Frauen traf
wie ihre Brüder und Gatten noch eine historische Zuspitzung von
Vatermangel. Der Erste Weltkrieg hat Männer zerstört wie kein
Krieg zuvor. 10 Millionen Tote = 10 Millionen tote Männer. Millionen Väter waren weg. Millionen kehrten körperlich deformiert
heim, weitere Millionen trugen psychische Schäden nach Hause,
weil sie verstört waren von dem Grauen, das sie während der ersten Weltschlacht erlebten.

Deutsche Männer hatten zusätzlich noch die Kriegsniederlage
und die Abschaffung des feudalen Systems zu verkraften und waren außerdem von den wirtschaftlichen Desastern nach 1918 in
ihrer alten Vaterposition, «zu ernähren», «zu sorgen», «zu schützen», bedroht.

Hätte die Vaterlosigkeit der Frau die gleiche Wirkung wie die
Vaterlosigkeit oder Vaterferne des Mannes: die Entstehung eines
Gewaltverlangens, einer Art Trieb nach Gewalt? Der Unterschied
zwischen den Geschlechtern bestünde nur im Tatanteil: der Mann
macht die Gewalt, die Frau unterstützt die Gewalt. Ihr Anteil wäre
genau das, was das Partriarchat von den Frauen brauchte.

*«Endlösungs»bräute*

# Magda Goebbels –
# Die Gefährtin des «Teufels»

Magda Goebbels' Biographie zeigt drei Auffälligkeiten: 1. Magdas lebenslängliche Nähe zu ihrer Mutter, Vaterverwirrspiel nach Magdas Geburt und Vaterunsicherheit während ihres Aufwachsens, 2. Magdas Hang zu gewaltenthemmten Männern, 3. offensichtliche, von Magda selbst nicht bestrittene Mittäterinnenschaft in bezug zu den Taten der führenden Männer des Dritten Reiches.

1. Johanna Maria Magdalena Behrend wurde am 11. November 1901 in Berlin-Kreuzberg geboren. Ihre Mutter war «das ledige Dienstmädchen, Auguste Behrend» [1]. Ein Vater wurde in der Geburtsurkunde nicht erwähnt. [2]

Der Bauunternehmer und Diplomingenieur Dr. Oskar Ritschel heiratete Auguste Behrend «später», legitimierte ihre Tochter jedoch nicht als sein Kind. Nach drei Jahren – 1904 – wurde die Ehe zwischen Auguste und Oskar Ritschel geschieden.

1906 heiratete Magdas Mutter den jüdischen Kaufmann (Lederhändler) [3] Friedländer, von dem kein Vorname überliefert ist. Herr Friedländer übernimmt die Tochter seiner Frau an Stiefvater Statt und gibt ihr seinen Namen. Die Familie übersiedelt nach Brüssel. Magda wird in das Ursulinenkloster («Institut Virgo Fidelis») nach Vilvoorde in Belgien gesteckt und zwischen ihrem 5. und 13./14. Lebensjahr von Nonnen herangezogen. [4] Kontakt zu ihren «Vätern» Ritschel und Friedländer hat sie nur während

der Ferien. Angeblich bringen die «evangelische Mutter und der
jüdisch-freigeistige Stiefvater» das Mädchen dem katholischen
Erstehemann der Mutter, Oskar Ritschel, zuliebe in das Kloster.[5]
In der zweiten Biographie Magdas, publiziert nach dem Tod der
Mutter, heißt es realitätsnäher: «Die Eltern haben nicht genügend
Zeit, sich um Magdas Erziehung zu kümmern.»[6]

Nach Ausbruch des Ersten Weltkrieges mußte die Familie
Friedländer Belgien verlassen, zog mit Tochter Magda zurück
nach Berlin. In den Umbruchszeiten lebte Magda eine Weile «bei
einer wohlhabenden jüdischen Familie namens Nachmann...,
mit deren Tochter, die ungefähr im selben Alter war», sie die gleiche Schule besuchte, das Kolmorgensche Gymnasium.[7]

Die Ehe der Eltern kriselt. Die Mutter läßt sich zum zweiten
Mal scheiden und heiratet nicht wieder.

Als der Erste Weltkrieg zu Ende ist, geht Magda – gerade
17 Jahre alt geworden – in ein «Mädchenpensionat» nach Goslar.
Im ersten Jahr ihres dortigen Aufenthaltes lernt sie während einer
Fahrt zwischen Berlin und Goslar ihren ersten Mann, Günther
Quandt, kennen. Die Verlobung der beiden findet am 28. Juli 1920
in Berlin statt, die Braut ist 18 ½, der Bräutigam fast 39, seit einem
Jahr Witwer und Vater von zwei Söhnen im Alter von 12 und 9.

Erst für diese Zeremonie wurde Magda zwei Wochen zuvor, am
15. Juli 1920, «auf Antrag» ihres «mutmaßlichen Vaters, des Inge-
nieurs Oskar Ritschel, für ehelich erklärt»[8], 18 ½ Jahre nach ihrer
Geburt.

Eine merkwürdige Formulierung! Es heißt nicht, daß Ritschel
Magda als seine Tochter legitimiert, sondern daß er nur ihre Unehelichkeit nachträglich aufhebt. Bis zur Hochzeit, am 4. Januar
1921 in Bad Godesberg, trug Magda ein halbes Jahr lang den Namen ihres ersten sozialen Vaters Ritschel. Daß Ritschel auch ihr
biologischer Vater war, dagegen spricht die späte Ehelichkeitser-
klärung und der Anlaß dieser Amtshandlung.

Günter Quandt war einer der reichsten Industriellen Deutschlands, seine Familie eisern konservativ, sie hatte Vorbehalte gegen
die Jugendlichkeit der zweiten Frau des Millionärs. Ihre Unehelichkeit, ja die Unbekanntheit ihres leiblichen Vaters hätte zu

einem ständigen Ärgernis für den Wirtschaftsboß werden können. Ritschel gehörte den gleichen Kreisen an wie Quandt – also verständigten sich die Männer.

Magdas Vatermangel ist klassisch: Ungewißheit über den biologischen Vater, möglicherweise Kenntnis seiner Person, über die sie die Mutter irgendwann aufgeklärt haben kann, aber es fehlt jede bezeugte Beziehung zu ihm. Diesem komplizierten Ausgang folgen Jahre der instabilen sozialen Vaterschaft: drei Jahre Ritschel, ein Jahr Friedländer, von 6 bis 13 völliges Fehlen väterlicher Kontinuität, lediglich «vaterschaftliche Urlaubsvertretung» während der Klosterferien, nach 13 Entschwinden des zweiten sozialen Vaters, ab dieser Zeit Partnerlosigkeit der Mutter, heranwachsendes Vagabundieren zwischen Mutter und Familie Nachmann. Stabile Bezugsperson bleibt einzig die Mutter, von 17 bis 18 erneut Aufenthalt nur unter Frauen, im sogenannten Mädchenpensionat, nach der Verlobung mit Quandt und der Namensänderung Abbruch der Beziehung zum zweiten sozialen Vater Friedländer, später Provokation des ersten sozialen Vaters durch die Liaison und Eheschließung mit Goebbels, Abbruch auch des Verhältnisses zu Ritschel, den sie erst kurz vor seinem Tod im Zweiten Weltkrieg noch einmal wiedersieht.

2. Joseph Goebbels hatte drei Vorläufer, die ihm in keiner Weise glichen, außer daß sie – jeder auf andere Art und mit verschiedenen Mitteln – Magda gegenüber hätten gefährlich werden können. Mit Joseph Goebbels trieb Magda das Prinzip auf die Spitze: Affinität für Männer, die etwas – mehr als normal – mit Gewalt zu tun hatten. Magda verließ das Gewaltfeld nie, in das sie früh hineingezogen worden war. In späteren sogenannten Affären neben Goebbels galten ihre Emotionen ebenfalls Nazigrößen: Hitlers außenpolitischem Berater, Kurt G. Lüdecke[9], und Goebbels' Stellvertretern, den Staatssekretären im Propagandaministerium, Karl Hanke und Dr. Werner Naumann.

Daß Magda als 17/18jährige ihr Liebesleben mit einer 21 Jahre älteren Vaterfigur beginnt und nicht mit einem «Typ von nebenan» – mit diesem Einstieg in die Sexualität stellt sie sogleich

ihren Vatermangel offen zur Schau. Quandt war nicht nur
21 Jahre älter als Magda, er war ein Topmanager, ein führender
Wirtschaftsboß in seiner Textilbranche und im allgemeinen Indu-
strieleben, oft auf Reisen, in seinem Geschäftsgebiet mit der ganzen Welt verbunden, ein Führer eines Imperiums.

Ab der wievielten Million fängt die Gewalt eines Kapitalisten
an? Quandt gehörte zu den Kriegsgewinnlern. Er steigerte sein
Vermögen während des Krieges um etwa 10 Millionen. Er war
Heereslieferant[10], versorgte die deutsche Armee mit Uniformen.
Jeder der Millionen getöteten, zerfetzten Soldaten brachte neuen
Profit. Quandt reihte sich in die Kette, mit der Krupp anfing und
die Quandt abschloß. Nach dem Ersten Weltkrieg vermehrte er
sein Vermögen bis zum Ende der 20er Jahre auf einen Berg nahe
der 100-Millionen-Grenze.

«Quandt war Vorsitzender verschiedener Industrie-Gruppen. Sein orga-
nisatorisches Geschick war bekannt. Man sprach von seiner geradezu ge-
nialen Begabung, heruntergewirtschaftete Konkurrenzbetriebe billig zu
erwerben und binnen kurzem wieder flott und ertragreich zu machen.»[11]

Besonders grausam benahm er sich einmal, als er einem in Be-
drängnis geratenen Kollegen zwar half, den Konkurs abzuwenden,
aber für das in die Firma des ehemaligen Konkurrenten gesteckte
Geld die unentgeltliche Überschreibung der Villa des anderen Ge-
schäftsmannes verlangte. Da das so «erworbene» Haus größer,
«herrschaftlicher» als das Quandtsche war, zog er mit seiner Familie dort ein. Magda fühlte sich darin nie wohl.

Wo ein für Quandt erreichbares Unternehmen zusammenbrach, da war er zur Stelle! Er ließ die Trockenblutspur des Mono-
polisten hinter sich.

Bevor Magda ihn kennenlernte, hatte er gerade seine erste Frau
in deren Dreißigern «unter die Erde gebracht». Auch Magda hatte
ein ähnliches Zermürbtwerden erwartet. Nach einer sie schmel-
zen lassenden Werbephase Quandts erwies sich ihr Eheleben fast
foltertonnengleich. Ein Imperium zu leiten verlangt eine 12-bis-
14-Stunden-Absorbierung des Chefs. Ausgehen, Gesellschaftsle-
ben führen, Empfänge geben – wie sich die junge Magda ihr Leben

an der Seite des Millionärs vorgestellt hatte – gab es nur als
äußerst seltene Festtagsmahlzeit.

Im Haushalt wurden der 19jährigen Multiaufgaben gestellt und
Zwangsjacken angelegt. Sie hatte Mutter der Söhne Quandts zu
sein, des 12/13jährigen Hellmuth und des 9/10jährigen Herbert,
einen Stab von mindestens einem halben Dutzend Bediensteten zu
dirigieren, ab November 1921 ihr erstes Kind, ihren Sohn Harald,
aufzuziehen, alsbald noch drei Kinder eines mit Quandt befreundeten, tödlich verunglückten Geschäftsfreundes aufzunehmen.
Und doch gewährte der Millionär seiner Frau nur beschränktes
Wirtschaftsgeld, zwang sie zum Sparen an allen Enden und dazu,
ihm permanent ein Ausgabenbuch vorzulegen, über das er Magdas Geldverbrauch kontrollieren wollte.

Es folgte die übliche notorische Vernachlässigung auch im intimen Bereich. Magda möchte sich nach etwa sechs bis sieben Jahren scheiden lassen. Sie bittet Quandt um sogenannte Freigabe,
die für ihn nicht in Frage kommt, da Scheidung einen Makel bedeutet, der auch Schatten auf das Geschäftsleben werfen würde. Er
zwingt sie dazu, die «Sache» selbst in die Hand zu nehmen.

Sie geht ein Liebesverhältnis mit einem jungen Mann ein, den
die Biographen Ebermayer und Meissner hinter dem Phantasiena-
men «Ernst» verbergen.[12] Magda ist 26, der Freund 29. Die Geschichte kommt «natürlich» heraus. Quandt spielt Gutsbesitzer
Briest und will seine Frau verstoßen.

«Quandt schickt Magda sofort aus seinem Haus. Kaum, daß er ihr erlaubt, noch ein paar Koffer zu packen. Er läßt die Angestellten wissen, daß
seine bisherige Frau sein Haus nicht mehr betreten dürfe.

Und so geht Magda nach neun Jahren mit nichts als einigen Koffern aus
ihrer Ehe mit Günther Quandt.

Sie nimmt sich ein Taxi und fährt zu ihrer Mutter, die schon längst
erwartet hat, daß sie kommen würde. Sie hört von der Mutter weder
Vorwürfe noch Bedauern noch Mitleid.

. . . vor dem Paragraphen des Gesetzes ist sie der schuldige Teil. Es besteht kein Zweifel, daß sie schuldig geschieden werden wird. Damit verliert sie aber das Beste ihres Lebens, ihren Sohn, und hat keinerlei Unter-
haltsansprüche gegen ihren früheren Mann.

Bisher die Frau eines der reichsten Männer Deutschlands, wird sie über

Nacht völlig mittellos werden. Sie besitzt weder genügend Schmuck, um
von dessen Verkauf leben zu können... noch ein eigenes Bankkonto. So
begabt und gewandt sie sein mag, steht sie doch unter jenem Fluch vieler
‹Damen der Gesellschaft›, die von allem genügend wissen, um als gebildet
zu gelten, aber nichts wirklich können, was ihnen ermöglicht, sich ihr
Leben selber zu verdienen.»[13]

Nur ein Zufall verhindert, daß Magda nicht als Effi Briest enden
muß. Sie hatte in letzter Minute Briefe an sich bringen können,
die von verlassenen Frauen an ihren Mann geschrieben wurden,
woraus eindeutig hervorging, daß auch *er* außereheliche Beziehungen unterhielt, wenn nicht Vater unehelicher Kinder war. Mit
diesen Briefen konnte Magdas Anwalt den Wirtschaftsboß zum
Unterlassen des Verstoßungskurses bewegen und ihn vollkommen geneigt stimmen, auf Magdas Forderungen einzugehen. Sie
wollte keineswegs Millionen, sondern eine einmalige Zahlung von
50000 und ein Monatsgehalt von 4000 Mark für die Versorgung
von sich selbst und ihrem Sohn Harald, der bei ihr leben durfte.
Unterhalt und Sorgerecht wurden ihr zugestanden, bis sie wieder
heiratete. Im Sommer 1929 wird Magda von Quandt geschieden.[14] Sie ist 27.
   Die Entlassung aus den Fängen ihres ersten Partners lief
glimpflich ab. Da meldete sich schon der nächste. Ein Neffe des
amerikanischen Präsidenten Herbert Hoover hatte sich in Magda
vor zwei Jahren verliebt, als sie mit Quandt zu einem mehr-
monatigen Aufenthalt in den USA «weilte». Hoover war um ein
Vielfaches reicher als Quandt. Kaum hatte er von ihrer Scheidung von Quandt gehört, eilte er nach Berlin. Hoover begann,
um Magda zu werben, machte ihr schließlich einen Heiratsantrag, den sie ablehnte. Wieweit Magda und Hoover einander
nahegekommen waren, darüber wird in den biographischen Berichten nur spekuliert. Freundin Henriette von Schirach behauptet: «Das Treffen führte zu einer kurzen jähen Liebesgeschichte,
die in Berlin fortgesetzt wurde.»[15] Jedenfalls muß sich Hoover
Hoffnungen gemacht haben, denn die Ablehnung seines Heirats-
antrages verärgerte ihn derart, daß er Magda unbewußt nach
dem Leben trachtete.

«Die entscheidende Aussprache findet eines Abends auf der Terrasse des Wannseer Golfklubs statt. Als Hoover endlich begreifen muß, daß ihr Nein endgültig ist, starrt er niedergeschlagen über das hügelige Gelände des Golfklubs. Magda, von seinem Schweigen bedrückt, erhebt sich. Er folgt ihr zu seinem Wagen. In rasendem Tempo läßt er den Fahrer die Chaussee nach Berlin hineinjagen. Der Tachometer hat längst die Hundertergrenze überschritten. Magda unterläßt es, zur Vorsicht zu mahnen.

Kurz vor der Einfahrt zur Avus überschlägt sich der Wagen. Hoover selbst bleibt unverletzt. Magda erleidet einen Knochen- und zwei Schädelbrüche. Sie liegt mehrere Wochen im Westend-Krankenhaus...»[16]

Magda bleibt weiter in der Beziehung zu dem jungen Mann, der sie heiraten möchte, was sie im Moment nicht will. Sie ist auf der Suche nach etwas eigenem, fühlt sich als vermögende, nichterwerbstätige, mannunabhängige Frau und als Mutter ihres 8jährigen Sohnes Harald, für den es Nebenbetreuerinnen wie Köchin und «Hausmädchen» gibt, «unausgelastet».

Obwohl sie sich für Politik nicht interessiert, geht sie im Sommer 1930 in eine Veranstaltung der Nationalsozialisten in den Berliner Sportpalast. Sie ist von dem Hauptredner, Dr. Joseph Goebbels, so fasziniert, daß sie am nächsten Tag Mitglied der Nationalsozialistischen Deutschen Arbeiterpartei wird. Nicht nur das, sie stellt sich ehrenamtlich zur Verfügung, wird Leiterin der NS-Frauenschaftsgruppe «Berlin Westend». Die Frauenarbeit gefällt ihr nicht. Magda bietet daher ihre Dienste direkt bei der NS-Gauleitung von Berlin an. Sie wird für das Sekretariat des stellvertretenden Gauleiters eingesetzt, «begegnet» selbstredend bei der nächsten Gelegenheit Joseph Goebbels, der ihr im November 1930 die Wartung seines Parteipressearchivs anvertraut. Da sie Französisch wie ihre Muttersprache spricht, ebenso über Englischkenntnisse verfügt, soll sie Goebbels helfen, die ausländischen Pressemeldungen über die Nazis zu übersetzen und zu archivieren.

Im Februar 1931 steigt Joseph in die Liebesbeziehung zu Magda ein. Doch die Trennung von ihrem Lebensgefährten der vergangenen zwei bis drei Jahre ging nicht leicht. Im April 1931 ist Magda noch unentschlossen, ob Joseph eine Affäre in der Affäre bleibt

oder ob er ihr Leben in eine andere Richtung reißt. Am 12. April
1931 schreibt Goebbels in seinem Tagebuch von «irrsinniger
Eifersucht», «rasendem Kopf», «tiefster Verzweiflung».[17]

Schließlich greift Magdas «Liebhaber, der Scheidungsanlaß der
Ehe mit Quandt... zur Pistole...»[18]. Es ist nicht klar, ob er Magda
mit einem demonstrativen Selbstmordversuch zur Rückkehr bestimmen oder aus Eifersucht ihr nach dem Leben trachten wollte.
Die Angaben zum Schußmotiv sind widersprüchlich.[19] Die Revolverkugel landet im Türrahmen. Die Beziehung der «jungen Liebenden» ist zu Ende.

3. Die 30jährige Magda Quandt heiratet den 34jährigen Joseph
Goebbels am 19. Dezember 1931 auf dem Gut ihres ehemaligen
Mannes, Günter Quandt, in dessen Abwesenheit und ohne dessen
Wissen.[20] Adolf Hitler ist Trauzeuge.

Magda bleibt mit Joseph bis in den Tod verbunden. Sie weiß, daß
er von der Nachwelt «als einer der größten Verbrecher angesehen
werden [wird], die Deutschland je hervorgebracht hat»[21]. Sie weiß
alles von Anfang an bis zum Ende. Joseph ist sensibel, durchlässig,
ein Intellektueller, der sich aussprechen muß, der (auch) eine geistige Gefährtin haben wollte und sie mit Magda bekommen hat. Er
macht die Dinge nicht mit sich ab, macht nicht seine Blutgeschäfte
und schweigt sich dann seiner Partnerin gegenüber aus, wie Nazi-
gattinnen es von ihren Kumpanen behaupteten.

Goebbels gehört zu den großen vier Massenmördern der NS-
Zeit. Neben ihm Hitler, Göring, Himmler. Er ist keineswegs nur
ausführendes Organ Hitlers. Seinerseits stiftet er «seinen Führer»
an, entwickelt autonom Ideen zum Quälen und Zerstören. Er verfolgt, treibt aus, wo er kann.

Bei der Beschäftigung mit seiner Biographie wird offensichtlich,
daß vieles ohne Goebbels nicht möglich gewesen wäre – das
Schwerwiegendste –: daß ohne ihn die gesamte NS-Bewegung
nicht zur Macht hätte kommen können, daß er zumindest ein Faktor war, der nicht hinweggedacht werden kann.

Im allgemeinen nachfaschistischen Bewußtsein als Propagandaminister gespeichert, der er war, entsteht leicht der Eindruck, er

war so etwas wie ein Pressesprecher, was hieße, der erste Diplomat
seiner Regierung, der lediglich zu vertreten hätte, was ihm vorge-
geben wurde. Goebbels hat in entscheidendem Maße das Nazi-
reich erbaut, dessen Destruktivität «gestaltet» und dessen Ruin
hinausgezögert. Er teilt sich mit den drei anderen obersten Männern die Ermordung von Millionen von Menschen.

Ehe über die Transparenz all seiner Männertaten zur Frauenseite hin nachgedacht werden kann, muß eine Chronologie skiz-
ziert werden, damit ganz deutlich wird, auf was sich Magda Goebbels bezog, wenn sie sich an die Seite dieses Mannes begab und an
ihr blieb.

Im Herbst 1926 ernennt Adolf Hitler Joseph Goebbels zum
Gauleiter von Berlin. Goebbels erneuert die Parteiorganisation
von Grund auf. Es gelingt ihm, die NSDAP mit nicht einmal
1000 Mitgliedern zu einer Bewegung anschwellen zu lassen, die
innerhalb von sieben Jahren fast die Hälfte von Berlin erfaßt. Er
organisiert die berüchtigten Saalschlachten, die den Nationalsozialisten die permanente Aufmerksamkeit der Medien sichern. Er
gründet 1927 das Kampfblatt «Der Angriff». 1928 wird er von
Hitler zum Leiter der Propaganda ernannt.

«Propaganda» heißt, Goebbels paukt mit allen denkbaren Erfin-
dungen, Lügen, Falschmeldungen irgend etwas Negatives über die
politischen Gegner in das Bewußtsein der Menschen. Zugleich
bringt er eine bisher nicht gekannte, perfekt funktionierende Re-
klamemaschinerie in Gang, die kapitalistisch-religiös das Produkt
«NSDAP» als Wegführer ins Paradies und unvermeidlich zu er-
wartenden Heilsbringer anpreist. Schließlich ist die NSDAP
stärkste Partei Deutschlands, hat aber immer noch keine absolute
Mehrheit, die sie zur Alleinherrschaft berechtigte. Das «Kabinett
der Barone» unter der Leitung Franz von Papens lädt die Nazis, die
nach der Reichstagswahl vom 31. Juli 1932 mit 37 Prozent der
Stimmen stärkste Fraktion geworden sind, zum Eintritt in die Regierung ein. Hitler weist am 13. August 1932 das angebotene Amt
des Vizekanzlers zurück, weil er die *Kanzlerschaft* will, die er erst
am 30. Januar 1933 vom Reichspräsidenten Paul von Hindenburg
übertragen bekommt.

Gegen den Widerstand der Koalitionsminister und des Vizekanzlers Franz von Papen setzt Hitler am 14. März 1933 die Ernennung von Joseph Goebbels als «Minister für Propaganda und
Volksaufklärung» durch. Ab dieser Zeit findet eine Gehirnwäsche
der Menschen mit allen staatlich zur Verfügung stehenden Mitteln statt, wie es sie in einem industrialisierten Land noch nie zuvor gegeben hat. Die Regierung, deren Mitglied Goebbels seit dem
14. März 1933 ist, sollte «nach seinem Willen nie mehr weichen,
niemals, nimmer und unter keinen Umständen»[22]. Alles, was diesem Ziel dient, *propagiert* er mit allen ihm als Kodiktator zu Gebote stehenden Mitteln. Und – was nicht im Namen und Titel
seines Ministeramtes steht – er «*organisiert*» vieles, das heißt, er
setzt blutig alles durch, was diesem Ziel dient.

Von Zeitgenossen wurde behauptet und in der biographischen
Literatur wird es immer wieder diskutiert, daß Goebbels den
Reichstagsbrand mit vorbereitet hätte, wofür es keine Beweise
gibt. Unzweifelhaft ist seine Urheberschaft jedoch für die Organisation des Boykotts jüdischer Geschäfte am 1. April 1933 und für
den größten Pogrom der Neuzeit, die «Reichskristallnacht» (die
staatlich lancierte Gewalthandlung gegen Person und Eigentum
deutscher Juden am 9. / 10. November 1938), dem etwa 500 Menschen zum Opfer fielen und dessen Sachschaden sich auf viele Millionen Reichsmark belief.

Goebbels «organisiert» die Bücherverbrennung am 10. Mai
1933, gründet die «Reichskulturkammer», eine mit der Inquisi-
tion vergleichbare Kontrollinstanz. Er verfolgt jeden von der NS-
Ideologie abweichend künstlerisch Produzierenden. Er schaltet Literatur und Kunst gleich. Tausende Menschen wirft er ins Elend,
zwingt sie zu Auswanderung oder / und Selbstmord (Tucholsky,
Stefan Zweig...), treibt unnachgiebig die «Reinigung» von allen
jüdischen Mitgliedern in kulturellen Institutionen voran.

Bei den Ausführungsbestimmungen der «Nürnberger Gesetze», die die Juden aus der sozialen Verflechtung mit dem übrigen Teil des Volkes herausschneiden sollen, propagiert Goebbels
die Radikalität bis ins dritte Glied! Er will Menschen diskreditie-
ren, wenn sie schon *einen* jüdischen Großelternteil haben, er will

die Gesetze auf «Halb-» und «Vierteljuden» angewendet wissen, womit er sich nicht durchsetzen kann.

Goebbels rüstet 1938/39 zur ideologischen Kriegsführung gegen Großbritannien und Polen, bereitet den Boden für die praktische Kriegsführung vor. Er liefert das geistige Rüstzeug für den Krieg gegen Rußland. Er befürwortet die Auslöschung des europäischen Judentums, für die er ab 1942 agitiert. Goebbels drängt auf die Organisation Deutschlands für die Führung eines «totalen Krieges» ab 1942, er erhält die Vollmachten von Hitler erst Mitte 1944, wird «Reichskommissar für den totalen Kriegseinsatz», mobilisiert den «Volkssturm». Er täuscht das deutsche Volk über die Existenz einer «Wunderwaffe», bis zu deren Fertigstellung er es zum längeren Durchhalten zwingen will.

Es gibt Äußerungen Magdas darüber, daß sie sich nicht nur an die Seite dieses Mannes stellt, sondern daß sie ihn in Machtpositionen haben will. Vor der Eheschließung wird ein Zitat von ihr übermittelt: «Sollte aber Hitlers Bewegung zur Macht gelangen, dann bin ich die erste Frau Deutschlands.»[23]

Als Goebbels nach der Ernennung Hitlers zum Reichskanzler im neuen Kabinett keinen Posten erhält, ist Magda «sehr unglücklich», «weint», als er spät nach Hause kommt, «noch immer», ist nach drei Tagen immer noch «sehr traurig» und «weint» schließlich nach einer Woche «vor Ungeduld» über das Auf-der-Stelle-Treten ihres Mannes.[24]

Magda verehrt Hitler, steht gänzlich hinter dem, was ihr Mann für ihn tut.

«Goebbels' Propaganda» hat... zu «Aufstieg und Machtübernahme» der Nationalsozialisten «beigetragen, denn erst sie gab der eher behäbig anmutenden süddeutschen Bewegung die Dynamik; erst sie gab der Bewegung Breite, indem sie Unüberbrückbares scheinbar überbrückte, indem sie zusammenhielt, was eigentlich nicht zusammenpaßte...

Goebbels hatte es verstanden, Massen für den österreichischen Weltkriegsgefreiten und Polit-Agitator, für den Sonderling mit seinem lächerlichen Sendungsbewußtsein empfänglich zu machen. So wie dieser ihm persönlicher Bezugspunkt und Halt geworden war, sollte er auch dem

Volk Bezugspunkt und Halt sein, indem Goebbels ihn als den Hoffnungs-
träger, als Wegweiser aus den Nöten und Entbehrungen der Zeit in
pseudo-religiöser Verklärung zelebrierte.»[25]

Hitler und Goebbels ging es darum, «eine ‹geistige Mobilmachung› bei
den Massen in Gang zu setzen, sie so lange zu ‹bearbeiten, bis sie uns
verfallen sind›. Als der mit 35 Jahren jüngste Minister im Kabinett am
16. März 1933 erstmals vor der Pressekonferenz der Reichsregierung
sprach, benannte er unverhohlen sein Ziel: Das Volk müsse anfangen,
‹einheitlich zu denken, einheitlich zu reagieren und sich der Regierung
mit ganzer Sympathie zur Verfügung zu stellen›.»[26]

Wer nicht in die Einheit(lichkeit) paßt, wer sich ihr gegenüber
entweder verweigert oder wer von den Diktatoren als nicht zugehörig erklärt wird, muß beschädigt, vertrieben und schließlich getötet werden. Das weiß Magda auch. Es gibt Zeugnisse ihres Wis-
sens. Das Herausschneiden der Juden aus der Einheit ist das
furchtbarste Kapitel dieses neuzeitlichen staatlichen Saubermachens:
chens:

«Als Ello Quandt nach Beginn des ‹Ausrottungskampfes› gegen die Juden
Magda einmal fragt, wie sie über den Antisemitismus ihres Mannes
denke, wird diese sehr ernst und meint zögernd:
  ‹Joseph erklärt das alles mit Gründen der Staatsraison. Das Dritte Reich
ist nun einmal gegen die Juden, und als Propagandaminister fällt ihm die
Aufgabe zu, in der Presse und im Funk gegen sie vorzugehen. Der Führer
will es so, und Joseph muß gehorchen.›»[27]

Josephs Gehorchen sieht dann so aus – festgehalten in seinem Tagebuch –:

15. Februar 1942: «Der Führer gibt noch einmal seiner Meinung Ausdruck, daß er entschlossen ist, rücksichtslos mit den Juden in Europa auf-
zuräumen. Hier darf man keinerlei sentimentale Anwandlungen haben.
Die Juden haben die Katastrophe, die sie heute erleben, verdient. Sie werden mit der Vernichtung unserer Feinde auch ihre eigene Vernichtung
erleben. Wir müssen diesen Prozeß mit einer kalten Rücksichtslosigkeit
beschleunigen... Diese klare judenfeindliche Haltung muß auch im eigenen Volke den widerspenstigen Kreisen gegenüber durchgesetzt werden.
Das betont der Führer ausdrücklich, auch nachher noch einmal im Kreise
von Offizieren, die sich das hinter die Ohren schreiben können. Die gro-

ßen Chancen, die dieser Krieg uns bietet, werden vom Führer in ihrer ganzen Tragweite erkannt...»[28]

7. März 1942: «Ich lese eine ausführliche Denkschrift des SD [ausgefertigt vom Reichssicherheitshauptamt] und der Polizei über die Endlösung der Judenfrage. Daraus ergeben sich eine Unmenge von neuen Gesichtspunkten. Die Judenfrage muß jetzt im gesamteuropäischen Rahmen gelöst werden. Es gibt in Europa noch über 11 Millionen Juden... Jedenfalls wird es keine Ruhe in Europa geben, wenn nicht die Juden restlos aus dem europäischen Gebiet ausgeschaltet werden... Wir werden also hier noch einiges zu tun bekommen, und im Rahmen der Lösung dieses Problems werden sich gewiß auch noch eine ganze Menge von persönlichen Tragödien abspielen. Aber das ist unvermeidlich. Jetzt ist die Situation reif, die Judenfrage einer endgültigen Lösung zuzuführen...»[29]

16. März 1942: «Träger der ganzen Partisanentätigkeit sind die Politischen Kommissare und vor allem die Juden. Es erweist sich deshalb als notwendig, in vermehrtem Umfange wieder Juden zu erschießen. Es wird keine Ruhe in diesen Gebieten geben, solange dort überhaupt noch Juden tätig sind. Sentimentalität ist hier überhaupt fehl am Ort...»[30]

27. März 1942 [Der folgende Eintrag Goebbels' «bezieht sich auf die nun beginnenden ersten Vergasungen von Juden im Osten»[31]]: «Aus dem Generalgouvernement [Polen] werden jetzt, bei Lublin beginnend, die Juden nach dem Osten abgeschoben. Es wird hier ein ziemlich barbarisches und nicht näher zu beschreibendes Verfahren angewandt, und von den Juden selbst bleibt nicht mehr viel übrig. Im großen kann man wohl feststellen, daß 60% davon liquidiert werden müssen, während nur noch 40% in die Arbeit eingesetzt werden können. Der ehemalige Gauleiter von Wien, der diese Aktion durchführt, tut das mit ziemlicher Umsicht und auch mit einem Verfahren, das nicht allzu auffällig wirkt. An den Juden wird ein Strafgericht vollzogen, das zwar barbarisch ist, das sie aber vollauf verdient haben... Man darf in diesen Dingen keine Sentimentalität obwalten lassen... Es ist ein Kampf auf Leben und Tod zwischen der arischen Rasse und dem jüdischen Bazillus... Auch hier ist der Führer der unentwegte Vorkämpfer und Wortführer einer radikalen Lösung, die nach Lage der Dinge geboten ist und deshalb unausweichlich erscheint. Gott sei Dank haben wir jetzt während des Krieges eine ganze Reihe von Möglichkeiten, die uns im Frieden verwehrt wären. Die müssen wir ausnützen. Die in den Städten des Generalgouvernements freiwerdenden Ghettos werden jetzt mit den aus dem Reich abgeschobenen Juden gefüllt, und hier soll sich dann nach einer gewissen Zeit der Prozeß erneuern. Das Judentum hat nichts zu lachen...»[32]

27. April 1942: «Ich spreche mit dem Führer noch einmal ausführlich

die Judenfrage durch. Sein Standpunkt diesem Problem gegenüber ist unerbittlich. Er will die Juden absolut aus Europa herausdrängen...»[33]

Das Tagebuch Josephs liest Magda nicht, aber er spricht mit ihr
genauso deutlich, wie er sich auf dem Papier äußert:

«Vor einer Teetischrunde im Hause eines bekannten Operndirigenten
fand [kurz nach dem 20. Juli 1944] ein Gespräch statt, vor dessen Ungeheuerlichkeit schon damals den Anwesenden der Atem stockte. Der Mas-
senmord an den Juden sollte seine Fortsetzung finden in einem Massaker
des deutschen Adels.
    ‹Wenn wir den letzten Halbjuden beseitigt haben›, so erklärte Goeb-
bels, ‹dann müssen wir daran gehen, den Adel abzuschaffen...
    Auch ohne Titel bleiben diese Menschen dieselben. Sie bleiben unzu-
friedene Elemente und Fremdkörper im Staat. Genau so wie die Juden
sind sie international versippt und werden nie aufhören, eine Kaste für
sich zu bilden. Sie müssen ausgerottet werden. Restlos. Männer, Frauen
und Kinder müssen nach und nach liquidiert werden.›
    ‹Aber Joseph!› rief Magda entsetzt, ‹weißt du, was du da sagst?›
    ‹Oh ja, ich weiß, daß es eine sehr harte Sache ist. Ungerecht gegen
viele, aber unvermeidlich. Es muß sein und es wird sein.›
    Dieses Programm neuer Monstre-Verbrechen für die Zeit nach dem
Sieg verkündete Goebbels Ende Juli 1944...
    Andere Gedanken sprach Goebbels nur gegenüber Magda aus.»[34]

Sie meint Auschwitz, wenn sie gegenüber ihrer Schwägerin und
besten Freundin klagt:

«Es ist grauenhaft, was er mir jetzt alles sagt. Ich ertrag es einfach nicht
mehr... Du kannst dir gar nicht vorstellen, mit welch schrecklichen Dingen er mich belastet, und niemandem kann ich mein Herz ausschütten.
Ich darf zu niemandem darüber sprechen. Ich habe es ihm versprochen.
Aber er klammert sich jetzt an mich. Er lädt alles auf mich ab, weil es ihm
zu viel wird. Es ist nicht zu fassen und auszudenken...»[35]

Magda Goebbels hat eine Erklärung über ihre Position hinterlassen. Ihre engste Freundin, Eleonore [Ello] Quandt, auf deren Erinnerungen die erste Biographie Magdas wesentlich beruht, hat das
letzte Treffen aufgezeichnet. Es fand Anfang März 1945 statt, beschloß eine 25 jährige Freundschaft, enthüllt die Motive von Magdas geplantem Selbstmord und der Ermordung ihrer sechs Kinder:

«‹Und was uns betrifft, die wir zur Spitze des ‚Dritten Reiches' gehörten, so müssen wir die Konsequenzen ziehen. Wir haben von dem deutschen Volk Unerhörtes verlangt und können uns nun nicht feige drücken. Alle anderen haben das Recht, weiter zu leben – wir haben dieses Recht nicht mehr. Wir haben versagt.›

‹Aber du doch nicht...! Du hast doch keine Schuld! Dich macht doch niemand verantwortlich...!›

‹Doch›, sagte Magda, ‹ich selbst mache mich verantwortlich. Ich war dabei, und ich habe an Hitler und an Joseph Goebbels geglaubt. Ich gehöre zu dem Reich, das nun zugrundegeht...

Gesetzt den Fall, ich bleibe am Leben, so werde ich natürlich verhaftet und über Joseph ausgefragt. Würde ich dann die Wahrheit sagen, würde ich erklären, was für ein Mensch er wirklich gewesen ist, würde ich schildern, was alles hinter den Kulissen geschah, so würde sich jeder anständige Mensch voll Ekel von mir abwenden. Jeder müßte denken, daß ich jetzt, nachdem mein Mann tot ist oder gefangen sitzt, ihn, den Vater meiner sechs Kinder, auf die übelste Weise verleumde. Für die Welt habe ich doch in Glanz und in Luxus an seiner Seite gelebt und all seine Macht mitgenossen. Als Frau blieb ich bis zuletzt bei ihm. Niemand würde mir glauben, daß ich aufgehört habe, ihn wirklich zu lieben und – – vielleicht liebe ich ihn ja doch immer noch... Joseph ist mein Mann. Ich habe ihm also die Treue, ich meine die wirkliche Treue, die Kameradschaft zu halten, bis über den Tod hinaus... Deshalb könnte ich niemals etwas gegen ihn sagen. Gerade hinterher, wenn alles vorbei wäre, könnte ich das nicht...

Und alles zu verteidigen, was er tat, ihn vor seinen Feinden zu rechtfertigen, wirklich für ihn einzutreten, weißt du, das kann ich nicht. Das wäre gegen mein Gewissen. Du siehst also, Ello, es ist für mich ganz unmöglich, am Leben zu bleiben.›

‹Und die Kinder...?›

‹Wir werden sie mitnehmen, weil sie zu schön und zu gut sind für die Welt, die kommt. Von dieser Welt wird Joseph als einer der größten Verbrecher angesehen werden, die Deutschland je hervorbrachte. Seine Kinder würde man quälen, verachten oder erniedrigen. Sie würden all das entgelten müssen, was er getan hat. An ihnen würde man Rache nehmen...

Vergiß nicht, Ello, was alles geschehen ist! Weißt du noch, du warst ja dabei, wie der Führer damals im Café Anast in München, als er den kleinen Judenbuben sah, gesagt hat, er würde ihn am liebsten wie eine Wanze am Boden zerdrücken? Weißt du das nicht mehr? Es ist so unsagbar Grausames geschehen, von uns, von einem System, das auch ich vertrat. Es hat

sich soviel Rachsucht in der Welt angesammelt... Nein, nein, ich muß
auch die Kinder mitnehmen, ich muß!...

Es ist schon alles vorbereitet. Sie werden ein starkes Schlafmittel bekommen, wenn es so weit ist... und hinterher, ich meine, wenn sie fest
schlafen... dann wird eine Evipan-Spritze genügen, um – – um – –›»[36]

Magda hat nicht nur vertreten, gewußt, gebilligt, ihren Mann zu
größtmöglicher Entfaltung angespornt, sie hat auch direkt etwas
für die Etablierung der NS-Männer getan. Sie war eine der ersten
Frauen, die die Nazibewegung «stubenrein» gemacht haben. Sie
schnitt auf gesellschaftlicher Ebene Schneisen in das konservative
gehobene bürgerliche Lager:

«...daß eine solche Frau» – «die geschiedene Frau des Multimillionärs» –,
«die es ‹nicht nötig› hatte, sich dem Nationalsozialismus verschrieb. Sie
erscheint dem Kreis um Goebbels als der lebende Beweis dafür, daß die
unaufhaltsame Kraft des Nationalsozialismus nun langsam auch in die
kapitalistischen Kreise eindringt.»[37]

Magda wertete die Position des kleinbürgerlichen Schreihalses,
des für unfein gehaltenen Kampfredners Goebbels auf:

«...wie sehr sie ihm auch politisch durch ihr Bekenntnis zu ihm geholfen
hat. Magda ist für das Prestige der NSDAP ein entscheidender Gewinn.
Endlich hat eine Frau von Welt, die man auch dem Ausland gegenüber
herausstellen kann, durch die Wahl ihres Gatten bewiesen, daß die Hitlerbewegung keine Bande von Radaubrüdern ist... Nach der greisen Frau
Bruckmann in München, nach Frau v. Dirksen in Berlin, nach Winifred
Wagner in Bayreuth macht nun Magda Goebbels die Nationalsozialisten
gesellschaftsfähig.»[38]

Ab 1931 ist sie dann auch mit Taten dabei. Ihre teure, große Wohnung in Berlin-Westend wird für fast zwei Jahre zu einer Art Führerhauptquartier. Hitler und alle Nazischergen gehen bei Magda
ein und aus. Die Planung entscheidender gesellschaftlicher Attak-
ken, mit denen Schritt für Schritt das Reich erobert werden sollte,
geschieht in ihren «gepflegten» Räumen. Sie bewirtet mit ihrer
Köchin die Männer. Sie macht ihre Wohnung nach der Eheschließung zu Josephs Büro.

Es gab einen Vergiftungsanschlag auf die Naziführer im Hotel

«Kaiserhof». Von da ab ißt Hitler nur noch Magdas Kost, die sie ihm durch einen Kurier zuschicken läßt, wenn er nicht zu ihr zu Besuch kommen kann.

Und während der späteren 12jährigen Staatszeit erfüllt sie hundertprozentig die von den Nazis geforderte Frauenposition, als Mutter an der Seite des Mannes nur «im Haus» zu wirken, exponiert sich am ersten Muttertag der Diktatur, am 14. Mai 1933, mit einer «Rede zum Muttertag»: «Die deutsche Mutter». Sie wird die «first lady des Dritten Reichs», wie der amerikanische Titel ihres «Lebensbildes» von Hans-Otto Meissner lautet. Zumindest macht sie sich diese Position mit Emmy Göring streitig. Sie bekommt mit Joseph Goebbels sechs Kinder, stellt sich mit ihm und ihnen auf Fotos aus, posiert in der Wochenschau, repräsentiert, wann immer es von ihr verlangt wird.

Mitwissen und mitwirkendes Tun stehen im Falle Magda Goebbels' außer Zweifel. Ungeklärt bleibt ihre Position zur Gewalt. Bei den Männern, die sie unterstützte, braucht die Frage nach deren Verhältnis zur Gewalt nicht mehr gestellt zu werden. Obwohl an Details der Taten von Hitler, Goebbels, Göring herumgerätselt wird, unterliegt das gewaltvolle Grundsatzverhalten dieser Männer keinen Zweifeln. Wollten sie das? Wußten sie dieses? Glaubten sie jenes? Das ist alles Nebensache. Goebbels und Göring hätten den Krieg nicht gewollt, von Hitler gebe es kein Zeugnis zum Start der «Endlösung»... Hat Goebbels an alles gar nicht geglaubt, nur den triumphalsten Beleg einer Unterordnung geliefert, denn er hatte sich ursprünglich mit Heinrich Heine identifiziert und seiner ersten großen Liebe, Anka Stalherm, einen Gedichtband mit Heine-Werken und eigenen Gedichten geschenkt...? Es gibt genug gesprochene und geschriebene Zeugnisse dieser Männer, daß sie ausrotten, eliminieren, vernichten, schlicht töten wollten und es getan haben, mit Rat, Tat, Anstiftung, Ausführung, mit Ursprungs- oder Brückenideen.

Am 15. Februar 1933 heißt es in Goebbels' Tagebuch bereits:

«Man hat unsere anfängliche Duldsamkeit als Schwäche ausgelegt und glaubt, uns auf der Nase herumtanzen zu können. Man wird sich auf das grausamste getäuscht sehen. Eines Tages wird das Schwert unseres Zornes auf die Übeltäter herniedersausen und sie in ihrem frechen Hochmut zu Boden schlagen.»[39]

Bei den Partnerinnen der Gewaltmänner ist die Frage nach der Gewalt nicht klar zu beantworten. Sie sind die Guten, Kritischen, ja Entrüsteten. Sie schütteln den Kopf über Gewalt, fürchten, verdrängen sie.

Über Magda gibt es schon früh Zeugnisse ihres Gutseins. Sie wird von «ihren» sieben Kindern in der Ehe mit Quandt geliebt. Sie ist eine aufgeklärte Mutter, dosiert Nähe und Distanz für das Aufwachsen der Kinder optimal, übernimmt Mutterstelle ab ihrem 19. Lebensjahr gegenüber den beiden Söhnen Quandts. Und sie ist soziale Mutter für die drei verwaisten Kinder des Freundes ihres Mannes, setzt sich gegenüber Quandt gegen ein Unterbringen der zunächst fremden Kinder in einem Heim durch, nimmt sie im eigenen Haushalt auf, in dem die Kinder bis zur Selbständigkeit bleiben dürfen.

Brutal benimmt sich Magda selbst, wenn sie von einer Person oder einer Situation in die Enge getrieben wird, wenn ihre Position oder ihr Wille zur Veränderung beeinträchtigt sind. Gegen Lida Baarova wurde sie hart, grenzte sich mit aller Schärfe von ihr ab, verfolgte sie jedoch nicht, trachtete nicht nach deren Zerstörung.

Die tschechische Filmschauspielerin Lida Baarova hatte mit Joseph Goebbels hinter Magdas Rücken zwischen 1936 und 1938 ein Liebesverhältnis, von dem das ganze Land wußte, ehe Magda etwas darüber erfuhr. Da Goebbels auch nach Aussprachen, nach Schwüren und Treuegelöbnissen den Kontakt zur Baarova weiter heimlich aufrechterhielt, er sich nicht scheiden lassen wollte und Hitler aus Staatsinteressen eine Scheidung der ersten Mutter des NS-Systems nicht zulassen wollte, Magda also im Käfig der sexuell nicht mehr funktionierenden Ehe bleiben mußte und sie den Umgang ihres Mannes mit der Nebenbuhlerin nicht mehr aushalten konnte, da erst bestand sie auf der Ausweisung Baarovas.

Und noch der Mord an ihren sechs Kindern könnte ihrem «Gut-sein» zugerechnet werden, da sie glaubte, den Kindern ein Leben in Qual und Verfolgung zu ersparen.

Eleonore Quandt, ihre Busenfreundin, die sie täglich besuchte, wenn Magda in Berlin war, berichtet von Magdas Kritik gegenüber Hitler und Goebbels. Gegen Hitler stellt sich Magda mehrmals auf, immer dann, wenn es um den Frauen-Mütter-Bereich geht. Einmal kritisiert sie Hitler, daß er die Rechte der Frauen eingeschränkt habe. Das hätten die Frauen nicht verdient, da Hitler auch mit ihren Stimmen zur Macht gekommen sei. Sie fordert ihn auf, etwas für die deutsche Frau zu tun. Ein anderes Mal wendete sie sich gegen sein «Lebensborn»-Unternehmen, Kinder von SS-Männern mit Frauen, die dem Naziidol des blonden Nordtyps besonders entsprochen haben, elternlos in einem Staatsheim aufzuziehen. Aus ihrer Erfahrung wüßte sie, Kinder brauchten Eltern und sollten nicht als Staatseigentum gehandhabt werden, wie es Hitler vorschwebte.[40]

Über Hitler kann Magda lästern, daß er nie aus seiner Gefreitenherkunft herauskommen werde. Sie kann sich über den «Quatsch», den er redet, ärgern, kann einen Wutausbruch bekommen, weil er einen hohen Offizier gemaßregelt hat, der von Ostpreußen nach Berchtesgaden zum Berghof durchgefahren war, um Hitler eine wichtige Nachricht persönlich zu überbringen. Der Offizier war nach 3 Uhr nachts bei Hitler eingetroffen und hatte um Sekt gebeten, der ihm gegen Hitlers Anordnung, nach 3 Uhr keinen Alkohol mehr auszuschenken, gereicht wurde. Wegen dieses Verstoßes entließ Hitler den Adjutanten und tadelte den Offizier.

Magda fand schärfste Worte gegen ihren eigenen Mann: «Er ist ein Teufel, er, den ich für meinen Gott gehalten habe!»[41]

Diesen Satz sagt sie jedoch nicht, nachdem ihr klargeworden war, was ihr Mann propagiert, mit den Juden zu machen. Der Satz bezieht sich auf Josephs Verhältnis zu ihr selbst. Er hatte 1938 vor Magda einen «Meineid» geschworen, hatte die Hand auf ein Foto seiner ältesten Tochter Helga gelegt und gelobt: «‹Ich habe seit langer Zeit keinerlei Beziehungen mehr zu Frau Baarova, das schwöre ich beim Leben unserer Kinder!›»[42]

Magda hatte von Josephs Stellvertreter, Staatssekretär Karl

Hanke, Briefe zugespielt bekommen, die verrieten, daß Joseph weiter aktuell in einer Liebesbeziehung zu Lida Baarova stand!

Magda konnte Joseph erst dann kritisieren, wenn er in ihren Bereich eingriff, wenn er aus dem Kreis mit ihr ausbrach. Solange sie diesen Kreis mit ihm geschlossen hatte, war sie blind für seine Taten. Letztlich rückten diese Taten ihr auch dann nicht die Realität zurecht, als sie von ihnen erfuhr.

Das Prinzip von Magdas Partnerschaft mit Joseph: sie scheint sein Tun nach außen nicht zu bemerken. Sie registriert es nicht. Oder wenn ihr die Fakten zugetragen werden, schließt sie deren Bedeutung, deren inhumanen Wert nicht an die Realität an. Was dieser ihr Mann tut, läuft in einer anderen Welt ab, mit der sie nichts zu tun hat. Die zwei Kreise, die dieselbe Person des Mannes zieht – sein mordendes Verhalten nach außen und sein liebendes Verhalten nach innen –, berühren einander in der Wahrnehmung der Frau nicht. Von der «Teuflischkeit» des Goebbelsschen Verhaltens kann Magda erst etwas begreifen, wenn es sich gegen sie *sichtbar* für sie ereignet. Sein Gegen-sie-Agieren glaubt sie so lange nicht, bis sie es nicht weiß. Die Affären ihres Mannes müssen ihr bewiesen werden, ehe sie sie zu akzeptieren bereit ist.

Einer der extremsten Belege dieses verhängnisvollen Mechanismus der Ausblendung der gesellschaftlichen Taten des Mannes ist das Jahr 1941. Goebbels «will» Berlin «judenfrei» haben, «regt» Maßnahmen «an», befiehlt zunächst das Tragen des «Judensterns», damit die 70 000 noch in Berlin lebenden jüdischen Bürger jederzeit ergreifbar sind.

Er «werde ‹nicht ruhen und nicht rasten, bis . . . wir dem Judentum gegenüber die letzten Konsequenzen gezogen haben›[43]. Bei seinem Treffen mit Hitler am 18. August drängte Goebbels, die ‹Judenfrage› einer schnellen Lösung zuzuführen. Die Vorlage zu seinem Vortrag enthielt eine Fülle von Vorschlägen, die größtenteils bald darauf in die Tat umgesetzt wurden. Neben der Kennzeichnung und der Herabsetzung der Lebensmittelrationen . . . legte Goebbels ‹seinem Führer› nahe, Juden von der Benutzung der Verkehrsmittel auszuschließen und ihnen Leistungen ‹deutscher› Handwerker vorzuenthalten. Sie sollten ‹Gebrauchs- und Luxusgegenstände› wie Fahrräder, Schreibmaschinen, Bücher, Grammophone, Kühlschränke, elektrische Öfen... abgeben. Auch ihre monatlichen Bezüge sollten ‹rigoros› eingeschränkt werden.»[44] In seinem Tagebuch spricht Goebbels von «Juden ausscheiden», «gründlich auskämmen», «aussondern», «in den Osten abbefördern».[45] «Er arbeitet gegen ‹starke bürokratische› und ‹wohl auch sentimentale Widerstände› in den Reichsbehörden, die sich gegen eine ‹radikale Lösung des Problems› sperrten...»[46]

Da er sich nicht «verblüffen und nicht beirren» läßt[47], schafft er, was er will. Am 14. Oktober 1941 geht der erste Deportationsbefehl hinaus. Bis Ende Januar 1942 folgen weitere neun. 500 bis 1000 Menschen pro Mal wurden «verladen» und nach Lodz, Minsk, Kowno und Riga transportiert.

Goebbels kommentiert die Ereignisse in der Öffentlichkeit, es ginge um die «Vernichtung der jüdischen Rasse in Europa», es erfülle «sich am Judentum das Schicksal, das zwar hart, aber mehr als verdient ist. Mitleid oder gar Bedauern ist gänzlich unangebracht.»[48]

Als Sammellager wurde die Ruine der Synagoge in der Levetzowstraße benutzt. «Von dort wurden diejenigen, die sich auf den Beinen halten konnten, flankiert von S.S.-Männern mit Reitpeitschen, hinaus zum Bahnhof der Villenkolonie Grunewald getrieben, wo sie nach einem System, das die jüdische Gemeinde hatte ausarbeiten müssen, verladen wurden. Eine Frau, die überlebte, berichtete, daß die Haltung der Opfer bewundernswert gewesen sei; ‹jeder wußte, daß es ein Auflehnen nicht gebe, die einzige Auflehnung, die möglich war, war der Selbstmord›.»[49]

Magda interessiert sich für das alles nicht, wacht aus ihrem gesellschaftlichen Dornröschenschlaf erst wieder auf, als Joseph nach dem Versöhnungsjahr 39/40 ab 1941 doch wieder eine Geliebte hat. Diesmal ist es seine Sekretärin. Er ist raffinierter geworden. Die Sekretärin kann ihm niemand streitig machen. Unter dem Deckmantel eines Arbeitsverhältnisses versteckt er nun die Intimbeziehung zu einer anderen Frau. Irgendwann ertappt Magda die neue Flamme ihres Mannes, die einmal durchs Fenster in Josephs Schlafzimmer einsteigt.

Magda will sich endgültig scheiden lassen. Joseph lacht nur und sagt, der Führer hätte jetzt, im Feldzug gegen Rußland, keine Zeit mehr für Magdas Probleme. So war es. Magda bleibt in der Ehe mit Joseph.

Ihr Arzt stellt ihr ein entwaffnendes Zeugnis aus:

«In all den Jahren war der Frauenarzt Professor Walter Stoeckel aus Ost-
preußen Magdas Arzt, Freund, Vertrauter...
Professor Stoeckel hat Magda als eine seiner menschlichsten, sympa-
thischsten Patientinnen bezeichnet.
Zum ersten Mal kam sie nach der Scheidung von Quandt zu ihm. Sie
hatte zwei Fehlgeburten hinter sich. Stoeckel operierte sie am 7. November 1931. Seitdem war er für Magda der liebe Gott.
Am 1. September 1932 hatte sie in Stoeckels Klinik, im Ida-Simon-
Haus, die erste Tochter, Helga, geboren...
Im Januar 1933 erkrankte Magda nach einer Fehlgeburt an einer Sepsis,
es stand schlecht um sie, sie lag in Stoeckels Klinik. Hitler besuchte die
todkranke Magda...»[50]

Sieben Kinder hat sie bekommen und großgezogen (sechs bis zur
Ermordung im Führerbunker). Drei Fehlgeburten sind belegt.
Weitere werden vermutet. Mindestens zehn Geburten in 19 Jah-
ren... «eine der menschlichsten Patientinnen»!
   Vielleicht muß die Betonung des ärztlichen Ausspruches auf
«Patientin» gelegt werden, denn als *Partnerin* drückt Magda ihre
Menschlichkeit in unnachvollziehbare Niederungen herunter, bis
sie fähig wird, die unvorstellbarsten Grausamkeiten ihres Mannes
geschehen zu lassen.
   Das Auffälligste an Magda Goebbels: Ihre Männer in der Nazizeit sind wandelnde Gewalt*potentiale*. Der Ausbruch, das heißt,
die gesellschaftliche Verifizierung der Gewalt, geschieht jenseits
von Magdas Registrierung.
   Sie hatte sich ebenso wie in Goebbels in Hitler verliebt. Goebbels mußte sie von ihm anfänglich abschirmen, weil auch Hitler
Affekte für Magda in sich entdeckt hatte und eine Rivalenschaft
zwischen ihm und Goebbels von vornherein ausgeschlossen sein
sollte.
   Dieses eigentümliche Kriterium der Männer – Denker und Ent-
fesseler von Gewalt zu sein – scheint Magda aus einem geheimen
Zwang zu suchen, von diesem Kriterium dann aber keine Notiz zu
nehmen. Wenn sie von dieser Haupteigenschaft der Männer erfährt, ist für sie das kein Trennungsgrund. Im Gegenteil: sie ent-

wickelt am Schluß ihres Lebens eine Mitgefangen-Mitgehangen-Strategie. Der einzige Grund für ihre realitätsangenäherte Wahrnehmung des Mannes ist nicht sein Verhalten gegenüber der Welt, sondern sein Verhalten gegenüber der Frau.

Ihre Gewaltaffinität hat auch selbstschädigende Auswirkungen. Sich vom Mann trennen zu wollen, dafür reicht nämlich noch nicht, wenn der Mann sich der Frau gegenüber gewaltvoll verhält. Alle Liebesabenteuer Josephs vor Lida Baarova, von denen ebenfalls das ganze Land wußte, hatte Magda ertragen. Erst als Joseph den Kreis mit ihr brach, ihr erklärte, Lida Baarova sei seine zweite Frau und Magda habe Lidas Existenz in allen privaten Häusern der Familie zu respektieren, da beginnt sie, sich Gedanken über Scheidung zu machen, und auch erst dann, nachdem sie gemerkt hat, daß sie zu dem – einige Zeit lang versuchten – Arrangement nicht fähig ist.

Noch grotesker ist ihr Verhalten gegenüber Ernst Röhm. Der SA-Chef und notorische NS-Frühzeitmörder ist ihr nicht als solcher unangenehm, sondern wird es erst, nachdem sie unfreiwillig Zeugin geworden ist, wie Röhm sich einem anderen SA-Mann «unsittlich» genähert hat – in Magdas Wohnung!

Deutlich: sie kann Röhm erst dann nicht mehr leiden, als ihr klar wird, daß er einen anderen Mann *begehrt*; gleichgültig war er ihr aber, solange er andere Männer umbringen ließ.

Magda Goebbels' Vatermangel hatte für sie drei psychische Folgen, die in ihrem Falle auf die Gesellschaft zurückwirkten, wie bei kaum einer anderen Nazigattin:

1. Magda identifizierte sich vollkommen mit ihrer Mutter und blieb lebenslang lösungslos in deren Nähe.

Magda hielt nicht nur den Kontakt zu ihrer Mutter aufrecht, sondern sie lebte immer wieder phasenweise mit ihr zusammen, so eine Zeitlang im Trennungsverfahren zwischen ihr und Quandt und in den letzten Ehejahren mit Goebbels, als die Mutter zu ihr in den Villenkomplex nach Schwanenwerder gezogen war. Die Mutter blieb ab dem 14./15. Lebensjahr der Tochter partnerlos und widmete sich von dieser Zeit an dem Leben Magdas. Sie war Mag-

das Vertraute, beriet sie in schwierigen Lebensfragen und handelte ihr in entscheidenden biographischen Momenten zu Willen.
Obwohl gegen die Ehe mit Quandt, unterstützte die Mutter die
Namensänderung der Tochter und die späte Legitimierung als
Kind ihres ersten Ehemannes Oskar Ritschel. Sie nahm die Tochter auf, als Quandt Magda verstieß. Sie änderte ihren Namen,
wechselte von der geschiedenen Frau Friedländer zurück zu ihrem
Mädchennamen Behrend. Die neuen Nazipartner ihrer Tochter
wollten keine Schwiegermutter mit einem jüdischen Namen haben. Die Mutter warnte vor Joseph Goebbels als Ehemann,
spielte aber ihre Rolle ihrer Tochter zuliebe bereitwillig mit.
«Magda wünschte eine katholische Trauung»[51], wobei ihr die
evangelische Mutter assistierte: «Hitler führte Magdas Mutter
am Arm.»[52]

Auguste Behrend hütet in den letzten Kriegsmonaten die Kinder ihrer Tochter in Schwanenwerder, während Magda in der
Berliner Wohnung bei ihrem Mann bleibt, später mit ihm zu
Hitler in den Führerbunker unter die Reichskanzlei zieht. Obwohl die Mutter ahnt, was Magda mit den Kindern vorhat und
sie sie ihr für die Ermordung nicht herausgeben will, beugt sie
sich und schickt sie zu Hitlers Geburtstag am 20. April 1945 in
den Führerbunker, in dem sie bis zu ihrer Vergiftung durch
Magda bleiben.

Gegen Ende von Magdas Leben geriet die Beziehung zwischen
Mutter und Tochter immer näher, wurde für Magda immer un-
erquicklicher:

«Wer noch häufiger kam und länger blieb, ja sich zum ständigen Haus-
gast entwickelte, war Frau Behrend, die Mutter von Magda. Wenn früher das Verhältnis ein herzliches gewesen war, unter dem Streß der
Jahre hatte es gelitten, und dies um so mehr, je unvermeidlicher das
Verhängnis herankam. Wie Frau K. berichtet, lagen die Ursachen der
Verstimmung eindeutig an Frau Behrend, geschiedene Ritschel und geschiedene Friedländer. Vielleicht nicht ihre Schuld, sondern die Folgen
jener Angst vor kommendem Unheil, das die alte Dame überaus selbst-
süchtig, dann sogar hysterisch werden ließ.
Sie erwartete eine Wendung der Dinge ausgerechnet von Magda, de-

ren Sorgen wirklich weit größer waren. Frau Behrend setzte ihr zu, bei Tage wie bei Nacht. Wenn sie nicht ihren Willen bekam oder es der Tochter unmöglich war, sie zu beruhigen, drohte Frau Behrend ‹in den See zu gehen›. Einige Male eilte sie aufgebracht auch bei nachtschlafender Zeit in Magdas Zimmer, um der lieblosen Tochter mitzuteilen, daß man bitte morgen früh ihre sterblichen Überreste aus dem kalten Wasser fischen möge.

... Natürlich tat Frau Behrend nichts dergleichen, sondern überlebte ihre Tochter Magda um zwölf Jahre.»[53]

Auguste Behrend war Dienstmädchen, «zeitweise Zimmermädchen in einem Nobelhotel am Rhein»[54], heiratete um 20 in erster Ehe einen Industriellen, um Mitte 20 in zweiter Ehe einen Unterschichts-, Mittelschichtsmann (Bella Fromm behauptet, einen Kellner[55]), der sich zum kleinen Geschäftsmann hocharbeitete. Mit fortschreitendem Alter nahmen Augustes Partnerprobleme so zu, daß sie sie nicht mehr in einer Beziehung mit einem Mann zu meistern versuchte. Sie blieb ab etwa Mitte 30 allein, unterhielt «eine Drogerie im Norden Berlins, am Borsigwalder Weg»[56]. Curt Riess schildert sie in seiner Goebbels-Biographie als «Besitzerin eines kleinen Parfümerie-Ladens, den Friedländer für sie eingerichtet hat»[57]. Später soll Auguste Behrend ihr Leben «mühsam als Haushälterin» gefristet haben.[58]

«Identifikation» heißt angleichendes Ähnlichwerden: Magda heiratete um 20 in erster Ehe einen Industriellen, liierte sich um Mitte 20 mit einem ihr als geschiedener Multimillionärsfrau gesellschaftlich unterlegenen Mann russisch-jüdischer Herkunft, dem geheimnisvollen «Ernst», den sie fast geheiratet hätte, vertauschte ihn «in letzter Minute» mit dem ebenfalls mediterranisch-südländischen und kleinbürgerlichen, «kleinen» Goebbels.

So gewagt es ist, zwischen der Ehe der Mutter mit Friedländer und den Beziehungen der Tochter zu «Ernst» und Joseph identifikatorische Verbindungen herzustellen, es gibt jedoch physiologische Besonderheiten, die für die Seele eine Bedeutung haben können – weitab von allem Zeitwahn der «Rassen»-Ideologie. Diese physiologischen Besonderheiten spielen zuweilen eine Rolle wie im Verhältnis zwischen Magda und ihrer Mutter, der

sie in zweiter Partnerschaft mit einem Süd- und nicht mit einem
Nordtyp nacheiferte, auch wenn aus der Zweitpartnerschaft der
Tochter etwas anderes wurde als aus der Zweitpartnerschaft der
Mutter.

Schon unter den Zeitgenossen war es beliebtes Thema, sich immer wieder zu wundern, daß keiner der Naziführer dem von ihnen
so fanatisch propagierten Nordtyp entsprach.

Hans Carossa wunderte sich vornehm:

«An seiner [Goebbels'] Erscheinung war eigentlich nichts, was ihn zum
Rassenhochmut berechtigte; denn was man an ihm schön nennen konnte,
die ungemein lebhaften dunklen Augen, wäre in Ländern wie Polen, Italien und Frankreich keine Seltenheit.»[59]

Die Nazikollegen karikierten Joseph Goebbels hinter vorgehalte-
ner Hand als einen «Schrumpfgermanen»[60].

Bella Fromm nennt ihn einen «wildgewordenen Zwerg»[61], no-
tiert über seine Auftritte:

«Eine Mischung von Mephisto und Savonarola, finster und rasend, ver-
führerisch und fanatisch besessen. Er macht beim Sprechen mit den Händen heftige Gesten... Für einen Vollblutarier eine recht sonderbare Art
zu sprechen.»[62]

Vollständig auf die identifikatorische Mutterschiene geriet Magda
mit Mitte 30. Zu entsprechend gleicher Zeit wie die Mutter bekam
Magda mit ihrem zweiten Ehemann unlösbare Partnerprobleme,
denen sie gern durch eine Scheidung aus dem Weg gegangen wäre,
was ihr aber wegen ihrer hohen gesellschaftlichen Stellung im
Dritten Reich von Hitler unmöglich gemacht wurde.

Auch hinter dieser hohen Stellung verbirgt sich eine Identifikation Magdas mit ihrer Mutter. Magda *diente* – zuerst ihrem
Mann, Hitler und der NS-Bewegung, dann dem nationalsozialistischen Staat, für das ganze Volk Leitbild einer sich zurückhalten-
den Hausfrau und Mutter zu sein. Magda übernahm – in höchster
Position – doch nur wieder die untergeordnete, gesellschaftlich
ausgegrenzte Mutterrolle. Aus der Identifikation mit der Mutter
als Dienstmädchen machte Magda sich zur ersten Dienstfrau des
Dritten Reiches.[63]

2. Magda war zeitlebens gepeinigt von innerer Leere und gehindert an einem eigenen Zugang zur Gesellschaft.

Wenn über Magda geschrieben wird, heißt es immer wieder, wie schön und klug sie gewesen sei, wie vornehm und gesellschaftsgewandt. Diese Eigenheiten entsprangen einem gekonnten Sich-in-Szene-Setzen – von frühester Jugend an eingeübt. Die Merkmale haben nichts mit Stabilität und Sein, mit Identität und Bewußtsein zu tun.

Magda wurde von Schichtproblemen beunruhigt, die viele ihrer Zeitgenossen hatten und mit einer Stabilisierung durch die Zugehörigkeit zur NS-Bewegung bannen wollten.

Es gab zwei Klassenunsicherheiten, in denen Menschen nach 1918 schwankten und die sie nach Führerprinzipien und Führerpersönlichkeiten verlangen ließen. Es war zum einen die Unsicherheit zwischen Klein- und Mittelbürgertum, die die meisten Vertreter der Führergarnitur der Nazis kennzeichnete.

Und Helfer, Steigbügelhalter, Kooperateure, die Herren Adjutanten und Zweitpositionsinhaber rekrutierten sich aus der anderen Unsicherheit, der zwischen Adel und Bürgertum.

Magda schwankte zwischen unterstem Stand und Großbürgertum. Als Dienstmädchen gehörte ihre Mutter zu den arbeitenden Massen. Und Magdas uneheliche Geburt und das Fehlen der Kenntnis von einem biologischen Vater hefteten ihr den Makel niederster Herkunft an. Das Leben unter dem ersten sozialen Vater Ritschel war dann großbürgerlich, ohne daß bis zu Magdas 18. Lebensjahr ihr «Ursprungsmakel» wirklich geheilt wurde. Vom 3. Lebensjahr an rutschte das Dasein nach der Scheidung von Ritschel wieder ins Mittel- bis Kleinbürgertum ab, blieb so auch während der Ehe der Mutter mit Friedländer. Die acht Jahre Klostererziehung schufen eine Scheinaristokratie, häuften einen Boden für Wünsche, Phantasien, Vorstellungen an, auf dem allmählich die Empfänglichkeit wuchs, bereits mit 18/19 ins gesellschaftliche «Jenseits» eines Millionärs zu heiraten. Der Sprung gelingt. Plötzlich ist Magda eine «Dame von Welt». Und doch hat sie zur Welt nie einen eigenen Zugang. Der wird ihr immer nur durch einen Mann eröffnet.

Sie unterzog sich nie der Mühe, einer eigenen Erwerbstätigkeit
nachzugehen. Sie lernte nichts zur Ausübung eines Berufes. Sie
*war* nichts: weder Arbeiterin noch Handwerkerin und Bäuerin,
weder Angestellte, Sekretärin, höhere Beamtin noch selbständige
Künstlerin, geschweige denn leitende Unternehmerin.

Jedesmal, wenn es Korrosionszeiten gab, Zeiten der Umbet-
tung, der Zwischenräume, ging Magda nicht auf den Weg einer
noch so fragilen eigenen Identität und einer finanziellen Unabhängigkeit von Mutter und Mann, sondern begab sich entweder
zurück in die Einbettung des Lebens bei der Mutter oder voran in
die Neubettung des Lebens an der Seite eines nächsten Mannes.
Ihr Leben bestand letztlich nur aus Umbettungen zwischen Mutter und Männern. Sie blieb immer in einem «Innen», auch wenn
es am Schluß ihres Lebens das herausragend sichtbarste einer ganzen Gesellschaft war – die Wochenschau zeigte Magda mit Kindern und Mann am Frühstückstisch...

«Leere» heißt: kein stabilisierendes Seinsbewußtsein, keine Er-
werbsidentität und keine autonome Machaktivität. Alles muß für
sie gemacht werden. Und die Machenden sind Männer.

Quandt holt sie aus dem Mädchenpensionat, der junge Freund
holt sie aus der sexuellen Verkümmerung ihrer steril gewordenen
Ehe, Goebbels holt sie aus ihrer Lebenssinnkrise. Sie hatte eigentlich Kunstgeschichte, Jura oder Innenarchitektur studieren wollen. Ihr Freund verausgabte sich in seinem Beruf, ihr Sohn ging
zur Schule. Was sollte sie neben Köchin und Zimmermädchen den
ganzen Tag lang machen?! Da kam die Idee für den Sportpalastbe-
such, obwohl Magda weder Sport noch Politik etwas angingen, sie
bisher abschaltete, wenn über Politik geredet wurde. Und am
nächsten Tag war sie im Bett der NSDAP!

Was mit diesem Satz endgültig in den Spott gerutscht ist, ver-
hüllt eine gesellschaftliche Tragödie, deren äußerste Verzerrung
sich in Magdas Leben abgespielt hat.

Nach der Herleitung der elternteilgeprägten psychologischen
Grundsatzcharaktere Muttersohn, Vatersohn, Muttertochter, Vatertochter entsteht der Eindruck, ich bewerte die Mutterrolle ne-

gativ, die Vaterrolle positiv, ich mäße die Bedeutung der Mutter
gering, ja ich dämonisierte «Mutter», wenn ich ihren «Einfluß»
mit Gewalt in Verbindung brächte. Nicht *ich* mache die Mutter
«schlecht», bewerte ihre Position negativ, setze ihre Bedeutung
hinter der des Vaters zurück. Die Mutter *wird* vom Patriarchat
schlechtgemacht, zurückgesetzt, ihre Position ist von dieser Gesellschaft negativ definiert, wenn es darum geht, daß Kinder sich
im zweiten Lebensjahrzehnt den Zugang zu dieser Gesellschaft
erkämpfen müssen.

So wie ich mich hauptthematisch nicht mit Schuld beschäftige,
sondern mit Verursachung, benutze ich die Begriffe «Vater» und
«Mutter» weder in negativem noch in positivem Sinne. Ich mache
keine Wertungen, sondern setze mich mit Wirkungen auseinander. Ich stelle die «Beschattung» der Mutter in der Männergesellschaft dar.

Ich kämpfe für die Beendigung dieses Zustandes, für die Einrichtung nachpatriarchalischer Verhältnisse, die durch dreierlei
gekennzeichnet sein müssen: 1. Prägung der Gesellschaft auch
durch alles, was Mutter ist. Es darf keine «väterliche» Gesellschaft
und «mütterliche» Familie mehr geben. 2. Nähe aller Kinder zum
Vater, Zuwendung der Männer ebenso zu Töchtern wie zu Söhnen. Wer kinderabstinent oder tochterfeindlich ist, muß von der
Zeugung von Nachkommen ausgeschlossen werden. 3. Sogenannte «Väterlichkeit» und «Mütterlichkeit» dürfen nicht mehr
auf die Geschlechter zwangssepariert werden, es darf keine eindeutig voneinander abgegrenzten sozialen Rollen mehr geben,
Mann = nur Vater, Frau = nur Mutter.

Diese Gesellschaft mit vorzubereiten, dafür soll das vorliegende
Buch ein Beitrag sein. Sein Inhalt ist jedoch nicht die Utopie eines
zu erstrebenden, sondern die Beschreibung des vorgefundenen,
tatsächlich existierenden Zustandes der Gesellschaft. Dessen
Abschaffung gelingt nur mit wunschungetrübter, ungefärbter
Wahrnehmung der Realität und nach ungeschminkter Berichter-
stattung, so beleidigend, bild- und vorstellungszerstörerisch sie
auch immer sein wird.

Es ist ein von alters-patriarchats-her geübter Kurzschluß, den

Überbringer einer Nachricht mit dem Verursacher des übermittelten Sachverhaltes gleichzuschalten.

Der Ausschluß der Frauen aus der Gestaltung der Gesellschaft, aus der Mitwirkung in ihr, aus ihrer tätigen Prägung durch Frauen, hat die verheerende Wirkung auf die Kinder beiderlei Geschlechts, daß Frau / Mutter patriarchalischerseits – zu allen patriarchalischen Zeiten – nicht brauchbar ist für das Erlernen des Zugangs in diese Gesellschaft und für das Erlernen der Handhabung dieser Gesellschaft. Die Schlüssel zum Patriarchat – wie könnte es anders sein?! – hat normalerweise der Vater in der Hand, weil seine gesellschaftliche Bevorrechtigung total ist. Diese Bevorrechtigung des Vaters hat eine riesenhafte Wirkung auf die Kinder. Die Wirkung ist verschieden, je nachdem, ob und wie der Vater sich (seinen) Kindern widmet. Je gestörter das Verhältnis einer Tochter zu ihrem Vater ist, um so endgültiger muß sich die Tochter aus dieser Gesellschaft ausgeschlossen, ausgegrenzt fühlen.

Daß Magda Goebbels' Beziehungen zu ihren Vätern «hochqualifiziert» gestört waren, dafür spricht jede Nische, jede Passage ihres Lebens.

Die Störungen hat niemals die Tochter, sondern immer der jeweilige Vater zu verantworten.

Die Störungen auf sozialer Ebene sind in Magdas Leben zu beweisen. Über körperlich-seelische Störungen in den rudimentären Vater-Tochter-Verhältnissen gibt es keine Mitteilungen. Vermutet werden müssen sie. Die Distanz zwischen ihrem ersten sozialen Vater Ritschel und Magda muß groß gewesen sein, da er sie während seiner Ehejahre mit ihrer Mutter nicht als seine Tochter legitimierte.

Verstörungen können aber auch in entgegengesetzter Richtung geschehen sein. Freuds große, von ihm selbst später widerrufene Entdeckung der Vatersünden um die Jahrhundertwende kann auch in Magdas Leben eine Rolle gespielt haben. Diese Bemerkungen sind spekulativ, da es keine Hinweise darauf, auch keine Andeutungen darüber gibt, daß Magda von dem einen oder anderen ihrer sozialen Väter mißbraucht worden ist. Vollzogener oder versuchter Mißbrauch des Mädchens durch Ritschel oder Friedländer können jedoch nicht ausgeschlossen werden, denn Magda zeigt in ihrem späteren Leben die von der Mißbrauchsforschung zutage geförderten Merkmale der Opfer – Selbstschädigung und Fixierung an Männer, die ihr und / oder der Gesellschaft Gewalt antun.

Fakt ist, daß, kaum lebt die Familie wieder in Berlin – Magda ist 13 / 14 –, sich Auguste Friedländer von ihrem zweiten Mann scheiden läßt. Es muß (wieder) etwas Schwerwiegendes vorgefallen sein, denn die Mutter ist so von Männern ernüchtert, daß sie ab 34 keine neue Beziehung mit einem Mann mehr eingeht.

Die Vaterlosigkeit Magdas, das heißt, der Mangel an einer positiven Identifikation mit Vätern, wird durch ein spezielles Verhalten Magdas noch unterstrichen. Letztlich hat sie nur Sehnsucht nach Vätern, benimmt sich auf die Dauer aber nicht einklänglich mit ihnen. Sie schockt und reizt sowohl ihre sozialen Väter, als auch ihre zu «Vätern» gewordenen Partner. Ritschel und Friedländer provoziert sie mit der Wahl Goebbels'. Ritschel kündigt die Beziehung zu Magda auf. Inwieweit sie Friedländer vor Verfolgung schützte, darüber ist in den Biographien nichts erwähnt worden. Es scheint eher so zu sein, daß Magda an der Seite ihres Mannes vor der Auschwitzzeit eine gewisse Genugtuung über die Verfolgung der Juden – Geschäftsboykott, Berufsverbot, Auswanderungszwang, «Kristallnacht» – empfunden hat, da sogar ihre ständige Begleiterin, Eleonore Quandt, keinen nennenswerten Widerstand Magdas gegen die noch nicht aufs Ganze gegangenen Maßnahmen verzeichnete, nur ein Achselzucken: es müsse sein, der Führer wolle es, basta! Gedanken an Elend, Verzweiflung und Tod, die diese Taten schon massenhaft verursachten, verschwendet Magda nicht.

Walter Kempowski untersuchte für sein «kollektives Tagebuch» – Januar / Februar 43 – «Das Echolot» die Sterberegister der jüdischen Gemeinden in der Zeit der Verfolgung. Die erste Todesursache war Selbstmord.[64]

Magda schockte Friedländer mit der Namensänderung, eine Vorform der Vertreibung. Sie setzte beide Geschäftsmänner mit

dem ad hoc erworbenen Status einer Millionärsgattin «Schach
matt». Sie provozierte dann Quandt mit dem jungen jüdischen
Liebhaber, diesen mit dem antisemitischen Goebbels.

Gegen Goebbels unternahm sie ein gewagtes Spiel, als sie sich
mit seinem Stellvertreter Hanke verband. Solche Komplizenschaft gegen den Chef und Gatten hätte auch tödlich ausgehen
können, zumindest für den Untergebenen und Liebhaber, wenn
Magda nicht unter der Protektion Hitlers gestanden hätte.

«Keinen eigenen Zugang zur Gesellschaft» heißt in Magdas Leben oft auch, daß sie sich höchst ungeschickt, sogar selbstgefähr-
dend benimmt, in Unkenntnis der gesellschaftlichen Spielregeln,
ja Gesetze. Die Beziehung zu ihrem Liebhaber versteckte sie nicht,
sondern stellte sie so lange regelrecht aus, bis ihr Ehemann von
dem Verhältnis erfahren mußte. Sie wohnte mit ihrem Freund im
«Godesberger Hof», im selben Hotel in Bad Godesberg, in dem sie
Quandt geheiratet hatte. Die Besitzer standen in enger Verbindung zu den Eltern ihres ersten sozialen Vaters, Ritschel. Da die
sozialen Großeltern Magdas in der Nähe wohnten, wurde der
Klatsch sofort nach Berlin zu Quandt getragen.

Magda war vorübergehend mittel- und rechtlos, als Quandt sie
verstieß. Sie hatte Ehebruch begangen, würde schuldig geschieden
und vom Sohn beraubt werden, ohne finanzielle Sicherung daste-
hen. Erst der findige Rechtsanwalt brachte Magda auf die Idee,
noch zu versuchen, sich in den Besitz der ihren Mann kompromit-
tierenden Briefe zu bringen. Obwohl Magda von Günter Quandt
Hausverbot bekommen hatte, den Hausangestellten strikt verboten war, sie hereinzulassen, konnte Magda die Bedienung mit
einem Vorwand dazu bringen, sie noch einmal ins Haus zu lassen.
Und siehe da, die Briefe lagen am alten Platz verborgen.

Auch in der Goebbels-Scheidungsphase verhielt sich Magda un-
gewandt. Es gelang ihr erst eine Position gegenüber Joseph aufzubauen, als sein Stellvertreter Karl Hanke ihr belastendes Material
anbot, Briefe von Baarova an Goebbels, die durch die Hände des
Staatssekretärs gegangen waren. Zweimal versuchte Magda den
Absprung von Joseph, schaffte es beide Male nicht. Als nach dem
Prüfungsjahr Sommer 38 bis Sommer 39 und der Versöhnungs-

zeit 40 / 41 Joseph ein Verhältnis mit seiner Sekretärin begann, wollte Magda wieder die Trennung, wagte jedoch ein Scheidungsverfahren trotz neuer Beweise der Untreue ihres Mannes abermals nicht. Es hätte ein nächster Liebhaber kommen, den Scheidungsprozeß für sie durchfechten und ihr eine «Übernahme» der sechsfachen Mutter garantieren müssen. Solch ein Ritter tauchte am Horizont jetzt nicht noch einmal auf. Karl Hanke hatte nach der Baarova-Affäre versetzt werden müssen. Er war Gauleiter von Schlesien geworden und hatte dort geheiratet.

Magda konnte letztlich nie selbst handeln. Es mußte für sie gehandelt werden. Diese Handlungen hatten dann oft etwas sie Gefährdendes an sich. Magda zündelte an der Motorik der Männer, bis die durchaus auch einmal in die falsche Richtung losgehen konnte. Sie «machte so auf Erotik», daß der Präsidentenneffe Hoover sich zu einem Heiratsantrag herausgefordert fühlte. Sie löste sich nicht *erst* aus der Beziehung zu ihrem Geliebten «Ernst», sondern setzte ihm «Knall auf Fall» ihre Absicht, Goebbels zu heiraten, vor die Nase, provozierte seinen Kurzschluß.

Ganz besonders kommt ihre soziale Lähmung zum Ausdruck in einem Ereignis, das von *ihr* Normsprengung verlangt hätte, um es zu meistern. Ihr Stiefsohn Hellmuth Quandt, nur sechs Jahre jünger als sie, hatte sich in Magda verliebt, ja sein Erwachsenwerden bedeutete Verliebtsein in seine Stiefmutter. Als er auf die 20 zuging, kamen die Gefühle des Jünglings gegenüber Magda deutlicher zum Vorschein.

Alles, was bisher im Haus zu geschehen hatte, überließ Quandt allmählich Magda mehr und mehr. Sie konnte es nach eigenem Gutdünken regeln. Sie war bei allen Kindern sehr beliebt und hatte auch bei den vom verunglückten Quandtfreund hinzugekommenen Kindern für ein Zuhausebleiben insistiert, was schließlich erlaubt wurde. Jetzt fiel ihr nichts Besseres ein, als den in sie verliebten Stiefsohn Hellmuth wegzuschicken, zuerst nach London.

Der Konflikt wurde dadurch nicht gelöst. Hellmuth drängte mit beschwörenden, herzzerreißenden Briefen wieder zurück zu Magda.

Nach kurzem Aufenthalt in Berlin wurde er abermals wegge-
schickt – diesmal nach Paris, ebenso ohne Lösung des Konflikts. In
Paris schied Hellmuth aus dem Leben über eine Blinddarmopera-
tion, bei der es anschließend eine Komplikation gegeben hatte, so
daß er im Krankenbett in den Armen der herbeigerufenen Magda
sterben konnte.

Die Beziehung Magdas zu ihrem Mann, Günther Quandt, war
längst zu Ende. Sie liebte Hellmuth ebenfalls, ja sie war es, die
seine Gefühle zum Sprengen brachte, aber sie hätte diesmal *handeln*, die soziale Sprengung hätte von *ihr* ausgehen müssen: Verlassen des Ehemannes, Wagnis der Liebe zum Stiefsohn Hellmuth!

Magda probierte ein ähnliches Wagnis erst in gesicherten Bahnen. Ziemlich bald nach Hellmuths Tod erscheint der junge Liebhaber – nur knapp drei Jahre älter als sie – und sagt auf einem Ball
angeblich sogleich beim ersten Tanz zu ihr: «Sie sind nicht glücklich! Ich liebe Sie!»[65]

Von dieser sie frappierenden gesellschaftlichen Raketenhaftig-
keit kann sich Magda mitreißen und aus der Ehe mit Quandt
sprengen lassen.

Magdas soziale Fesselung ist gut verborgen hinter den Glanz-
begriffen «Geist», «Schönheit», «Klugheit», «Geld» ... Magda
mußte den jeweiligen Problemen des Lebens weder aus intellektuellen noch aus finanziellen Gründen erliegen, aber ihre Vaterlosigkeit versetzte sie in eine so schwere psychische Blockade, daß
sie trotz bester persönlicher – geistiger und körperlicher – Aus-
gangsbedingungen an ihrer vorbildlichen, exakt gelungenen Rol-
lenprägung erstickte. In ihre Vaterleere ließ Magda bereitwillig
die gesamte extremistische Mutterideologie der Nazimänner ein-
füllen.

Magdas Fall zeigt den Frauen, wie diese Gesellschaft mit ihnen
Schlitten fährt, wenn sie sich auf die ausschließliche Übernahme
der patriarchalischen Mutterrolle einlassen.

Magdas Biograph Meissner sagt es ohne soziologischen Finger-
zeig:

Magda «sei wirklich eine ganz ungewöhnliche Frau gewesen, schildert ihre Schwägerin Ello Quandt sie sehr viele Jahre später. Was Außenstehenden als seltene Kombination von guten Gaben und Begabungen erschien, schenkt ihr selbst kein persönliches Glück, sondern führt letzten Endes Magda ins tiefste Unglück, wortwörtlich in den Tod und Verderben...»[66]

3. Magda hatte einen Hang zu extremen Männern, die von unverrückbarem Normierungswillen geprägt waren.

Extrem und Festigkeit in dem von ihnen Vertretenen sind die Merkmale, die Magdas drei Lebenspartner vereinte.

Quandt ist der eingefleischte Kapitalist. So reich und so kontinuierlich erfolgreich, wie Quandt es war, waren nur wenige Männer seiner Zeit. Er war ein Extrem, obwohl gesellschaftlich angepaßt, allerdings für die 20er Jahre durchaus nicht die Regel, weil Kapitalisten damals reihenweise in den wirtschaftlichen Krisen und Umbrüchen des Landes scheiterten und untergingen. Die Beziehung mit Quandt war für die 18jährige Anfängerin exzeptionell, aber noch nicht rahmensprengend, denn Kapitalistengattin zu sein, ist eine Norm. Frauen leben zu Tausenden neben Männern, die sich temperiert gewalttätig nach innen – im Verhältnis zu Frau und Kind – und kanalisiert gewalttätig nach außen in der Gesellschaft benehmen. Quandt entäußerte sich gern in Sekundär- und Tertiär-Generositäten, verstand im Primären, beim Geschäftemachen, aber keinen Spaß, war da, wie sein Kontrahent Hitler es von der männlichen Jugend verlangte, «hart wie Kruppstahl».

Wie sich die Gewalt des Mannes im einzelnen auswirkt, wohin sie sich steigert, das ist für seine Frau Pechsache. Magda hatte mit ihrem dritten Mann solch ein Pech und zieht deshalb die Aufmerksamkeit auf sich.

Auch der Mann zwischen Quandt und Goebbels zeichnet sich aus durch ein Extrem und durch willensstarke Normativität. Ihn zu personalisieren und aus dem anonymen «jungen Liebhaber Ernst» zu befreien, bedarf genauerer Ausführungen, die bisher den Fluß der Darstellung von Magdas Verhaltensweisen und Beziehungen

gehemmt hätte. Noch nach über 60 Jahren wirkt die Realisierung
seiner authentischen Person schockierend: «Ernst» war der Zionist Viktor Chaim Arlosoroff. Er taucht in den frühen Biographien Joseph Goebbels' nicht auf, wird erst von Ralf Georg Reuth
in einer Fußnote erwähnt.[67]

Die Biographen Magdas, Erich Ebermayer und Hans-Otto
Meissner (Roos), mußten Arlosoroff als wesentlichen Menschen
in Magdas Leben vorführen, wollten 1952, im Jahr der Erstausgabe von Magdas Biographie, seine Identität verschleiern.

In der Phase der Selbstfindung Israels, Ende der 40er, Anfang
der 50er Jahre, erschien es ohne Zweifel als opportun, eine zionistische Leitfigur, die Arlosoroff war und immer noch ist, nicht mit
Magda Goebbels in Verbindung zu bringen. Auch wenn es nichts
Ehrenrühriges bedeutet, Magda *vor* Joseph Goebbels geliebt zu
haben, genügte damals schon eine Verbindung mit dem Namen
der Karyatide des Dritten Reiches, um Verwirrung zu stiften und
eine heldische Figur ins Zwielicht zu bringen.

Über 40 Jahre nach der Gründung Israels und 60 Jahre nach dem
Tod von Arlosoroff kann die Aufdeckung seines Namens kein Unheil mehr anrichten. Sie ist bereits zweimal geschehen, wenn auch
nur in kurzen Bemerkungen, die mit unsensationeller Beiläufig-
keit geschahen und gerade deshalb die Authentizität Arlosoroffs
als Geliebten Magdas bestätigen.

Die beiden Zeugen äußerten sich unabhängig voneinander in
einem Abstand von mehr als 40 Jahren: Bella Fromm noch vor
dem Enddesaster des Naziregimes in ihren Tagebüchern 1930–38,
erschienen in London 1943, in Deutschland allerdings erst 1993!
Und Curt Riess, einer der Biographen von Joseph Goebbels – nicht
dort, sondern –, in seiner zweiten Autobiographie, erschienen
1986. Curt Riess:

«Vorher Liaison [Magdas] mit einem Studenten, übrigens ein Jude, den
ich – solche Zufälle gibt es – gekannt hatte, denn er ging in meine Schule.
Er hieß Viktor Arlossoroff [Schreibweise abweichend von originaler],
ging nach dem Studium – ein glühender Zionist – nach Palästina und
wurde dort ermordet.»[68]

Bella Fromm:

«Magdas hübscher kleiner Kopf war ganz verwirrt von einer Fülle von
Ideen und Lehren, die einander widersprachen. Sie interessierte sich
plötzlich für Buddhismus und war eine Zeitlang von dieser alten Philosophie gefesselt. Die nationalsozialistische Ideologie erfaßte ihre Einbil-
dungskraft wie nichts bisher, aber sie vermischte sich mit den Überresten
der zionistischen Lehre, die ihr alter Freund, der Zionist Arlosorow
[Schreibweise abweichend von originaler], ihr eingeimpft hatte...
... Wahrscheinlich würde sie vor einem Kibbuz in Palästina Wache stehen, Gewehr geschultert und eine Losung aus dem Alten Testament auf
den Lippen.»[69]

Bella Fromm macht einen Hinweis, aus dem hervorgeht, daß sich
Magda und Viktor möglicherweise schon länger flüchtig kannten:
«Diese Freundschaft reichte weit zurück... Sie hatte Arlosorow
auf einem internationalen Studentenball kennengelernt und war
ihm dann sehr zugetan gewesen.»[70] Beider Liebe füreinander begann aber erst frühestens Ende 1928.

Die Ironie mit Magdas gewehrgeschultertem Wachestehen vor
einem palästinischen Kibbuz deutet darauf hin, daß das «klat-
schende» Gesellschafts-Berlin «wußte», wohin Magdas Interessen
vor Joseph Goebbels gingen.

Zu ihrer seelischen Situation hätte ein jüngerer Student, hinter
dem Ebermayer und Meissner Arlosoroff verbergen, nicht im
mindesten gepaßt. Arlosoroff war stark, eindrucksvoll, bestim-
mend, ja «väterlich» wie Quandt und Goebbels, vor allem, er war
ein Extrem, wenn auch in anderer Weise als sein Vorläufer und
sein Nachfolger.

Chaim Vitaly Arlosoroff war von Geburt Russe, Sohn jüdischer
Eltern, väterlicherseits Enkel eines Rabbiners. Er kam am 23. Februar 1899 in Romny / Ukraine zur Welt. Der Vater war ein wohl-
habender Weizen- und Holzhändler mit internationalen Verbindungen. 1905, von einer Welle antisemitischer Pogrome bedroht,
floh die Familie nach Deutschland. Aus Vitaly wurde Viktor. Die
gesamte schulische Entwicklung Arlosoroffs geschah in Deutschland, zuerst in Stallupönen, einer kleinen Stadt in Ostpreußen,
dann in Königsberg und ab 1914 in Berlin. Viktor besuchte dort

das Werner-von-Siemens-Real-Gymnasium, in dem er Curt
Riess kennenlernte.[71]

Nach dem Abitur studierte Arlosoroff Volkswirtschaft und Philosophie in Berlin. Er war Doktorand bei Werner Sombart, bekam
von ihm während der Fertigstellung seiner Dissertation ein Ange-
bot für eine Assistentenschaft, das er ablehnte. Er ging 1923 nach
Palästina, das er 1921 erstmals besucht hatte. Schon früh begann
er mit seiner schriftstellerischen Arbeit. Er setzte sich unter anderen mit Marx, Kropotkin und Nietzsche auseinander, veröffentlichte in den ihm noch verbleibenden zehn Jahren zahlreiche Bücher und kürzere Schriften.

1926 kam er zurück nach Europa. Er gehörte zur palästinischen
Delegation beim Völkerbund in Genf, reiste anschließend in die
USA.

«Die zionistische Bewegung kommandierte ihn von einem Platz auf den
anderen, so daß er sich immer im Übergangsstadium von einer Aufgabe
zur anderen befand...

Er wird nach London geschickt, weilt dort viele Monate, beteiligt sich
aktiv an den Arbeiten der politischen Kommission, die unter dem Vorsitz
Weizmanns gebildet worden ist...

Eine Aufgabe löst die zweite ab, eine Mission die andere...; wieder
Memoranden, wieder eine Sitzung des zionistischen Aktionscomités und
eine Tagung des Administrativkomitees der Jewish Agency und wieder
Reisen.»[72]

Seine Reisen zwischen 1926 und 1928/29 führen ihn auch nach
Berlin, in die Stadt seines geistigen Erwachsenwerdens. Dort begegnete er aufs neue oder erstmals Magda Quandt auf einer Festi-
vität von Politikern und Wirtschaftlern.

Das Irritierende beim Sich-Vorstellen einer Liaison zwischen
Viktor und Magda: Arlosoroff war nicht ein Privatzionist, sondern eine Identifikationsgestalt des frühen Israels im Status Palästinas. Er wurde einer der Führer der Arbeiterpartei «Mapai» – der
sozialistisch-sozialdemokratischen Zionisten –, hatte die Vereinigung der beiden linken zionistischen Verbindungen zu dieser Partei mitbegründet, war 1933 – zwei Jahre nach dem Ende seiner
Freundschaft mit Magda – in einer Position, die mit einem Außen-

minister des im Entstehen begriffenen jüdischen Staates verglichen werden kann. Er hätte das Zeug zu einem der ersten israeli-
schen Ministerpräsidenten gehabt.

Am 16. Juni 1933 wurde er in Tel Aviv von rechten Zionisten
erschossen – angeblich wegen seiner Kontakte zu den deutschen
Nazis. Er hatte sich mit ihnen in Verhandlungen begeben, um die
Auswanderung deutscher Juden nach Palästina zu erleichtern. Es
können aber auch innerzionistische Streitigkeiten anderer Art gewesen sein, in deren Verlaufe die Symbolfigur der Linken für die
Rechten immer gefährlicher wurde. Die Täter konnten nie gefaßt
werden. Es gab ausgedehnte Untersuchungen zu diesem Mord,
ein zweites Mal fünfzig Jahre nach dem Ereignis – abermals ohne
Erfolg.

Biograph Avineri setzt die Bedeutung des Falles Arlosoroff für
die israelische Gesellschaft gleich mit der Bedeutung des Falles
Dreyfus für die französische Gesellschaft!

«Die Affäre Arlosoroff wurde der berüchtigste politische Mordfall in der
modernen zionistischen Geschichte.»[73]

Bei dem Ausschnitt aus Arlosoroffs Leben, der in einer Abhand-
lung über Magda Goebbels nur betrachtet werden kann, ist Vik-
tors Position und seine Wirkung wichtig.

Sich auf diesen Mann einzulassen bedeutete, Anteil zu haben
an einer Idee, die von Magda bald die Praxis verlangt hätte, wirklich mit nach Palästina zu gehen. Was Bella Fromm schreibt, war
kein Witz, sondern war Teil Magdas möglicher zukünftiger Realität.

In den 20er Jahren professioneller – Curt Riess schreibt «glühender» – Zionist zu sein, war extrem, war eine Kampfansage gegen
das zweitausendjährige jüdische Leben des Schwankens, gegen die
elliptische Identität der Juden – wie es ein jüdischer Freund von
mir einmal formuliert hat –, ähnlich den Planeten zwei Mittel-
punkte zu haben, im Bewußtsein eines Doppel zu leben, Jude und
Ungar, Jude und Franzose, Jude und Russe, Jude und Deutscher...
zu sein. Zionisten wollten so nicht mehr leben, sie wollten das eine
als das feste, wollten das Ende des Hinundhergeworfenseins in

«Gastländern», wollten das eigene Land haben wie alle, wollten
wieder eine Nation bilden am Orte ihres Ursprungs. Zionist zu
sein hieß nicht nur hin nach Palästina / Israel, sondern vor allem
weg, heraus aus dem anderen Volk, zu dem die meisten Juden
längst fast ganz geworden waren, hieß weg vom Deutschsein,
Ende der Assimilation.

Shlomo Avineri vergleicht Viktor Chaim Arlosoroff mit den
russischen linken Revolutionären, mit Trotzky, Kamenjew,
Zinowjew..., in deren Kreis er mit seinen Gaben und Anschauungen gekommen wäre, wenn er in Rußland geblieben und früher
geboren worden wäre.

Was für die Kontrastfigur zum rechten Revolutionär Goebbels
noch wesentlich ist: Arlosoroff hatte eine charismatische Ausstrahlung, auf die die unpolitische Magda flog, für die es gleichgültig war, welche Inhalte im Inneren dieser Ausstrahlung lagen
und zu den Menschen transportiert werden sollten.

«Arlosoroff war jung, brillant, mit einer starken Wirkung als Redner und
trotz seines intellektuellen Habitus umwerfend (eine Reihe von Eskapa-
den sind mit seinem Namen verbunden, in Deutschland ebenso wie in
Palästina) [die einzige Andeutung auf die Existenz einer Magda!]. Kurz,
er erfüllte alle Erfordernisse, ein Held und ein Symbol zu werden.»[74]

Arlosoroffs Wirkung auf Frauen muß «schlagend» gewesen sein.

«Als nach fast fünfundzwanzig Jahren Ello Quandt von ihm erzählt,
scheint sich die nun Fünfzigjährige in einen Backfisch von knapp fünf-
zehn zu verwandeln. Mit geröteten Wangen schwärmt sie von Ernst und
bekennt, daß sie Magda, ihre allerbeste Freundin, um ihren perfekten
Liebhaber beneidet.»[75]

Das einzige verräterische Indiz, das von «Ernst» zu Viktor führt:
auch in Meissners Darstellung reisen die Liebenden häufig. Das
sind keine Amüsiertouren oder Kuraufenthalte, Magda begleitet
Viktor auf seinen Reisen zu maßgebenden Regierungen der Welt,
die er als Gesandter Palästinas durchführt, um unter anderem immer wieder für die Entstehung Israels zu werben. Aus London
machen die Autoren «Paris», zu dem routinemäßig gefahren werden muß.

Schon von Jugend auf war Arlosoroff ein Führer.

Als Kind: «Hier im Spielzimmer zeigte er sich zum erstenmal als richtiger Führer: Er herrschte über die Kinder..., eroberte die Herzen mit seiner Begeisterung, seiner dämonischen Kraft...»[76]

Als 17 jähriger: «Arlosoroff wurde uns zum Führer, an dessen Autorität niemand zweifelte. Das ganze Leben unseres Kreises konzentrierte sich im Hause seiner Mutter, wo wir uns fast jeden Tag versammelten. Hier entwickelte sich das Wesen des Führers Chajim Arlosoroff in seinen Anfängen.»[77]

Als junger Parteiführer: «Arlosoroff steht auf der Tribüne des Kongresses, entfaltet die ganze Leuchtkraft seines Talents... Von der Tribüne aus warnt er, erobert die Herzen, beherrscht den Kongreß.»[78]

Als zionistischer Spitzenpolitiker: – Basel, 4. Juli 1931 – «Gestern nachmittag sprach ich im Rahmen der Generaldebatte eine Stunde und zwanzig Minuten, und ich glaube nicht zu übertreiben, wenn ich sage, daß es ein persönlicher Erfolg war. Nicht nur, während ich sprach, wurden meine Worte durch stürmischen Beifall unterbrochen, sondern auch am Schluß der Rede riß ich den Kongreß zu einem wahren Beifallssturm hin. ... Die ‹Basler Nationalzeitung› schreibt: ‹Dr. Arlosoroff entwickelt sich immer mehr von einem Parteiführer zu einem Führer großen Formats›.»[79]

Aber Arlosoroff ist für Magda nicht führerisch genug, nicht extrem genug und nicht in seinem Verhalten legiert mit Gewalt, wie die Naziführer es waren. Als Joseph Goebbels in Verbindung mit Adolf Hitler auftritt, wird Magda in einer Weise «gefesselt» wie von keinem Mann zuvor.

Sie beginnt die Liebesbeziehung mit Joseph im Februar 1931, trennt sich nicht sogleich von Viktor. Sie läßt in ihrer Seele die Männer einen Kampf miteinander führen. Goebbels spricht in seinen Tagebüchern nur von einem «fremden Mann», dem «Schatten» oder «Unnennbaren» (12., 14., 17., 18., 19., 20. 4.; 13. 6.; 26., 27., 31. 7.; 12. 8. 1931). Er ist auf seinen Vorläufer spukhaft eifersüchtig, kennt dessen Identität jedoch nicht, von dem Magda «immer nur bruchstückweise... erzählt» (27. 7. 31), will ihn auch nicht enthüllt bekommen.[80]

Über den irdischen Radikalmännlichkeiten schwebt Magdas ganzes Leben lang Buddha!

Dem Buddhismus bleibt Magda bis zum Lebensende treu. Immer wieder wird in der biographischen Literatur darauf hingewiesen, daß buddhistische Bücher auf ihrem Nachttisch lagen. Magda mußte sie später aus der Schweiz kommen lassen, weil sie im Dritten Reich verboten waren. Der Buddhismus – das ist die große Philosophie der extremen Gewaltlosigkeit!

Als Bella Fromm innerhalb eines öffentlichen Porträts Magdas Hang zum Buddhismus erwähnen wollte, wurde sie mit einem Schreiben von Goebbels' Sekretärin gestoppt: «Frau Reichsminister wünscht nicht, daß der Öffentlichkeit berichtet wird, daß sie sich für Buddhismus interessiert.»[81]

Auch wenn Buddha sich nicht als Gott darstellte, gab er eindeutige Auskünfte über die Dinge, sagte, «wo es langgeht», ist er ein Extrem und vertritt dieses Extrem mit Festigkeit.

Extrem und Härte, Extrem und Eindeutigkeit, Extrem und Festigkeit... – mit Joseph Goebbels hatte Magda sich in die Nähe des ärgsten (negativen) Ausdrucks dieses Doppelts begeben.

Magdas Hang zum Extrem kulminierte in ihrem Ausspruch, sie sähe in Goebbels einen Gott: «Er ist ein Teufel, er, den ich für meinen Gott gehalten habe.»[82] Wichtig ist nicht nur das Wort «Gott», sondern ebenso das Wort «mein». Sie fand in Joseph *ihren* Gott. Warum brauchte sie den unter Menschen?

Magda wurde noch von weiteren Unsicherheiten geplagt. Neben ihrer Herleitungs- oder Abstammungsunsicherheit beherrschte sie eine Zuordnungsunsicherheit. Beide Formen sind miteinander verwandt, haben jedoch eigene Ausdrucksweisen. Die Zugehörigkeitsunsicherheit teilte Magda mit ihrer ganzen Generation.

Bei Magda zeigte sich eine religiöse und eine ethnische Unsicherheit. Ihre Mutter war evangelisch, ihr erster sozialer Vater katholisch, ihr zweiter sozialer Vater jüdisch-areligiös. Acht Jahre wirkten katholische Nonnen auf sie ein. Ihre Eheschließungen geschahen nach katholischen Bräuchen. Ihr zweiter Mann, Joseph Goebbels, war wie sie katholisch aufgezogen worden, wollte Priester werden, benahm sich später areligiös. Ihre Kinder wurden nicht getauft. Magdas Glaube sog sich an Hitler und dem Buddhismus fest.

Schwerwiegender drückte sie ihre Unsicherheit der Zugehörigkeit zu einer bestimmten Volksgruppe. In Magdas Leben ist eine Nähe zum jüdischen Teil der deutschen Bevölkerung offensichtlich. Es ist unklar, ob diese Nähe nur durch Erlebnisse mit ihrem zweiten sozialen Vater, Friedländer, und mit der Familie Nachmann, bei der sie in Berlin zeitweilig lebte, zustande kam, oder ob ihre Zuordnungsunsicherheit Magda noch einmal auf ihre Abstammungsunsicherheit verwies. Die merkwürdige Passage über Friedländer, daß er «noch kurz vor seinem Tode» die Namensänderung Magdas in ihrer Kindheit von «Behrend» zu «Friedländer» angeblich als «das schönste Geschenk seines Lebens» beschrieb[83], kann eine Andeutung sein, daß er selbst der biologische Vater Magdas war, ihre Mutter aber aus irgendwelchen Gründen zur Zeit der Geburt der Tochter und in den ersten Jahren danach nicht heiraten konnte. Sie trug den Namen ihres jüdischen Adoptivvaters über ein Jahrzehnt lang.

Magdas erste große erwachsene Beziehung geht sie zum jüdischen Viktor Arlosoroff ein. Quandt war letztlich für sie ein Vater-Unterschlupf, in den sie sich mit 17 mehr hineinflüchtete, als daß sie ihn freiwillig gewählt hätte.

Magda bleibt nach Viktor ihrer Vorliebe für Südtypen treu. Auch Karl Hanke, der Mann ihrer längst anhaltenden Beziehung neben Joseph Goebbels, ist romanisch typologisiert. Sie wollte ihn zeitweilig heiraten, hätte es wahrscheinlich getan – Hanke rechnete fest damit –, wenn Goebbels nicht zur Versöhnung bereit gewesen wäre.

Nichts zeigt Magdas Zuordnungsunsicherheit so kraß wie ihre 180-Grad-Wendung von der zwei- bis dreijährigen Partnerschaft mit einem Zionisten zu der Partnerschaft mit einem Nationalsozialisten. Mit 28 ist sie noch Geliebte des «Semiten», mit 29 will sie Frau des neben Hitler markantesten Antisemiten werden!

Wie ambivalent Magda gegenüber Juden ist, belegt ihr Verhalten in der «Übergangsphase», die ihren Sadismus entblößt, mit dem sie die Kehrtwendung unternimmt. Die Beziehung zu Goebbels läuft an, während Magda noch mit Arlosoroff liiert ist.

Viktor konzentriert sich auf zionistische Politik, und Magda füllt «die Leere ihres gegenwärtigen Daseins»[84] mit der Lektüre von Hitlers «Mein Kampf», «liest die beiden Bände von der ersten bis zur letzten Seite. Sie kauft sich auch Rosenbergs ‹Mythus des 20. Jahrhunderts›... Sie hält sich eine Nazi-Zeitung, studiert Schulungsbriefe und verfolgt die Reden Hitlers in der Presse. Sogar mit dem Parteiprogramm, das ihr der Blockwart überreicht, beschäftigt sie sich.»[85]

«Mein Kampf» und «Mythus des 20. Jahrhunderts» sind Standardwerke des Antisemitismus, der Autor des letzteren, Alfred Rosenberg, ist der «Schöpfer» der Nürnberger (der sogenannten «Rassen»-)Gesetze, die die jüdischen Deutschen zu Menschen zweiter Ordnung dekretierten und eine Verheiratung mit ihnen verboten (1935)!

Viktor läßt nicht mit sich spaßen, versucht, gegen die plötzlichen, an den Haaren herbeigezogenen Interessen Magdas zu kämpfen – vergebens. Das Verhältnis zwischen den beiden bekommt einen «schweren Riß»[86].

Die Zuordnungsunsicherheit war das Problem Nummer eins der Menschen Magdas Generation in Deutschland. Als Nation waren die Deutschen viel zu jung, so daß «Deutschland» «den Deutschen» noch keine Zuordnungssicherheit verschaffen konnte. Die Horizontale – die Verklammerung der vielen deutschsprechenden Stämme zu einem ganzen, großen Deutschland – war also wackelig. Da brach 1918 die Vertikale – das feudale Gesellschaftssystem – zusammen. Jahrhundertelang waren die Menschen hierarchisch eingebunden gewesen, herrschten aristokratische Verhältnisse der Oben-Unten-Zuordnung, die nicht nur Unterdrückung brachten, sondern auch Sicherheit boten. Und mit einem Schlage war die Sicherheit zerbrochen. In dieser Situation des Schwankens und der Umbruchsschwierigkeiten wie der Neuordnungsschwammigkeit traten die Nazis auf und versprachen neue Festigkeiten – Reparatur der Horizontale und der Vertikale: Einbindung der Menschen in die «Volksgemeinschaft» (horizontal) und Aufrichtung aller «Volksgenossinnen» und «Volksgenossen» durch ihre Orientierung an einem Führer (vertikal). Nicht nur das, es wurden neofeudale Abstammungsprinzipien eingeführt – mit einem schwerwiegenden Unterschied: während der aristokratischen Zeiten befand die Abstammung über Hoch oder Niedrig, über ein Leben als Führer oder Diener, jetzt, unter den Nazis, hieß «Abstammung» Tod oder Leben. Wer von Juden, dem ältesten, also letztlich dem aristokratischsten Teil der Bevölkerung abstammte, wurde zuerst allmählich (von 1933 bis 41) und später (von 1941 bis 45) sofort zum Tode befördert.

Die Männer, auf die Magda flog, waren wie sie unsicher in der Zugehörigkeit. Dem Zionisten reichte nicht mehr die Zugehörigkeit zu der Gruppe der zwei Jahrtausende lang vertriebenen, durch die Länder geworfenen Juden, er brauchte den einen Ort, die Verbindung zwischen Volk und Boden, um seine Identität zu stabilisieren. Der Wunsch, wieder eine Nation zu sein – und Nation ist eine Summe aus Volk und Land –, kam nicht nur aus einem allmählich schwach werdenden jüdischen Identitätsgefühl, sondern auch aus Schutzbedürfnis, da die Kette der Verfolgungen der schutzlosen «nomadisierenden» Juden nicht abriß.

Deutschland befand sich nach 1918 in einer halb eingebildeten, halb realen Schutzlosigkeit. Seine alte Führerschicht war zumindest formaljuristisch abgetreten, das Militär auf einen unwesentlichen Rest dezimiert worden, Deutschlands Wirtschaft im Griff der ehemaligen Feinde (über die ihnen zu leistenden Milliarden Kriegsschulden / Reparationen).

Diese Mischung aus Unsicherheit und Schutzbedürfnis erkannten die Nazis und gerierten sich als Verfestiger, Stabilisatoren und Schutzpatrone mit allen Schikanen.

Einer der herausragendsten Vertreter der Nazis, der das alte Koordinatensystem wieder einrichten wollte, war der spätere zweite Mann der Diktatur, Hermann Göring, seines Zeichens Kampfpilot im Ersten Weltkrieg, Offizier der Kaiserlichen Armee. Zivilpilot zu sein, bedeutete ihm nichts. Er flog eine Zeitlang für die schwedische «Svenska»-Lufttrafik-Gesellschaft. Die Stellung des Chefpiloten befriedigte ihn nicht. Auch wähnte er sich nur wie ein gehobener Hausierer, als er für die Firma Fokker tätig wurde, Flugzeuge, Fallschirme und Ausrüstungsmaterial verkaufte. Göring wollte kämpfen, was hieß, töten. Immerzu führte er das Wort

«Deutschland» auf den Lippen, ließ es durch seine Feder fließen, für dessen «Befreiung» er «kämpfen» müßte. Er tat so, als ob Deutschland von der Landkarte verschwunden gewesen wäre. Er wollte kein demokratisches Deutschland, das – während er es sabotierte – sich gerade mühsam ein Lebensrecht zu behaupten versuchte. Und Göring wollte kein bescheidenes Deutschland, kein gleichberechtigtes im Verband anderer Länder. Ein solches Deutschland war ihm so zuwider, daß er nach der Abdankung des Kaisers gleich mitemigrierte. Göring brauchte ein mächtiges, dominierendes, von Führern geführtes Deutschland, dessen Luftwaffenrüstungschef er augenblicklich wurde, als er und seine Mitführer die Macht erobert hatten.

Die Vokabel «Deutschland» eignet sich vorzüglich für Aufrichtungs- und Verbreitungs-, letztlich für Fremdbestimmungswünsche – und zwar Fremdbestimmung aktiv und passiv, andere zu bestimmen und von anderen bestimmt zu werden. Beides füllt innere Leere.

Magda hielt an diesem Füllstoff bis kurz vor ihrem Selbstmord fest, schrieb drei Tage vor ihrem Tod im Führerbunker an ihren Sohn, Harald Quandt, ihr letztes erhalten gebliebenes Zeugnis, ein quasi geistiges Testament:

«Du wirst weiterleben, und ich habe die einzige Bitte an Dich: Vergiß nie, daß Du ein Deutscher bist, tue nie etwas, was gegen die Ehre ist... Harald, lieber Junge – ich gebe Dir das Beste noch auf den Weg, was das Leben mich gelehrt hat: Sei treu! Treu Dir selbst, treu den Menschen und treu Deinem Land gegenüber. In jeder und jeder Beziehung!... Mein geliebter Sohn, lebe für Deutschland! Deine Mutter.»[87]

Für so ein «*in*territoriales» Gemüt war der noch nicht landgefestigte, zwischen Deutschtum und Judentum hin und her gerissene Viktor keine «Autorität» auf die Dauer. Er hatte bei Magda hoffnungslos verloren und mußte abtreten, als das Doppelstockführerpaar Goebbels / Hitler erschien.

Der Sprung vom Zionisten zum Nationalsozialisten war für Magda deshalb so leicht, weil sie in Wirklichkeit von Goebbels ihre Probleme viel genauer getroffen fühlte als von Arlosoroff.

Juden sind in der Abstammung sicher. Jüdisch ist, wer abstammt. Wer nicht weiß, daß seine Eltern, Großeltern... jüdisch waren, wer es nicht auf dem Papier belegen kann, muß!, ist nicht jüdisch. Jüdisch ist Wissen – so lautet die kürzeste Formel dieser Charakteristik.

Abstammungs- und Zuordnungsunsicherheiten sind Quellen des Antisemitismus, des Sammelbeckens von Un- bis Halbwissenden und Schwankenden. Die Nazis drehten den Spieß um und machten aus der Abstammungssicherheit der Juden ein Todesurteil.

Magda fühlte sich von Anfang an *gleich* angezogen von Goebbels *und* Hitler, die in puncto Zuordnung von Problemen verfolgt wurden, die auch Magda betrafen, Probleme, die diese Männer mit aus dem Boden gestampften Eindeutigkeiten zu lösen versprachen. Goebbels brachte typologische und physische, Hitler genealogische, beide brachten zusätzlich noch Berufs-, Geschlechtsrollen- und Herkunftsklassen-Unsicherheiten mit.

Goebbels war als Typ vollkommen ungermanisch.

Der Begriff «Rasse» ist falsch, da die «Auseinandersetzungen», die die Nazis zwischen «Ariern» und «Semiten» konstruierten, Teile derselben indogermanischen Rasse betrafen. Wenn von Gegenüberstellungen gesprochen werden kann, die die Nazis mit einer neofeudalen Werteordnung belegten, dann ging es um typologische, nord-süd-europäische Unterschiede zwischen Hell und Dunkel der Haut, Blond und Schwarz der Haare, Blau und Braun der Augen..., was bedeuten sollte, hoch und niedrig, zu fördern und zu hemmen.

Goebbels entsprach nicht nur keineswegs dem von den Nazis geforderten Nordtyp, er fiel auch aus den NS-Standards der Männlichkeit, Normalität und Gesundheit heraus, war knabenhaft klein, mädchenhaft dünn geblieben und hatte ein zu kurzes, verkrüppeltes rechtes Bein mit einem sogenannten «Klumpfuß», der ihn ohne orthopädische Schuhe zum Hinken zwang. Sein «zu großer» Kopf «paßte» nicht auf seinen schmächtigen Rumpf, seine «zu langen, dünnen» Hände wirkten «deplaziert» an seinen «zu kurzen» Armen. Seine Kopfform hatte embryonale Maße.

Goebbels fand keine Sicherheit in einem Beruf. Er studierte Alt-
philologie, Germanistik und Geschichte und promovierte zum
Dr. phil. über einen Frühromantiker. Sein Doktorvater, Max Frei-
herr von Waldberg, war übrigens sogenannt «halbjüdisch»[88].
Goebbels' angeschwärmter Heidelberger Professor, der Goethe-
Biograph und Stefan-George-Schüler Friedrich Gundolf, war jüdisch, ebenso wie sein Jugendmentor, der nahe Freund seiner Eltern
in Rheydt, der Rechtsanwalt Dr. Josef Joseph! Goebbels «kannte»
in seiner Schul- und Universitätszeit bei sich selbst noch keinen
Antisemitismus, der aus ihm erst Mitte der 20er Jahre hervorbrach.

Aus seinem Doktortitel entnahm er keine Stabilität, er spornte
ihn nicht zu einer geregelten Tätigkeit an. Sein Studium machte ihn
nicht zum Mann. Er fand keinen Beruf, der ihn – mit Hegel – hätte
zum Menschen machen können. Begabung spritzte aus ihm. Er
dichtete, schrieb Erzählungen, einen Roman, Theaterstücke, pendelte sich jedoch nicht in einem Schriftstellerstatus ein. Er versuchte, Journalist zu werden, was ihm vor der Nazizeit mißlang, er
bekam von den Zeitungsredaktionen nur Ablehnungsbriefe. So
jobbte und dilettierte er herum, rutschte immer mehr in die rechte
Ecke, verdingte sich für den «Völkisch-sozialen Block». Doch das
war noch nichts Richtiges zum Zubeißen. Vor den «Völkischen»
waren «Juden und... Herren Franzosen und Belgier» noch «sicher»[89], bemängelte Goebbels in seinem Tagebuch. Er nörgelte und
schlingerte sich weiter durchs Leben, bis der Blitzschlag Adolf Hitler ihn traf, bis «sein Führer» ihn füllte und festigte.

Auch Magda lebte in einer Geschlechtsrollenunsicherheit. Sie
war keine Hausfrau mit «Leib und Seele», ließ ihr ganzes Leben
lang prinzipiell die Hausarbeiten von ihr untergebenen Frauen ver-
richten. Sie leitete die Haushalte, war sogenannte Gesellschafts-
dame, aber scheinemanzipiert:

«Die Amerikaner betrachteten Magda Quandt mit Erstaunen und Bewunderung... So sehr sie seit ihrer Heirat um größere Selbständigkeit für sich
gekämpft hat, scheint ihr die Freiheit der Amerikanerin doch allzu groß zu
sein. Sie erklärt offen, daß sie ein solches Übermaß von Emanzipation für
sich selbst nicht wünsche, und sie meint, daß ein gewisses Maß männlicher
Autorität auch von den Frauen anerkannt werden sollte.

Derartige Äußerungen bereiten den New Yorker Frauen kein sonderliches Vergnügen. Um so mehr den amerikanischen Männern. In der Tat erregt Magda als wirklich weibliche und dennoch kluge Frau bei den Geschäftsfreunden ihres Gatten eine wahre Sensation. Eine Frau von Welt, eine schöne, elegante Frau, die offen erklärt, eine Gattin habe vor allem die Pflicht, ihrem Mann getreue Kameradin zu sein, ist etwas Einmaliges, das man nicht leicht vergessen kann.»[90]

«Gewisses Maß an Autorität!» – wenn es nur das gewesen wäre! Zwei bis drei Jahre nach Magdas Bekenntnis zur limitierten Emanzipation verliebt sie sich gleichzeitig in Joseph Goebbels und Adolf Hitler, in letzteren, der jede Balance unter Menschen zum Zusammenbruch brachte und die Unterordnung der halben Welt unter sein Ich verlangte – Todesstrafe bei Weigerung –; dieses Ich war mürbe wie diejenigen seiner Mitkämpfer und späteren Untergebenen.

Ähnlich Goebbels kam Hitler aus «niederstem Stand». Goebbels' Vater hatte sich vom «kleinen Arbeiter» in einer Dochtfabrik zum dortigen Buchhalter hochgearbeitet. Hitlers Vater – herkommend aus kleinbäuerlichen Kreisen, Mutter Dienstmagd, unehelich geboren – war Schuhmachergeselle geworden, hatte sich dann als Zollbeamter durchgesetzt, 40 Jahre Dienst geleistet. Sohn Adolf konnte sich nicht mit seinem ihn peinigenden, 52 Jahre älteren und früh sterbenden Vater identifizieren, stieg in keine Berufsrolle ein, bündelte die Talente zum Architekten, Maler, Schauspieler, Regisseur, Lehrer nicht zu einer Identität.

Neben Klassen- und Berufsunsicherheiten destabilisierten Hitler noch Abstammungsprobleme. Sein Vater war unehelich geboren und hatte sich selbst, fast 40 geworden, als Sohn des späteren Ehemannes seiner Mutter – nach dessen Tod, so daß der angebliche Vater sich nicht mehr wehren konnte – legitimiert, auch die Mutter war tot zu dem Zeitpunkt. Ihr Sohn hatte während ihrer Ehe mit Johann Georg Hiedler immer ihren Mädchennamen Schicklgruber getragen. Die späte Selbstlegitimation des hitlerschen Vaters als angeblicher Sohn des Johann Georg Hiedler ähnelt der späten Legitimierung Magdas durch ihren ersten sozialen Vater Ritschel.

Auch in Hitlers Fall wurde gemunkelt, der biologische Vater seines Vaters sei jüdisch gewesen, der 19jährige Sohn eines Kaufmanns, bei dem die Großmutter als Magd/Köchin gearbeitet hatte. Noch Hans Frank, der «Generalgouverneur» von Polen, spricht davon in seinem Testament kurz vor seiner Hinrichtung. Himmler hatte diesen «Fakt» in seiner Geheimakte über Hitler «angelegt», um ihn bei einem möglichen Sturz Hitlers gegen ihn zu verwenden.[91]

Bei all diesen Gerüchten ist es letztlich völlig unwichtig, ob sie in die eine oder die andere Seite zur Tatsache gemacht, dementiert oder bewiesen werden können, was Hitlers Biograph, Werner Maser, im «antijüdischen» Sinne versucht. Hitlers Großvater sei ein Bauer gewesen, der Bruder seines nominellen Großvaters, des späteren Ehemannes von Maria Anna Schicklgruber. Er war mit einer anderen Frau verheiratet und sein Name lautet Johann Nepomuk Hüttler![92] Wichtig ist die unbestreitbare Tatsache der Unsicherheit, in der sich ein Nachkomme gefühlt hat und die er sein Leben lang mühevoll verbergen mußte.

Daß Hitler in dieser Unsicherheit gestanden hat, wird bezeugt durch seine Auseinandersetzungen mit seinem tunichtguten Neffen William Patrick Hitler (der die ausländische Presse mit diesen Unklarheiten beliefert haben soll und den Hitler immer wieder bei Fuß des Schweigens klopfen mußte[93]), wird ebenso dadurch bezeugt, daß höchste Naziführer über Hitlers Schwachpunkt letztwillige Statements abgeben und geheime Dossiers – eine sogenannte «Führer-Mappe» – anlegen. So weit hat die Unsicherheit geführt, so lang hat sie angehalten, daß sie zu den Zeiten größter Macht Hitlers noch immer eine Rolle spielte.

Ironie des Patriarchats: der Same, den Biograph Maser von Herrn Hüttler herleitet, macht es nicht, macht nicht sicher, sondern das Wissen. Es kann für die Großmutter Schicklgruber Gründe gegeben haben, den Verdacht von dem wirklichen Kindsvater auf einen jüdischen Geschäftsmannssohn zu lenken, der schon zu Lebzeiten der Beteiligten nicht mehr verifizierbar gewesen sein mag, wodurch der Mutter weniger Scherereien entstanden sind. Denn die Familie im Dorf soll dahingehend geklatscht

haben. Ein jüdischer Geschäftsmannssohn als Vater eines un-
ehelichen Kindes bedeutete um die Mitte des 19. Jahrhunderts
(Adolfs Vater Alois wurde 1837 geboren) ein geringeres Maß an
«Schande» und war unverwickelbarer als die uneheliche Vaterschaft eines verheirateten Bauern von nebenan!

Sicher ist, daß Hitler über die Person seines Großvaters unsicher war, daß es sein Vater, das ehemals uneheliche Kind, ebenso
war. Wenn Sicherheit bestanden hätte, dann hätte Alois Schicklgruber sich als Sohn des Johann Nepomuk Hüttler und nicht als
Sohn des Johann Georg Hiedler legitimiert.

Hitler machte aus seiner Unsicherheit über seinen möglichen
jüdischen Großvater kurzen Prozeß und verfolgte alle Leute, die
nachgewiesenermaßen jüdische Großeltern hatten. Und wer zu
verfolgen war, darüber entschied nicht die «Rasse», das heißt die
Typologie, sondern das Papier, der urkundliche Beleg der Abstammung.

Nicht von ungefähr war Richard Wagner der oberste künstlerische Götze der NS-Zeit. Er konnte den jüdischen oder für jüdisch gehaltenen Geliebten und späteren zweiten Mann seiner
Mutter, Ludwig Heinrich Geyer, zum Vater haben, sein Leben
lang über Abstammungsprobleme sinnieren, die immer Vaterpro-
bleme sind, und sie in seinen Werken verewigen («Fliegender Hol-
länder», «Parsifal», «Siegfried»), das alles krümmte ihm im Ansehen der Nazis kein Haar. Offiziell bestempelt galt Wagner als
Sohn des Noch-Ehemannes seiner Mutter, Carl Friedrich Wilhelm Wagner – der ein halbes Jahr nach Richards Geburt starb –,
und war damit abstammungsabgesichert «arisch», zudem im Denken und Arbeiten nordtypversessen und südtypfeindlich wie seine
Anbeter.

Adolf Hitler handelte nicht für einen «Rassismus» (Typologismus), sondern für einen Genealogismus, das heißt, einen Abstam-
mungswahn. Wenn in der Nazizeit wirklich «Rassismus» im
Sinne des Typologismus geherrscht hätte – Bevorzugung der
nordeuropäischen vor den mediterraneischen Typen –, dann hätten die Naziführer sich zuerst selbst liquidieren müssen.

Peter Cohen reiht am Schluß seines Films «Architektur des Untergangs» Naziführer – auf ihren Gemälden festgehalten – aneinander. Die südlichen Merkmale ihrer auf der Leinwand verewigten Köpfe frappieren. Sollte jemand die Männer in die Standardkleidung eines arabischen Fürstentums stecken – Turban und Kaftan –, würde niemand daran zweifeln, sich unter Scheichs zu befinden.

Die Ähnlichkeit zwischen den Süd- und Nordscheichs war nur physiologisch. Psychologisch waren die vorderasiatisch-nordafrikanischen Scheichs noch bei weitem nicht so angekränkelt vom Verlust der Männlichkeit wie ihre deutschen Typbrüder. Deren Männlichkeitsgefühl war wegen äußerst schwerem gesellschaftlichem und familiärem Vatermangel so halmschwach geworden, daß die Nazis am festesten alten Zeichen der Männlichkeit Halt finden mußten, an der Sonne! – Nur im Deutschen weiblich! Mythologisch ist die Sonne männlich. Und alles, was der Sonne ähnlich ist, das Blonde, Helle..., wurde von den Dritte-Reichs-Führern verehrt.

Verehrt werden muß immer etwas, das nicht gehabt wird. Die Verunsicherung im, die Ver*un*gewisserung *des* Männlichen, an der die Nazis litten, sollte mit allen auftreibbaren Mitteln ge*heilt* werden. Und die Hauptkur wurde mit einem aberwitzigen Germanenkult absolviert.

Orientierungslosigkeit enthüllt einen Vatermangel, denn orientierungslos heißt vater*wert*los, da im Patriarchat die persönliche und gesellschaftliche Orientierung vom Vater kommen soll. Orientierungslosigkeit der Söhne (und Töchter) schafft Zwangsorientierungen wie antisemitisch, «arisch»...

Die Zwangsorientierung entbehrt jeder gewachsen-sinnvollen Struktur. Germanisch? Hitler schwor in Wirklichkeit aufs Römisch-Griechische. Er identifizierte sich mit dem mittelalterlichen italienischen Usurpator Rienzi. Er propagierte einen verkitschten altertümlichen Baustil. Er führte in Europa römische Kriege, die bis zur totalen Vernichtung der Gegner gehen sollten. Seine Abwehr des Dunklen galt nur den um die Ecke von den Griechen herkommenden Juden, diesem ältesten patriarchalischen Volk, dessen Traditionsschlünde ihn an etwas Archaisch-Mütterliches gemahnten, gegen das ihm völlig verquer laufende Ablösungsschübe entfuhren.

In diesem Kauderwelsch von Anbetung des «Reinen»-Hellen und Praktizierung des «Phallisch»-Dunklen bei gleichzeitiger Denunziation des «Vaginal»-Dunklen fühlte sich Magda Goebbels wohl. Das Prinzip: «aus Unsicherheit mach konterkarierende Pseudosicherheit», zog Magda «teuflisch»-göttlich an.

So multiphänomenal die Verdrehungen der Nazis auch waren, alle rührten her aus dem einen Prinzip, den Spieß umzudrehen und ihn den Sicheren ins Herz zu stoßen. Die künstlerischen Dilettanten stachen die künstlerischen Meister aus, wie die Abstammungszweifler den Herleitungssicheren am Zeug flickten. Aber auch Sozialisten und Kommunisten, die zu dieser Zeit noch sicher auf Karl Marx standen, mußten abgeschafft und ausgerottet werden. Mit einem Male wurden Leere, Identitätslosigkeit, Durchsetzungsschwäche, Mangelhaftigkeit, Sinnkrise, Scheitern und Herleitungsunsicherheit – das so lange nicht abstellbare Sich-Drehen-im-Kreise – beendet, und an ihre Stelle traten Abräum- und Auslöschprogramme.

NSDAP? *National?* Entgrenzung zum Ganz-Europa-Einsacken! *Sozialistisch?* Gegneritis, so weit das Auge und der Verfolgungsstab noch etwas Eigenständiges erreichen konnten. *Deutsch?* Römisch! *Arbeiter?* Fürsten! *Partei?* Diktatur!

Daß Magda Affekte für Goebbels *und* Hitler hatte, beruhte auf ihrer grundstrukturellen psycho-sozialen Ähnlichkeit mit diesen Männern. Daß sie sie lieben konnte, steht mit ihrem speziellen Aufwachsen in einem Zusammenhang, das nicht nur vaterlos, sondern auch «bruderlos» verlaufen war. Magda hatte keine heranwachsende Erfahrungen mit Jungen, wußte nicht, wie Männliches überhaupt ist. Sie sah Männer durch einen Filter.

Wenn die alternde Mae West in Nahaufnahmen gezeigt wurde, mußte ein Filter vor die Kamera gesetzt werden, der die Feinheiten der welkenden Haut unsichtbar werden ließ.

Magda muß in ihrer Wahrnehmung einen Filter vor Männer geschoben haben, der sie hinderte, die Realitäten, die wirklichen Dimensionen, das heißt besonders, die Gewalttätigkeit der Män-

ner einzuschätzen. Sie schaute auf die Männer mit einem verschö-
nernden Grobraster, das die Partner selbst herunterreißen und sie
zur Sicht auf die Tatsachen zwingen mußten. Dann sah Magda
aber auch nur die Tatsachen, die zwischen den Männern und ihr
eine Rolle spielten. Magda hatte noch fast bis zum Schluß einen
Filter vor den Männern, wenn es um deren Verhalten in der Gesellschaft ging.

Zu den Selbstmordgründen Magdas, die Eleonore Quandt festhält, die auf Magdas Beziehung zu Goebbels beschränkt bleiben,
fügt Henriette von Schirach noch einen weiteren hinzu. Magda
war eine Art Zwigemahlin, nicht nur mit Goebbels, sondern auch
mit Hitler liiert, der ihr von Anfang an bis zum Ende trotz kleiner
vorübergehender Trübungen des Verhältnisses sehr nahegestan-
den hatte.

Immer wieder stützte Magda Joseph in seiner Position gegenüber Hitler und stärkte damit Hitler, der von niemandem so unterstützt wurde wie von Goebbels. Sie nähte beständig an der
immer unverbrüchlicher werdenden, seltsamsten und verhäng-
nisvollsten Beziehung des Patriarchats, an dem Männerliebespaar
Hitler und Goebbels, trug wesentlich dazu bei, daß die destruktive
Wirkung dieser beiden sich ausweitete, sich steigerte und verlän-
gert wurde.

Magda offenbart ihre Funktion wie ihren Glauben, festeinge-
richtet im Zwillings-Gott-Gefüge Goebbels-Hitler, in ihrem Abschiedsbrief an ihren Sohn Harald Quandt, der inzwischen Soldat
geworden war. Den Brief nahm die Fliegerin Hanna Reitsch auf
ihrem letzten Flug aus der Reichskanzlei mit – zwei Tage vor Josephs und Magdas Selbstmord:

«28. April 1945
   Geschrieben im Führerbunker.
   Mein geliebter Sohn!
   Nun sind wir schon 6 Tage hier im Führerbunker, Papa, Deine sechs
kleinen Geschwister und ich, um unserem nationalsozialistischen Leben
den einzig möglichen, ehrenvollen Abschluß zu geben...
   Du sollst wissen, daß ich gegen den Willen Papas bei ihm geblieben bin,

daß noch vorigen Sonntag der Führer mir helfen wollte, hier herauszu-
kommen. Du kennst Deine Mutter – wir haben dasselbe Blut, es gab für
mich keine Überlegung. Unsere herrliche Idee geht zu Grunde – mit ihr
alles, was ich Schönes, Bewundernswertes, Edles und Gutes in meinem
Leben gekannt habe. Die Welt, die nach dem Führer und dem Nationalsozialismus kommt, ist nicht mehr wert, darin zu leben, und deshalb habe
ich auch die Kinder hierher mitgenommen. Sie sind zu schade für das
nach uns kommende Leben, und ein gnädiger Gott wird mich verstehen,
wenn ich selbst ihnen die Erlösung geben werde...
    Die Kinder sind wunderbar...
    Die Größeren beschützen die noch Kleineren, und ihre Anwesenheit
hier ist schon dadurch ein Segen, daß sie dem Führer hin und wieder ein
Lächeln abgewinnen.
    Gestern abend hat der Führer sein Goldenes Parteizeichen abgenom-
men und mir angeheftet. Ich bin stolz und glücklich. Gott gebe, daß mir
die Kraft bleibt, um das Letzte, Schwerste zu tun. Wir haben nur noch ein
Ziel: Treue bis in den Tod dem Führer, und daß wir zusammen das Leben
mit ihm beenden können, ist eine Gnade des Schicksals, mit der wir niemals zu rechnen wagten...»[94]

Henriette von Schirach schreibt über die Entstehung der Doppel-
brautschaft bis zur Besiegelung der Dreierbeziehung:

«Für Magda war Goebbels der klügste, leidenschaftlichste Mann, und
für den raffiniert rechnenden Goebbels war Magda ein Schmuckstück.
Hitler lernte Magda Quandt durch ihren Sohn Harald im Hotel Kaiserhof kennen...
    Dr. Wagener, der Hitler begleitete, notierte über dieses Treffen: ‹Frau
Quandt machte schon auf den ersten Blick einen vorzüglichen Eindruck,
der im Laufe der Unterhaltung noch gewann...
    Ich merkte, welchen Gefallen Hitler an ihrer harmlosen Lebhaftigkeit
hatte. Und ich merkte auch, wie sie mit ihren großen Augen am Blick von
Hitler hing...
    Es wurde nichts Besonderes verabredet, aber es war kein Zweifel, daß
sich ein enges Band der Freundschaft und der Verehrung zwischen Hitler
und Frau Quandt zu knüpfen begann.
    Nach der Oper saßen wir zu zweien zusammen im Salon Hitlers. Hitler
war nachdenklich. Er lebte zweifellos unter dem Eindruck der Begegnung
[mit Magda] von heute nachmittag.
    Hitler: ‚Ich glaube, fertig zu sein, für meine Person, mit der Welt und
menschlichen Einflüssen. – Aber es sind ja wohl auch gar keine – wie man

so sagt: irdischen Momente, die mich heute berührt haben und jetzt noch in ihrem Bann halten.

Es gibt da noch etwas darüber hinaus, was Menschen untereinander verbinden und gegenseitig beeinflussen kann. Es muß noch etwas Überirdisches in unserem Leben sein. Vielleicht haben diejenigen recht, die es das Göttliche in uns nennen.

Während meiner fürsorglichen Freundschaft mit Geli habe ich es bei ihr, aber nie bei anderen Frauen empfunden. Seit ihrem Tod habe ich es vermißt, und ich glaubte, diese Gefühle mit in ihrem Sarg beerdigt zu haben. Heute umfangen sie mich völlig überraschend, aber mit großer Gewalt aufs neue...'»[95]

Hitler erfuhr dann noch am gleichen Abend von der Beziehung Magdas zu Goebbels.

«Hitler war erschüttert. Er wollte offenbar lachen, aber es wurde kein Lachen.

Das Schicksal hatte ihm einen Streich gespielt. Die Frau, die die eingeschlafenen Gefühle in ihm erweckt hatte, war die Geliebte Goebbels'...

Hitlers Gefühle für Frau Quandt datierten also aus einer Zeit, ehe er Kanzler, ehe sie Goebbels' Frau war, und aus dieser ersten Begegnung wurde eine tiefe bis in den Tod reichende Freundschaft. Immer wieder sprach er Wagener auf Frau Quandt an, ob er etwas von ihr wußte, ob er sie gesehen habe. Goebbels verhinderte nach dem offenbarenden Abend ein Treffen zwischen Hitler und Magda.

Doch Hitler brachte in seinen Gesprächen immer wieder die Rede auf Magda Quandt:

‹Diese Frau könnte in meinem Leben eine große Rolle spielen, auch ohne daß ich mit ihr verheiratet wäre. Sie könnte bei meiner Arbeit den weiblichen Gegenpol gegen meine einseitigen männlichen Instinkte bilden.

Sie könnte mir eine zweite Geli sein. – Schade, daß sie nicht verheiratet ist.›...

Magda könnte diese Frau sein, verheiratet mit einem andern Mann, aber Hitlers nahe ergebene, hilfreiche, rettende Freundin.»[96]

Hitlers Adjutant versuchte, Magda zu bewegen, für Hitler eine Art «Muse» zu werden, eine Nähe zu ihm einzugehen, die *zwischen* Bett und Traualtar liegen würde.

«Magda hörte sich Wageners Ausführungen an. Vielleicht hatte sie schon dasselbe gedacht. Nun, da sie es ausgesprochen hörte, spürte sie, daß da ein Auftrag war, eine Berufung. Sie war eine Frau, ein Mitleid empfindender Mensch, und brauchte Hitler nicht Mitleid?

Als nun Wagener sagte: ‹Und diese Frau sind Sie!›, da huschte ein Rot über ihr schönes Gesicht. ‹Dann müßte ich aber mit einem anderen Mann verheiratet sein!›

‹Richtig›, sagte Wagener, ‹am besten mit Goebbels. Sie sind mit Goebbels gut bekannt, weil Hitler ihn gern hat, weil Sie mit ihm die schwere Aufgabe für das Wohl des deutschen Volkes zusammen lösen könnten.›

Magda sagte: ‹Herr Wagener, so hat noch kein Mensch zu mir gesprochen. – Sie dürfen mich nicht überschätzen – aber – für Herrn Hitler wäre ich bereit, alles auf mich zu nehmen.›»[97]

Zwei Wochen danach fand die Verlobung zwischen Magda und Joseph statt.

«Es herrschte eine fröhliche, gelöste, gehobene Stimmung, so daß Dr. Wagener das Gefühl hatte, daß drei Menschen glücklich geworden seien. Magda hatte gehalten, was sie in Braunschweig Wagener versprochen hatte. Sie wurde für Hitler das weibliche Wesen, zu dem er Zuflucht nahm vor der nervenzerreißenden Mühle seiner Pflicht, vor dem gewissenlosen Hin- und Hergezerre seiner Umgebung und letzten Endes vor sich selbst.

Sie hat vieles auf sich genommen, vielem entsagt, vieles ausgeglichen, vielem den Weg geebnet.

Sie war so etwas wie die andere Hälfte des Menschen Hitler geworden; die Beziehung wurde gehalten von seiner Seite durch eine unbegrenzte und vertrauensvolle Achtung und Zuneigung, von ihrer Seite durch einen heiligen Willen zum Dienen und zu einer höheren Pflicht. Alle sechs Kinder Magdas hat Hitler auf dem Arm gehalten, er kannte den Charakter jedes einzelnen, alle Namen begannen mit einem H.

Als sich Magda von Goebbels abwendete, da er sie betrog, verhöhnte und der Lächerlichkeit preisgab – ‹der Mann, den ich für einen Engel hielt, ist ein Teufel› –, schloß sie sich noch enger an Hitler an. Er war die zentrale Gestalt in ihrem Leben. Als Hitler seinen Tod beschlossen hatte, war auch ihr Ende und das Ende der Kinder beschlossen. Ein Leben ohne Hitlers Nähe war nicht lebenswert...

Der Tod war nur die Einlösung eines Versprechens, das sie 15 Jahre zuvor gegeben hatte...

Und Hitler selbst, wollte er keine Kinder? Nein, Hitler wollte keine eigenen Kinder, Magdas Kinder betrachtete er als seine eigenen...

Sie resignierte [nach Josephs Untreue].

Magda war nicht kokett, sie kämpfte nicht, widmete sich ganz den Kindern.

Bei offiziellen Anlässen repräsentierte sie neben Hitler...

Sie hat sich nicht aus Liebe zu ihrem Mann ums Leben gebracht. Sie war von Goebbels zu oft, zu maßlos enttäuscht worden. Sie hielt die Fiktion einer Ehe nur aufrecht, weil sie es Hitler versprochen hatte.

Ich vermute, sie hat ihre Liebe Hitler zugewandt, er hat an ihrem Schicksal Anteil genommen, die Beziehung zu Hitler hat sich in dem Maß verstärkt, als die Bindung zu Goebbels abnahm. Eigentlich waren beide einsam und unglücklich. Jetzt da das Leben dem Ende zuging, wurde es ihnen ganz bewußt, daß nur sie sich gegenseitig verstanden. Vielleicht hat sich Magda in diesen Wochen, in denen Berlin starb, an das Versprechen erinnert, das sie vor Jahren Dr. Wagener gab – immer für Hitler da zu sein, auch in extremen Situationen.

Sie war konsequent, fanatisch. Hitler war für sie die Inkarnation all dessen, was sie liebte.»[98]

So wie Magda Goebbels Adolf Hitler ihre Kinder «schenkte» – sie war die erste, die das «Mutterkreuz» verliehen bekam –, so gab sie sie ihm mit in den Tod.

Der Schriftsteller Hans Carossa begegnete während des Krieges dem Ehepaar Goebbels in Weimar. Sein Eindruck bestätigt Magdas gefilterte Wahrnehmung ihrer Partner:

«Die immer wieder aufflimmernde Intelligenz machte jedoch den Mann [Goebbels] doppelt unheimlich; sie stand in krassem Widerspruch zu vielen seiner öffentlichen Äußerungen und bestätigte die Gespaltenheit seiner Natur.

Frau Magda Goebbels hatte schweigend zugehört. Nun öffnete sie lächelnd und errötend ihre Ledertasche und fragte, ob es mich nicht freuen würde, ein Bild von ihren Kindern zu sehen. Ihrer Erscheinung nach unterschied sie sich durchaus von der mann-weiblichen Form, die sich bei den Führerinnen der Partei herausgebildet hatte. Gesichtsausdruck und Stimme waren sanft; jede betont gebieterische Gebärde schien ihren schönen Händen zu widerstreben. Ein Argloser, Unwissender, der in der Minute, wo wir auf der schon etwas verblaßten Photographie die anmutigen Geschöpfe bewunderten, den Raum betreten hätte, konnte den Eindruck empfangen, als wäre hier alles in bester bürgerlicher Ordnung,

Familienglück und erfreuliche Zukunft gesichert, kein Dämon im Hause...»[99]

«Den Propagandaminister hatte Infernoluft umgeben; wer sich ihm näherte, blieb nicht ganz frei von jenem Grauen, mit dem man eine Hochspannungsanlage betritt, wo auf dem Warnungsschildchen steht: Vorsicht! Lebensgefahr!, und seine sanft blickende Frau war weder seelenhaft noch geistig genug, um die schwergeladene Umwölkung auch nur aufzulichten. Sie fühlte sich geborgen im Bann der dunklen Geister, die ihr Leben über die Abgründe trugen. Jenseits dieses Machtkreises begann für sie das Nichts, und als er später zusammenstürzte, fiel ihr nicht ein, sich nach einem andern umzusehen, sondern sie stürzte samt ihren Kindern freiwillig mit.»[100]

# Eva Hitler –
# «nur zu bestimmten Zwecken»[1]

Es wird festgestellt, daß Eva Anna Paula Hitler geborene Braun,
geboren am 6. Februar 1912 in München, tot ist», lautet der Beschluß des Berchtesgadener Amtsgerichts vom 17. Januar 1957.[2]

Eva Braun hatte am Abend des 28. April 1945 Adolf Hitler geheiratet, nachdem sie etwa eineinhalb Jahrzehnte – von der Öffentlichkeit unbemerkt – seine Lebensgefährtin gewesen war. Das
tintengeschriebene Datum der Hochzeit wurde auf der Urkunde
verwischt und dann irrtümlich auf den 29. April korrigiert, weil es
inzwischen nach Mitternacht geworden war.[3] Die Beteiligten hatten im Bunker weitab vom Tageslicht ohnehin kein sicheres Zeit-
gefühl mehr.

Am 30. April 1945, 15.28 Uhr, nahm sich Eva Hitler, neben ihrem Mann auf dem Sofa sitzend, in seinem Arbeitszimmer im
Führerbunker 16 Meter unter der Reichskanzlei in Berlin mit
einer Zyankalikapsel das Leben.

Hitlers Drei-Tage-Ehefrau zu berühren kostet Überwindung.
War Magda Goebbels eine Tragödin, die in der Anhäufung des
Extrem-Schauerlichen die Berüchtigtheit eines Weltstars erreicht
hat, so scheint Eva Hitler den Status der Provinzkomödiantin nie
überwunden zu haben.

Den unwiderstehlich widerwärtigen Goebbels, den erbarmungs-
los Erbärmlichen, den nichtgelungenen Dichter und von Kindheit
an Behinderten, das neurotische Powerknäblein – nie über sein

bis zu universalen Dimensionen ausgeweitetes «Spatzenquälen» hinausgekommen, auf alles, aber auch alles zu schießen, worauf sein «Führer» ihn nur dirigierte –, dieses verkrunkelte Männchen zu lieben, entfachte beim Betrachter klinisches Interesse am Abweichenden.

Sich aber mit einer Frau beschäftigen zu sollen, die Hitler ihren «Geliebten» nannte, mit dieser Anrede an ihn schrieb – «Geliebter» für einen Mann, der Europa in Schutt verwandelte, mehr als 50 Millionen Tote hinterließ, der das europäische Judentum liquidieren und damit nicht nur ein Volk vernichten, sondern eine Kultur, die im Zusammenwirken mit diesem Teil Europas seit Jahrhunderten blühte, zerstören wollte? –, das läßt als erstes Abscheu, Ekel, Zorn entstehen.

Schlimmer: Vorstellungen kommen darüber hoch, wie diese Frau hätte bestraft werden können für ihr unmögliches Tun, Hitler zu lieben, ihr Dasein damit zu verbringen, in ihren drei Wohnsitzen um ihn herumzuleben und nach nichts anderem zu trachten, als ihm Stunden der Nähe mit ihr abzutrotzen. Nähe zu Adolf Hitler, also Mann-Frau-Intimität, gemeinsames Bett, Liebesgeflüster...? Das Ekelhafte «höret» um Eva Hitler «nimmer» auf!

Die unzähligen Bücher über die Nazimänner scheinen den männlichen Autoren dieses Problem, mit dem ich kämpfe, nicht verschafft zu haben. Mir kommt das Gefühl, sich mit Hitler und Konsorten zu beschäftigen, ist für Männer sogar etwas Geiles. Er und seinesähnlichen haben es auf die Spitze getrieben, und das ist letztlich für Männer identifikatorisch zündend.

Für feministisch ausgerichtet Denkende ist das Schreiben über Eva Hitler nur deprimierend, und es wurde von dieser Seite her auch noch nie der Versuch einer Annäherung an sie und das hinter ihr verborgene Phänomen gemacht.

Ich war in der Gefahr, auf Eva Hitler aus der Perspektive zuzugehen, die Henriette von Schirach in ihrer Beschreibung der Frauen um Hitler eingenommen hat: Hätte diese «banale Person» doch ihren Einfluß auf Hitler mehr genutzt, sich nicht immer nur um Kleider, Schmuck und Fotos gedreht, hätte sie Hitler

menschlicher gemacht, dann hätte vieles verhindert werden können! Eva hat versagt.

Henriette von Schirach war die Tochter von Heinrich Hoffmann, dem «Leib»fotografen und späteren Reichsbildpropagandi-
sten Hitlers. Eva fand bei Hoffmann in München eine Anstellung,
war von 1929 bis 1936 als Lehrmädchen, Verkäuferin, Laborantin
und Allzweckmitarbeiterin tätig. Henriette war 15, als Eva, 17jäh-
rig, in das Geschäft Hoffmanns eintrat. Die Frauen waren – unterbrochen von rivalistischen Anfällen gegeneinander im Kampf um
Hitler – seit dieser Zeit miteinander befreundet.

Ich erinnerte mich an meine Position, die ich schon für die
Männerbücher «Muttersöhne» und «Vatersöhne» eingenommen
hatte: weder anschuldigen noch verteidigen. Es galt, nicht Anwalt
oder Ankläger, sondern Analytiker zu sein.

So will ich versuchen, daß mich auch bei der Betrachtung Eva
Hitlers nichts anderes leitet als die Frage: Warum hat sich eine
Frau, von der Albert Speer sagte, «sie war eine wunderbare Frau»[4],
warum hat sich diese «wunderbare Frau», von der beinahe nur
Gutes berichtet wird, mit dem Inbegriff des bösen Mannes ver-
bunden?

Es gibt in der Jugend Evas zunächst keine Auffälligkeiten, wie
im Leben von Magda Goebbels. Eva entstammt einer normalen
Familie. Ihre Eltern, der Gewerbelehrer Fritz (Friedrich Wilhelm
Otto) Braun und die Tierarzttochter Franziska Katharina Kran-
burger, die nach München gekommen war, um das Schneider-
handwerk zu erlernen, heirateten 1908 und lebten fast 56 Jahre
zusammen; der Vater starb 1964, 84jährig, die Mutter starb 1975,
89jährig. Eva hatte zwei Schwestern – die drei Jahre ältere Ilse und
die drei Jahre jüngere Gretl –, mit denen sie ihr Leben lang in
engem Kontakt stand. Mit Gretl hat Eva bis auf die Bunkerzeit im
April 1945 fast ihr ganzes Leben lang zusammengewohnt. Eva war
auch nicht entwurzelt wie Magda, die hin- und hergeworfen
wurde zwischen verschiedenen Aufzuchtsmilieus in Berlin und
Brüssel, im belgischen Kloster und wieder in Berlin.

Doch auch in Evas Leben gab es klosterschulische Erziehung:
einmal gegen Ende des Ersten Weltkrieges, als sie bei ihren müt-

terlichen Großeltern in Geiselhöring lebte und dort für kurze Zeit in eine Klosterschule kam, ein zweites Mal 16 / 17jährig 1928 / 29, als sie ein Jahr in einem Klosterinternat bei den «Englischen Fräulein» in Simbach – ihrer Mutter zuliebe – ihre schulische Ausbildung abschließen sollte.

Eva war in ihrer Jugend ein sogenanntes Kind der Zeit, liebte Jazz, Oscar Wilde, amerikanische Romane, hatte einen jüdischen Freund als ersten Geliebten. Ihre Eltern waren nicht antisemitisch.

Sie will sich selbständig machen, einen Beruf erlernen, später Filmschauspielerin werden. Vorerst wird sie mit 17 Jahren als Lehrmädchen bei «Foto Hoffmann» angestellt, und... dann... passierte... es... – die Biographen nehmen das beliebte Feigenblattwort für Unerklärliches in die Zeile: «Schicksal» –: Eva lernt Adolf kennen, der ihr als «Herr Wolf» vorgestellt wird und von dem sie erst später erfährt, daß er ein «Wer» in Deutschland ist, denn Politik interessiert Eva wie tausend andere Mädchen nicht. Hitler war 40, 23 Jahre älter als Eva. Alle drei Brauntöchter flogen auf Vatertypen, konstatiert Evas Biograph Nerin E. Gun.[5]

Was war mit Evas Vater los? Von den zwei Formen des Vatermangels erlitt Magda Goebbels die «soziale Diskontinuität». Der Vater ist nicht da, der Vater wechselt, der Vater verschwindet ganz. «Vater» bleibt für das Kind sozial unfaßbar.

Eva Hitler erlitt die zweite Form, die «psychische Instabilität»[6]. Sie machte ausschließlich negative Erfahrungen im Verhältnis zum eigenen, leiblichen Vater. Eva wurde irritiert, ja destabilisiert durch ein bestimmtes Verhalten des prinzipiell anwesenden Vaters.

Fritz Braun war ein reaktionärer Vertreter des am Anfang des 20. Jahrhunderts untergegangenen feudalen Deutschlands. Geboren 1879 in Stuttgart, blieb er monarchistisch orientiert auch noch nach 1918. Er war Weltkrieg-I-Teilnehmer, als Leutnant an der Front in Flandern, anschließend Mitglied des «Freikorps Oberland»[7]. Er hatte «mitgeholfen..., München von den kommunistischen Rebellen zu befreien»[8].

Devot nach außen, rabiat nach innen, hielt der Zeichenlehrer ein strenges Regiment über seine Schüler und seine Töchter. Hitler stand er lange ablehnend gegenüber, selbstverständlich von rechts aus, Hitler war ihm zu poplig, hergelaufen, nicht ausgewiesen zur Führung eines Reiches. Sowie Hitler dann aber begonnen hatte, als international gefürchteter Kriegsherr Europa zur Kasse zu bitten – ab 38/39 –, da wurde am 1. Mai 1939 auch Fritz Braun Mitglied der NSDAP, erklärte sich später dazu: «Wie konnte ich anderer Meinung sein, wo Hitler Österreich, das Sudetenland und Memel befreit hatte und der Sieger von Warschau, Paris und Oslo war?»[9] Braun kam dann als Diktator-Schwiegervater in spe dem «Führer» so nah, daß er bei dem Attentat im Münchner Bürgerbräukeller am 8. November 1939 verletzt wurde.

Rigides Familienvaterregiment allein wäre noch nicht die entscheidende Irritation, die Eva von klein auf durch ihren Vater widerfuhr:

«Der Gewerbelehrer Fritz Braun... erwartete an diesem 5. Februar 1912 einen Sohn. Ein Mädchen hatte er schon: vor drei Jahren, 1909, hatte ihm seine Frau eine Tochter geboren. Nun fühlte er sich verpflichtet, seinem bayerischen König einen Mann zu schenken. Auch der Vorname stand schon fest – Rudolf.

Inspiriert hatte ihn zu diesem Namen eine romantische Erzählung, die in jenen Tagen in einer Münchner Zeitung zu lesen stand: ‹Die tragische Liebesgeschichte Erzherzogs Rudolf von Habsburg und seiner Geliebten, der Baronin Maria Vetsera, die miteinander im Schloß von Mayerling den Tod fanden.›

Diese Zeitung hatte er auch jetzt neben sich liegen.»[10]

Der Vater war «enttäuscht und auch beunruhigt. Seine Frau stammte aus einer Familie, in der es nur Töchter gab – vier Schwestern. Wenn sie nun auch künftig nur Töchter in die Welt setzen würde?»[11] Der Vater überantwortete das Baby seiner dreijährigen Tochter Ilse, die «versprach..., ihr Leben lang auf das kleine Schwesterchen aufzupassen»[12]. Brauns Befürchtung trat ein. Sein drittes Kind wurde abermals ein Mädchen, 1915 die Tochter Gretl.

Wie Freikorpsmänner zu Frauen standen, hat Klaus Theweleit vollkommen in seinen Büchern «Männerphantasien» entblößt. Sie hielten von ihnen nichts, hatten vor ihnen Angst, brauchten sie lediglich – in der Rolle «Gattin» eingegrenzt – als Produzentin von Söhnen.

Eva war das «Enttäuschungskind», der Schlag, die Gewißheit, Söhne gibt es sehr wahrscheinlich nie. Nicht viel ist von Vater Brauns Enttäuschung durchgesickert, aber das wenige macht klar, daß er den nicht gewordenen «Rudolf» gehaßt hat:

«Vom Vater bekam sie manche Tracht Prügel.»[13] «Mit der ‹Handschrift› ihres Vaters machte sie öfters Bekanntschaft...»[14] «Der Vater war streng, Eva mußte für alles bezahlen. Er kontrollierte die Post, überwachte die abendliche Heimkehr seiner Tochter und schaltete abends um zehn Uhr den Strom ab.»[15] Taschengeld bekam seine Zweitälteste nicht.[16] «Die Schikane und der Druck in den elterlichen Räumen muß also schon sehr groß gewesen sein, und mit zunehmenden Drangsalen war der Wunsch zur Tat gereift, der elterlichen Atmosphäre zu entfliehen.»[17]

Als Eva Filmschauspielerin werden wollte, weigerte sich der Vater[18] – obwohl durch eine Erbschaft vermögend geworden –, diese Ausbildung zu bezahlen.[19] Er empfahl Eva statt dessen zum Dienen ins Fotogeschäft Hoffmann, fragte beim Inhaber selbst an[20], vermittelte ihr die Stelle und damit letztlich auch alles, was danach kam.

«Der Vater schlug mit der Faust auf den Tisch»[21], wenn Eva – bereits 20jährig – später als 22 Uhr oder gar nicht nach Hause kam. Er wollte Macht über seine Tochter behalten, solange es ging: «Der Obhut der Eltern und dem gemeinsamen Heim werden die Kinder erst bei Heirat entzogen. Das ist mein Ehrbegriff», schrieb Fritz Braun am 7. September 1935 an den Reichskanzler Adolf Hitler und bat ihn, Eva, die schon seit zwei Jahren eine eigene Wohnung hatte, «zu veranlassen, in die Familie zurückzukehren». Sie war ja nicht verheiratet, stand also noch unter seiner Kuratel, nach seinen Auffassungen, und er gab in diesem Brief zu, daß er Eva «des öfteren Vorhaltungen gemacht» hatte, «wenn sie wesentlich später als nach Dienstschluß nach Hause gekommen ist».[22]

«Ihre beste Freundin, Herta Ostermayr, ist der Überzeugung, daß Eva in ihrer Familie sehr unglücklich war. Ihre Angehörigen sollen sie ständig

wegen ihres Umgangs mit Hitler gequält und ihr auch sonst das Leben
schwer gemacht haben. Der Vater schloß sie in ihrem Zimmer ein und
ließ sie seine Gleichgültigkeit spüren. Es gab nicht das kleinste Geschenk
für sie, nie hat er ihr eine Ferienreise geboten, er widersprach ihr, wo er
nur konnte.»[23]

Eva versuchte in ihrer Jugend, dem Vater zuliebe so jungenhaft
wie möglich zu sein.

«Einer ihrer Lehrer erinnert sich: ‹Ein wildes Kind, das in der Stunde oft
abgelenkt war, nie seine Aufgaben lernte und am liebsten Sport trieb.
Darin war sie allerdings die Beste. Sonst war sie faul. Sie konnte sich aber
durchschlagen, weil sie intelligent war.›»[24]

«Eva war launenhaft»[25], was immer heißt, nicht rollenangepaßt mäd-
chenhaft. Sie schwänzte die Schule, «Strafe beeindruckte sie nicht»[26].
«Einmal tauchte die Mutter ihren [Evas] Kopf in eine Schüssel mit kaltem
Wasser – umsonst.»[27]

«Ihre Hausaufgaben vernachlässigte sie nur zu gern, und meistens fing
sie erst morgens beim Anziehen damit an. Ihre Schwester erinnert sich
noch, wie sie, auf der Erde kniend, einen Stuhl vor sich, mit der einen
Hand ihren englischen Aufsatz schrieb, während sie sich mit der anderen
ihr blondes Haar kämmte.

Wenn Eva die Entdeckung eines neuen Streiches fürchtete, einer lästigen Arbeit aus dem Wege gehen wollte oder sich weigerte, Püree aus
Steckrüben oder Haferschleimsuppen zu essen, schützte sie Magen-
schmerzen vor. Da ihr dieser Trick seit dem vierten Lebensjahr gelang,
klagte sie auch später stets über ihren empfindlichen Magen. Umsonst
versuchte Hitlers Leibarzt, Dr. Morell, das Übel zu diagnostizieren, obwohl Hitler sich sehr besorgt um sie zeigte. In Wirklichkeit war ihre Gesundheit ungewöhnlich robust. Sie kannte nicht einmal die üblichen Be-
schwerden und Schmerzen anderer Frauen.»[28]

«... die Jungen zogen Evas Theatervorstellungen vor, die sie mit Hilfe
von Schallplatten und abgetragenen Garderoben, die vom Boden geholt
und zu phantastischen Gewändern drapiert wurden, veranstaltete.»[29]

‹Eva war ein Mädchen, an dem ein Junge verloren gegangen ist›, urteilt
der Besitzer einer Autowerkstatt am Münchner Hohenzollernplatz, der
einmal ihr Spielkamerad war. ‹Wir spielten hier auf dem Platz immer
Schlagball. Eva tobte dabei herum und wälzte sich mit den anderen unter
wildem Geschrei auf der Erde. Wenn ihre Mutter sie abends vom Balkon
aus zum Essen rufen wollte, hatte sie Mühe, ihre Tochter wiederzuer-

kennen. Eva und flirten? Sie war viel zu sehr damit beschäftigt, uns unterzukriegen und irgendwelche Streiche auszuhecken, um an so etwas zu denken. Für meinen Geschmack war sie auch ein bißchen zu rundlich.›

Evas Jugendfreund Hans erzählt: ‹Einmal weihten wir mein neues Motorrad ein... Auf einmal – ich unterhalte mich gerade und passe einen Moment nicht auf – läßt diese verrückte Eva den Motor anspringen und verschwindet um die nächste Ecke. Dabei konnte sie überhaupt nicht fahren! Sie kam aber heil zurück und meinte nur: ‚Ein Motorrad ist nicht chic, ich ziehe Luxuslimousinen vor.' Das war typisch für sie.›»[30]

«‹Sicher, sie war ein enfant terrible und jeder Blödsinn, der in der Klasse angestellt wurde, hatte seinen Ursprung bei ihr. Aber sie war intelligent, begriff schnell das Wesentliche und konnte selbständig denken›, erzählte ihre alte Lehrerin, Fräulein von Heidenaber. ‹Wenn sie unbedingt still sein mußte, las sie Karl-May-Bücher. Für Liebesgeschichten interessierte sie sich überhaupt nicht, ein Lehrer aber hatte ihre Liebe zu den ‚Erzählungen' Oscar Wildes geweckt.› Eva Braun trug den Band immer bei sich, auch auf dem Obersalzberg, obwohl Hitler das Werk des Dichters verdammt hatte.»[31]

Das Klosterinternat war für Eva verheerend, weil sie nur unter Mädchen sein mußte. Sie litt so sehr, daß sie drohte wegzulaufen, wenn sie die geplanten zwei Jahre unter den Nonnen hätte verbringen müssen.

«Im Sport war sie die beste», hieß, sie schwamm, turnte, lief Schlittschuh, und «sie war Mitglied im Schwabinger Turnverein, besonders gut in allen Übungen am Barren»[32].

Eva drängte auf Selbständigkeit, sowie sie 21 war, um den väterlichen Traktierungen zu entgehen. Sie nahm sich in München eine eigene Wohnung, in die sie mit ihrer jüngeren Schwester Gretl zog.

«Eva... posierte mitunter auch für Werbeaufnahmen, die in den Studios der Firma gemacht wurden. Besonders gern nahm sie Vamp-Posen ein. Außerdem liebte sie Hosenrollen. Wie gern sie sich verkleidete...»[33] Sie «liebte Jazzmusik und amerikanische Musicals. Ihr Lieblingsschauspieler war John Gilbert»[34].

Sie imitierte auf einer Veranstaltung den amerikanischen Jazzsänger Al Jolson, der «immer in der Maske eines Negers» auftrat. Eva travestierte doppelt, verwandelte sich in einen weißen Mann, der einen schwarzen Mann darstellte, trat in männlichen Kleidern schwarzgeschminkt auf und kopierte mit dem Song «Sonny boy» Jolsons Stimme und Gesten so «naturgetreu», daß Mutter Braun und Schwester Ilse, die der Vorstellung beiwohnten, Eva nicht erkannten.[35]

Evas «Bewunderung galt der deutschen Filmschauspielerin Brigitte Helm, der Hauptdarstellerin in ‹Metropolis›, besonders, nachdem Vater Braun einmal im Spaß gesagt hatte, sie sähe ihr ein klein wenig ähnlich»[36].

Brigitte Helm liebte schnelle Wagen, wurde einmal schuldhaft in einen Unfall mit tödlichen Folgen verwickelt; Hitler – zur Macht gekommen – ließ das Verfahren gegen sie niederschlagen.

Nach einem geflügelten Wort ist der Schauspieler der weiblichste Beruf des Mannes und der männlichste Beruf der Frau!

Zu Beginn des 20. Jahrhunderts öffneten sich erst allmählich für Frauen die Türen zu einigen Berufen, wie Arzt, Anwalt, Ökonom. Die Gesellschaft preßte das Gros der Frauen immer noch in die Frauenrolle Hausfrau oder in die Tätigkeiten der «sozialen Weiblichkeit»: Lehrerin, Krankenschwester, Kindergärtnerin.

Als Schauspielerin und Sängerin erreichten Frauen (teilweise) ökonomische Unabhängigkeit von *einem* Mann, ebenso (teilweise) Unabhängigkeit von den berufständischen Männerclans.

Um diese Selbständigkeit zu erringen und zu erhalten, mußte die Frau sogenannte Männlichkeit – das heißt im Patriarchat männerrollenähnliches Verhalten, wie die «Vorliebe» Brigitte Helms für schnelle Wagen! – gelernt haben. Dieses Verhalten zu lernen, setzte eine positive Beziehung zum Vater voraus, da gesellschaftliches Agieren im patriarchalischen Rollenbereich der Mutter nicht gelernt werden konnte.

Die Beziehung zwischen Eva und ihrem Vater war aber nicht positiv. Sie war gekennzeichnet von einer der ärgsten Zumutungen im patriarchalischen Leben einer Frau: sie soll etwas anderes sein, als sie ist. Und das, was sie ist, wird vom Vater abgelehnt.

Die Bewegung dieser Biographie kann sich niemals auf gesellschaftliche Belange richten. Die Wahrnehmung der sozialen Realität ist gestört, die Durchsetzung in der Gesellschaft ist gestoppt, wenn nicht ganz verhindert. Die Dynamik einer solchen Frau wird gekennzeichnet vom Sich-Drehen der Person um sich selbst.

Die «Botschaft» des Vaters an seine Tochter: «Sei ein Junge!» oder «Wärest du doch ein Junge!» *und*: «Als Mädchen bist du für mich nichts!» bereitet der Tochter einen permanenten Existenzschlamassel. Anstatt mit Blicken und mit Fähigkeiten auf die Gesellschaft zuzugehen, sich Handwerkszeug zu holen, Kenntnisse und Fertigkeiten zu erwerben, muß die Tochter Selbstauslöschung betreiben, in der gemilderten Form Selbstverbergung, Selbsttäuschung.

Da die Frau mit einem unerfüllbaren väterlichen Ansinnen gegen sie gerichtet zur Welt kommt, wächst ihre Sehnsucht nach Korrektur der väterlichen Delegation ins Unermeßliche.

Eva lebte nur 33 Jahre. Die erste Hälfte verbrachte sie im Vater-zu-Willen-Tun, im Sich-Drehen vor dem biologischen Vater. Die zweite Hälfte verbrachte sie im Sich-Drehen vor dem sozialen Vater Adolf Hitler, konzentrierte auf ihn die immer vergeblicher werdende Hoffnung: «Erlöse mich!», «Mach mich zum Jungen!», oder: «Akzeptiere mich als Mädchen!»

Wenn ein Mensch unter einer Partnersituation permanent leidet, liegen die Ursachen für die Permanenz oftmals nicht (nur) beim jeweils anderen, sondern (auch) in einer eigenen unaufgedeckten Konstellation, die die Empfänglichkeit für bestimmte, die gleichen Leiden zumutende Partner wachhält.

Eva litt an der Unerreichbarkeit Adolfs. Aber für das, was sie angeblich wollte – einen Mann heiraten –, war sie selbst unerreichbar. Es gab den jüdischen Studenten am Anfang ihres Liebeslebens. Es gab während ihrer Beziehung zu Adolf 1935 eine Urlaubsbekanntschaft (Eva reiste immer ohne A.), die von beiden Seiten her – so die Aussagen der Schwestern – hätte ernst werden können. Eva wies nach den Ferienwochen alle Bemühungen des um sie werbenden Mannes nach einer Fortsetzung der Bekanntschaft zurück. Begründung: sie sei die Braut Hitlers.[37] Sie war sein Knappe.

Als dieser verdrehte, «verkehrte» Mädchenjunge, der zu werden sie sich bemüht hatte, paßte sie genau zu Adolf, der keine «Frau» an seiner Seite haben wollte. Frauen waren für ihn eine Kategorie der gesellschaftlichen Huldigung, des Komplimentemachens, Sich-Zeigens in der Öffentlichkeit. Hitler wollte Frauen durchaus um sich haben und hatte sie zu Dutzenden um sich, aber abgegrenzt in Funktionen und Beziehungen untereinander oder zu anderen Männern, nicht geöffnet in einer Beziehung zu *ihm*. Besonders gern hatte er Frauen in Schwestern- oder Mutter-Tochter-Bindung! Seine Sekretärinnen mochte er, hatte gute Beziehungen zu den Partnerinnen seiner Mitführer bis hinauf zu seiner «Muse» Magda. Die Schwestern und Freundinnen Evas bereiteten ihm Wohlbehagen, wenn sie um ihn waren. Die einzige Art der Beziehung von Frauen zu ihm, die er zuließ, war, ihn anzuschwärmen. Heiraten kam nicht in Frage, emotionale Macht über ihn war für ihn tödlich, ja sexuelle Nähe zu ihm ist bei all seinen sogenannten Freundinnen sehr «umstritten», «belegt» nur im Verhältnis zu seiner offiziellen Geliebten, Eva Braun, und für äußerst wahrscheinlich gehalten in seiner Beziehung zu seiner Nichte Geli.

Eva flog auf Adolf, weil er Abenteuer versprach. Sie kroch bei ihm mit ihrem Pagenkomplex unter. Adolf konnte sie seinerseits gebrauchen, gerade in ihrer seelischen Abnormität. Und für ihre Rollensperenzchen, die Ausdruck ihrer völlig verunsicherten Geschlechtsidentität waren, versprach ihr Adolf permanent das Geheiratetwerden in ferner Zukunft, wenn er sich vom Führen zurückziehen und nur noch beraten würde, seine Stellvertreter Göring und Heß die Geschicke Deutschlands lenken ließe, in seinem heimatlichen Linz leben und sich mit den über die jährliche Münchner «Kunst»ausstellung gehorteten Kitschwerken beschäftigen wollte. Dann, dann, dann sollte Eva Adolfs Frau werden. Also versprach er am Ende der Knappengefolgschaft Normalität, das heißt, Adolf würde das machen, was der Vater versäumt hatte, eine richtige Frau aus Eva. – Der Plan schimärisch wie Hitlers Rückzug auf ein beratendes Altenteil!

Der Mangel an gesellschaftlicher Achtung gegenüber Eva war für sie nicht so schmerzhaft, wie die Biographen es immer wieder

hervorheben, weil die Autoren von Normalität, von einer normalen Rollenfrau auch bei Eva ausgingen. Eva konnte auf «normalem
Weg» gar nicht «Ehefrau und Mutter» werden, die Positionen erwerben, die ihr gesellschaftliche Achtung eingebracht hätten. Ihr
Lebensplan galt einzig der Frage: wie überstehe ich mein Dasein
als Karussell, das sich fortlaufend drehen muß zwischen Sein und
Sollen. Und für dieses Überstehen bot Hitler einzigartige Möglichkeiten. Eva hatte ihre Abenteuer und Freiheiten und konnte
ungestört um sich selbst kreisen.

Schon der Einstieg in das Verhältnis zu Adolf war Abenteuer.
Sie wußte, daß Nähe zu ihm mit Gefahr verbunden war. Seine
Nichte und Wahrscheinlich-Geliebte, Geli Raubal, die Eva über
Erzählungen, besonders von Fotochef Hoffmanns Tochter Henriette, gut kannte – persönlich sind sie einander nie begegnet –,
war am 18. September 1931 eines unnatürlichen Todes gestorben, hatte sich umgebracht oder war – hinter Hitlers Rücken oder
von ihm selbst initiiert – umgebracht worden. Die drei Versionen
wurden nach Gelis Tod schon damals in der Öffentlichkeit diskutiert.

Was sich von dem Ereignis auf Eva übertrug – sie kannte Adolf
seit zwei Jahren –, war: dieser Mann bringt Thrill. Da wollte sie
einsteigen. Sie versuchte, Hitlers Trauer um Geli zu besänftigen,
indem sie seine tote Nichte mit Kleidern und Eigentümlichkeiten
nachahmte. Spätestens im Frühjahr 1932 wurde Eva Adolfs Geliebte. Zu dieser Zeit begannen die Zärtlichkeiten auf dem Sofa,
neben dem Zimmer, in dem Gelis Leben von ihr selbst oder von
anderen mit Hitlers Pistole ein Ende gemacht wurde.

Eva war Anfang 1932 gerade 20, lebte noch bei ihren Eltern. Sie
ließ sich in ihr Zimmer ein eigenes Telefon installieren, das niemand außer ihr benutzen durfte, mußte jedoch unter der Bett-
decke mit Adolf sprechen, wenn es mal zu einem Anruf von ihm
gekommen war, denn ihre Schwestern Ilse und Gretl teilten das
Zimmer mit ihr! Und doch konnte Eva das Verhältnis zu Adolf
verheimlichen, bis sie sich eine eigene Wohnung nahm, 1933, 21
geworden.

Nun war ihr Adolf auch der Führer des ganzen Landes. Wenn er

sie in ihrer Münchner Wohnung in der Widenmayrstraße besuchte, gab es trotz aller Heimlichkeiten einen Auflauf der Mitbe-
wohner des Hauses, weil Polizei im Treppenhaus und Polizei auf
allen Gängen und Wegen um das Haus podestiert war.[38]

Ab 1936 bekam Eva ein eigenes Haus in München, Wasserbur-
ger Straße. Außerdem baute Adolf sein Haus «Wachenfeld» auf
dem Obersalzberg bei Berchtesgaden zum «Berghof» um. Eva
wurde dort ein Appartement reserviert. Und ab 1939 erhielt sie in
der neuen Reichskanzlei in Berlin eigene Räume.

Eva pendelte zwischen drei Wohnsitzen, stand unter der Span-
nung, ihr Verhältnis zu Adolf vor der Öffentlichkeit geheimzu-
halten. Um sich nicht zu versprechen, redete sie Adolf auch unter
vier Augen mit «Führer» oder «Chef» an.

Welch eine Aufregung, das Intimverhältnis des mächtigsten
Mannes Deutschlands und bald Europas zu sein!

Eva fuhr Adolf auf seiner einzigen diplomatischen Reise durch
Italien nach. Da sie als seine Privatsekretärin geführt wurde,
durfte sie auf allen nicht zu offiziellen Veranstaltungen in Adolfs
Nähe sein. Und hier und da gab es ein heimliches Treffen. Italien
galt nun Evas ganze Liebe. Sie reiste jedes Jahr mit Freundinnen
oder Schwestern dorthin.

Dieses Dasein nahm sie so in Anspruch, daß sie gar nicht darauf
kam, sich mit Hitlers Welt, mit der speziellen Weise seines mörderischen Tuns zu beschäftigen. Sie wußte wohl dieses und jenes, es
wurde manchmal auf dem Berghof über KZs gesprochen. Als ihre
ältere Schwester Ilse gegenüber Adolf einmal persönlich frech
zu werden begann, ihm nicht nur mit Magda Goebbelsschen
«Frauensachen» kam, sondern mit politischen Fragen zusetzte,
verbat sich Eva hinterher dergleichen mit der Drohung, sie würde
Ilse nicht aus dem KZ holen, wenn Hitler oder Bormann sie dort
hineinsteckten.[39]

Als Adolfs Page war Eva immer auf seiten des Weihnachtsman-
nes, der seine Rute gegen jeden herausholen konnte, das war ihr
gleichgültig. Das macht der Weihnachtsmann so, das gehört zu
ihm, das ist sein «Ding», wann er Geschenke und wann er Schläge
austeilt. Der Begleitengel hat damit nichts zu tun.

«Eva hat sich nie um Politik gekümmert, weder im Guten noch im Bösen hat sie ihre nahe Verbindung zu Hitler benutzt. Wenn man ihr einen tragischen Fall schilderte, um ihre Fürsprache zu erbitten, legte sie wie der Erzengel den Finger auf die Lippen, um zu zeigen, daß sie nicht bereit sei, eine Bitte weiterzugeben. Sie hat nicht intrigiert, sie war an allem unbeteiligt.»[40]

Adolfs und Evas Bereiche berührten sich nicht. Eva war kein Parteimitglied! Sie las Romane jüdischer Autoren, schaute sich in ihrem Privatkino auf dem Berghof amerikanische Filme an, legte verpönte Jazzplatten auf.

Doch wenn sie um etwas gebeten wurde, hatte das keinen Zweck oder verschlimmerte die Situation. Ihre ehemaligen Nonnen baten sie darum, das Kloster möge von der geplanten Räumung durch die Nazis verschont bleiben. Eva foppte die Nonnen, tat so, als setzte sie sich ein, beruhigte die Bittstellerin am Telefon, Eva würde die Sache an den Parteigenossen Bormann weiterreichen. Der stand gerade neben ihr, als sie den Bittanruf bekam – durch viele Vermittlungen hatte diese Telefonverbindung überhaupt geklappt –, beide amüsierten sich über die Nonnen. Bormann ließ das Kloster räumen. Ein KZ-Häftling, für dessen Befreiung jemand Eva gebeten hatte, wurde «auf der Flucht» erschossen. Was ihr Adolf alles machte – die Welt Zug um Zug in einen Schutthaufen verwandelte –, das ging Eva nichts an, sie verwendete auf diese Frage ihre Intelligenz nicht.

«So lebte Eva neben Hitler auf dem Berghof, griff nicht in die Unterhaltung ein, stellte keine Fragen außer der, welcher Film am Abend vorgeführt würde. Sie hatte keine ausgefallenen Wünsche, ein Geschenk für sie machte Hitler geringes Kopfzerbrechen, er ließ so etwas durch Bormann erledigen: mittelmäßiger Schmuck, ein unauffälliges Gemälde.»[41]

Eva bemerkte nicht, daß Adolf auch auf dem Berghof einmal pro Tag mordete, und zwar in der Zeit zwischen 18 und 22 Uhr, nach dem Tee und vor dem Abendessen, wenn Hitler sich mit Partei-, Staats- und Militär-Koführern zurückzog. Er durfte nun nicht unterbrochen werden, wenn er eine seiner Auslöschentscheidungen traf, streng geheim waren sie.

Vielleicht brauchte Eva dieses Gruseln, wenn Adolf wieder zum Vorschein kam und seine Mordgeschäfte abgeschlossen hatte, brauchte es wie eine Peitsche, um ihren Drehungen um sich selbst einen neuen Anstoß zu geben. Als sie ihn unter dem Namen «Herr Wolf» kennenlernte, hatte er in der Hand noch eine leibhaftige Peitsche aus Nilpferdleder, mit der er gern um sich fuchtelte.

Eva «hatte jede Möglichkeit, sich zu bilden. Auf dem Berghof befanden sich die modernsten Treibhäuser, sie hätte Pflanzen züchten können, aber in ihrem Zimmer befand sich immer nur ein trauriges Alpenveilchen. Sie hätte sich jedes Buch der Welt beschaffen können, aber sie las nur Romane. Sie hatte die modernsten Filmkameras, aber sie filmte fast nur ihre Schwestern, nie ist sie aus dem engen Bereich der Familie, der Freundinnen ausgebrochen. Sie brauchte nur eine halbe Stunde zu fahren und war in einer der schönsten Städte der Welt, in Salzburg, und wenn sie weiter gefahren wäre, wäre sie in Wien gewesen und hätte die großartigsten Theateraufführungen sehen können, aber diese Dinge bedeuteten ihr nichts. Sie saß da und wartete, und das Leben rauschte vorbei.»[42]

«Saß da» ist nicht ganz treffend. Sie turbierte. Sie kaufte ununterbrochen Kleider und Schuhe. Schuhe trug sie nur einmal und schenkte sie dann ihren Schwestern und Freundinnen. Sie zog sich sechsmal am Tage um, ließ sich täglich mindestens einmal frisieren. Sie lud als Gast zu sich ein, wen sie greifen konnte. Adolf erlaubte ihr alles.

Eva hatte – wie Magda Goebbels – eine Busenfreundin, Herta Ostermayr, später verheiratete Schneider, die regelmäßig kommen mußte. Ihre jüngere Schwester Gretl lebte mit ihr zusammen, mit der sie sich täglich – es kommt kein anderes Wort – «verlustieren» konnte. Und dann stand schon wieder eine Reise bevor, mußte die Zweit- oder Drittwohnung belebt werden.

Was machte Eva noch? Henriette von Schirach berichtet darüber:

«Evas Wohnung auf dem Berghof kannte ich noch nicht. Ich war enttäuscht. Eine Einrichtung wie aus einer mittleren Fremdenpension, tiefe Sessel mit bäuerlichem Stoff bezogen, Keramiktöpfe und Blumen, Wandschränke mit Enzian bemalt, ganze Jahrgänge von Filmzeitschriften. Sie ließ sich die Kleider der Filmstars kopieren, kannte die Sternzeichen, unter denen sie geboren waren, nahm Anteil an ihrem Schicksal. Aber was war in den vielen Ordnern auf dem Regal? Eva arbeitete wie ein Archivar. Über jedes Kleid, über jeden Mantel wurde eine Akte angelegt, wo es gekauft wurde, welchen Preis es hatte, dabei lag eine Skizze des Modells sowie eine Bemerkung über Schuhe, Tasche, Schmuck, Handschuhe, die dazu getragen wurden. Auf jedem Blatt klebte ein Stückchen Stoff des Modells. Eine unglaubliche, sinnlose Fleißarbeit. Stasi und Negus, die beiden Terrier, saßen links und rechts von Eva. Sie rauchte hastig und nervös, wie immer, wenn sie wußte, daß Hitler nicht in der Nähe war.»[43]

Eva klinkte sich in die Welt Adolfs erst ein, wenn einmal sein Bereich ihren Bereich berührte. Sie hatte sich damit abgefunden, daß sie für alles Offizielle verschwinden mußte. Zu keinem Empfang war sie in Berlin zugelassen.

An der Seite Hitlers, wenn er die besetzt haben wollte, repräsentierten um die Wette die Gattinnen Magda Goebbels und Emmy Göring, die sich zehn Jahre lang den Titel «first lady» streitig machten. Eva war keine Gattin. Und darauf achtete Adolf streng.

Wenn Prominenz zum Berghof kam, mußte Eva «aufs Zimmer»! Als sie einmal den italienischen Außenminister, Graf Galeazzo von Ciano, aus ihrem geöffneten Fenster bei seiner Ankunft filmen und fotografieren wollte, und der Gast, der sie bemerkt hatte, nach ihr fragte, schickte Adolf sofort eine Ordonnanz zu Eva mit dem Befehl: Unterlassen! Fenster schließen! Unsichtbar machen![44]

Nun kam ein anderes Mal der Herzog von Windsor mit seiner Frau, der früheren Wally Simpson, wegen der er als König Edward VIII. abgedankt hatte. Für diesen Mann schwärmte Eva. Er hatte sein politisches Amt ein Jahr nach Antritt seiner Regentschaft verlassen – einer Frau zuliebe, einer «bürgerlichen», zweimal geschiedenen! Für den britischen Hof, die konservative Gesellschaft und die Kirche war so viel «Unebenbürtigkeit» einer potentiellen Königin zuviel. Ein Aufstand braute sich zusammen, als die Absichten des Königs, Mrs. Simpson zu heiraten, durchgesickert waren.

Die Handlungsweise des Herzogs von Windsor wünschte Eva sich von Adolf. Er sollte sich dem abgedankten britischen König zum Vorbild nehmen. Hitler ignorierte nicht nur diesen Wunsch, er erlaubte auch keine Begegnung zwischen den Windsors und seiner Mätresse.[45]

Als der ehemalige österreichische Bundeskanzler Kurt von Schuschnigg nach dem «Anschluß» im Gefängnis saß und eine Frau heiraten wollte, die Gräfin Vera Czernin, bat Eva Adolf – diesmal mit Erfolg – um die Bewilligung des Gesuches: eine Frau, die ihrem Mann in allem folgt, auch in Schmach und Gefängnis, das imponierte ihr. Das betraf ihren Bereich. Da nahm sie die «neutralen» Hände von den «schweigenden» Lippen und konnte plötzlich Hitler um etwas außerhalb ihrer persönlichen Angelegenheiten bitten. Sie selbst würde ihrem Geliebten nicht nur ins Gefängnis, sondern auch in den Tod folgen, wenn er sie nur endlich heiratete.

«Um aber das zu erreichen, mußte sie sich in Hitlers Tod drängen, so wie sich 1889 die Comteß Mary Vetsera in den Tod des österreichisch-ungarischen Kronprinzen Rudolf gedrängt hatte.»[46]

Etwas von Mary Vetsera *und* Rudolf – wie Eva kraft der Delegation ihres Vaters hätte geheißen haben sollen, wenn sie ein Junge geworden wäre – war in ihr. Beide trafen sich im Selbstmord, der Besiegelung der Unerreichbarkeit, dem Treffpunkt der außerweltlichen Berührung.

Eva wollte unter keinen Umständen den Kreis jemals wieder verlassen, den Adolf um sie geschlossen hatte. Er drängte sie, ja befahl ihr, in den letzten Wochen vor dem Ende – April 1945 – auf dem Berghof in Sicherheit zu bleiben. Sie widersetzte sich diesem Befehl – überhaupt erstmalig einem Befehl Hitlers – und begab sich in das brennende Berlin in die Reichskanzlei, in den Bunker an Adolfs Seite.

Da ein Zug Eva zu dieser Zeit von Berchtesgaden nicht mehr nach Berlin brachte, Sonderfahrten und -flüge nicht organisiert werden konnten, erinnerte sie sich ihres vom Daimler-Benz-Direktor ihr geschenkten Mercedes, der in einer Garage des Werkes stand, orderte das Flottmachen des Autos, ließ es panzergraugrün spritzen, damit sie auf der Fahrt quasimilitärisch getarnt war, befahl sich einen Chauffeur zur Seite und meisterte mit ihm die Fahrt durch das kaputte, sich auflösende, bebombte Deutschland.

Auf jeden Fall im Kreis mit Adolf bleiben, auch wenn der Kreis bald Tod bedeuten würde! Immer wieder hatte Eva ihren Freundinnen angekündigt, auf keinen Fall allein zurückbleiben zu wollen.

Dem vollzogenen Selbstmord gingen zwei Selbstmordversuche voran, denen die gleiche Ursache zugrunde lag. Damals bestand die Gefahr des Kreisbruches nicht von außen, im Niederzwingen von Deutschlands militärischem Führer Hitler durch die sowjetische Armee. Adolf war es selbst, der den Kreis um Eva öffnete, der das Verhältnis lockerte, es immer lockerer werden ließ, ja der sich vielleicht ganz von ihr abwenden wollte.

Die mühsam hergestellte Balance, die Eva unter dem Schirm der Neuvaterschaft Adolfs gefunden hatte, drohte durch sein Zuklappen, durch Adolfs zur Schau gestelltes Desinteresse an Eva, zusammenzubrechen.

Das erste Mal, als die Möglichkeit der Destabilisierung drohte, versuchte Eva, sich mit dem Revolver ihres Vaters zu erschießen. Die Symbolik bringt ordinär die Verhältnisse zum Ausdruck. Die Eltern waren zu Allerheiligen – am 1. November 1932 – für einen Gruftbesuch der väterlichen Familie nach Schwaben gereist. Eva versetzte sich einen Streifschuß in den Hals mit der aus der väterlichen Nachttischschublade gegriffenen Pistole.[47] Die ebenfalls noch zu Hause lebende Schwester Ilse fand Eva «ausgestreckt auf der rechten Seite» – auf der Seite des Vaters – im elterlichen Ehebett. Alles war voller Blut, die Verletzung jedoch nur leicht, die Kugel steckte dicht neben der Halsschlagader, ein herbeigerufener Arzt konnte sie leicht entfernen.[48]

Beim zweiten Mal nimmt Eva Schlaftabletten, und der Anlauf ihrer Stimmung zu diesem Selbstmordversuch ist in erhalten gebliebenen Tagebuchblättern nachvollziehbar.

Die Blätter zeigen etwas, das sich sonst meist nur im Kopf von Frauen abspielt: einen Slalom zwischen Liebe, Glaube, Hoffnung. Die Frau liebt den Mann (noch), oftmals auch, wenn er längst mit der Erwiderung ihrer Liebe nachgelassen, sich fast abgewendet oder «einer anderen» zugewendet hat. Und doch: die Frau *glaubt* an seine Liebe. Und dann *hofft* die Frau auf seine Liebe, wenn ihr Glaube den Berg seiner Gefühllosigkeit nicht mehr versetzen kann. Nun wartet sie.

Da tröpfelt der Mann mit Zeichen von Erwiderung ihrer Liebe. Und von neuem fährt die Frau ab, liebt, glaubt, hofft... wartet. Die Energien, die sie für diese Touren einsetzen muß, werden immer mehr. Die Erwiderungszeichen des Mannes werden immer blasser.

Nur selten hat eine Frau wie Eva so viel Zufall, daß ein Mann wie Adolf noch einmal zurückkommt und ihr wenigstens einige ihrer Wünsche erfüllt.

Die Tagebuchseiten Evas sind zwischen 6. Februar und 28. Mai 1935 datiert. Evas Liebesbeziehung zu Adolf besteht mindestens seit drei Jahren, da ihr Verhältnis seit Frühjahr 1932 – ein halbes Jahr nach Gelis Tod – auch von Dritten bezeugt wird.[49]

Eva lebt Anfang 1935 seit zweieinhalb Jahren – seit August 1932 – in einer eigenen Wohnung mit ihrer Schwester Gretl in München (Widenmayrstraße) und arbeitet weiter als Allzweckangestellte bei Foto Hoffmann, über dessen Konto Hitler die Miete für Evas Wohnung bezahlt.

Das genügt ihr aber nicht. Wenn auch nicht von Hitler geheiratet, so möchte sie von ihm wenigstens finanziell freigestellt werden, möchte ein eigenes Haus in München und eine eigene Suite in der Reichskanzlei in Hitlers Nähe haben, vor allem bei Hoffmann den Fotojob aufkündigen, den sie mehr und mehr haßt.

Trotz totaler Macht über Deutschland ist Hitler drei Jahre lang zögerlich, Eva diese Wünsche zu erfüllen, den Kreis um sie – so deutlich ihr wahrnehmbar – zu schließen.

Der 6. Februar 1935, mit dem Eva ihre erhalten gebliebenen Tagebuchaufzeichnungen beginnt, ist ihr 23. Geburtstag. Eva klagt, daß sie unglücklich ist. Sie hatte sich «ein Hunderl», «ein Dackerl» von Adolf gewünscht, um «nicht so ganz allein» sein zu müssen.[50] «Aber das ist wohl zu viel verlangt», denn Adolf schickt nur «Blumen und Telegramm».[51] Die Blumen, die er ihr durch die Frau seines Chefadjutanten, Julius Schaub, zukommen läßt, machen Evas Büro zu einer «Aussegnungshalle»[52].

Eva hat Angst vor ihrem Zustand als «einer beginnenden alten Jungfer»[53]. Der Bergsteiger, Autor und Filmemacher Luis Trenker, «der seit der Zeit mit Eva Braun befreundet war, schildert sie als eine ‹früh vergrämte, schöne Frau, die oft klagte, von Hitler vernachlässigt zu werden›»[54].

Zwei Lose, die sich Eva im Verlangen nach Glück an ihrem Geburtstag gekauft hat, sind Nieten. Sie wollte mit ihrer Freundin, Herta Ostermayr, ihren Schwestern Ilse und Gretl und ihrer Mutter auf die Zugspitze fahren, tut es aber nicht, weil sie auf Anrufe von Adolf wartet. Es kommt nichts. Da geht sie abends mit Herta essen: «Was soll ein einschichtigs Weiberl mit 23 Jahren sonst machen?»[55]

Am 11. Februar 1935 «war er da. Aber nix Hunderl [,] nix Kleiderschrank. Er hat mich nicht einmal gefragt [,] ob ich einen Geburtstagswunsch habe.»[56]

Adolf tritt in den Blättern nur als anonymer «Er» auf, seinen Namen erwähnt Eva nie.

Um ihre Enttäuschung zu mäßigen, kauft sie sich Schmuck.

Am 15. Februar 1935 nährt sie ihre Hoffnung, bei Adolf in der Reichskanzlei in Berlin wohnen zu dürfen. Am 6. Februar hatte sie geschrieben: «Nur die Hoffnung nicht aufgeben. Geduld müßte ich ja nun bald gelernt haben.»[57] Sie wird belohnt, ist aber noch etwas mißtrauisch: «Ich trau mich noch nicht [,] mich richtig zu freuen, aber es kann wundervoll werden [,] wenn alles klappt. Hoffen wir's!»[58]

Am 18. Februar 1935 jubelt sie: «Gestern ist er ganz unvermutet gekommen [,] und es war ein entzückender Abend.

Das Schönste aber war, daß er sich mit dem Gedanken trägt [,] mich aus dem Geschäft zu nehmen und . . . ich will mich aber lieber noch nicht so freuen, mir ein Häuschen zu schenken. Ich darf einfach nicht daran denken [,] so wunderschön wäre das. Ich müßte nicht mehr unseren ‹ehrenwerten Kunden› die Türe öffnen und Ladenmädchen machen. Lieber Gott [,] gib, daß es wirklich wahr ist und in absehbarer Zeit Wirklichkeit wird.»[59]

Eine Wohnung in der Reichskanzlei und ein Haus in München zu haben, «Chefin» auf dem Berghof bei Berchtesgaden zu sein,

Ende des Angestelltenstatus – das alles, verschafft von ihrem Adolf, stabilisiert Eva: «Ich bin so unendlich glücklich, daß er mich so lieb hat [,] und bete, daß es immer so bleibt. Ich will nie Schuld haben, wenn er mich einmal nicht mehr gern hat.»[60]

Bis zum 4. März 1935 hält die Sache leider nicht: «Ich bin schon wieder todunglücklich.» Und «da ich ihm nicht schreiben kann [,] muß eben dieses Buch dazu dasein [,] meine Klagelieder aufzunehmen».[61]

Am Samstag zuvor war Adolf «gekommen»; für den Abend hatte Eva eine Einladung zu einem Ball angenommen: «Ich habe nun bei ihm bis 12 Uhr ein paar wundervoll schöne Stunden zugebracht und bin dann, mit seiner Erlaubnis, noch 2 Std. auf den Ball gegangen.»[62]

Danach ist Knatsch, den Eva sich nicht erklären kann. Adolf läßt sie warten, hält sein Versprechen für ein Treffen nicht, fährt woandershin als geplant, reist früher ab, als angekündigt, so daß Eva zu spät zum Bahnhof kommt. Sie sieht nach all dem schwarz, hofft, daß es so schwarz, wie es ihr erscheint, nicht ist, «aber er kommt nun 14 Tage nicht mehr [,] und ich bin bis dahin unglücklich und habe keine Ruhe»[63].

Nach einer Woche, am 11. März 1935, kann sie ihren Zustand der Ungewißheit – Adolfs Reaktionslosigkeit – nicht mehr aushalten: «Ich wünsche mir nur eines [,] schwer krank sein und wenigstens 8 Tage von ihm nichts mehr zu wissen. Warum passiert mir nichts, warum muß ich alles das durchmachen. Hätte ich ihn doch nie gesehen. Ich bin verzweifelt. Jetzt kaufe ich mir wieder Schlafpulver [,] dann befinde ich mich in einem halben Trancezustand und denke nicht mehr so viel darüber nach. Warum holt mich der Teufel nicht. Bei ihm ist es bestimmt schöner als hier.»[64]

Sie wartet drei Stunden vor einem Luxushotel, muß aber nur mitansehen, wie Adolf der Schauspielerin Anny «Ondra Blumen kaufte und sie zum Abendessen eingeladen hat»[65].

Eva macht sich ihren Status klar: «Er [Adolf] braucht mich nur zu bestimmten Zwecken... Wenn er sagt [,] er hat mich lieb, so meint er [es] nur in diesem Augenblick. Genauso [,] wie seine

Versprechen, die er nie hält. Warum quält er mich so und macht nicht gleich ein Ende?»[66]

Der Rückzug von Adolfs Emotionen beginnt. Am 1. April 1935 lädt er Eva zu einem Abendessen in Münchens «Vier Jahreszeiten» ein: «Ich mußte 3 Stunden neben ihm sitzen und konnte kein einziges Wort mit ihm sprechen. Zum Abschied reichte er mir, wie schon einmal, einen Umschlag mit Geld. Wie schön wäre es gewesen, wenn er mir einen Gruß od. ein liebes Wort dazugeschrieben hätte, ich hätte mich so gefreut. Aber an so was denkt er nicht.»[67]

Am 29. April 1935 sackt ihre Stimmung weiter ab: «Es geht mir mies. Sehr sogar. In jeglicher Hinsicht.»[68]

Sie versucht, sich mit Hilfe der Verfahrensweisen des Autosuggestionsheilers Emil Coué[69] zu positivieren, indem sie «immer» «es wird schon wieder besser» vor sich hin singt, was nichts hilft.

Adolfs Wohnung in München ist renoviert. Eva darf dort aber nicht auftauchen. «Liebe scheint momentan aus seinem Programm gestrichen» zu sein.[70]

Eva hatte am 16. März 1935 noch gehofft, Adolfs mangelndes Interesse ihr gegenüber käme daher, weil «sich jetzt politisch so viel tut»[71].

Während Adolf im April in München war, hat Eva «jede Nacht» ihr «Pensum runtergeheult»[72], Ostern mußte sie «allein zu Hause» bleiben.[73]

Nach zwei Wochen, am 10. Mai 1935, ist es klar: «Wie mir Frau Hoffmann liebevoll und ebenso taktlos mitteilte [,] hat er jetzt einen Ersatz für mich.»[74]

Es ist Lady Unity Valkyrie Mitford. Eva will bis zum 3. Juni warten, an diesem Tag ist ein Vierteljahr nach ihrem letzten intimen Zusammensein vergangen.

Sarkastisch trumpft sie auf: «Nun sag mir einer nach, daß ich nicht bescheiden bin. Das Wetter ist so herrlich [,] u. ich, die Geliebte des größten Mannes Deutschlands und der Erde [,] sitze und kann mir die Sonne durchs Fenster begucken.»[75]

Eine knappe Woche vor dem selbstgestellten Ultimatum kann Eva es nicht mehr aushalten und will Adolf mit einem Brief zur Stellungnahme zwingen – 28. Mai 1935 –: «Habe ich bis heute

Abend 10 Uhr keine Antwort [,] werde ich einfach meine 25 Pillen nehmen und sanft hinüberschlummern.»[76]

Grund: Zusammenbruch seiner «wahnsinnigen Liebe» – die er ihr «schon so oft versichert hat» –, da «er» ihr «3 Monate kein gutes Wort gibt».[77]

Sie resümiert, es sei nicht die Politik, die Adolf abhält, «ein paar liebe Worte bei Hoffmann oder sonstwo»[78] für sie zu deponieren. Sie erinnert sich an das letzte Jahr (1934), als Adolf vom «Röhm-Putsch» geschlaucht war – der Ermordung Hunderter ihm unlieb-samer Leute aus den eigenen Reihen und dem konservativen La-ger –, als ihm Italien Probleme bereitete, nein, es ist jetzt «eine andere Frau»[79].

Eva hat Panik vor der Möglichkeit, daß Adolf auf ihren Brief nicht antworten könnte: «Herrgott [,] ich habe Angst, daß er heute keine Antwort gibt. Wenn mir nur ein Mensch helfen würde [,] es ist alles so schrecklich und trostlos.»[80]

Sie kann die Ungewißheit schwerer ertragen als ein plötzliches Ende. Sie betet: «Lieber Gott [,] hilf mir [,] daß ich ihn heute noch sprechen kann [,] morgen ist es zu spät.»[81]

Sie wird nicht erhört. Wie sich aus ihrem Fall und Millionen anderer Fälle erweist, hat «der liebe Gott» über ihren bösen Adolf keine Macht.

«Wenn er wenigstens anrufen lassen würde»[82], fleht Eva mit diesem letzten Satz ihrer Geständnisblätter vor sich hin. Auch das macht ihr Geliebter nicht. Sie ist zum Tode bereit: «Ich habe mich für 35 Stück entschlossen [,] es soll diesmal wirklich eine ‹tod-sichere› Angelegenheit werden.»[83]

Eva nahm nur «20 Tabletten Vanodorm»[84], lag bewußtlos in ihrem Bett, als ihre ältere Schwester Ilse, die einen Schlüssel zu ihrer Wohnung hatte, von einem Tanzwettbewerb zurückkam, um ein geliehenes Abendkleid Evas wiederzubringen. Auch die jüngere Schwester Gretl, mit der Eva zusammenlebte, hätte jeden Augenblick zur Tür hereinkommen können.

Neben ihrem Bett hatte Eva ihr Tagebuch offen liegengelassen. Ilse wußte sofort, um was es sich handelte. Als langjährig prakti-zierende Arzthelferin waren ihr solche Fälle bekannt. Sie leistete

Eva erste Hilfe und holte einen Arzt, riß die Seiten, die die zunehmende Depression Evas belegen, aus dem Tagebuch und nahm sie
an sich. Deswegen sind sie erhalten geblieben, alle anderen Tagebücher Evas nicht.

Hitler erfuhr vom Selbstmordversuch Evas, sorgte dafür, daß
sie bei Foto Hoffmann kündigen konnte, ihre Apanage bekam,
dazu ihr Haus in München-Bogenhausen, daß sie im Berghof auf
dem Obersalzberg Herrin wurde und später eine Suite in der
Reichskanzlei erhielt.

Die bisherige Haushälterin auf dem Berghof, Adolfs Schwester
Angela Raubal, die Mutter Gelis, wurde hinausgeworfen. Angela
Raubal war nach dem Tod ihrer Tochter, den sie als Eifersuchtstat
mit Eva in Verbindung gebracht hatte, Evas Spezialfeindin geworden, vermied es, ihr bei Begegnungen die Hand zu geben. Nun war
der paramütterliche Drachen ausgeschaltet.

Eva verbrachte bis 1945 Dreiviertel ihrer Zeit auf dem Obersalz-
berger Sitz in Bayern.

Ab 1936 war der Adolfsche Kreis um sie wieder geschlossen.
«Von da an – selbst in den dramatischsten Tagen des Rußland-
Feldzuges – verging kaum eine Nacht, in der Hitler nicht versuchte, seine Geliebte anzurufen oder ihr eine Botschaft zukommen zu lassen.»[85]

Die offensichtliche Inszenierung und das ziemlich treffsichere
Am-Ergebnis-vorbei-Zielen von Evas Selbstmordversuchen dürfen nicht an deren Ernsthaftigkeit zweifeln lassen, nicht daran,
daß Eva sterben wollte, wenn sich der Beziehungskreis um sie
nicht hätte wieder schließen lassen.

Noch deutlicher kommt das alles im Verhalten von Evas kurzwei-
liger Nebenbuhlerin, Unity Mitford, zum Ausdruck.

Lady Unity Valkyrie, geboren 1914 (zwei Jahre jünger als Eva),
hatte sich schon als junges Mädchen in den Kopf gesetzt, Adolf
Hitler kennenzulernen. Mit 19 Jahren fuhr sie 1933 zum ersten
Mal nach Deutschland. Dreimal konnte sie Hitler öffentlich sehen. Eine Begegnung, die sie sich sehnlichst gewünscht hatte, kam
nicht zustande. Hitlers Pressereferent, Ernst («Putzi») Hanf-

staengl, den Unity über Verbindungen zu seiner englischen Mutter
kannte, weigerte sich, ein Treffen zu arrangieren, weil er keinen
Grund sah, Unity Hitler vorzustellen.

Sie versuchte es auf eigene Faust, zog nach München, schrieb sich
in der dortigen Universität als Studentin der Kunstgeschichte ein
und hielt sich ostentativ in Hitlers Stammlokal «Osteria» auf, nachdem sie sich durchgefragt hatte, wo er öffentlich ißt, wenn er in
München ist! Sie belegte einen Tisch direkt neben Hitlers Stamm-
tisch, plazierte sich in seine Blickrichtung, beugte sich über
Deutsch-Sprachbücher, bis er eines Tages kam. Da richtete sie ihre
britannisch-germanischen, meeresblauen Augen nur noch auf ihn.

Nach einigen Malen solcher Blickanbahnungen schickt Hitler am
9. Februar 1935 den Geschäftsführer der «Osteria» zu Unity und
läßt ihr sagen: «Der Führer möchte mit Ihnen sprechen.»[86]
Das erste Gespräch dauert eine halbe Stunde lang.

Am nächsten Tag schreibt Unity an ihren Vater David Lord
Redesdale: «Ich bin so glücklich, daß es mir überhaupt nichts aus-
machen würde zu sterben. Ich glaube, ich bin das glücklichste Mädchen der Welt.» – «... wenn Du Dir klarmachst, daß er, zumindest
für mich, der größte Mann aller Zeiten ist...»[87]

Mutter Sydney Lady Redesdale gegenüber triumphiert Unity
am 11. Februar 1935: «Und daß der mächtigste Mann der Welt so
einfach und bescheiden geblieben ist, ist ein wahres Wunder und
ein Zeichen seiner Übermenschlichkeit.»[88]

Nach diesem Anfang beginnt eine Beziehung, die bis Ende 1939
anhält, während der Unity mit Adolf 140mal persönlich zusam-
mentrifft! Sie hat jede Begegnung festgehalten. Unity darf im engsten Kreis um Hitler verkehren, wird auf alle großen öffentlichen
Ereignisse eingeladen, ja sie gehört zu seiner Eskorte auf seinen
vielen Reisen, so daß Hitlers Adjutanten ihren Namen «Mitford»
verballhornten und Unity «die Mitfahrt» nannten.

Die Hochzeit ihrer um vier Jahre älteren Schwester Diana mit
dem britischen Naziführer, Sir Oswald Mosley, wird 1936 in
Deutschland von den Nazis ausgerichtet, als seien sie die Braut-
eltern. Hitler gibt für das junge Paar ein Essen in seiner Wohnung
in München.

«Obwohl sie wußte, daß Hitlers Bewunderung für sie rein ästhetischer Natur war, sein Interesse politischen Informationen diente, so hegte sie doch die geheime, vielleicht unbewußte Hoffnung, wenn einst die große Allianz England–Deutschland zustande käme und das friedliche erträumte Utopia Wirklichkeit würde, daß dann auch die intime Verbindung, die für sie persönliches Glück bedeuten würde, folgen könnte.»[89]

Ob wie Eva auch Unity Hitler heiraten wollte, wird aus ihrem Verhalten nicht ganz deutlich. Darüber wurde immerhin öffentlich diskutiert.[90] Anderes Wollen Unitys wird deutlich. Was wollte sie?

Unity war eine finanziell unabhängige, kluge, schöne, junge, aristokratische, nordtypologisierte Person, als wäre sie direkt für die «Rassen»-Ideologie der Nazis geschaffen worden. Sie wollte Deutschland und Großbritannien «vereinigen»! Sie hatte den «Traum von einer englisch-deutschen Weltherrschaft», der «Beherrscher des Meeres» – Britannien – sollte sich «mit dem Herrn der Erde – das war ihr Held Hitler – verbinden»[91].

Unity schwebte durch Nazideutschland als gute Fee der NS-Diktatur. Ihre politischen Gegner in ihrem Herkunftsland spotteten über sie, sie sei ein «Typ, der die Mitte zwischen Toilettenseifenreklame und Erzengel» hielte.[92]

Dem Politdilettanten Hitler war die ihn anbetende Träumerin nur recht:

«Und dann konnte Hitler sie zu seinen Zwecken einsetzen, was er auch sehr geschickt tat; durch sie ließ er Klatsch und Gerüchte ausstreuen, mit und ohne wahren Kern. Jeder, der Unity kennenlernte, brannte darauf, alles über Hitler zu erfahren, so wie er wirklich war, und sie antwortete ganz in ihrer eigenen Swinbrook-Sprache [aristokratisch-spezielle Ausdrucksweise, deren sie sich mit ihren Geschwistern befleißigte], daß er [Hitler] ein Schatz sei, daß er solche süßen Augen habe, solch einen süßen Regenmantel trage, daß er nur an Frieden denke, das britische Empire bewundere und darauf hoffe, die britische Marine und die deutsche Armee zu wunderbaren nordischen Streitkräften zu vereinen...

... Es war zumindest eine raffinierte Art, Informationen in die Welt zu setzen, die die offiziellen Verlautbarungen etwas verwischen, aber auch ergänzen konnten. Das war nützlich genug.»[93]

Was heißt «nordische Streitkräfte vereinen», «Herrschaftsallianz der beiden so nahen verwandten Völker, durch keine Macht zu zerstören»?[94]

Das heißt Ausradieren alles anderen, heißt, den kleinen Ländern Holland, Dänemark, Polen... die Eigenständigkeit rauben, Naziverhältnisse in Großbritannien einführen: Kommunisten und Sozialdemokraten weg, Juden raus, Schwule und Behinderte bedrohen, quälen und töten, innovative Künstler abwürgen, alles, was nicht paßt, ausgrenzen, und wenn es sich weigert zu verschwinden, einstampfen. Auslöschen das Kleine und Andere – das heißt Naziherrschaft.

Und diese reiche, unabhängige Ausländerin kommt «freiwillig» an den Thron des Schreckens, den flieht, wer kann, und will die Knebelung für ihr eigenes Land! Sie wird Parteimitglied der NSDAP!

«Das Parteiabzeichen von besonderer Ausführung, ohne Schrift im roten Kranz, auf der Rückseite Hitlers Namenszug eingraviert, und von ihm selbst verliehen, trug sie stolz und für jeden sichtbar.»[95] «Es war ungewöhnlich für eine Ausländerin, in die Reihen einer so ultra-chauvinistischen Organisation wie die NSDAP aufgenommen zu werden.»[96]

Das ihr von Hitler mit einer persönlichen Widmung geschenkte Porträt im Silberrahmen in einem Lederetui trug sie immer bei sich, auch auf Reisen, zeigte es überall und stellte es auf ihre Nachttische, «selbst wenn sie im Schlafwagen» fuhr.[97]

«Ihr kleines Auto hatte sie links und rechts mit dem Union Jack und einer Hakenkreuzflagge dekoriert. So fuhr sie durch Europa, besuchte Freunde und machte überall Propaganda für Hitlers Ideen.»[98]

Selbst durch die Schleier ihrer eigenen, von ihr formulierten Botschaft «Versöhnung der germanischen Brüder» blitzte das Unheil:

«Unity war oft mit Winston Churchill, Anthony Eden, Chamberlain und Lord Rothermere zusammengekommen. Sie war bei Hofe vorgestellt worden. Hitler erzählte sie, was er gern hörte: daß die britische Regierung nicht das Land darstelle, daß es in England eine starke nationalistische Strömung gebe, daß die Jugend ihn, den deutschen Führer, bewundere, daß die Juden die einzigen seien, die Krieg wollten und die Stimmen der Politiker gekauft hätten, einschließlich der Stimme Churchills, den Unity als Totengräber des britischen Weltreiches bezeichnete, und daß England und Deutschland vereinigt die Welt beherrschen könnten. Hitler sah in Unitys Erzählungen den unwiderlegbaren Beweis für die Richtigkeit seines Instinktes und seiner politischen Maßnahmen.»[99]

In Großbritannien hatte sich Unity unüberhörbar antisemitisch hervorgetan:

«Wie Diana nahm auch Unity an faschistischen Aufmärschen und Demonstrationen teil, oft im East End, jener Londoner Slum-Gegend, wo Mosley sich durch seine Angriffe auf die Juden Unterstützung erhoffte. Unity kaufte sich eine Uniform; sie verkaufte BUF-Zeitungen [BUF = British Union of Fascists]; sie akzeptierte alles, was Mosley sagte. Mit einer schockierten Freundin ging sie ins Selfridge's, das große Kaufhaus in der Oxford Street, und ließ eine Tonaufnahme von sich machen mit dem Slogan, den die BUF bei ihren Straßenangriffen auf die Juden schrie: ‹The Yids, the Yids, we gotta get rid of the Yids.› [Die Juden, die Juden, wir sind froh, daß wir sie los sind, die Juden.] Der Faschismus, rein und unverdünnt, war in eine Persönlichkeit wie die ihre eingedrungen wie in ein Vakuum.»[100]

«Doch erst ein Brief, den sie Ende 1935 im *Stürmer* veröffentlichte, war so bizarr und gewalttätig im Ton, daß er ein Aufsehen erregte, das später niemals mehr ganz verblassen sollte. In diesem Brief drückte sie ihre Bewunderung für die Zeitung und ihre wilden Kampagnen gegen die Juden aus; sie wünschte sich ein solches Blatt für England und schloß mit den Worten: ‹Jeder soll wissen, daß ich eine Judenhasserin bin.› Schändlichkeit und Erfolg waren endlich ein und dasselbe geworden. Sie hatte herausgefunden, daß sie niederträchtig und schockierend sein konnte, ohne dafür bestraft zu werden. Nach diesem Brief berichteten die Zeitungen über jeden Schritt von ‹Unity, der Judenhasserin›: über ihren Besuch der Bayreuther Festspiele mit Hitler, über ihre Anwesenheit bei allen folgenden Parteitagen in Nürnberg und ihren Besuch der Olympischen Spiele von 1936. Unweigerlich wurde Unity auch als ‹Hitlers englische Freundin› bezeichnet. Ein paar Zeitschriften in England und Amerika spekulierten, anscheinend gut unterrichtet, über eine Heirat Unity–Hitler, bis schließlich Lord Redesdale eine Erklärung abgab, daß es keine derartigen Pläne gebe.»[101]

Bei der ersten Begegnung zwischen Unity und Adolf war das Thema «Juden» angesprochen worden. Sie schrieb an ihren Vater:

«Er [Hitler] sprach über den Krieg und sagte..., daß man es den internationalen Juden nie mehr erlauben dürfe, zwei nordische Rassen zum Krieg
gegeneinander anzustacheln. Ich antwortete: ‹Nein, das nächste Mal
müssen wir zusammen kämpfen.›»[102]

Unity sah sich als eine Privatmissionarin in Sachen deutsch-eng-
lischer Freundschaft.

Sie «rühmte sich offiziell, das Münchner Abkommen zustande gebracht
zu haben, sie rühmte sich des Abkommens über die Rüstungsbegrenzung
der Kriegsmarine. Sie beruhigte die Berliner während einer Kundgebung,
indem sie schwor, daß ihr Vaterland, England, niemals gegen Deutschland in den Krieg ziehen würde. Und Hitler glaubte ihr.»[103]

Auch Unity Mitford hatte mit Adolf Hitler einen Kreis gebildet.
Der Kreis hieß Vereinigung ihrer beiden Vaterländer, denn «ich
habe zwei Vaterländer, ich liebe und bewundere Deutschland»,
hatte sie geschrieben.[104]

Als dieser Kreis am 3. September 1939 gebrochen wurde, wollte
Unity sterben. Großbritannien hatte an diesem Tag Deutschland
nach dessen Überfall auf Polen am 1. September 1939 den Krieg
erklärt, da es in einem Verteidigungspakt mit Polen gebunden
war.

Die Zerstörung Polens bedeutete Unity nichts. Erst als sich die
beiden Vaterländer zerstritten, brach sie zusammen. Sie beging
am 3. September 1939 einen Selbstmordversuch. Vorher hatte
sie dem Gauleiter von München, Adolf Wagner, mit dem sie befreundet war, einen Umschlag gebracht. Darin war Hitlers sil-
bergerahmtes Bild, das Parteiabzeichen der NSDAP und ein
Abschiedsbrief an den «Führer» mit der Selbstmorddrohung ent-
halten.

Ausgangspunkt und Ende dieser «Johanna der Neuzeit», wie sie
sich sah[105], zeigen einen ganz anderen Kreis, aus dem sie auszu-
brechen versuchte, was ihr mißlang.

Unity war das fünfte der sieben Kinder von Lady und Lord Redesdale. Ihr Vater war Peer of England, leitender Aristokrat des
Landes und Oberhausabgeordneter im britischen Parlament – wie
so viele Männer / Väter nach außen «hui», nach innen «pfui».

Die älteste Tochter Nancy, «eine der berühmtesten englischen Erzählerinnen»[106], läßt eine Episode über den Sadismus des Jägervaters heraus. Er hetzte seine Bluthunde nicht nur auf die Tiere, die er zu schießen beabsichtigte, sondern auch auf seine Töchter, wenn er zu Pferde saß:

«Daß uns Papa mit Bluthunden jagte, fanden andere Leute merkwürdig, uns machte es aber eigentlich Spaß.»[107]

«Als die Mädchen heranwuchsen, verjagte der Vater jeden Heiratskandidaten. Trotzdem heirateten sie, und Lord Redesdale behandelte die Schwiegersöhne wie Feinde und redete sie nie mit dem Vornamen an.»[108]

Die Psyche des Vaters war über Haß und Feindseligkeit organisiert. Er hatte «eingefleischte Vorurteile gegen Ausländer, vor allem die Buren und die Deutschen, gegen die er mit großer Tapferkeit in Südafrika und im Ersten Weltkrieg gekämpft hatte. Katholiken, Juden, Schwarze, die romanischen Völker – für ihn Nigger und Dagos (Welsche) – brachten ihn zur Raserei. Mit der Bezeichnung ‹Gulli› bedachte er gerne die Leute, die er nicht besonders schätzte, und manchmal sagte er ihnen das direkt ins Gesicht...»[109]

Mit Unity stand der Vater besonders auf «Kriegsfuß». Er war ein Deutschenhasser. Seine vierte Tochter bekam zu Ehren ihres Großvaters, des Vaters des Vaters, den Beinamen Valkyrie!

«Algernon Bertram (Bertie) Baron Redesdale» war ein Bewunderer Wagners, hatte 1912 – zwei Jahre vor Unitys Geburt – einen Sketch über Bayreuth geschrieben, Wagners Haus Wahnfried besucht.[110] Angesehener, in den Lordstand erhobener Diplomat, war der Großvater wegen permanenter Abwesenheit seinem Sohn David – dem Vater Unitys – doch fern, so daß David in die Muttersohnschaft rutschte. Lord Redesdale junior drückte seine Lebensfeindschaft aristokratisch aus, haßte vornehm, präzise das, was die britische Gesellschaft einem Adligen zu hassen anbot: Deutsche, Buren, Juden, Katholiken, Schwarze...

Seine Tochter Unity Valkyrie wurde mit ihrer wagnerschen Imprägnierung von ihm subtil abgelehnt als die «Deutsche». Biograph Pryce-Jones spricht von der «Rache» Unitys, die den Vater so weit gebracht hat, daß er Hitler persönlich begegnet:

Unitys Eltern «kamen, sahen und wurden besiegt. In der Prinzregenten-
straße [in Hitlers privater Wohnung am Prinzregentenplatz in München]
tranken sie Tee mit Hitler, und *Muv* [Spitzname der Mutter] erläuterte,
wie sie ihren Weizen mahlte und ihr Brot buk, was Hitler anscheinend
entzückte. Ein offizieller Mercedes wurde ihnen zur Verfügung gestellt;
sie wurden hofiert und genossen es dankbar. Sie kehrten als Ehrengäste
des Nürnberger Parteitags zurück. Lord Redesdale hielt von nun an Reden im Oberhaus über solch allgemeine Themen wie Hitlers Friedensliebe
und den sozialen Fortschritt im Dritten Reich. Die Konversion des frem-
denfeindlichen und antideutschen *Farve* [Spitzname des Vaters] scheint
die absonderliche Rache zu sein, die Unity an ihm nahm...»[111]

Die beiden Zumutungen, die Väter für Töchter sind, soziale und
psychische Insolvenz, traten exemplarisch bei Magda Goebbels
und Eva Hitler in Erscheinung. Die Väter sind als ganze weg, verschwinden nach der Zeugung, sterben im Gerangel ihrer Gesellschaft zu früh oder trennen sich von den Müttern nach kurzer
Zeit. Ebenso verheerend ist, wenn die Väter als Person untragbar,
unerfahrbar, undurchschaubar sind, wenn sie ihre Interessen
«verkehrt herum» auf die Töchter richten.

Das Verlangen nach Sohn kennzeichnet das Vaterdasein des gesamten Patriarchats. Auch in den Gebieten, in denen die Tochter
als Heiratsgut willkommen zu sein scheint, tritt sie in keine Welt,
die ihr positiv gesonnen ist, die sie als Mädchen und Frau, geschweige denn als weibliche Person will. Sie ist ja nur Investitions-
objekt. Der Vater kann sie gut verkaufen. Sie bringt ihm eines
Tages Geld, wenn er sie loswird, und das will er – all das ist kein
Keim zu positiver Vater-Tochter-Beziehung, zu einem Gelingen
der Identifikation der Tochter mit dem Vater.

Eine Minusvaterschaft wird auch gekennzeichnet durch ein
komplettes Desinteresse des Vaters an der Existenz der Tochter
oder durch das Gegenteil, das männliche Interesse des Vaters an
ihr als Mitglied des weiblichen Geschlechts, durch das Entfachen
seiner sexuellen Begierde, die Tochter als Lust- oder Anregungs-
objekt zu nehmen, was sich nicht minder unzuträglich für sie auswirkt (manifester oder latenter Inzest).

Haben Väter mehrere Töchter, ist etwas Auffälliges zu beobachten. Die Neigung der Töchter, sich mit Gewaltmännern zu paaren, nimmt zu, je jüngere Kinder sie sind. Eva Braun war die mittlere von drei, Unity Mitford die vierte von sechs.

Beim ersten Kind ist der Vater noch (einigermaßen) neutral. Er nimmt, was kommt, als solches, was es ist – das ist immer das beste für ein Kind.

Die ältesten Töchter in den Familien Braun und Mitford werden «vernünftig» und «ordentlich». Ilse Braun hat alle Merkmale einer Vatertochter. Sie kann immer die Wirklichkeit einschätzen. Sie lebt nicht nach Träumen, sondern nach Erfahrungen. Sie wird Sprechstundenhilfe bei dem jüdischen Arzt Dr. Martin Levi Marx, dem sie bis weit ins Dritte Reich (1937) die berufliche Treue hält, so lange, bis er in die USA auswandert. Ilse will nicht mit ihrer Schwester Eva in eine Wohnung zusammenziehen, um nicht Kupplerdienste für das Verhältnis zwischen Adolf und Eva machen zu müssen. Sie sieht die Gefahren dieses Verhältnisses, warnt ihre Schwester vor ihnen, wagt später, als es noch möglich ist, Hitler einmal zu kritisieren. Sie sieht das Unheil kommen, lange ehe es sich anbahnt. Sie liiert sich nicht mit auffälligen Gewaltmännern, was im Dritten Reich vor allem heißt, nicht mit Nazis. Sie lehnt es ab, Sprechstundenhilfe bei Hitlers Leibarzt Dr. Theodor Morell zu werden, nimmt dann später einen Job bei Albert Speer an, zu einer Zeit, als dieser begann, sich von Hitler zumindest innerlich abzuwenden.

Das Interesse des Vaters am weiblichen Kind verflüchtigt sich zusehends mit der ansteigenden Zahl seiner Töchter. Seine Zuwendung zum Kind besteht nur während der Schwangerschaft, bis zum Moment des Offensichtlichwerdens: Junge oder Mädchen.

Bei der Schwangerschaft seiner Frau mit dem nach der Geburt «Eva» genannten Kind fühlte Vater Braun noch Ängstlichkeit und erwartete einen Jungen, den er wie den österreichischen Thronfolger «Rudolf» nennen wollte. Seine Enttäuschung konnte nicht so schnell um sich greifen und die Erwartung abklingen lassen. So nahm er die Tochter zu Anfang ihres Daseins einfach als Sohn.

Bei der dritten, Gretl (Margareta Anna Paula), genügte ein Blick ins Kindbett, um sich umzudrehen: wieder nichts!

Gretl lebte völlig eingeschlossen in Innenwelten, wechselte vom Leben mit den Eltern zu den Nonnen im Kloster (zwei Jahre) und von dort zum Leben mit der älteren Schwester Eva.

Hitlers Spaß war es, die ledigen Frauen seiner Umgebung zu verheiraten. Mit der hübschen Gretl sollte und wollte es nicht klappen. Um der Schwester nachzueifern, gab es keinen vergleichbaren Topvernichter mehr, der für Gretl frei gewesen wäre. Schließlich, kurz vor Dritte-Reichs-Ausverkauf, ergab sich noch eine Möglichkeit. Der Stellvertreter des «Endlösungs»fabrikanten Heinrich Himmler, SS-General Otto Hermann Fegelein, ehrgeizig und beim Auslöschen sich besonders unbarmherzig zeigend, fand die Idee schmeichelhaft, mit der Heirat Gretls so etwas wie ein Schwager Adolf Hitlers werden zu können. Am 3. Juni 1944 war es soweit.

In den Endwirren des Dritten Reiches, April 1945, erklärte Hitler Fegelein zum Nachfolger Himmlers, als der ihm untreu geworden war. Reichsführer SS – das war nun wirklich die Position des zweiten Vernichters des Regimes.

Es gab zu schlechter Letzt dann noch einen kleinen Zwischenfall. Fegelein hatte versucht zu desertieren. Hitler ließ seinen Schwager in Hitlers eigener Hochzeitsnacht vom 28. zum 29. April 1945 erschießen – auf dem Hof der Reichskanzlei –, weil herausgekommen war, daß Fegelein sich mit einer Ungarin, Schmuck und Geld im Werte von über 100000 Mark in die Schweiz hatte absetzen wollen. Hitlers letztes Todesurteil wurde vollstreckt.

Und da mitten im Blutmeer schwimmen immer die beiden Schwestern Eva und Gretl. Die eine heiratet noch schnell vor dem eigenen Tod das oberste Reichsmonster, die andere erwartet ein Kind von ihrem nun toten Fürchtelehrmeister, der sie schon längst betrog und wegen einer anderen sitzenlassen wollte.

Bei den Mitfords gibt es eine ähnlich ansteigende Kurve in der Tendenz der Töchter, sich für Gewaltmänner zu interessieren. Die Älteste, Nancy, findet eine eigene Identität als anerkannte Schriftstellerin.

Für die Zweitgeborene, Pamela, sackte das Interesse des Vaters
– wie üblich – weg. Da die Mitfords Landadelige waren, gab es den
Kontakt zu Tieren. Pamela identifizierte sich mit Pferden.

Sie «hatte harmlose Wünsche. Sie wollte nur ein Pferd werden. Sie
scharrte schon als kleines Mädchen mit den Füßen, lernte zu wiehern und
warf dabei den Kopf zurück. Wenn sie auch kein Pferd wurde, so heiratete
sie doch einen Mann, der Rennpferde ritt, den Oxford-Dozenten Derek
Ainsley Jackson. Sie lebt heute in Irland.»[112]

Die Füllung der Vaterleere mit Tieren ist ein sicherer Weg, den
Gang in Gewaltverlangen zu vermeiden. Aber dieser Weg glückt
nicht allen Vaterverlassenen. Die vier jüngsten Töchter der Mitfords, Diana, Unity, Jessica und Deborah, die nach der Geburt des
Sohnes Tom zur Welt kamen, konnten sich keine Nähe zu Pferden
bahnen wie Pamela. Die Eltern waren inzwischen älter und ängst-
licher geworden, schirmten die Töchter von einem freien Umgang
mit Tieren ab, stellten sie unter die Obhut von Gouvernanten.

«Kindermädchen, Köchinnen, Hausmädchen, Diener, Aufseher, Erzieherinnen – die Kinder wuchsen umstellt auf... Die Schwestern blieben zu
Hause eingesperrt, sie hockten beisammen wie in einem Harem und lie-
ferten sich Stoff für ihre Phantasien, besonders über die reichen und
prächtigen Liebhaber, die sie eines Tages in die Freiheit entführen würden. Irgendwie überwachte Lady Redesdale den Unterricht oben im Klas-
senzimmer, während die Erzieherinnen kamen und gingen: es waren...
insgesamt dreizehn, die von ihnen gequält und verrückt gemacht worden
seien. Monotonie, Frustration, Fluchtträume, Sehnsüchte nach Traum-
prinzen.»[113]

Bei der Viertgeborenen, der dritten Tochter – Diana –, beginnt
deutlich, sich eine Affinität zur Gewalt in ihrem Werdegang abzu-
zeichnen. Diana Mitford verhält sich ähnlich wie Magda Goebbels, heiratet zuerst einen Industrieexponenten, den Biermillio-
närserben Brian Guinness, läßt sich von ihm scheiden und wird
Frau des britischen Naziführers Oswald Mosley, agiert Seit an Seit
mit der um vier Jahre jüngeren Unity. Diana und Unity fuhren
anfangs gemeinsam nach Deutschland, um sich in den führenden
Nazimännergruppen einzunisten. Bei einer Machtergreifung

Mosleys in Britannien wäre Diana first lady des dortigen NS-Reiches geworden.

Unity steht altersmäßig näher ihrer jüngeren Schwester Jessica. Beide profilierten sich schon von klein auf als empfänglich für Radikalmaskulinitäten, Unity für die faschistischen Männer, Jessica für die bolschewistischen.

«Als man die Töchter fragte, was sie machen würden, wenn sie erwachsen seien, antwortete Unity: ‹Ich werde nach Deutschland gehen und Hitler kennenlernen›, und ihre Schwester Jessica konterte: ‹Und ich werde durchbrennen und ein Kommunist werden.› Noch heute ist in Swinbrook House ein Fenster zu sehen, in das Unity mit einem Diamantring Hakenkreuze eingeritzt hat, und Jessica daneben ebenso viele kleine Hämmer und Sicheln.

Beide, Jessica und Unity, waren von dem Gedanken besessen, dem Zuhause zu entfliehen. Als Jessica zwölf Jahre alt war, schickte sie 10 Shilling an die Familienbank mit dem Auftrag, ein Fluchtkonto für sie zu eröffnen. Die Bank, die seit Generationen die Geldgeschäfte der Familie führte, erledigte auch diesen Auftrag pflichtschuldigst.

Einmal besuchten Jessica und Unity ein Gartenfest in England, bei dem Geld für die konservative Partei gesammelt wurde. Die Schwestern beschlossen, daß die ‹langweiligen alten Konservativen› keinesfalls das ganze Geld kriegen sollten. Sie stahlen zehn Pfund, teilten schwesterlich die Beute und schickten je fünf Pfund an die Kommunistische Partei und an die britischen Faschisten.»[114]

Oswald Mosley war der zu äußersten Extremen neigenden Unity viel zu lasch. Sie schmeichelte Hitler: «Mosley ist ein guter Mann mit besten Absichten, aber er muß noch viel von Ihnen lernen.»[115] «Mein Schwager, mein Führer, sollte bei Ihnen in die Schule gehen.»[116]

Unitys jüngere Schwester Jessica (Decca) «war einem Freiwilligen der Roten Brigaden nach Spanien gefolgt».[117] Dort wurde sie von General Francos Truppen festgenommen, kam durch Hitlers Intervention bei Franco – in die Wege geleitet über Unitys Bitte beim «Führer» – wieder frei und kehrte in den Schoß der Familie nach Britannien zurück.

Unity zeigt in ihrem Verhalten deutlich, wie sich Ausbruchsverlangen mit Lebensfeindlichkeit gemischt hat:

«Als inzwischen Achtzehnjährige verfügte Unity bereits über ein beträchtliches Repertoire von Aktivitäten, mit denen sie ihre Schwestern übertroffen hatte. Wo diese sich noch im Rahmen von Launen und Possen bewegt hatten, war sie zum offenen Trotz vorgestoßen. Man spürt an ihr jene totale Verachtung für Konventionen, die Fanatismus hervorbringt. Der Gedanke an Kompromisse entzündete in ihr einen Extremismus, mit dem sie anderen zeigen wollte, zu welchen Dingen sie fähig war. In ihrer Strategie, die Welt herauszufordern, um von ihr bestraft zu werden, lag etwas Verzogenes und Kindisches, aber auch eine irritierende Tendenz zur Selbstvernichtung... Nachdem sie, nicht mehr zu bändigen, endlich von Swinbrook [ihrem Elternhaus] fortgeschickt, dann aus der einen, danach auch aus der nächsten Schule hinausgeworfen worden war, hatte Unity zwar ihre Freiheit, hing aber in der Luft...»[118]

Unity demonstrierte noch drastischer als ihre Schwester Jessica, wie gefesselt sie an ihren Ursprung war. Sie wurde von der Münchner Polizei am 3. September 1939 im Englischen Garten nahe Hitlers erstem Prachtbau, dem Haus der Kunst, auf einer Parkbank angeschossen in hilflosem Zustand aufgefunden. Die Revolverkugel hatte sie nur verletzt, das Bewegungszentrum des Gehirns war in Mitleidenschaft gezogen worden, Unity hatte das Bewußtsein verloren. Sie verbrachte drei bis vier Monate im Krankenhaus.

Bewußtsein und Bewegungsfähigkeit kehrten zurück. Die Kugel saß jedoch so gefährlich im Kopf, daß die deutschen Ärzte eine Operation ablehnten, da bei einem Mißerfolg die britische Öffentlichkeit an eine Ermordung Unitys glauben würde.

So warteten die deutschen Behörden, bis Unity transportfähig war, ließen ein Erster-Klasse-Zugabteil umbauen, mit dem sie später in die Schweiz gebracht wurde. Hitler besuchte sie jedesmal im Krankenhaus, wenn er in München war. Als er ihr das von ihr zurückgewiesene Parteiabzeichen wiederbrachte, verschluckte Unity es.

Von einer Spezialklinik in Bern holten sie ihre Mutter und ihre jüngste Schwester Deborah ab, um sie auf ihrer Heimreise nach England zu begleiten. Die Kugel wurde auch von britischen Hirnchirurgen nicht aus dem Kopf operiert, da das Unitys Tod hätte bedeuten können.

«Nach dem Krieg ist gelegentlich in der englischen Presse von ihr die Rede. Sie lebt mit ihrer Mutter auf der kleinen Hebriden-Insel Inch Kenneth, die der Vater erworben hat... Im Laufe der Jahre bessert sich ihr Zustand mehr und mehr, so daß sie schließlich sogar wieder ihr Auto lenken kann. Unity reist viel umher, ihre Mutter immer dabei, und beschäftigt sich mit christlichen Sekten. Sie ist ein Schatten dessen, was sie gewesen ist, und sehr vergeßlich.»[119]

Als sie im Frühjahr 1948 von London zurück auf ihre Insel fährt, beginnt dort «eines Tages die alte Wunde zu schmerzen. Im Krankenhaus in Oban verliert sie das Bewußtsein, ein oder zwei Stunden später ist sie tot.»[120]

Die Mutterbindung ist zunächst nicht mehr als ein Reflex auf den Mangelvater. Die Multistörungen im Verhältnis zum Vater, ja oftmals die reduzierten oder fehlenden Beziehungen zwischen Vater und Tochter, lassen die Tochter sich eng an die Mutter anschließen, die Tochter zur Mutter in eine Nähe rutschen, die für das spätere Leben der Tochter – besonders, wenn sie gesellschaftliche Ambitionen hat – hinderlich, ja gefährlich werden kann.

Und Unitys Mutter, Lady Redesdale, hat ihrerseits Nähe zwischen Mutter und Tochter angelegt. Sie war sogenannt resolut – in ihrem Rollenbereich –, brachte ihre sieben Kinder gesund und ohne Beteiligung von Ärzten und Hebammen zur Welt, schloß auch später Einflüsse von Schulen und Erziehungsanstalten, das heißt immer, von anderen Identifikationsfiguren, aus. «Lady Redesdale war überzeugt davon, daß Schulunterricht schädlich sei, und sie erzog die Kinder selbst zu britischen Patrioten.» – «Lady Redesdale war auch eine Gegnerin des Impfens; und da sie der Überzeugung war, daß Juden nie an Krebs litten, führte sie die strengen jüdischen Speisegesetze in ihrer Familie ein.»[121]

Kein Wunder, daß die Töchter Unity und Jessica von dieser Mischung aus mütterlicher Überpräsenz und väterlicher Absonderlichkeit so verstört waren, bis sie von dem Gedanken besessen wurden, dem Zuhause zu entfliehen, und für alle Fälle erst schon einmal – mit 12! – ein «Fluchtkonto» eröffneten.

Unity «flieht», als sie es könnte, jedoch nicht. Sie betreibt eine andere Merkwürdigkeit: Vaterdopplung oder Vateraufstockung – skurriler Beleg für ihre aus Vatermangel resultierende Vatersehnsucht.

Ihre gesamten Abenteuer mit Adolf Hitler breitet sie ausführlich vor ihrem Elternhause aus. Sie schreibt über sie umgehend nach Erlebtem. Sie reist alle paar Monate zu ihren Eltern zurück. Sie pendelt für ihre «Mission» der Vaterlandsverbrüderung – der «Verväterung» – Großbritanniens und Deutschlands zu einem vereinten Großnazireich. Der eigene Vater, das eigene Vaterland, soll mit dem stärkeren deutschen Vater, mit dem brutaleren fremden Vaterland, vervollständigt, komplettiert, ausgebessert werden.

Unity holt schließlich ihre Eltern 1938 nach Deutschland. Hitler lädt die Eltern persönlich zur Teilnahme am Nürnberger Parteitag ein. Ein Jahr zuvor hatte Unity schon ihren Bruder angelockt, der – in gleicher Konstellation wie sie – für das demonstrative Männlichkeitsschwellen und die Vaterplusterungen der Nazideutschen so empfänglich war, daß er sich den britischen Nazis seines Schwagers Mosley unmittelbar nach seinen Nürnberger Erlebnissen anschloß.

Vateraufbesserung und Mutterabgrenzung sind die Dynamik, mit der Unity ihr Leben – für sie unerkannt – vorantreibt, bis es in die Irre geführt wird und scheitert. Ausdrücklich erklärt sie in ihrem Abschiedsbrief, das Motiv für ihren vorgehabten Selbstmord sei das Scheitern ihrer «Mission», England und Deutschland zu vereinen. Sie hatte eine solche Mission – politisch – nicht. Sie war eine selbsternannte, hochdilettantische Privatpolitikerin, die sich in den Dienst der Errichtung von Gewaltverhältnissen nach deutschem Vorbild in Großbritannien stellte. Niemand hatte sie beauftragt.

Der britischen Öffentlichkeit war sie wegen ihrer Aktivitäten unangenehm, denn die Briten hatten im Gegensatz zu Unity keinen grau«blauen» Star auf der psychischen Netzhaut, um die destruktiv sich steigernden deutschen Verhältnisse von 1933 bis 1939 nicht sehen zu müssen: gigantische Rüstung, Kahlschlag unter allen Andersdenkenden, Andersseienden, Vertreibung von

Hunderttausenden von Deutschen jüdischer Herkunft, die in den meisten versuchten Fällen vergeblich nach England einwandern wollten.

Der Kollaps Unitys hatte viel tiefer liegende und früher angelegte Ursachen. Ihr ins Verquer-Politische übertragener Versuch, den Vater aufzubessern – überhaupt als Vorbild für sich plastisch zu machen, identifikatorisch zu positionieren – und der Mutter zu entweichen, zu «entfliehen», war gescheitert.

Auch die Selbstmordversuche Eva Hitlers stehen im Zusammenhang mit solch einem Kollaps.

Evas Liebesverhältnis zu Adolf hatte im Frühjahr 1932 begonnen. Das Jahr 1932 war für Hitler mit Endkämpfen um die absolute Macht in Deutschland gefüllt. Er sah sich nicht gebunden, wollte keine Verpflichtungen eingehen. Er vernachlässigte Eva bald. Und dann tauchten Gerüchte von anderen Frauen in Hitlers Nähe auf. Die ebenfalls um Hitler werbende Tochter des Fotochefs Hoffmann, Henriette, spätere Frau von Baldur von Schirach, stichelte gegen Eva. Eva lebte noch in der elterlichen Wohnung in einem Zimmer mit ihren zwei Schwestern! Das Verhältnis zu Adolf war völlig geheim. Eva durfte nur manchmal in seine Wohnung kommen, hatte noch keinerlei Positionen, auch nicht als Mätresse. Da schoß sie sich am 1. November 1932 mit der Pistole ihres Vaters an den Hals.

Der Selbstmordversuch hatte auf Adolf die gewünschte Wirkung. Nach Lektüre von Evas Abschiedsbrief übernahm er Vatergarantien: «Ich muß mich von jetzt an um sie kümmern. So etwas darf nicht noch einmal vorkommen.»[122]

Adolf institutionalisiert Eva als Geliebte: «Und für die Liebe halte ich mir eben in München ein Mädchen.»[123]

Fast drei Jahre lang ertrug Eva in ihrer eigenen Wohnung – von Anfang 33 bis Anfang 36 – den Sumpf des Wartens auf die sporadischen Besuche Adolfs oder die Treffen mit ihm. Wenigstens war sie dem Familienmilieu physisch entronnen und wurde sekundärväterlich teilgestützt.

Sowie Hitler den – noch so porösen – Kreis mit Eva verlassen

wollte, brach sie zusammen, eskalierte sie in den zweiten Selbstmordversuch in der Nacht vom 28. zum 29. Mai 1935. Erst neue
Absicherungsgarantien machten sie überlebensfähig.

Der dritte, endgültig erfolgreiche Selbstmordversuch im Bunker der Reichskanzlei scheint *nur* durch äußere Zwänge angebahnt
worden zu sein: Ende des gesamten Dritten Reiches. Aber Eva
hatte sofort bei Kriegsausbruch neue Unsicherheiten gewittert,
die für sich selbst entscheidende Frage gestellt: «Was soll aus mir
werden?» und anschließend gleich beantwortet: «Er wird mich
verlassen!»[124] Ein Leben ohne Adolf, nach ihm, um das er Eva
immer wieder gebeten hatte, wollte sie auf keinen Fall.

Der Tod von Evas Vorgängerin, Geli Raubal, ist in ähnlichen Zu-
sammenhängen zu sehen, wie die Selbstmordversuche und der
vollzogene Selbstmord Eva Hitlers.

Die neuere Hitlerforschung nimmt mit an Sicherheit grenzen-
der Wahrscheinlichkeit an, daß Geli sich am 17./18. September
1931 in ihrem Zimmer in der Wohnung ihres Onkels Adolf in
München mit einem seiner Revolver erschossen hat.

Geli kannte sich aus mit Waffen.

«Hitler, der ein ganzes Waffenarsenal besaß, ermunterte seine Nichte
stets, den Gebrauch von Pistolen zu lernen: ‹Du mußt dich schützen können, wenn du bei einem Politiker wohnst.›»[125]

«Geli und ich [Henriette von Schirach] konnten auch mit Pistolen umgehen. Auf einem Schießplatz in der Nähe Münchens lernten wir das, wir
konnten die kleine Waltherpistole auseinandernehmen, putzen, wieder
zusammensetzen, laden und entsichern. Es machte uns Spaß, wie eine
Szene aus einem Tom-Mix-Film.
Nun war Ernst daraus geworden.»[126]

Geli wurde am 18. September 1931 tot in ihrem Zimmer aufgefunden.

Hitler hat so viele Morde verübt; es käme darauf nicht an, ihn
zum Täter oder Drahtzieher auch dieser Tötung zu machen. Aber
alle in der Nähe des Falles gestandenen Personen sagten mehr als
20 Jahre nach 1945 – nach dem Erlöschen von Hitlers Macht –,
Gelis Tod sei Selbstmord gewesen. Vor allen äußerte sich dahin-

gehend die ehemalige Haushälterin Hitlers, Anny Winter, die täglich in die Wohnung kam und die die erste war, die die tote Geli in
ihrem von innen verschlossenen Zimmer gefunden hatte. Sie und
ihr Mann mußten zusammen mit Gewalt die Tür zu Gelis Zimmer
öffnen, nachdem sich bei wiederholtem Klopfen niemand gerührt
hatte. Geli wurde von den Winters im Nachthemd auf dem Boden
liegend gefunden, getötet von einem Schuß ins Herz, der Revolver
Hitlers lag in der Nähe ihres Arms.[127]

Anny Winter ist von der Todesart des Selbstmordes überzeugt
wie von der Liebesgeschichte zwischen Adolf und Geli, worüber
im Dritten Reich nicht gesprochen werden durfte.

«Anni Winter blieb bis zu ihrem Tode dabei, daß Geli nicht ungern mit
ihrem Onkel vorlieb genommen hätte. Hier also das Dilemma: Hitler hält
eifersüchtig alle jungen Männer fern, nahm sie aber nicht ganz. Er hatte
immer nur wenig Zeit und dazu womöglich noch ein anderes Mädchen?»[128]

Am 17. September fuhr Hitler zu einer Unterredung mit dem
Gauleiter von Franken, Julius Streicher, nach Nürnberg. Geli soll
zu Frau Winter gesagt haben: «Ich hab wirklich gar nichts vom
Onkel.» Sie geriet in depressive Verstimmungen, «half das Zimmer ihres Onkels aufräumen, zog dabei ein blaues Papier aus einer
Rocktasche, besah es, zerriß es in vier Teile und legte es gut sichtbar auf ein Tischchen»[129].

Es soll ein Brief von Eva Braun an Hitler gewesen sein.[130]

Für die These, Geli sei von Männern um Hitler ohne sein Wissen umgebracht worden, weil er zu involviert in diese Liebesbeziehung gewesen wäre, gibt es keine Anhaltspunkte. Hitler hatte in
den 20er Jahren Umgang mit etlichen Frauen. Alle Naziführer
hatten Liebschaften. Ihr Geschäft, Deutschland zu stürzen, lief
unabhängig von Frauengeschichten und lief 1931 bestens. Hitler
trug sich nicht mit Rücktritts- oder Heiratsgedanken. Den Frauen
wurde von den Nazis außer als Wählerinnen oder Förderinnen
keine besondere Bedeutung beigemessen. Schon gar nicht eine
solche, die es hätte notwendig erscheinen lassen, den Führer der
Bewegung von einer lästigen Geliebten freizumorden. Solch eine

Tat wäre in diesem Moment für die Politik Hitlers, legal zur Macht zu kommen, viel zu gefährlich gewesen. Außerdem hätte es dann auch Möglichkeiten gegeben, die weniger riskant gewesen wären, als die Tat in Hitlers Wohnung – die umringt von Interessenten und kontaktiert von Bediensteten war – in Gelis Zimmer mit Hitlers Revolver begehen zu lassen, kaschiert als Selbstmord.

Die Biographen Nerin E. Gun und Werner Maser haben in den 60er Jahren, der Biograph John Toland hat in den 70er Jahren alle noch lebenden Personen aus dem ehemaligen persönlichen Beziehungsfeld um Hitler befragt und keine Auffälligkeiten für die Mordthese finden können, gegen die – wider die Wahrheit – auszusagen, es nach 30 bis 50 Jahren keinen Grund mehr gab.

Die These, Hitler habe es selbst getan oder angeordnet, widerspricht seinem Verhalten danach. An eine ermordete Person will der Mörder nicht erinnert werden. Hitler zelebrierte jedoch einen Erinnerungskult um Geli. Das Zimmer, in dem sie starb, wurde sterilisiert im Zustand ihres Todes. Alles mußte unangerührt bleiben, wie es war: Gelis Kleider in den Schränken, ihre Möbel und aufgestellten persönlichen Gegenstände. Betreten durfte das Zimmer außer Hitler nur die Haushälterin Winter. Und turnusmäßig wurden frische Blumen auf die Tische gestellt. Das Zimmer blieb so bis zum Untergang des Dritten Reiches, bis es von Fremden (oder Bekannten) nach Hitlers Tod geplündert wurde. Er ließ Büsten und Gemälde von Geli anfertigen, die er an zentralen Orten in seinen Lebensräumen auf dem Berghof und in der Reichskanzlei in Berlin plazierte. Bis zum Beginn des Zweiten Weltkrieges 1939 zog sich Hitler acht Jahre lang am Heiligen Abend in seine Münchner Wohnung zurück, um an diesem Tage allein zu sein und nur Gelis zu gedenken.

Hitler fiel nach Gelis Tod in eine Krise. Eine ähnliche hatte er nur einmal zuvor gehabt, nach dem Scheitern seines Putschversuchs in München 1923. Wie damals wollte er sterben, nach Gelis Tod Selbstmord verüben, zumindest von der Politik Abstand nehmen. Diese ernstliche Gefährdung seiner Führer-«Laune» spricht um ein weiteres gegen die Mordthese.

Hitler aß seit Gelis Tod kein Fleisch mehr, nahm keine mit Tier-

fetten angerichteten Speisen zu sich. Er wollte sein seelisches Involviertsein in den Tod seiner Nichte/Geliebten sühnen. In den
Tod eines Menschen seelisch involviert zu sein, ist etwas anderes,
als jemanden umzubringen oder umbringen zu lassen. Hitler
hatte mit seinem Verhalten dazu beigetragen, daß Geli in eine
Klemme geraten war, aus der sie nur noch durch Tod herauskommen konnte.

Geli – Angela juniorina – Raubal war das zweite Kind und die
erste Tochter von Angela Raubal (seniorina) geborene Hitler, der
um sechs Jahre älteren Halbschwester Adolfs. Geli war 1908 geboren, hatte einen um zwei Jahre älteren Bruder, Leo, der den Namen des Vaters bekam, und eine jüngere Schwester, Friedl (El-
friede).

Ihr Vater Leo hängt im Nebel. Die biographische Literatur berichtet von ihm nur, daß er Hitlers Halbschwester Angela 1903
heiratete, (Steuer-)Beamter war und früh starb.[131] Wann «früh»
war – keine Information. Alle Berichte über Geli verfolgen keine
Spur zu ihrem Vater zurück.

Genau wird jedoch über ihr Verhältnis zu ihrer Mutter berichtet. Hitler bat Mitte der 20er Jahre seine Schwester, «die Witwe
Raubal», Haushälterin in seinem Besitz «Wachenfeld» bei Berchtesgaden zu werden. Angela lebte bis zu dieser Zeit mit ihren
Töchtern in Wien. Sie zog auf den Obersalzberg um und brachte
ihre Töchter Geli und Friedl mit. Sie sah auch in Adolfs Münchner
Wohnung manchmal nach dem Rechten, besuchte ihn, wenn er
dort war. Geli nahm ein Zimmer in München.

1929 zog Geli ganz zu Onkel Adi, Alf oder Alfi in seine neue
Wohnung am Prinzregentenplatz 16, lebte aber auch weiter mit
ihrer Mutter auf dem Obersalzberg. Anfang September 1931, kurz
vor ihrem Tod, war sie noch bei der Mutter gewesen, wollte Mitte
September wieder zurück. Sie unterließ dann aber die Reise – so
Haushälterin Winter –, weil sie nichts Neues zum Anziehen gehabt
hätte.[132] Geli pendelte zwischen Onkel und Mutter hin und her. Sie
studierte in München Gesang und Medizin. Ihre Stimme wurde
von berühmten Lehrern ausgebildet.

Über den Anlaß ihres Todes wird nur spekuliert. Ganz unwahrscheinlich ist die Version, sie habe einen Freund in Wien gehabt, den sie nicht hätte heiraten dürfen. Sie war 23, als sie starb, zwei bis drei Jahre volljährig. Niemand hätte sie hindern können, sich mit einem Mann zu verbinden.

Das Sichere demgegenüber ist, daß sie in einer Verstrickung mit ihrem Halbonkel starb. Für diesen unzweifelhaften Sachverhalt ist eine restlose Klärung der Umstände ihres Todes nicht nötig.

Die NSDAP hatte auch bei einem Selbstmord etliche Gründe, die Ursachen und Begleitumstände von Gelis Tod im dunkeln zu halten. Die Partei war 1931 schon so mächtig und verfilzt mit der Münchner Administration, daß eine genaue polizeiliche Untersuchung des Falles, vor allem eine Obduktion der Leiche unterblieb! Ebenfalls hatte die NSDAP Einfluß auf die Presse. So rätselten die «Münchner Neuesten Nachrichten» den Anlaß des Selbstmordes möglichst weit weg von einer Liaison Gelis mit Onkel Adolf: «Frl. Raubal habe in Wien einen Sänger kennengelernt, ihr Onkel habe ihr aber weitere Reisen dorthin versagt.» – «...habe sich getötet, weil sie demnächst als Sängerin öffentlich auftreten sollte und sich dieser Aufgabe nicht gewachsen fühlte.»[133]

Außerdem wurde in der Nachricht Gelis Zimmer aus Hitlers Wohnung «verlegt». Die NSDAP war bestrebt, Hitlers *amouröse Nähe* zu dem Ereignis zu kaschieren und nicht einen Mord zu verbergen.

Unstreitig ist Gelis Gespanntsein im Koordinatensystem: nahe Mutter (fehlender, früh verschwundener Vater) und Beziehung zum Gewaltonkel.

Gelis enges Verhältnis zu Adolf steht außer Zweifel. Alle Zeugen berichten über es wie über das Verhältnis von Verlobten oder engsten Liebespartnern. Geli und Adolf werden öffentlich gesehen bei Einkäufen, Gängen in Oper und Theater und in Adolfs Stammlokal «Osteria». Geli ist die einzige Frau, die mit am Tisch unter den Nazimännern sitzen und sogar den Mund aufmachen und sich einmischen darf. Die beiden flirten miteinander, fahren allein und mit Freunden zu Picknicks in die Gegend.

«Aus den Erzählungen Hitlers über Geli war für Sekretärin Christa Schroeder ‹deutlich hörbar, daß er Geli für ein gemeinsames Leben zu erziehen gedacht hatte›. Denn nach einer Schwärmerei von der Verstorbenen sagte er einmal: ‹Es gab nur eine Frau, die ich geheiratet hätte.›»[134]

Zu seinem Freund Heinrich Hoffmann, dem Hitlerschen Spezialfotografen und Chef Eva Brauns, hatte Hitler sich über Geli geäußert: «Ich liebe Geli und könnte sie heiraten. Gut! Aber Sie kennen meinen Standpunkt: ich will ledig bleiben.»[135]

Geli «war wohl die erste Frau, die er wirklich geliebt hatte... Und ‹Geli liebte Hitler›, sagte Frau Winter, der man nachsagt, daß ihr ‹nie etwas entgangen› sei, ‹sie [Geli] war ständig hinter ihm her. Natürlich wollte sie einmal Frau Hitler werden.›»[136]

Gelegenheiten, sich mit anderen Männern zu verbinden, nutzt Geli nicht, obwohl es solche Gelegenheiten mehrmals gab. Ein Kunstmaler aus Linz, der sich ernsthaft für Geli interessierte, wurde hingehalten, weil Geli noch nicht mündig wäre. Über das sogenannte Prüfungsjahr verärgert, schrieb der Mann aufgebracht an Geli: «Ich kann mir jedoch die Handlungsweise Deines Onkels ganz einfach nur aus egoistischen Beweggründen Dir gegenüber erklären. Er will ganz einfach, daß Du eines Tages keinem anderen gehören sollst als ihm.»[137]

Der ehemalige Fahrer Adolf Hitlers, Emil Maurice, warb um Geli, wollte sie heiraten. Geli ergriff auch diese Möglichkeit nicht.

«Maurice ging in Hitlers Wohnung ein und aus, er hatte Geli unangemeldet besucht, es war irgendein Scherz, der beide zum Lachen brachte. Plötzlich stand Hitler im Zimmer. ‹Nie habe ich ihn in so einem Zustand gesehen›, sagte Maurice später, ‹er griff mich an ohne jeden Grund, ich glaube ernstlich, er wollte mich in diesem Augenblick erschießen.›

Geli hatte die Szene schweigend mit angesehen, Maurice und den Onkel, der sich wie ein tobender Othello aufspielte. Diese Szene hat ihr die Augen geöffnet und die eigene Ohnmacht gezeigt.»[138]

Maurice spricht gegenüber Biograph Gun davon, daß er sich mit Geli angeblich schon verlobt hätte.

«Als aber Maurice seinem Herrn von seiner Verlobung mit Geli berichtete, gab es ein wahres Erdbeben. Hitler überschüttete Emil Maurice mit

Vorwürfen und trennte sich auf der Stelle von ihm, was ihm sehr schwer gefallen sein muß, denn er hing sehr an Maurice, seinem einzigen Chauffeur, dem er völlig vertraute. Auch später ging Hitler jedem Zusammentreffen mit Emil Maurice, der Uhrmacher wurde, aus dem Wege.»[139]

Hitler war höllisch eifersüchtig auf jeden Mann, der sich Geli näherte. Als sie einmal während eines Ausfluges zu einem Dorffest mit einem jungen Bauer über das herabglimmende Johannisfeuer sprang – mit ihm diese «Mutprobe und eine Art Liebesspiel» wagte –, blies Hitler sofort zur Abfahrt.[140]

Die Ohnmacht Gelis, von der Henriette von Schirach spricht, ist keine äußere, sondern eine innere. Geli ist 23, steht auf zwei Schienen der beginnenden Selbständigkeit, die sie in die Gesellschaft hineinführen sollen – das Medizin- und das Gesangsstudium. Geli hätte auch genug Bewerber für ein Dasein in alter Rollenangepaßtheit gehabt. Aber sie ist angeschmiedet an die «Gewaltnatur» Hitler, wie der sich um sie mühende Linzer Maler ihren Onkel nennt, der das sogenannte Probejahr erzwungen hatte, als Geli noch nicht 21 war.[141]

Geli war «von Hitler fasziniert. Für sie war dieser Mann seltsam und anziehend, geheimnisvoll und sonderbar, und weil er sich den Anschein gab, unerreichbar zu sein, hatte sie es sich in den Kopf gesetzt, ihn zu erobern... ‹Er war ja eine glänzende Partie, aber sie flirtete auch mit jedem anderen. Sie war keine sehr ernsthafte Person.›»[142]

Und abermals die Regel: Für Politik interessiert sich Geli nicht. In den Jahren, in denen sie mit Hitler zusammenlebte – 1929 bis 1931 –, bedeutete das eine außerordentliche Verdrängung.

Hitler war die in ganz Deutschland bekannte und verehrte Leitfigur der extremen Rechten, hatte schon 1923 mit seinem Putsch in München eine Diktatur errichten wollen. Geli aber probierte mit Onkel Alfi Hüte aus, schleifte ihn durch Buchläden und Kleidergeschäfte, diskutierte mit Freundin Henny Hoffmann Fragen der Liebe, votierte dafür, daß es wichtiger sei zu lieben, als geliebt zu werden.

«Im Brief an eine Freundin spricht sie von O. A. (Onkel Alfi) wie von einem seltsamen Wesen, dessen geringste Handlung zu einem Ereignis wagnerschen Ausmaßes für sie wurde.»[143]

Sie war vom «magnetischen Fluidum hypnotisiert», vom «dämonischen Charme dieses Mannes beherrscht» gewesen.[144] Geli erstarrte.

Die schrecklichste Version ihres Endes ist diese:

«Andere sprachen von einer Exekution durch die SS, da Hitler in seiner Angst vor Inzucht und um einen Skandal zu verhindern, von der schwangeren Geli verlangt habe, sich operieren zu lassen und diese es als gute Katholikin abgelehnt habe.»[145]

«Am Selbstmord von ‹Geli› Raubal bestehen für den informierten Historiker nicht die geringsten Zweifel. Dennoch versuchen sensationslüsterne Autoren seit 1931 immer wieder, Hitler zum Mörder von ‹Geli› zu machen.»[146]

Es kann durchaus sein, daß beide Versionen zusammentreffen, daß Geli zum Selbstmord gedrängt worden ist. Diese Todesart entspräche dem Stil der Nazis. Röhm und Rommel wurden so exekutiert. Ernst Hanfstaengl sollte gezwungen werden, sich 1937 durch einen mißlingenden Fallschirmabsprung umzubringen.[147]

«Eine Nachbarin jedoch, Frau Reichert, die separat in einem Mädchenzimmer auf der gleichen Etage wie Hitler wohnte, glaubte am Abend dumpfen Lärm und einen Schrei zu hören...»[148]

Die tot aufgefundene Geli soll ein zertrümmertes Nasenbein gehabt haben – vom Fall nach dem Schuß?

Ernst Hanfstaengl, der sich als atmosphärisch genauer Beobachter erweist, diskutiert die Mordmöglichkeit, zitiert Äußerungen der Frau von Hitlers Halbbruder Alois, Geli sei schwanger von einem anderen Mann, berichtet aber auch, er habe von «Franz Xaver Schwarz, dem Schatzmeister der Partei» [NSDAP] versichert bekommen, es gäbe «pornographische Zeichnungen» Hitlers, die «Fräulein Raubal in Stellungen und Detailstudien [zeigen], wie sie jedes Berufsmodell ablehnen würde».[149]

Die Zeichnungen waren Gegenstand einer Erpressung und wurden dann angeblich im Safe des «Braunen Hauses» verschlossen.

Daß Geli mit einem Kind von Adolf schwanger war, wird von ihrer Familie behauptet.

Gelis Bruder, Leo Raubal, äußerte sich gegenüber Biograph Maser in «mehreren Zusammenkünften 1967» darüber, daß Geli von Hitler ein Kind erwartet hätte, aber «daß sein Onkel Adolf Hitler am Tod seiner Schwester absolut unschuldig gewesen sei»[150]. Leo Raubal hatte keinen Grund, über seinen Onkel «freundlich» zu sprechen. Als er «mit der 6. Armee in Stalingrad eingeschlossen wurde, lehnte Hitler es ab, ihn aus dem Kessel herausfliegen zu lassen»[151]. Leo Raubal wurde «bis 1955 in sowjetischen Gefängnissen in Moskau festgehalten»[152].

Daß Hitler nicht heiraten und keine Kinder haben wollte, sich darüber mehrfach geäußert hat, ist belegt worden. Und ein Kind aus fortgesetzter Inzucht, um das es sich zwischen ihm und Geli gehandelt hätte, mußte er besonders fürchten, ängstigte sich vor der Möglichkeit der Mißbildung, der frühen Sterblichkeit – seine drei älteren Geschwister, die ersten Kinder seiner Mutter, starben früh, ebenso der nach ihm geborene Bruder. Letztlich wollte Hitler überhaupt keine Verantwortung für Kinder tragen. Er wollte nicht heiraten, um von den deutschen Frauen als *ihr* Mann messianisch halluziniert zu werden, und er wollte keine Kinder, um seine Energien ganz auf die Politik zu verwenden.

Gelis letzte Worte zur Haushälterin Winter waren: «Wirklich, mit meinem Onkel verbindet mich nichts mehr.»[153] Sie wollte von Frau Winter nicht wie sonst ein Abendessen vorbereitet bekommen, weil sie angeblich ausgehen würde. Sie ging aber in ihr Zimmer, in dem sie «den größten Teil ihrer Zeit» in München verbracht hatte[154], und wurde von Anny Winter abends nicht mehr gesehen...[155]

Geli hatte sich mit ihrer dreijährigen Nähe zu ihrem Halbonkel Adolf in eine unlebbare Situation manövriert, aus der sie nur noch Selbstmord oder Mord herausreißen konnten.

Die drei Frauen, die Hitler am nächsten gestanden hatten, Geli, Eva und Unity, begingen in der Beziehung zu ihm Selbstmordversuche. Gelis hatte sofort Erfolg, Unity starb neun Jahre danach, weil die Kugel aus ihrem Kopf nicht entfernt werden konnte, Eva kam zweimal mit dem Leben davon.

Das Ich einer Muttertochter bricht zusammen, wenn ihr der Ersatzvater Ablehnung signalisiert, wenn die Errichtung seiner Person oder seines Bildes als Heilsvater nicht klappt, wenn die Verhaltensweisen des Neuvaters die Muttertochter an die Verletzungen des Altvaters erinnern:

Haß, (Ent-)Täuschung.

Der Unterschied zwischen Evas Vater und Adolf Hitler war nur ein gesellschaftlicher, kein positioneller, nicht in der Funktion, einen Kreis um die geliebte Frau zu schließen. Vater Braun hielt den Kreis 54 Jahre lang um seine Frau. Sie hatte keine Klagen nötig.

Zu so viel, so eng und nah war Adolf nicht bereit. Das war das Unglück für Eva und auch für Geli. Sie fielen auf jemanden herein, der mit allen Vaterreizen auftrumpfte, aber keine gesellschaftlich definierten Vaterpflichten übernehmen wollte.

Auch Unity passierte dieses Malheur. Sie glaubte an ein allmähliches Näherkommen, Engerwerden, Sie-Umschließen. Sechs Jahre hatte Unity Zeit zu beobachten, daß ihr Universalvater immer machte, was er wollte, und – entgegen seinen Beteuerungen – konsolidierende Friedens- und Beistandspakte mit England gar nicht schloß, sich 1938 im Münchner Abkommen seine Annexion der Tschechoslowakei von Großbritannien nur gegenzeichnen ließ.

Evas Vater war ein Mann, der nach 1918 noch weiter schießen wollte, und der es tat, zum Beispiel auf Kommunisten. Er gehörte zu den Leuten, die die Münchner Räterepublik aufräumten, die die Verhältnisse ganz allgemein zurückdrehten. Das hat Hitler in welthistorischen Ausmaßen auch getan.

Die scheußlichen Väter produzieren in den Seelen der Töchter eine Vatervakanz, die den Töchtern eine Sehnsucht nach heilenden Vätern eingibt.

In diesem seelisch vaterfreien Raum kann jeder Mann, der sich väterlich gebärdet, Platz nehmen. So verfestigt sich bei Muttertöchtern eine Tendenz, die in das Patriarchat *hinein*führt. Sie gehen, wenn sie in ihrem Komplex bleiben, nie Wege, die aus der Männergesellschaft herausführen.

Sie können nur enttäuscht werden, wenn ein väterlicher Ersatz-
mann seine Maske von seiner Gewaltfratze herunternimmt und
sich als noch scheußlicherer Vater darstellt, als es der originale
gewesen war.

«Enttäuscht» von einem einzelnen Neuvater heißt jedoch nie
Enttarnung aller, Entblößung der patriarchalischen Gesetze, Hei-
lung der Neurose «Vatersehnsucht».

Die Vatersehnsucht der Frauen ist im 20. Jahrhundert nicht
etwa zurückgegangen, sondern ist im Gegenteil weiter verbreitet
als zuvor. Besonders im Zusammenhang mit Problemen der
Emanzipation der Frau spielt diese Sehnsucht eine scheinbefrei-
ende, in der Wirklichkeit der modernen Industriepatriarchate eine
verstärkt reaktionäre Rolle.

Die Vaterschwierigkeiten der drei Frauen Eva, Geli und Unity
haben sich gegenüber Magda Goebbels gesteigert.

Magda litt an der – vom Patriarchat selbst erklärten – Abweichung der Vater-Kind-Verhältnisse: Unehelichkeit, Unkenntnis
über den biologischen Vater, zwischen drittem und vierzehntem
Lebensjahr schnelle Abfolge von wechselnden sozialen Vätern,
von fünf bis vierzehn Ferienvaterschaft, danach Auflösung des
Verhältnisses zum zweiten sozialen Vater, spätes Legitiertwer-
den als Tochter des ersten sozialen Vaters (Zwecklegitimation)...

Magda blieb im alten Rollenbereich der sogenannten Hausfrau,
in dem sie teilidentisch noch existieren konnte, besonders in der
Zeit mit Günter Quandt. Dieser Bereich hatte Reste von einem
einst existierenden Frauenkollektiv (Dienerin, Köchin, Erziehe-
rin, Hausdame...) erhalten. Solche Reste bedeuteten auch eine
Reststützung für Magda, so daß sie nicht zusammenbrach, als die
Beziehung mit Quandt sich auflöste, als Goebbels sichtbar untreu
wurde.

Eva, Geli und Unity litten an der vom Patriarchat erklärten
Norm der Vater-Kind-Beziehung. Ihre biologischen Väter waren
da und einzig, aber dysplastisch-schemenhaft (Geli), sadistisch-
desinteressiert (Unity), maskophil-tochterfeindlich (Eva). Die
Nähe der Töchter zur Mutter wurde unausweichlich.

Vom Ansehen, der hochdotierten gesellschaftlichen Position

Lord Redesdales, hatte seine Tochter Unity nichts. Sie kam an ihn nicht nah genug heran. Sie war wattiert von Weiblich-Kindlichkeit: über ihr vier Kinder (drei Schwestern, ein Bruder) und die Mutter, unter ihr zwei Schwestern.

Ähnlich ist Evas Ursprung. Ihr kaisertreues Knattervatchen lehnte sie ab. Sie schützte sich vor ihm im Frauenverband Ilse, Gretl, Mutter. In ihrem gesamten erwachsenen Leben spielten außer Hitler und dem ungeliebten Fotochef Heinrich Hoffmann nur Frauen eine Rolle. Sie lebte immer mit ihrer jüngeren Schwester Gretl zusammen, die kurz nach der Hochzeit in den letzten Kriegswirren zu Eva zurückgezogen war. Eva reiste im Urlaub prinzipiell mit Mutter und Gretl ohne den Vater. Freundin Herta bekam auf dem Berghof ein eigenes Appartement eingerichtet, freien Zugang zu Eva in die Reichskanzlei und dort ebenfalls für sie reservierte Räume.

Eva hatte sich mit ihrer Mutter identifiziert. Fanny (Franziska) Braun war Sportlerin, Näherin, ihr ganzes Leben mit Körperlichkeit beschäftigt, ließ sich, kaum daß sie begonnen hatte, selbständig zu werden (Nähschule), von einem Mann in die Ehe locken. Sie nähte dann nur noch privat oder aus Not in der Nachkriegszeit, verbrachte 55 Jahre an der Seite ihres Mannes Fritz Braun. Ihr Leben drehte sich um das ihrer Töchter, wie das Leben Evas um das ihrer Freundinnen und Schwestern.

Auch Eva ist sehr sportlich, sie trainiert, turnt, schwimmt. Aus dem Nähen der Mutter wird bei Eva das Interesse für Mode, wird die Permanenz des Kleiderkaufens. Evas Hang, Modellkleider nur einmal zu tragen, wurde sogar von ihrem Partner Adolf moniert, der beklagte, daß immer, wenn er sich über ein schönes neues Kleid besonders freute, sie ihm nie die Freude noch einmal bereitete, es nur tat, wenn er sie ausdrücklich darum bat, eines der von ihm bewunderten Kleider ein zweites Mal anzuziehen.

Geli ist ein Teil ihrer Mutter. Namensgebung von Angela zu Angela und örtliche Aufenthalte Linz, Wien, Obersalzberg, München – alles von der Mutter definiert, mit ihr gemeinsam gelebt, das gesamte Dasein Gelis immer im Mutterland, in dem der Onkel die Funktion von Sturm und Gewitter übernommen hatte.

Adolf soll Geli aus diesem «Mutterland» herausreißen, tut es nicht, knallt nur rein, läßt Geli, wo sie ist, löst – «erlöst» – nicht. Der Rückfall in den Ursprung, «in Mutter», das Nichtherauskommen in psychische Eigenständigkeit, ist für die Muttertochter tödlich.

Eva, Geli, Unity hatten auch keine Reste alter Frauenidentität wie Magda Goebbels. Sie wollten raus, nicht nur aus der Bindung an ihre Mutter, aus den Gruselnestern, sie wollten auch hinein in die Gesellschaft, in eine eigene Tätigkeit, in eine eigene Identität.

Eva versuchte vor ihrer Arbeit bei Foto Hoffmann, wie ihre ältere Schwester Arzthelferin zu werden, was ihr mißlang. Ebenso gab sie eine Anstellung als Sekretärin ziemlich schnell wieder auf. Erst der Zwischenvater Heinrich Hoffmann vermochte es, sie immerhin sieben bis acht Jahre lang beruflich zu binden. Eigentlich sollte es danach weitergehen zum Film. Aber so etwas ging nicht von allein, und dann verhakte Eva sich statt dessen in Adolf, konnte nichts mehr für sich tun.

Geli bekam nicht genügend «Motivation», wie es patriarchalischerseits hämisch heißt, sich in Medizin und Gesang tiefer hineinzuknien.

Unity war von den Eltern her finanziell gepolstert, was nicht zur Lösung ihrer seelischen Konflikte beitrug, im Gegenteil, die Stagnation in ihr noch förderte. Auch sie wollte in die Gesellschaft und hätte sich komplexlos als überzeugende Diplomatin oder Politikerin entpuppt. Sie blieb Puppe, künstlich belebt von dem Vatervereinigungswahn, brach zusammen, als dieser Lebenserhaltungsmechanismus defekt wurde.

«Zwei Selbstmordversuche innerhalb eines Jahres [1931, 32], zwei junge Frauen [Geli und Eva] an der Schwelle ihrer Jugend, die für Hitler ihrem Leben ein Ende setzen wollen. Die Reihe der Selbstmorde sollte damit noch nicht zu Ende sein.

Hitlers Fahrer berichtete dem Verfasser, daß sich oft junge Mädchen, hauptsächlich Fünfzehn- und Sechzehnjährige, vor seinen Wagen warfen in der Hoffnung, verletzt zu werden und von Hitler Hilfe zu erhalten. Es ist überflüssig, von den Stößen von Liebesbriefen zu sprechen, die Hitler ständig erhielt, von den erotischen Geschenken, die teilweise ausgespro-

chen geschmacklos waren, und vor allem von den gestickten Kissen, die in
ununterbrochenem Strom auf dem Berghof eintrafen.

Wie läßt sich diese Macht über das andere Geschlecht erklären...?»[156]

Frauen liebten Hitler, Frauen verehrten ihn – und die dritte
Form: –, Frauen in der Position der mütterlichen Freundin, för-
derten ihn, ebneten ihm mit beträchtlichen Geldzuwendungen
und mit der Eröffnung gesellschaftlicher Kontakte den Weg. Satu-
rierte Gattinnen – Eva, Geli, Unity entgegengesetzt –, am Ufer der
Sicherheit des Lebens an der Seite eines gesellschaftlich Dotierten:
die Diplomatenfrau Viktoria von Dirksen, die Verlegerfrau Elsa
Bruckmann, die Flügelproduzentenfrau Helene Bechstein, die
Komponistenfrau Winifred Wagner...

Dieses Phänomen verdient keine Sonderentrüstung. Frauen sind
gesellschaftlich ausgegrenzt, von der Gestaltung der Gesellschaft
als ganzer und jeden Details ausgeschlossen. Sie sind vaterlos, das
heißt, ohne einen Zugang zum mann-gleichberechtigten, gesellig-
gesellschaftlichen Leben. Sie werden aus den Männerclans her-
ausgehalten, die Frauenclans wurden ihnen zerstört – Amazonen,
Hexen und im 20. Jahrhundert nun auch noch die Land- und
Haus[halts]gemeinschaften der Frauen. Was blieb, war Sich-Drehen um sich selbst und Warten auf die «Schutz»-Kreis-Bildung
eines Mannes. «Schutz» würde es von patriarchalischer Seite her
heißen – die «schutzbedürftige Frau»!

Es handelt sich um einen Abschirmungsring, den Männer um
Frauen schließen, in dem Frauen sich nun eingerichtet haben, ja,
nach dem es sie verlangt. Verzweiflung, Katastrophe, wenn der
Ring nicht geschlossen wird oder sich öffnet.

Ein Mann wie Hitler, der als «Mister Universum» auftritt und
alles verspricht, der trickreicherweise die Erfüllung alter Vater-
werte ankündigt und gleichzeitig Garant für frauenbefreiende
Erlösung aus ihrer gesellschaftlichen Unfreiheit zu sein scheint –
allzu verständlich, daß auf einen solchen Mann «alle» Frauen
fliegen.

Hitler war ein Neurosenmagnet, der die Hoffnungsspäne aller
unbefreiten Frauen anzog. Wie reaktionär er in Wirklichkeit über

die Frau dachte, das haben Frauen nicht von ihm zu hören bekommen. Er war ihnen gegenüber charmant, amourös, exaltiert, mit *einem* Wort, ein Ritter! Er gelobte, Kreise zu schließen, Ringe anzulegen. Die Ahnungslosen, die Vaterlosen, ließen sich «willig» einfangen: So muß Vater doch sein, so soll er sein! Da ist er!

Und hinter dem Rücken der Frauen potenzierte Hitler die Ungeheuerlichkeiten ihrer normalen väterlichen Bösewichter ins Gigantische. Er verdrehte, er entfesselte, er stampfte ein, er verbrannte...

Hitler machte sich einen gefährlichen Moment der Frauenbefreiung zunutze, den Heraustritt der Frauen aus dem Stadium vollständiger Unfreiheit. Da, beim Umstieg ins Territorium der Viertel- und Halbfreiheit, in einem Moment, in dem Frauen jedes Werkzeug zur Meisterung ihrer Strapazen gebraucht hätten, «erschien» Hitler als kundiger Bergführer. Er war die Felsspalte selbst, in die die Frauen stürzten.

Nichts anderes zeigt Eva Hitlers Leben. Sie vegetierte in einer Einklemmung sondergleichen jahrelang vor sich hin.

Evas letztwillige Verfügung kurz vor ihrem Selbstmord im Führerbunker galt ihrer engsten Freundin Herta, ihrem «lieben Hertile»[157]. Eva überantwortete ihrer Hausgehilfin, Liesl Ostertag, von der sie zu Recht annahm, daß sie den Zusammenbruch überleben würde, zwei intime Gegenstände, die sie Herta als Vermächtnis überbringen sollte, was Liesl Ostertag später auch machte: Evas Hochzeitsnacht-Nachthemd und ihren Ehering!

Das sind die Trophäen des Sieges ihres 13jährigen Kampfes, Ehefrau des gräßlichsten Mannes der Welt zu werden. Sie will diese Verbundsignale nicht mit in den Tod nehmen. Sie sieht sie nicht als heilige Insignien an, reserviert ausschließlich für das Verhältnis zu ihrem Mann Adolf. Im Gegenteil, mit der Geste will sie noch einmal eine Verbindung besiegeln, die Liebe zu ihrer Freundin Herta.

Spätestens mit diesem Zeichen enthüllt Eva das Rätsel ihres Lebens, die Tragödie ihrer in ihr angelegten, nicht durchgedrungenen, nicht erblühten, nur spleenig ausgelebten Androgynie – der sexuellen wie der gesellschaftlichen.

Es war ja nicht falsch, was ihr Vater vor ihrer Geburt in sie hineingewünscht hatte. Es war nur falsch, daß er diese Wünsche auf die imaginierte Existenz eines *männlichen* Körpers gepfropft hat. Und es war ein Verbrechen, diese Wünsche von dem geborenen weiblichen Körper abzuziehen, ja sie in Haß und Ablehnung gegen den aufwachsenden weiblichen Menschen zu verkehren.

Delegation von Verhaltensweisen, die zu jedem Menschen gehören, wie Durchsetzungskraft, Kampfesfreude, Zielsicherheit, Erwerben und Verfeinern von Fähigkeiten, Erlernen von Verhaltensweisen im Kollektiv, besonders unter Exemplaren des gleichen Geschlechts... all das von einem Kind zu wollen, wäre nur gut, wenn dieses Wollen neutral auf alle geborenen Kinder beiderlei Geschlechts konzentriert würde.

Miserabel wird das elterliche Verhalten, das eine solche Wunschvielfalt von weiblichen Kindern zurückzieht, ihnen statt dessen nur die sogenannten weiblichen Werte oktroyiert, die zwar auch zum Leben gehören, aber, auf werdende Frauen allein spezifiziert, dieselben verunstalten.

Die Situation eines geborenen Mädchens kann nicht grotesk genug geschildert werden: Wenn sich, wie bei den Brauns, im Leib der Mutter nicht Rudolf, sondern Eva ausgeformt hat, wird das gesamte gesellschaftliche Verhaltensinstrumentarium, das schon reichhaltig zum Kindbett transportiert wurde, wieder eingesteckt.

Das heranwachsende Mädchen fühlt sich dann wie vor einem lebenslang gesperrten Konto. Nicht zu vergessen, daß – in originaler Weise des benutzten Bildes – Frauen bis ins 20. Jahrhundert hinein kein eigenes Konto eröffnen durften, zu schweigen von dem Unikum Schweizer Kantone, in denen Männer Frauen bis gestern nicht wählen ließen!

Und noch einmal mißgestaltend nimmt sich das Benehmen der Eltern aus, wenn sie – wie im Falle Evas der Vater – das werdende Mädchen noch bestrafen, weil es angeblich den auf es projizierten Jungenstandards niemals gerecht werden könnte.

Eva zeigt in ihrem jugendlichen Leben, wie sie Anlage und delegierte Gestaltung so kombinierte, daß sie sehr wohl den Wünschen des Vaters hätte gerecht werden können. Aber die Säure der

väterlichen Ablehnung verätzte jegliche Progression zur voll-
endeten inneren und äußeren Bisexualität. Der Zwitter Eva Hitler
machte Murks.

## Emmy Göring –
## «An der Seite meines Mannes»

Emmy Göring steht an dritter Stelle der berühmtesten drei
Frauen, die sich mit den bisher ärgsten Ausgeburten der organisierten staatlichen Gewalt in der Männergeschichte gepaart
haben. Emmy ist nicht die Schlimmste, sondern die Schwierigste.
Sie ist die Rätselhafteste, weil Normalste. Ihr fehlt das Lady-Mac-
beth-Flair einer Magda Goebbels. An ihr ist auch nicht eine Art
von sozialem Irresein zu beobachten wie an der «Eingeschlosse-
nen», Eva Hitler. Sie wurde von ihrem Mann, Hermann Göring,
psychisch nicht gequält, wie Joseph es mit Magda tat, sie wurde
nicht statusbeleidigt wie Eva von Adolf, der sie zwang, bis auf die
letzten drei Tage im Bunker Mädchen und Fräulein zu bleiben.

Emmy rutschte in das Gewaltfeld nicht mit 17 wie ihre Konkurrentinnen. Magda wurde von Quandt ergriffen, und sie konnte
sich danach nicht mehr zu einem gewaltdistanzierenden Dasein
durchkämpfen. Eva sah ihren Gott / Teufel Adolf zum ersten Mal
als 17jähriges Lehrmädchen, blieb ihm bis an ihr Ende mit 33 «verfallen», wie es heißt.

Nicht so Emmy. Sie traf auf Hermann Göring im reifen Alter
von 38 Jahren, heiratete ihn mit 41. Emmy hat keine Vielvater-
mißstände am Anfang ihres Lebens wie Magda, wurde vom eigenen Vater nicht mit Jungendelegationen verfolgt und wegen
Nichterfüllung der väterlichen Wünsche abgelehnt wie Eva von
ihrem Vater. Emmy hat immer ein und denselben Vater gehabt,
der 82jährig starb, als sie die 40 erreicht hatte.

Ein noch wesentlicherer Unterschied: Emmy hatte eine Identität, einen eigenen Zugang zur Gesellschaft. Sie war keine nach innen gedrängte Hausfrau wie Magda, keine Käfigseele wie Eva. Emmy war vor ihrer Liebschaft mit Deutschlands zweitem Führer Schauspielerin. Sie war es 23 Jahre lang, zwischen einem Alter von 17/18 und 41. Sie war es erfolgreich. Sie spielte ein Jahrzehnt am Weimarer Nationaltheater alle Rollen der Klassik und der bedeutenden Moderne. Sie war die erste «Sentimentale» des Hauses, wie es damals im Rollenfach hieß. Sie spielte Gretchen, Klärchen, Minna, Emilia, Thekla, Berta, Agnes, Elisabeth, Desdemona, Olivia, Cordelia, Portia..., spielte Hermann Bahrs, Henrik Ibsens, Frank Wedekinds, Oscar Wildes... in die Theatergeschichte eingegangenen Frauen. Sie beschloß ihre Laufbahn – schon Görings Geliebte – am Staatstheater in Berlin unter und neben Gustaf Gründgens, spielte mit ihm Modernes und Klassisches.

Ihr «Vorleben» war unauffällig. Ein paar Beziehungs- und Ehejahre mit dem Schauspieler Karl Köstlin – zwischen 1914 (Heirat am 31. Januar 1916) und 1919/20 (Scheidung kurz nach Ende des Ersten Weltkrieges), dann ein Jahrzehnt enges Zusammenleben mit einer Freundin in Weimar, wo Emmy Anfang 1932 Hermann Göring kennen- und liebenlernte.

Mit ihm setzt ihr Leben wie auf Knopfdruck eine Fontäne in Gang, die sie in höchste Höhen spült, dort 13 Jahre – für die gesamte deutsche Gesellschaft sichtbar – hält, aus der sie, ebenfalls wie durch einen Schalter abgedreht, herunterfällt, als Anfang Mai der Spuk des Dritten Reiches zu Ende ist und Emmy wieder in Unauffälligkeit verschwindet. Sie wird für zwei Jahre mit Lager- und Gefängnisaufenthalten bestraft, dann in einem «Spruchkammerverfahren» von weiterer Inhaftierung befreit, in ihr Leben mit ihrer mittlerweile zehnjährigen Tochter Edda zurückgegeben, das sie mit ihr gemeinsam bis zu ihrem Tod am 10. Juni 1973 in München verbringt.

Die vier bisher berührten Frauen Magda, Eva, Unity und Geli umwittert etwas Pathologisches. Magda zermürbt sich an ihrem Partner. Henriette von Schirach berichtet von einem gemeinsamen Besuch mit Magda in Wien, während des Krieges.[1] Magda wollte sich dort nach einem Haus umsehen, in dem sie allein, ohne Joseph, nur mit ihren Kindern wohnen würde, wenn der Krieg zu Ende ist, so hoffte sie, wenn sie dann von der Pflicht zur Aufrechterhaltung des Scheins einer funktionierenden Ehe befreit wäre. Denn Goebbels unterließ es auch nach der Versöhnung und dem Versöhnungskind – Magdas letztem – nicht, krampfhaft weiter um sich zu schlafen mit jeder Frau, die er sich gefügig machen konnte.

Eva brauchte sich um solche Abirrungen ihres Geliebten keine Sorgen zu machen. Adolfs Nebeninteressen flammten nur kurz auf. Sein Verlangen ebbte ganz allgemein mit Beginn des Krieges ab. Und ob seine Kontakte zu Frauen je in sexuellen Verhältnissen mündeten, blieb bei allen Affären unklar. Evas zweimaliger Sprung in den Selbstmordversuch, ihr unnachlassendes Festhalten an Adolf bei jeder Mordwendung seines Ganges, Europa den Garaus zu machen, dieses Lieben «auf Teufel komm raus», trifft nach der Durcharbeitung ihres Lebens mehr auf den Wunsch, ihr postum ärztliche Hilfe zukommen zu lassen, anstatt über juristische Konsequenzen gegen sie nachzudenken. Eva saß, wenn Adolf nicht bei ihr war, mit einem Bild von ihm zu Tisch, «um ihn wenigstens so immer sehen zu können», wie sie es Freund Luis Trenker gesteht.[2]

Unity wurde mit ihrer Vaterlandsvereinigungsmarotte von einem scheinbar sich selbst gegebenen Himmelfahrtskommando gejagt, das ihr Leben mit 34 nach neun Jahren Siechtums auch wirklich auslöschte.

Geli war dreifach angebunden, konnte sich aus keiner einzigen Fessel entwirren: Vatersehnsucht, Onkelfaszination und Inzestverlockung trafen in ihrer Liebe zu Adolf zusammen. Sie verharrte, bis der Ausbruch «so oder so» nur noch gewaltsam möglich war.

Emmy Görings Leben strotzt vor Normalität. Die zwei Jahre Gefängnislagerzeit waren hart, aber für ihre Seele eine angemessene Übergangsperiode von der Höhe der «ersten Frau des Dritten Reiches» – wie Hitler sie nach ihrer Eheschließung mit Hermann Göring nannte – zum Stadium der Frau von nebenan.

Extrem ist auch in Emmys Leben die Partnerschaft mit einem Exponenten der Gewalt. Emmy ähnelt in dieser Partnerschaft ihren Kolleginnen. Sie unterscheidet sich nur darin, wie diese Partnerschaft auf sie selbst wirkte. Die Beziehung zu Hermann hat Emmy nicht zerstört und sie während der Dauer nicht beschädigt. Hermann, «der Gute», hat Emmy nicht drangsaliert.

Aber ihr Ende als «Frau von nebenan» war zufällig. Auch Emmy hätte durch ihre Partnerschaft mit Göring zu Tode kommen können. Es gab in Hitlers letzten Lebenstagen nach dem 23. April 1945 noch zwischen ihm und Göring ein Zerwürfnis, zum Teil auf Mißverständnissen beruhend, im Verlaufe dessen die ganze Familie Göring und einige ihrer Angestellten erschossen werden sollten. Alle wurden für ein paar Tage Gefangene der SS.

Gerda Bormann kam während ihres Lageraufenthaltes um, was Emmy leicht auch hätte passieren können.

Himmler und Bormann intrigierten bei Hitler gegen Göring. Ein «Göring-Putsch» war im «Unternehmen» inbegriffen. Hitler ließ den letzten Reichskanzler vor ihm, General Kurt von Schleicher, und dessen Frau während des «Röhm-Putsches» 1934 erschießen. Hitler wurde von Jahr zu Jahr das «ewige Judengerette», das Emmy heimlich betrieb, mehr und mehr zuwider. Wenn er gekonnt hätte, sich der Görings zu entledigen, wenn er wie Stalin dreimal soviel Zeit zum Ausrotten gehabt hätte..., wer weiß, ob die Görings dann nicht an der Reihe gewesen wären. Sicher und unangefochten saß Emmy nicht auf ihrem Posten der Repräsentantin des Dritten Reiches. Ihr «Glück» war subjektiv, nicht objektiv. Böses Ende wäre in ihrem Leben – in anderer Weise als bei ihren seelischen Schwestern – auch möglich gewesen.

Emmy ähnelt den psychisch verwandten Frauen – neben der Partnerschaft mit einem Gewaltmann – in der Bindung an ihre Mutter.

Die argwöhnischen Augen einer kritischen Leserin werden bisher noch wenig Grund zum Gegenangriff gefunden haben, denn – so kann über die ersten Kapitel des Buches gesagt werden –: «er greift ja gar nicht die Mütter an!»

Von Frauen wurde schon der Zusammenhang unangenehm empfunden, den ich zwischen Mutterbindung und Gewalt des Mannes sehe, als könnte eine Beziehung zu einer Frau, die eine Mutter ist, mit der Gewalt eines Menschen niemals in Zusammenhang stehen, denn Frau sei ja unterdrückt, also «arm» = gut = gewaltlos, das hieße dann auch, aseptisch gegenüber jeder Verursachung von Gewaltverhalten bei ihren Kindern.

Wenn ich nun wieder Zusammenhänge zwischen Frauen und Gewaltverhalten – diesmal bei anderen Frauen, ihren Töchtern – herstelle, dann besteht dieser Zusammenhang nicht qua Frau, auch nicht qua Beziehung, sondern er entsteht durch Bindung.

Bindung ist etwas Negatives, ganz gleich an wen. Und in der Beziehung zwischen Eltern und Kind in erwachsenem Stadium des Menschen ist Bindung ein gewaltförderndes Element. Bindung ist keine Kategorie der Natur. Natur kennt sie nicht als Dauererscheinung, vermeidet, ja bekämpft sie mit vielen Mitteln, ebenso wie das bei Naturvölkern beobachtet werden kann.[3]

Das Überwuchern der menschlichen Beziehungen mit Bindungsgeflechten ist das Krebsgeschwür des Patriarchats und wird die menschliche Gesellschaft zerstören, falls es nicht gelingt, den gesunden Teil (die Beziehungen) vom kranken (den Bindungen) zu befreien.

Ehe ich am Leben von Emmy Göring zeigen kann, was Bindung ist, und herausarbeite, wie (Mutter-)Bindung bei Frauen im Zusammenhang steht mit ihrer Affinität für Gewaltmänner, muß dieser «Vorspann» laufen, weil Bindung gerade im patriarchalischen – und deshalb verunstalteten – Frauenbereich eine so große Rolle spielt und weil Frauen patriarchatsfördernd meinen, Bindung sei etwas Gutes, sei zu verteidigen und am Leben zu erhalten.

Wenn die Dynamik des Buches sich nun allmählich zu einem «Gegen» dreht, so ist dieses Gegen nicht gerichtet auf Frauen, nicht auf Mütter, nicht auf Beziehungen zu ihnen, sondern auf eine verengte Form der Beziehung im Primärpersonverhältnis Mutter (oder Mutter vergleichbarer Mensch) und Kind – fortgesetzt im Status eines Erwachsenen über sein 21. Lebensjahr hinaus.

Das für Frauen Schmerzhafte ist, daß sich etwas so ungeheuer

Negatives in ihrem Bereich gebildet hat, das dort nicht oder kaum negativ wirkt, das erst im gesellschaftlichen Bereich des Mannes eine negative Wirkung entfaltet – und zwar durch Männer wie durch Frauen.

Immer wieder entstand die Frage in den Diskussionen um den Bindungseffekt bei *Söhnen,* warum ich denn nicht mehr auf die Väter abstellte, die doch grausam, gewalttätig, insgesamt multipelinsolvent seien und die die Gewalt der Söhne verursachten.

Ich spürte den Appell an mich. Ich wollte nun beim Buch über die Mutterbindung der Frau so korrekt und «gerecht» wie möglich sein, wollte gerade als Mann Frauen / Müttern nichts anlasten, wo ihnen doch schon so viel vom Patriarchat aufgebürdet wird, und hielt mich, solange es ging (!), bei den Vätern der hier beschriebenen Frauen auf.

Jedoch, Ursachen haben nichts mit «Gerechtigkeit» zu tun. Ich mußte in meinen vorangegangenen Büchern Männer gründlich und oftmals beschimpfen *und* beschuldigen. Es wäre mir nicht darauf angekommen, ihnen Weiteres vorzuwerfen. Der Vorwurf geschieht ja auch: Männer organisieren die Verhältnisse, die Verhältnisse der Gesellschaft *und* die Beziehungen von Müttern und Kindern – sie organisieren sie so, daß Bindungen zwischen Müttern und Kindern zur Regel werden müssen. *Das* ist die Schuld, die wirklich existiert. Alles andere ist Wirkung, die das Patriarchat aber will. Es will Gewaltmänner und gewaltpartnerschaftliche Frauen. Und jede Frau, die ihre Funktion als Umschlagplatz dieses Vorganges nicht überdenkt und beendet, fördert nichts anderes als Patriarchat!

˙ Schon das Thema «Muttersöhne» zwang mich, von dem Gedanken, die Väter *machten* die Söhne gewalttätig, Abstand zu nehmen, denn es gibt unwahrscheinlich destruktive Söhne, die *ohne* Väter oder unter schwachen, wechselhaften, haltlosen, weichen, distanzierten, kranken Vätern aufgewachsen waren (Wilhelm II., Göring, Goebbels...). Die Rechnung – so plausibel sie aussieht –: brutaler Vater = brutaler Sohn, ging nicht auf. So kam ich darauf, daß jedweder Mangel des Vaters in Kombination mit einer Bindung an die Mutter den Sohn gewaltanfällig macht.

Bis zu Geli Raubal konnte ich den Kern des Problems der Muttertochter umgehen. Magda, Eva, Unity hatten so eklatant scheußliche Väter oder Vatersituationen erlitten, daß ihre Mutterbindung nur erwähnt zu werden brauchte, kaum mehr war als ein Reflex der mangelhaften Beziehung zum Vater. Ich habe aber immer die Ausgangsmerkmale einer Mutterbindung aufgeführt: Fülle, Nähe, Dauer.

Daß jede Bindung auch in einer Entbehrung ihre Ursache hat, daß Fülle wie Fruchtfleisch um den Stein Defizit liegt, ist ein Spezialproblem, das bisher noch keine Rolle zu spielen brauchte.

Ein Mensch bleibt gebunden, weil er noch etwas will. Oder – vom Elternteil her formuliert –: ein Mensch wird gebunden, weil von ihm noch etwas gewollt wird. Noch etwas vom erwachsenen Kind zu wollen resultiert immer aus einem Defizit. Beispiele:

Latent homosexueller Vater bindet Sohn, weil er im eigenen Leben zu Liebesbeziehungen mit Vertretern des gleichen Geschlechts nicht kommt.

Ähnliches kann über die Mutter-Tochter-Beziehung gesagt werden: Latent lesbische Mutter bindet Tochter, weil sie zu Frauenbeziehungen nicht durchdringt.

Oftmals sind die Defizite gesellschaftlich determiniert: Mutter bindet Sohn, weil ihr Leben ohnmächtig ist, ohne den Sohn sinnlos wäre...

Vater bindet Tochter, weil Beziehung mit Mutter (Ehefrau) unerquicklich geworden ist, er aber wegen seiner Überbeschäftigtheit in seiner gesellschaftlichen Position keine Zeit und Kraft mehr hat zum Suchen nach einer neuen, befriedigenden Beziehung. Er «behält» die Tochter als Lückenbüßerin.

Eine Person ohne defizitäre Erscheinungen läßt Bindung an sich selbst nicht zu, gibt alles so reichhaltig, daß Bindung beim Kind nicht entsteht, sondern es sich zur gegebenen Zeit selbständig machen kann.

In Magdas, Evas, Unitys, Gelis Leben gab es klare Mangel-Fülle-Verteilungen. Vater = *nur* Mangel; dann entsteht überhaupt keine Beziehung, aus der Bindung jemals sich verengen könnte. In der Vatervakanz nistet sich der Wunsch ein nach Bin-

dung an Ersatzväter. Es gab für die Töchter keine Beziehung zum
Vater, die eine Ablösung ermöglicht hätte. Und die Mütter der vier
Frauen waren da, nah und liebten die Töchter. Es fand aber keine
Ablösung von ihnen statt, die Beziehung wurde zur Bindung.

Mangel-Fülle (Vater-Mutter) ist bei Emmy noch deutlicher zugunsten ihrer Beziehung zu ihrer Mutter verteilt als bei ihren ge-
waltpartnerschaftlichen Schwestern.

Es beginnt mit der Normalität eines bis zur Unkenntlichkeit
verdünnten Vaters. Emmy ist das fünfte und letzte Kind ihrer
Eltern Johann Heinrich und Emma Sonnemann. Sie wurde 1894
in Hamburg geboren. In ihren Memoiren «An der Seite meines
Mannes – Begebenheiten und Bekenntnisse» erwähnt sie ihren
Vater sechs-, ihre Familie sieben- und ihre Mutter siebzehnmal.

Nicht nur dieser Unterschied in der Quantität fällt auf. Über
Familie / Eltern und Vater spricht Emmy nur funktional: «Als
Tochter einer konservativ ausgerichteten norddeutschen Familie
empfand ich große Sympathie für die Monarchie.»[4] Oder: «Wir
waren eine typische Hamburger Kaufmannsfamilie.»[5]

Der Vater wird einmal vorgestellt:

«Als Kind schien mir das größte Glück der Erde darin zu liegen, daß mein
Vater Besitzer einer Schokoladenfabrik war. Mein Vater war eine wahre
Frohnatur und groß, blond, blauäugig; und vor allem voller Humor, echt
norddeutschem! Ein kerngesunder Mann bis zu seinem Tod im 82. Lebensjahr!»[6]

Belanglose Details fügt Emmy an anderer Stelle über den Vater
hinzu: daß er eine Theatervorstellung, die Emmy mit dem Stück
«Das Konzert» von Hermann Bahr neben Gustaf Gründgens in
Hamburg gab, fast achtzigjährig besucht[7], daß sie aus dem Bü-
cherschrank des Vaters Shakespeares «Kaufmann von Venedig»
herausnahm[8], daß der Vater ein «rechnender Hamburger Kaufmann» war[9] und daß Emmy während ihres ersten Engagements
nach Aussig bei Dresden an seine Schokoladenfabrik erinnert
wird, weil am Rande der Stadt ebenfalls eine liegt, der Geruch ihr
sofort bekannt ist.[10]

Die einzige Mitteilung, die Auskunft über Emmys Beziehung zu ihrem Vater geben könnte, ist negativ gehalten. Der Vater will nicht, daß Emmy Schauspielerin wird:

«Mein Vater war, als ich vier Jahre später einmal vorsichtig fragte, ob mir meine Eltern diesen Beruf erlauben würden, strikte dagegen. ‹Werde eine gute Hausfrau und mache Deinen Mann einmal glücklich!›, meinte er kurz und bündig.»[11]

Die Äußerungen über die Mutter geben ein reiches Material ab zu allen interessierenden Punkten. Aus ihnen entsteht ein Bild, wie die Mutter in etwa war und welche Gestalt die Beziehung zwischen Tochter und Mutter hatte.

Die Mitteilungen belegen, daß die Tochter sich mit der Mutter identifiziert hat, daß sie phasenweise während ihres Lebens der Delegation der Mutter gefolgt ist, daß die Emotionen für die Mutter überwältigend waren und daß Emmy der Mutter bis über deren Tod hinaus nahegeblieben ist.

Emmy kann in ihrem Buch die ersten drei Male über die Mutter nicht sprechen, ohne dem Lesepublikum ihre große Liebe zu ihr zu versichern.

«Ich konnte alles um so mehr nachfühlen, als ich gerade meine Mutter in Hamburg verloren hatte, mit der mich eine innige Liebe verband.»[12]

Mit diesem Satz reagiert Emmy auf Hermanns Erzählung über den Verlust seiner ersten Frau Carin 1931. Bei der ersten Begegnung Emmys mit Hermann, Frühjahr 1932, spricht er von der Trauer um seine kurz zuvor (Ende 1931) gestorbene Lebensgefährtin. Emmy führt ihre Mutter in gleicher Bedeutung ein: ihr widerfuhr der Tod einer Partnerin.

Als Emmy 1934 in Hamburg gastierte, tritt die inzwischen schon tote Mutter in Emmys Erinnerung – im Buch zum zweiten Mal – auf:

«Meine Mutter, die ich über alles geliebt und die mich fast in jedem meiner Engagements besucht hatte, hätte mich zu gern einmal als Gretchen erlebt.»[13]

Das dritte Mal muß die Liebesversicherung noch einmal vorweg-
genommen, ehe die Mutter und Emmys Beziehung zu ihr deutlich
gekennzeichnet werden. Das Folgende schließt an den kärglichen
Bericht über Emmys Vater an, der eine Frohnatur gewesen und
mit 82 gestorben sei, was ohne jegliche Wirkung auf Emmys Ge-
fühlswelt geblieben war:

«Meine Mutter, die ich, wie Du weißt, über alles geliebt habe, war eine
ausgesprochen schöne Frau. Sie konnte einen mit ihren großen dunklen
Augen so ernst ansehen, daß sie schon damit uns Kinder völlig in Bann zu
halten vermochte. – Herrlich war es für mich, mit ihren sehr langen,
tizianroten Haaren spielen zu dürfen. Sie war ein ernster, etwas schwer-
blütiger Mensch, sehr sensibel, von besonderer Großzügigkeit Geld und
Geldeswert gegenüber; streng in moralischen Fragen, sehr hilfsbereit und
gastfreundlich...

An einen besonderen Zug im Wesen meiner Mutter denke ich oft. Sie
konnte sehr böse werden, wenn wir über andere Menschen etwas Ungutes
sagten. Dann sah sie uns mit ihren Augen streng an: ‹Wenn man nichts
Gutes über einen Menschen weiß, dann hält man den Mund.› Sehr tief
habe ich mir diese Lebensregel eingeprägt. – Du hast mich oft gefragt,
warum ich jeden Menschen so leidenschaftlich verteidige und warum Du
aus meinem Munde nie was Schlechtes über Menschen hörst: ich glaube,
daß ich da ein mütterliches Erbteil in mir fühle. Ach, Hermann, ich
wollte, daß ich meiner Mutter Worte über jede deutsche Tür schreiben
könnte! Jedenfalls glaube ich, daß sie unsichtbar über der Tür von unserem Carinhall stehen. –»[14]

Deutlich berichtet Emmy, wie ihr Einstieg in das Schauspielerin-
nenleben harmonisch mit der Mutter verlief, wie sie die geheimen, bei der Mutter nicht in Erfüllung gegangenen Wünsche in
ihrem eigenen Leben verwirklichen kann.

Frappierend schon das Namensdoppelt, das auch bei der Mutterbindung von Angela (Geli) Raubal eine Rolle spielte.

Wenn Väter ihren Söhnen die Namen geben, die sie selbst haben, heißt das erst recht: werde wie ich bin, mache, was ich will,
setze mich fort, bringe mich besser zur Geltung, verwirkliche
mich, bleibe bei mir, damit ich all das zu meiner Genugtuung beobachten kann!

Emmy war die kleine Emma, sollte die große werden. Sie zeichnet ihren Gang zur Bühne mit mütterlicher Begleitung ausführlich nach:

«Es war für mich eines der größten Erlebnisse meiner Kindheit, als mich meine Mutter in Hamburg – ich war ungefähr zwölf Jahre alt – mit ins Theater nahm...
Dieser Abend sollte für mein ganzes Leben entscheidend werden...
Es wurde der ‹Kaufmann von Venedig› gegeben. Ich saß völlig verzaubert im Parkett und vergaß, wo ich war. Ich lebte und litt mit den Menschen auf der Bühne...
...jener Shakespeare-Abend hatte so unauslöschliche Eindrücke hinterlassen, daß ich von dem Erlebnis noch lange zehrte. Noch Wochen und Monate nach diesem Abend konnte ich nichts anderes denken, als Theater – nur Theater!...
Ich glaube, daß alles, was ich von dieser Zeit an gedacht, erlebt oder gelesen habe, nur von dem einen einzigen Wunsch beseelt war, auch einmal Theater spielen zu können. Alle Rollen im ‹Kaufmann von Venedig› waren übrigens bald auswendig gelernt, auch die männlichen. Ich memorierte sehr schnell...
Ich wollte und mußte Schauspielerin werden...»[15]

Als der Vater brüsk dagegen war, funkt die Mutter Emmy zu:

«Meine Mutter aber hatte mir schon heimlich versprochen, mir zur Erfüllung meines Wunsches zu verhelfen. Nur sollte ich erst gründlich die Haushaltsführung lernen. –»[16]

Emmy kommt «in Pension zu einem Försterehepaar in die Nähe von Braunschweig»[17], interessiert sich nicht einen Deut für Hausarbeit, kann endlich auf einer Förstervereinsbühne Laientheater spielen. Der Vater bleibt jedoch hart, ruft sie zurück, macht ihr verschiedene Berufsvorschläge, die ihr alle nicht behagen:

«Da kam mir ein glücklicher Zufall zu Hilfe. Eines Abends las meine Mutter im ‹Hamburger Fremdenblatt›, daß Leopold Jeßner, der damalige Oberregisseur des Thaliatheaters in Hamburg, eine Schauspielschule eröffnen wollte. Es sollten zwei Freistellen, eine für ein Mädchen, eine für einen Jungen, bei der Prüfung den begabtesten jungen Menschen zuerkannt werden. Wenn ich nun diese Freistelle bekäme, so erklärte mir die Mutter, dann würde mir auch der Vater erlauben, Schauspielerin zu werden.»[18]

Emmy ist 17, memoriert Rollen für das Vorsprechen, macht bei Jeßner mit Gretchens Gebet «Ach neige, du Schmerzensreiche...» einen so großen Eindruck, daß er ihr die Freistelle gibt. Sie frohlockt: «Ist das wirklich wahr? Werden Sie das auch meiner Mutter mitteilen?»[19]

«Am nächsten Tag ging meine Mutter mit mir zu Herrn Jeßner, um alles zu besprechen. Er vertraute meiner Mutter ein Wort an, das mich tief verpflichtete, und an das ich immer denken mußte, wenn ich später einmal an meiner Begabung zweifelte... Jeßner sagte sehr ernst: ‹...Ich pflege sehr oft jungen Menschen abzuraten, zur Bühne zu gehen. Aber bei Ihrer Tochter wäre es einfach Sünde, wenn sie nicht Schauspielerin werden würde.›»[20]

Emmy ist so gut, daß Jeßner ihr nach einem Jahr nichts mehr beibringen kann und sie ins Berufsleben schickt, obwohl die Ausbildung für zwei Jahre vorgesehen war.

Mutter Emma Sonnemann bringt ihre Tochter Emmy in das erste Engagement nach Aussig. Als die Mutter «wieder nach Hamburg abfuhr», gesteht Emmy, «packte mich ein solches Heimweh, daß ich glaubte, es in der deutsch-böhmischen Stadt nicht aushalten zu können»[21].

Emma Sonnemann besucht ihre Tochter Emmy im Engagement in München, lernt dort 1915 Emmys späteren ersten Mann, Karl Köstlin, kennen, mag «ihn besonders gut leiden»[22], hat nichts gegen die heimlich vorgenommene Eheschließung Emmys: «Von meiner Mutter fand ich einen sehr lieben, rührenden Brief vor und einen sehr schönen Schmuck. Mit keinem Wort hat sie mir damals einen Vorwurf gemacht.»[23]

Alles ist «paletti». Die Ehe mit Köstlin währt nur kurz, Emmy bleibt über ein Jahrzehnt lang ohne Mann, wird in Weimar groß.

Da stirbt Mutter Emma 1931. Kurz darauf, Frühjahr 1932, lernt Tochter Emmy Hermann Göring kennen.

Die mütterliche Delegation beginnt sich aufzuweichen. Emmy wird zunächst Lebensgefährtin und nach drei Jahren Ehefrau Hermanns.

Die Identifikation mit der Hausfrauenmutter bricht durch.

Emmy schwört dem Theater ein für alle Male ab, schaltet ihre 23jährige Selbständigkeit aus, kehrt auch nach dem Tod Görings nicht wieder in ihren Beruf zurück. Emmy wird im Dritten Reich erste Hausfrau der Nation, stellt das Bild ihrer Mutter auf den Nachttisch ans Bett.

Emmy verbündet sich – es *muß* heißen – *automatisch* nach dem zweiten Sehen mit einem Mann, der etwas vertritt, was allen bisherigen von ihr für gültig gehaltenen Werten widerspricht. Emmy lernt – ähnlich wie Magda Quandt Joseph Goebbels *und* Adolf Hitler – Göring *und* Hitler so gut wie gleichzeitig kennen. Sie verliebt sich durchaus auch in Hitler, der, überwältigend charmant und sich als äußerst kulturbewandert gebend, mit ihr ein paar Caféstunden in Weimar verplaudert.

Wie Magda ist Emmy vollkommen unpolitisch – eine Zeugin im Spruchkammerverfahren 1948 nennt Emmy «verhängnisvoll unpolitisch»[24]. Alle paar Seiten insistiert Emmy in ihrem Buch, wie unpolitisch sie im Grunde ist. Und auch als ihr die Gelegenheit gegeben wird, Informationsdefizite nachzuholen, sich Kenntnisse über die Programme ihrer Geliebten zu verschaffen, ergreift sie die Möglichkeiten nicht. Bis zur Hochzeit mit Hermann hatte Emmy drei Jahre Zeit, zuerst die programmatische und später die gesellschaftliche Realität ihrer Führer zur Kenntnis zu nehmen. Sie tut es extra nicht.

Schon gleich am Anfang ihrer Beziehung zu Hermann versteift sie sich aufs Lieben und Realitätsausgrenzen:

«Und nun kam das ganz große Glück auf mich zu, und ich bin heute noch unendlich froh, daß ich diese Zeit so bewußt erlebt habe.

Zunächst hörte ich nichts mehr von Hermann Göring...

...da erhielt ich von ihm ein Telegramm aus Capri des Inhalts, daß er immer an mich denken müßte und daß er bald nach Weimar käme, um mich wiederzusehen. Wenige Tage später rief er unmittelbar nach seinem Grenzübertritt an, um sich zu vergewissern, daß ich auch wirklich in Weimar sei und nicht gerade auswärts spielte. Wir verabredeten uns. Bei dieser Gelegenheit wollte er auch in Weimar eine Rede halten. Seine Versammlung war schon plakatiert. Zwar hatte ich an diesem Tag einen spielfreien Abend, ging aber doch nicht hin. Hermann Göring hatte auf mich einen so starken menschlichen Eindruck gemacht, daß ich jetzt befürchtete, der Politiker und Redner Göring könnte diesen Eindruck wieder zerstören. Erst nach der Versammlung trafen wir uns im ‹Goldenen Adler›.»[25]

Emmys Einschwenken in die Frauenrolle, der Abbruch ihrer rollenlosen Selbständigkeit, das Verbauen ihres eigenen Zugangs zur Gesellschaft und das Anheimfallen an ein brutales Führerpaar geschahen im Zusammenhang mit ihrer Mutterbindung.

Wann ist eine Beziehung eine Bindung? Was ist an der Bindung negativ?

1. Es gibt zwei Formen von menschlichen Beziehungen: Liebe und Freundschaft. Der Unterschied besteht nicht in der Intensität, der Nähe oder der Dauer, sondern im Ritus, mit dem die Beziehung abläuft.

Liebe verlangt Regelmäßigkeit, Freundschaft verträgt Unregelmäßigkeit. Liebe braucht die berechenbare Wiederkehr des Kontaktes: jeden Tag, jede Woche, jeden Monat, jeden Geburtstag, jedes Weihnachten. Eine Freundschaft belebt sich nach drei Jahren auf den Stand von gestern, verlangt nicht nach einem gesicherten Morgen, wechselt ab zwischen regelmäßigem Sehen und unversicherten Pausenphasen.

Beide Beziehungsarten erfüllen Notwendigkeiten im menschlichen Leben. Eine der Notwendigkeiten der Liebe ist das Aufziehen der nächsten Generation. Damit das Aufwachsen der kleinen Exemplare bestmöglich gelingt, ist beim Menschen Liebe von ein bis zwei Jahrzehnten notwendig. Zum Aufwachsen braucht jedes kleine Wesen, auch das Tier, die Regelmäßigkeit, die Versicherung der Unabreißbarkeit des Umgangs zwischen ihm und den es betreuenden erwachsenen Individuen. Diese heißen – auf Menschen angewendet – «Bezugspersonen».

Im Wort «Beziehung» steckt etwas Freiwilliges. Der Vorgang des Aufziehens involviert die Erwachsenen zwar in ein Joch von zu verrichtenden Hilfeleistungen für das unausgewachsene «Junge», aber der Prozeß dieser Liebesbeziehung mündet in Erwachsenheit und Autonomie des Exemplars der nächsten Generation.

Die Freiwilligkeit auf seiten des Kindes ist das zunehmende Selbständigwerden – auf seiten des Erwachsenen war sie der Vorgang der Herstellung eines neuen Lebens (so unfreiwillig im einzelnen Falle dieser sogenannte «Zeugungsakt» auch von vielen erlebt worden ist). Eltern und Kind haben sich aufeinander bezogen in Verantwortung, in der elterlichen Verantwortung für die bestmögliche Unterstützung des Reifungsvorganges beim Kind, in der kindlichen Verantwortung für die eigene Entwicklung, für die allmähliche Übernahme der Autonomie.

Das Wort «Bindung» hat nichts mehr Freiwilliges an sich, im Gegenteil, ist umwittert von Zwang. Nichts steht mehr von allein, muß gebunden werden. Nichts zieht mehr von selbst, muß gehalten werden.

Bindung ist eine Beziehung, die sich mit Hilfsriten aufrechterhalten muß, die sich nicht mehr von selbst aus dem Charakter einer Beziehung ergeben. Bindung ist ranzig gewordene Liebe, eine Nähe, über das Verfallsdatum genießbaren Umgangs hinausgeschleppt. Es muß etwas angebunden werden, was von allein nicht mehr hält, von selbst nicht mehr zieht.

Ein fortgesetzter *ritueller* Umgang zwischen Eltern und Kind nach dem 20. Lebensjahr des Kindes ist in jedem Fall nicht mehr Beziehung, sondern Bindung. Mit Eltern befreundet zu sein, hieße Verzicht auf jedes Zelebrieren von Regelmäßigkeiten, hieße Abstinenz von Pflichten, Aufgabe von Erwartungen, hieße endgültig, Proklamation der absoluten Freiwilligkeit.

So leben wir nicht. Die Liebesbeziehung zwischen Eltern und Kindern geht nicht in Freundschaft über, bleibt am Ende des zweiten Jahrzehnts der Kinder in Bindung stecken. Das hat folgenreiche Nachteile.

2. Die Natur geht mit den Exemplaren, über die sie noch Macht hat, den wilden Tieren, viel strenger um, als ich es bei der Definition des Übergangs von Liebe zu Freundschaft formuliert habe. Nach dem «Abnabeln», dem Reifgewordensein, dem Austritt aus dem elterlichen Schutzbereich, kennen Eltern und Kinder einander nicht mehr. Aus Liebe entsteht bei den (wilden) Tieren nicht Freundschaft, sondern Fremdheit![26]

Das hat zwei lebensnotwendige Vorteile. Die Kinder werden vollkommen erwachsen und bleiben es. Die Eltern werden vom Sorgen entbunden und können sich wieder sich selbst zuwenden oder neue Paarungen für die Aufzucht neuer Individuen eingehen.

Das Hinüberwechseln der Beziehung zwischen Eltern und Kindern in eine Bindung vereitelt die vollständige Selbständigkeit des Kindes. Stagnation und Regreß erhalten oder produzieren beim Kind eine partielle Infantilität.

Den meisten Menschen erspart ein «gnädiges Schicksal» zu bemerken, daß – wie und wo – sie teilweise kindlich geblieben, es muß schärfer heißen, *kindisch* geworden sind.

Die Generation der Verantwortlichen zwischen 1933 und 45 hatte diese Gnade nicht. Die Verbindung zwischen Führenden und Folgenden war von jeder Seite her infantil determiniert. Halbheiten, Halbwahrheiten, Ungeheuerlichkeiten, Destruktions- und Konstruktionskonzepte verknäulten sich zu einem Dilettantenspektakel, über das gelacht worden wäre, wenn es sich im Sandkasten abgespielt hätte.

Brecht und Chaplin versuchten es zu Anfang mit den Mitteln des Lachens, bis den Menschen das Lachen verging, als diese staatliche Verfestigung monströser Unerwachsenheit ein Land nach dem anderen zerstörte.

Das gesamte Patriarchat ist von der Bindungsideologie beherrscht, schafft Männer, die einen Planeten sukzessiv unlebbar machen, schafft Frauen – Thema dieses Buches –, die diese Männer lieben, die das von ihnen erjagte oder von einem Schlachthaus auf ihren Küchentisch lancierte Stück Fleisch in die Pfanne werfen, das superweiße Waschmittel gebrauchen, den Pelzmantel tragen, das Deospray benutzen...

Ein eklatantes, gegenwärtig sich verhängnisvoll auswirkendes Beispiel für die Teilkindischkeit der Menschen ist ihr anal deformierter Regreß.[27] Sie können nicht mehr richtig «sauber»machen. Die in die Gegend geworfene Cocadose von *ihm* und das fallengelassene Kleenex von *ihr* haben eine Entsprechung im industriellen Atommüll, der Natur zur Kloake degradiert.

Dreck machen – das müssen die Unreifen und werden, im Gegenteil dazu, von panischem Saubermachen an falschen Stellen
gejagt, wie die agierenden Männer und die mit ihnen einverständ-
lichen Frauen des Dritten Reiches plötzlich meinten, die Erde «reinigen» zu müssen von Teilen der menschlichen Bevölkerung.
Ganz ungeniert ihren Defekt entblößend, sprachen die Nazis von
«Säuberungs»aktionen.

Je enger die Bindung eines Menschen an seine Eltern, um so
ausgeprägter, grotesker die partielle Infantilität, die zu Verschie-
fungen der Person bis in geisteskrankähnliche Zustände hineinführen kann (Hitler, Goebbels, Himmler...).

Die Bindung an den einen Elternteil ist desto stärker, je schwerwiegender der Mangel im Verhältnis zum anderen Elternteil war.
Sind beide Eltern etwa gleich stark gegenüber dem Kind repräsentiert gewesen, kann es sich stufenplanmäßig besser von beiden
ablösen.

Die Vatermangelsöhne und Vatermangeltöchter können das am
allerschwersten. Der Vatermangel hat ja meist seinen Ausgangspunkt in einer schlechten Beziehung der Eltern untereinander, es
muß regelhaft heißen, in einer schlechten Beziehung des Vaters
oder der Väter zur Mutter – mildeste Form: die Mutter nicht ernst
zu nehmen, sich für sie nicht wirklich zu interessieren, oder sie
nach ein paar Jahren zu verlassen.

Teilkindischkeit hemmte Magda, Eva, Unity und Geli. Gesellschaftliche Hemmungen waren bei ihnen auf frauenungewöhn-
liche Weise heruntergeschraubt.

Magda hätte bis an ihr Lebensende monatlich 4000 Mark erhalten (heute ein Wert von 10000 bis 20000 DM), war von Män-
ner- und Frauenrollenbürden entlastet, wollte Kunstgeschichte,
Rechtswissenschaft oder Innenarchitektur studieren, ging statt
dessen, ohne eines der Studien ernsthaft zu probieren – aus Glauben –, zu einem menschlichen Gott.

Eva verdiente sich ihren Unterhalt, lernte das Filmemachen, dilettierte mit der Kamera, erlag einem Mann, der *sie* zu nichts
zwang. Sie wollte etwas von *ihm*. Sie war vielleicht der einzige
Mensch des Dritten Reiches, von dem oder gegen den Hitler nichts

wollte. Hitler hätte eine andere Frau genommen, wenn Eva sich von ihm abgelöst, er hätte sie nicht verfolgt, wenn sie sich getrennt hätte, oder er wäre weiter ohne Frauennähe geblieben, ohne die er sich bis zu seinem etwa 40. Lebensjahr vor Eva balanciert hatte.

Verhängnisvoll ist das Zusammentreffen von Bindung der Tochter an ihre Mutter *und* an ihre Männer. «Bindung an ihre Männer» kann heißen, ausgeliefert zu sein an den einen Mann, den die Muttertochter liebt, oder immer wieder aufs neue angezogen zu werden von (Gewalt-)Führerpersönlichkeiten.

Die Beziehung zwischen Magda und Joseph war längst zu Ende, Magda hatte die Scheidungsbewilligung Hitlers bekommen, aber sie fiel nach den neuen Werbungen Josephs an ihn zurück.

Auch bei Unity und Geli waren die Situationen günstig: Gelder und professionell ausgebildete Kapazitäten eröffneten uneingeschränkter Erwachsenheit den Weg. Beide Frauen begaben sich in eine sie komplett beschneidende Unfreiheit.

Sogar die kinematographische Größe, Leni Riefenstahl – gesegnet durch vielseitiges Talent, differenziert in der Praxis mehrerer Ausdrucksformen (Film, Tanz, Sport) und als Arbeitende/Künstlerin von der Gesellschaft bereits weltweit akzeptiert –, kriecht Hitler unter mit der nachträglichen Begründung, sie habe an ihn «geglaubt». Sie wirft ihre Fähigkeiten ihm vor die Füße – und das nicht nur einmal und nicht nur zu Anfang des Dritten Reiches.

Immer muß der Glaube herhalten. Glaube an metaphysisch Führende – Göttinnen und Götter, Kräfte und Heilige – kommt aus Religiosität. Glaube an menschliche – es muß heißen, an massenhaft männliche – Führer rührt her aus Infantilität. Vor ihr ist das größte Talent nicht gefeit.

Leni Riefenstahl schildert in ihren «Memoiren» ein kompliziertes Vater-Tochter-Verhältnis und eine harmonische Mutter-Tochter-Beziehung. Der Vater war «Inhaber einer großen Firma für Heizungs- und Lüftungs-Anlagen», Freizeitjäger und -spieler (er hatte ein eigenes Jagdgebiet). Er neigte zu «Jähzorn», war eine «Autorität» nach dem Zuschnitt: «Er allein hatte das Bestimmungsrecht über Frau und Kinder.» Er quälte Frau und Tochter und legte sich quer gegen Lenis Bestreben, Schauspielerin zu werden, weil Schauspielerei für ihn «Halbwelt» bedeutete und er Leni in seinem Geschäft als Sekretärin anstellen wollte.[28]

Wie kinduneinfühlsam der Vater mit der Tochter verfuhr, zeigt eine Episode: Obwohl in Berlin ein Lustmörder umging, der Kinder würgte und ihnen den Bauch aufschlitzte, schickte der Vater die kleine Leni im Dunkeln auf die Straße, um Bier zu holen! Sie fiel dem Täter in die Hände und konnte sich nur durch Schreien retten, behielt zeitlebens eine Schockreaktion, wenn sie hinter sich Schritte hörte.[29]

Die Mutter war dem Vater unterworfen.

«...ich sah, wie meine Mutter von meinem Vater manchmal behandelt wurde – er konnte wie ein Elefant trampeln, wenn sich am gestärkten Kragen seines Hemdes der Knopf nicht aufmachen ließ –,...

Meine Mutter war eine großartige Frau, aber sie wurde zur Sklavin meines Vaters. Sie hat ihn sehr geliebt, aber was sie mitmachen mußte, war entsetzlich. Ich habe mit ihr gelitten...

...und wenn er in seinem Jähzorn Porzellan zerschlagen hatte,...
Aber es war oft sehr schwierig, mit ihm auszukommen...

...zum Glück war mein Vater oft auf seiner Jagd, und wenn er dorthin fuhr, dann fühlten wir uns zu Hause endlich frei. Meine Mutter und ich gingen dann ins Kino, und sogar auf Bälle...»[30]

Die Mutter war das 18. Kind ihrer Eltern – ihre Mutter starb kurz nach ihrer Geburt. Wie Emma Sonnemann es mit Emmy tat, so delegierte Bertha Riefenstahl ihre Tochter Leni, mit der sie bis zu ihrem Tod zusammenlebte, zur Schauspielerei:

«Die Hände über dem Bauch gefaltet, hatte sie während ihrer Schwangerschaft gebetet: ‹Lieber Gott, schenke mir eine wunderschöne Tochter, die eine berühmte Schauspielerin werden wird.›»[31]

Die Mutter kann ihre eigene Befreiung nicht mehr voranbringen, aber sie schließt die Tochter eng an sich an und hintertreibt mit ihr die väterlichen Verbote («Hinter dem Rücken meines Vaters, mit Hilfe meiner Mutter, habe ich einige Tage gefilmt»[32], «sie hatte mich unterstützt und heimlich meine Kostüme genäht»[33]), bis Leni zur Tänzerin und Filmschauspielerin durchbricht.

Die Befreiung gelang nur halb, Leni brach für sich selbst (und in Stellvertretung für ihre Mutter) durch zu eigenem gesellschaftlich geachtetem Tun, aber die bleibende Nähe zur Mutter hielt Leni in einer Teilgefangenschaft, die sie für den Hitlerschen Destruktionscharakter empfänglich machte.

Altarflügelzugeordnet zu der zentral «herrschenden» Emmy Göring ist auch die Nazi-Seitenfigur Lida Baarova, ebenfalls Schauspielerin und Gewaltmannanbeterin – berüchtigte Goebbels-Geliebte. Ihr Vater war K. u. K.-Offizier im Ersten Weltkrieg, später Versicherungsangestellter und danach Magistratsbeamter, den sie in ihren Erinnerungen ganz nach alter Mode orientiert kennzeichnet. Er heiratete ihre Mutter, die eigentlich Opernsängerin werden wollte. Unmöglich, sie mußte sich in ein Hausfrauendasein schicken, was ihr nicht bekam. Sie wurde nervös, angespannt, sehnte ihre Selbstverwirklichungswünsche in ihre Töchter hinein, zunächst in die Zweitgeborene, in Lidas um sieben Jahre jüngere Schwester Zorka, die als Mädchen die schönere war. Zorka wurde schon als Baby diesbezüglich öffentlich gemacht, indem die Mutter sie für die Reklame von Babypuder einsetzen ließ.[34] Zorka rutschte der Mutter jedoch zu nah, verzehrte sich in mißlingenden Lieben zu immer anderweitig gebundenen, besetzten Männern und – was noch schlimmer war – in schweren Allergien (den verbreitetsten und demonstrativsten Anti-Nähe-Krankheiten). Die Allergien verlangten aufwendige Kuren – Mutter und Jüngste lebten zusammen – und machten einen Einsatz für Theater und Film unmöglich. So mußte Lida antreten und die mütterliche Opernlaufbahn wenigstens in den verwandten Branchen der Film- und Theaterschauspielerei nachzeichnen.[35]

Eine der tolldreistesten und – wenn nicht alles so beklemmend wäre, müßte es heißen – witzigsten Figuren der Abirrung weiblicher Emanzipation ist die Pilotin Hanna Reitsch. Sie war Partnerin der Nazimänner in anderer Weise als die im Zentrum dieses Buches stehenden Frauen Magda Goebbels, Eva Hitler, Emmy Göring, Unity Mitford und Geli Raubal.

Hanna Reitsch flog als «zivile Angestellte der Forschungsanstalt in Darmstadt»[36] Flugzeuge zur Probe. Sie trainierte Piloten

und testete die Maschinen für den Hitlerkrieg. Sie bereitete dadurch zweibahnig das Bomben vor. Sie bekam «als Anerkennung
für die durchgeführten [Flug-]Versuche das Goldene Militärflie-
gerabzeichen mit Brillanten in Sonderausführung» verliehen[37]
und in einem Empfang bei Hitler in der Reichskanzlei das EK II
(Eiserne Kreuz zweiter Klasse) am 28. März 1941. Sie war die «erste Frau in diesem Krieg»[38], der das im Jahre 1813 gestiftete
Kriegstapferkeitsabzeichen verliehen wurde (erste Frau in
128 Jahren war vor ihr die Krankenschwester Johanna Krüger).

Hanna Reitsch zeichnete sich durch besondere Todesverachtung aus, erprobte die in der Entwicklung begriffenen deutschen
Raketenflugzeuge, stürzte mit einer Maschine M 136 b ab, überlebte, bekam für ihre «Tapferkeit» das EK I!

Sie propagierte den Flug mit der V 1, «der bemannten Gleit-
bombe», deren «Einsatz mit dem Tode endigt»[39], stellte sich zur
Erprobung zur Verfügung, flog, und ihr gelangen die ungeheuer
schwierigen Landungen der Probeflüge. Sie unterwies andere Piloten. Aber es kam nicht mehr zum Einsatz. Der Krieg war vor der
Serienproduktion dieser Kamikazeflieger zu Ende.

In die Geschichte eingegangen ist Hanna Reitsch als Nazi-
restretterin. Sie trainierte Hubschrauberflüge im brennenden, be-
bombten, feindumzingelten Berlin. Generaloberst Ritter von
Greim bat sie um Hilfe bei seinem letzten Flug zu Hitler in die
Reichskanzlei. Greim sollte für den amtsenthobenen Göring
Reichsmarschall werden.

Hanna Reitsch steuerte am 26. April 1945 – fünf Tage vor Hitlers Selbstmord – einen angeschossenen Fieseler-Storch durch die
feindlichen Salven sicher zum Brandenburger Tor, nachdem
Greim, im Cockpit verwundet, bewußtlos zusammengesunken
war. Hitler lobte sie: «Sie tapfere Frau! Es gibt noch Treue und
Mut auf der Welt.»[40]

Danach verbrachte Hanna Reitsch die nächsten zwei Tage im
Führerbunker, erzählte den für die Ermordung schon dorthinver-
brachten Goebbelskindern von ihren Flugabenteuern und sang sie
mit Brahms' «Guten Abend, gute Nacht...» in den Schlaf.

Am 28. April 1945 flog Hanna Reitsch auf Grund eines «Führerbefehls» mit Greim und einem dritten Piloten aus der Stadt – der letzte deutsche militärische Flug aus Berlin vor dem Zusammenbruch. Die Piloten sollten Verbindungen zu noch verstreut operierenden leitenden deutschen Militärs aufnehmen (Rudel, Wenk und dem designierten Hitlernachfolger Dönitz).[41]

Hanna Reitsch beginnt ihr 1951 veröffentlichtes Buch «Fliegen – mein Leben» mit einem Bild. Es zeigt sie auf einem Foto im Dritten Reich, dekoriert mit dem Eisernen Kreuz und in einer Umarmung mit ihrer Mutter, als ob sie auf dem Schoß der Mutter sitzt. Eine kühnere Widmung über diesem Schleudersitzleben wäre nicht denkbar.

Die Mutter tritt, nach den üblichen Jugendschilderungen am Anfang, noch einmal kurz vor Schluß des Buches auf. Zwischen Reitschs Bericht vom Training der Flugzeugbomber V 1 und ihrer Beschreibung des Zusammenbruchs der Nazidiktatur, an dem um Haaresbreite ihr eigener Tod vorbeiging, widmet sie ein Kapitel ganz ihrer Mutter, der sie an dieser Stelle noch einmal eine Liebesovation darbringt:

«Sie [die Mutter] spielte in meiner Entwicklung und in meinem Fliegerleben eine so ausschlaggebende Rolle, daß alles bisher über sie Gesagte mir ungenügend erscheint. Meinen Entschluß zum Selbstopfer-Einsatz habe ich mit ihr besprochen... Immer von neuem mußte sie sich [zu einem Ja] durchringen. Aber sie tat dies mit so viel Kraft, mit so viel Glauben, daß ich mich in dieser unerschütterlichen Zuversicht geborgen fühlte...

...In allen Dingen wußte ich sie neben mir. So intensiv lebte sie mein Leben mit...»[42]

«Als Mutter war sie, wie alle Mütter in ihrem Herzen zu ihren Kindern sind: liebend, geduldig und nie ermüdend, tröstend und lehrend...

Mit Todesahnungen erfüllt hatte sie mich einst unter ihrem Herzen getragen. Als sie mir dann in einer stürmischen Frühlingsnacht das Leben schenkte, erwies es sich, daß sie ihre Gefühle getäuscht hatten, denn sie blieb gesund und konnte einige Jahre später noch meine Schwester zur Welt bringen. Vielleicht kam es daher, daß sie sich, trotz der uneingeschränkten Liebe zu meinen Geschwistern mit mir in besonderer Weise verbunden fühlte. Und mir erging es nicht anders...

...zwischen mir und meiner Mutter bestand noch eine ganz besondere Beziehung: Jede von uns beiden trug die andere in sich, lebte ahnungsvoll

das Leben der anderen mit und brauchte doch nichts zu sagen und nichts
zu verschweigen. Es war so selbstverständlich, wie die Geheimnisse der
Natur selbstverständlich sind, die sich vor unseren Augen ausbreiten und
doch Geheimnis bleiben.

Schon als ich noch ein Kind war, empfand ich dies. Doch erst viel später,
als ich das Elternhaus verlassen hatte und mein äußeres Leben so erlebnis-
reich verlief, als ich täglich meiner Mutter Briefe empfing und ständig
ihre stille Führung spürte, wußte ich, daß diese Verbundenheit nie etwas
Vergleichbares in meinem Leben haben würde.»[43]

Zweimal trifft Hanna Reitsch mit Heinrich Himmler zusammen.
«Von Anfang an empfand ich die Atmosphäre in seiner Umgebung wohltuend...»[44] Sie ißt bei ihm zu Abend, bewundert sein
geschmackvolles Interieur, diskutiert mit ihm Fragen zu Religion
und Familie und glaubt ihm, daß eine schwedische Broschüre über
«seine» Gaskammern zur «Feindpropaganda» gehörte.

«Erst nach 1945 sollte ich, bis ins Innerste bestürzt, erfahren, daß Himmler mich getäuscht hatte, und das Furchtbare doch Wahrheit war.»[45]

Ein Zeugnis der Reinfantilisierung, der Wiedereinkindelung, ist
Emmy Görings Buch «An der Seite meines Mannes». Daß Emmy
ihre Zuwendung zu ihrer Mutter nicht nur psychisch maximal
steigerte, solange die Mutter lebte, sondern die Gebundenheit an
die Mutter auch nach deren Tod unaufreißbar hielt, belegt folgende Textstelle: Emmy ist mit Hermann auf einer Dienstreise in
Italien, zu Gast bei König und Königin, sitzt zwischen dem Herr-
scher- und Herrscherinnenpaar zu Tisch:

«Während der Unterhaltung hatte ich erwähnt, daß gerade an diesem Tag
der Geburtstag meiner verstorbenen Mutter sei, und ich in den vergangenen Jahren an diesem Tage stets nach Hamburg geflogen wäre, um Mutters Grab mit Veilchen und Mimosen, ihren Lieblingsblumen, zu
schmücken.

Nach dem Essen zeigte man uns den kunstvoll angelegten Garten. Die
Königin entschuldigte sich für einen Augenblick. Als sie zurückkam, hielt
sie einen bunten Strauß von Veilchen und Mimosen in der Hand, den sie
selbst gepflückt hatte und mir im Gedenken an meine Mutter überreichte.
Ich war von dieser herzlichen Geste aufs tiefste gerührt.»[46]

Das deutlichste Kennzeichen für eine partielle Infantilität ist die Nicht- oder Halbwahrnehmung der Realität.

Die erwachsene Fähigkeit der Realitätswahrnehmung entwikkelt sich zurück, kann soweit regredieren, bis Realität völlig verschwindet hinter aufgerichteten Trugbildern.

Das Kind kann Realität noch nicht (ganz) wahrnehmen. Zu vieles von der Welt ist ihm unbekannt. Es muß die Kenntnislücken mit Glauben füllen, mit Vorstellungen, Phantasien ergänzen. Erwachsenwerden heißt, Gang in die Realitätserfahrung, Stück um Stück Korrektur der Einbildungen mit Hilfe der Wirklichkeit.

Die Partialinfantilen trüben ihre einst sehend gewordenen Augen wieder ein, oder sie stoppen den Erkennungsprozeß, meiden fernerhin jede Möglichkeit, Realität genau wahrzunehmen.

Emmy will gleich zu Anfang den Politiker Göring nicht kennenlernen, denn der hätte ihren damaligen erwachsenen Anschauungen möglicherweise negative Anstöße geben können.

Beim zweiten Gespräch mit Hitler ist Emmy noch ziemlich erstaunt, was er denn meint, wenn er sagt, «die Theater und alle Kunstinstitute werden zu einer künstlerischen Blüte gelangen wie nie zuvor»[47]. «Künstlerische Blüte?» wundert Emmy sich, die besteht bis zum Anfang der 30er Jahre in Deutschland doch schon in einmaliger Weise:

«Was mag er sich nur unter ‹künstlerischer Blüte› vorstellen? Es gab doch damals so viele fesselnde und künstlerisch hochwertige Aufführungen in allen Theaterstädten. Wenn man nur an die Max Reinhardt-Aufführungen dachte, deren Erfolge auch wieder unserer Theaterkultur im Ausland zu hohem Ansehen verhalfen! – Aber Hitlers Aussage beeindruckte mich tief; auch der Ernst und die Lauterkeit seines Wesens.»[48]

Die Formel «beeindruckte mich tief» wird zu Emmys stets wiederholter Redewendung, als sei Emmy zu einem «Material» geworden, in das von Männerseite her nur noch «hineingedrückt» zu werden braucht.

Die vierzehn Jahre mit Hermann Göring und darin die zwölf Jahre Drittes Reich deklariert sie zu ihrem eigentlichen Leben. Vorher und nachher war alles nichts.

Dieses Bekenntnis, 1967 öffentlich zum Ausdruck gebracht, ist eine Ungeheuerlichkeit, weil auch die 50 Millionen Toten und die enorme Beschädigung Europas Emmys Glücksnebel nachträglich nicht aufzuhellen vermochten. Mit Hermann hat sie gelebt, sonst nicht.

«Ein anderes Leben begann: Das Leben der *Emmy Göring*, das mein einziges wahres Leben geworden ist. – Die Welt der Emmy Sonnemann schien weit für mich auf einem anderen Stern zu liegen. Emmy Göring ––, es war damals gar nicht so einfach, sich diesen neuen Namen vorzustellen. Heute ist mir, als hätte ich nie einen anderen Namen geführt!»[49]

«Heute, wenn ich zurückblicke, ist es mir, als hätte ich nur in diesen Jahren, die im Frühjahr 1932 begannen und im Herbst 1946 endeten, wirklich gelebt...
Vierzehn Jahre für ein ganzes Leben! Ich fühlte mich glücklich und erwartete, daß meine Mitmenschen mit mir fühlten.»[50]

Emmys Buch ist ein Unreifezertifikat rarer Güte. Auch die Möglichkeiten zum Nachhilfeunterricht über das Dritte Reich, die es en masse nach 1945 gab, griff sie nicht auf.

Das Koordinatensystem ihres Buches spannt sich zwischen zweimal zwei Ausrufen: «Ich bin unpolitisch. Ich bin menschlich», und: «Hermann ist gut. Ich liebe Hermann.»

Das Buch ist ein einmaliges Dokument. Es eröffnet die Möglichkeit, die Spaltungs- und Verdrängungstätigkeit anzuschauen, die eine Frau absolvieren muß, wenn sie unbescholten und ungeschoren an der Seite eines Gewaltmannes ihr Leben verbringen will.

Emmy spricht gleich zu Anfang ein paar Punkte der historischen Wahrheit an, obwohl das Wort «Endlösung», mit dem Hermann Göring noch zu tun haben wird, nicht vorkommt. Emmy erwähnt «Konzentrationslager», mit deren Errichtung ihr Mann im Land Preußen als preußischer Ministerpräsident sofort nach dem 30. Januar 1933 – dem Tag der Übernahme der Macht durch die Nazis – begonnen hatte.

«Es gab damals schon Konzentrationslager in Deutschland, u. a. eines in Oranienburg. Es stimmt, daß Hermann Göring die ersten eingerichtet hat, als er noch Chef der preußischen Polizei war. Sie waren aber nicht für Juden gedacht, sondern für kommunistische Staatsfeinde...

Um des politischen Friedens Willen beschloß Hermann Göring, daß bekannte Kommunisten, fanatische und extreme Altmarxisten, aus Berlin entfernt und zu einer regelrechten Umschulung ins sogenannte Konzentrationslager eingewiesen wurden. –...

Niemand weiß so gut wie ich, daß Hermanns Konzeption dieser Einrichtung einem Umerziehungsplan entsprach. Als er erfuhr, daß ein inhaftierter Kommunist von den Aufsehern geprügelt und schwer verletzt worden war, geriet er außer sich vor Wut und verlangte, daß die Schuldigen hart bestraft würden. Auch in der Frage dieser Lager entlastet Hermann weitgehend das schon erwähnte Buch des früheren Irischen Gesandten in Berlin, Charles Bewley. Er unterstellte Göring die beste Absicht mit dem Versuch einer Umerziehung, und bezeugt, daß Göring z. B. zum Weihnachtsfest 1933 fünftausend inhaftierte Kommunisten entlassen habe...»[51]

Umschulen, erziehen, zu Weihnachten entlassen! Wie es sich gehört, waren Herr und Frau Ministerpräsident nicht ein einziges Mal zu Besuch in so einem «konzentrierten Heim», um ein für alle Male zu *wissen*, was sich zwischen den drei obengenannten Humanitäten noch so alles in einem KZ ereignet hat.

Atemberaubend ist Emmys Trapezakt der Ausklammerung in allen Angelegenheiten der zweiten, der späteren Form der KZs.

«Natürlich war es mir bekannt, daß es eine Anzahl neuer Konzentrationslager gab, jetzt nicht mehr nur für Kommunisten, sondern auch für Juden. Außerdem für Widerständler in den besetzten Gebieten. In meinen Augen aber galten diese Lager immer noch der politischen Umerziehung, wie sie Hermann Göring von Anfang an vorgeschwebt hatte...

Wie Hermann immer versuchte, alles Unangenehme von mir fern zu halten, so schien er auch einer Unterhaltung mit mir über diese Einrichtungen ausweichen zu wollen. Dennoch kann ich mir nicht vorstellen, daß er über das Ausmaß der späteren schrecklichen Vorkommnisse in einem Lager außerhalb Deutschlands – bei Auschwitz – unterrichtet gewesen sei. –...»[52]

Zur Begründung ihrer Vorstellung, daß Hermann von Auschwitz nichts gewußt haben soll, was er auch später im Nürnberger Verfahren gegen ihn behauptet hat, fügt Emmy einen Vorfall an.

Eine Schwester von Carin Göring, der verstorbenen ersten Frau von Hermann, besuchte die Görings 1942 auf ihrem Sitz «Carin-hall», nördlich von Berlin.

Die schwedische Schwägerin spricht die KZs an, redet davon, «daß man in Schweden viel über diese Lager redete und auch darüber, was die Deut-schen mit den Juden machten. Ich bestätigte ihr, daß solche Lager vorhan-den seien, worauf sie mich bat, ob sie als schwedischer Gast nicht einmal ein solches Lager, vielleicht Theresienstadt, besichtigen könnte, von dem im Augenblick in Schweden am meisten gesprochen würde.» [53]

Die Schwägerin wird also praktisch, möchte nah an die Realität heran, Emmy ist «sehr einverstanden», will einen Lagerbesuch – 1942! – organisieren, ruft Himmler an, dem der gesamte «Lager-komplex» untersteht.

«‹Das kommt überhaupt nicht in Frage›, sagte er, ‹meine Frau sieht sich ja auch nicht die Luftwaffenheime Ihres Mannes an.› ‹Das kann sie aber gern›, gab ich zur Antwort. – ‹Nein›, sagte er. ‹Wir haben uns abgespro-chen, uns nicht gegenseitig in die Ressorts zu pfuschen, und dabei bleibt es.› Damit hängte er ein. Es war nicht leicht, sich als Frau an diesen bar-schen Kriegston zu gewöhnen.

Wenige Tage später erzählte ich Hermann von diesem Vorfall. Er war empört: ‹Du kannst Dich darauf verlassen, sobald ich jetzt einmal in diese Gegend komme, schaue ich mir die Sache an.› – – Er *kam* bald in diese Gegend, kam aber nicht dazu, das Lager zu besichtigen. Die SS-Wache vor dem Tor meldete ihm militärisch: ‹Herr Reichsmarschall, man hat uns ausdrücklich darauf hingewiesen, daß wir erschossen würden, wenn wir Sie hier hereinließen.›

Als mein Mann daraufhin Himmler anrief, gab dieser zur Antwort, daß das Ganze wohl ein Irrtum gewesen sein müsse!» [54]

Bei diesem «vergeblichen Versuch» und diesem «Irrtum» ließen es die Görings bewenden.

Das Beispiel macht die Position der Görings im Dritten Reich deutlich. Das Ehepaar Göring war «Theresienstadt» unter den NS-Führern, ein Aushängeschild für das Noch-Erträgliche, für ein Es-ist-doch-nicht-so-schlimm. Das KZ Theresienstadt wurde vom Internationalen Roten Kreuz besucht, eigens dafür herge-richtet, kurzfristig human geschminkt. Außerdem sollte es eine

«Erbarmungsrinne» für «verdiente Juden» sein, die im Ersten
Weltkrieg gekämpft hatten. In Wirklichkeit war es – aufs Ganze
gesehen – ein Teil der Mordmaschinerie. 500000 Menschen kamen hinein. 1000 wurden bei der Befreiung lebend angetroffen.
Die 499000 waren zu 99% nicht etwa entlassen und «ausgereist»,
sondern dort gestorben oder zur Tötung weitergeschleust worden
in ein ungeschminktes Lager.

Hermann Göring hatte die nämliche Position im Dritten Reich,
wie Theresienstadt unter den KZs: Schleuse zum Tod. Göring war
nicht höchstpersönlich für Tod zuständig, wie Heinrich Himmler
und Reinhard Heydrich. Das Dritte Reich gehörte zu den industrialisierten Ländern der Welt und wurde per Arbeitsteilung ge-
regelt. Göring war einer der engsten und frühesten Vertrauten
Hitlers, NS-Bewegungsgenosse von Anfang an, erster SA-Füh-
rer. Er wurde von Hitler dreimal zum «Führer»nachfolger und
einmal zum Stellvertreter nominiert: am 19. Dezember 1934 in
einer Verfügung, kurz nach dem Beschluß des «Gesetzes über den
Nachfolger des Führers und Reichskanzlers vom 13. Dezember
1934»[55] und in Hitlers Reichstagsrede zu Beginn des Zweiten
Weltkrieges am 1. September 1939[56], sowie im geheimen Führererlaß vom 29. Juni 1941.[57] Göring war also von Anfang an als
«zweiter Mann» im Staate herausgestellt. Und diese Position bekam er mehrmals bestätigt. Trotz Görings Machtverfall im Laufe
des Krieges wurde ihm die Position des «zweiten Mannes» von
Hitler nie streitig gemacht.

Göring kannte und teilte die Programme Hitlers, was Emmy
selbst zugibt. Er vertrat sie nur anders. Er stellte sie und sich mit
ihnen in der Öffentlichkeit anders dar, als Hitler und Goebbels es
taten. Hitler «machte» auf Wahnsinn, Genialität, Gottberufen-
sein, Künstlertum und Suggestivität. Goebbels wurde das Gehirn
der Massen, der sozial unteren Schichten, der «kleinen Leute».
«Klein» paßt zu «klein», hatte sich Hitler ausgeklügelt und den
kleinen Goebbels für die ordinäre Demagogie eingeteilt.

Der «große» Göring war für die «Großen» zuständig. Er wuchs
aristokratengleich auf, lebte in seiner Kindheit in einer Burg,
einem Landsitz und einer Stadtvilla. Er verstand es, die Klasse der

alten und neuen Herrschaft – Adel und Großbürgertum – «richtig zu nehmen». Er ging Hindenburg um den Bart, war Freund des dritten(!) Kaisersohns August Wilhelm, der engagierter Nazi wurde. Göring machte die Hessenprinzen für die NS-Ideologie «locker», scharte den halben Mittel- und Kleinadel um sich.

Die von Emmy veröffentlichte Namensliste der mehr als 300 Gäste an der Hochzeitstafel Göring am 10. April 1935 demonstriert, wie viele feine Leute sich hatten hinreißen lassen, über den Kontakt mit der zweitobersten Person dabeizusein.[58]

Göring war Hitlers zweites Bein. Goebbels brachte Stimmen und Menschenfluten. Göring brachte Vertreter von Kapital und Macht. Und so fein wie die Kreise, in denen er sich bewegte, war auch er. Könige und Präsidenten morden meistens nicht mehr selbst.

Göring betrieb seine spätere staatskosmetische Funktion, das Dritte Reich «würdig» zu schminken, auch in den eigenen Ressorts. Er bemerkte schon bald, daß die Leitung der Polizei in einer Diktatur die eigenen Hände zu blutig macht. Göring gab die Verantwortung für die Gestapo an seinen ehemaligen Schüler, Heinrich Himmler, ab – ein äußerst ungewöhnliches Verfahren, da die Polizei als Landesangelegenheit prinzipiell dem Ministerpräsidenten unterstand. Nein, Göring wollte so edel wie möglich erscheinen. Menschen direkt quälen und töten, in größerem Ausmaß – das sollten lieber andere machen.

Ähnlich benahm sich Göring als oberster Luftwaffengeneral. Rüsten – ja, Polen, Rotterdam, Coventry niederbomben – ja, aber gegen Rußland Krieg führen – nein. Denn dabei bestand die «Chance», daß es für Deutschland «dreckig» ausgehen könnte. Er war also gegen einen deutschen Angriff auf Rußland. Und als Hitler nicht nachgab, bat Göring, daß Hitler die Alleinverantwortung für den Rußlandfeldzug übernehmen möge, worauf Hitler geantwortet haben soll: «Das ist mein Krieg allein.»[59]

Als einmal britische gefangene Kampfpiloten einen Ausbruchsversuch machten, von Deutschen gefaßt und erschossen wurden, regte sich Göring auf, da diese Maßnahme gegen das Kriegsrecht verstieße und er sich mit den Fliegern auch der anderen Seite solidarisch fühlte – übrigens fühlte er sich nicht solidarisch mit den durch seine Befehle getöteten Niederländern, Polen, Briten, Russen..., gegen die er trotz seiner behaupteten limitierten Kriegsverantwortung deutsche Bomber schickte.

Um in Zukunft nicht wieder zu sehr in die Nähe von Blutgeschäften zu geraten, gab Göring die Aufsicht über die Gefangenenlager der Flieger kurzerhand ab.

Er trat nicht zurück, an keiner Wendung des Dritten Reiches in irgendeiner Destruktionskurve. Immer mitmachen, nur das Ärgste nicht selber machen, war seine Devise.

Er hat das Ärgste aber ins Rollen gebracht. Von der Ersterrichtung der KZs spannt sich Görings Gewaltbogen bis zu seiner Anweisung Heydrichs, mit der «Endlösung» zu beginnen.

Hitler war nach seinen schlechten Erfahrungen mit zivilen Mordbefehlen in der Angelegenheit der «Euthanasie» nicht ein zweites Mal gewillt, einen schriftlichen Führerbefehl zum Töten zu hinterlassen.

Als er den Krieg im September 1939 begonnen hatte, dachte Hitler, nun bemerkten die Deutschen nicht, wenn ihre behinderten Angehörigen in den Anstalten heimlich «vergast» würden. Er gab den Befehl dazu Anfang September 1939, widerrief ihn nach einem Jahr, weil Unruhe im Land ausbrach. Die «Aktion» konnte nicht ganz verheimlicht werden. Außerdem verbreitete sich das Gerücht, verstümmelte Soldaten würde das gleiche «Schicksal» treffen wie von Geburt oder durch Unfall verkrüppelte Menschen. Zwischen Befehl und Widerruf starben 70 000 bis 100 000 geistig und körperlich Behinderte durch ärztliches Töten.

Als Hitler mit der Ermordung der Juden «in großem Stil» beginnen wollte, mußte das Anrollen der Tötungsmaschinerie «irgendwie» befohlen, der «Startschuß» gegeben werden. Doch Hitler selbst wollte seine Unterschrift nicht unter einen zu Papier gewordenen Mordbefehl setzen. Wer konnte es machen?

Sein alter Stellvertreter, Rudolf Heß, war nach England geflogen und dort festgehalten worden, hatte sich aus der Hierarchie des Dritten Reiches selbst herauskatapultiert.

Da kam Hitler auf die Idee, mit Göring so etwas wie eine Nachkrönung von dessen Kronprinzenposition zu begehen. Er verfaßte am 29. Juni 1941 einen für die realen Machtverhältnisse bedeutungslosen geheimen Führererlaß, in dem er Göring als seinen Nachfolger bestätigte und zum neuen Führerstellvertreter im Fall von Erkrankung oder anderen Formen der Amtsbehinderung bestimmte.[60] Zur Amtsbehinderung zählte Hitler auch Amtsunwilligkeit, wie die Weigerung, seine Unterschrift zum Start der von ihm schon lange gewollten «Endlösung», der massenhaften Tötung der europäischen Juden, zu geben.

Es war Tradition im Machtgefüge des Dritten Reiches, Göring die unangenehmen Dinge machen zu lassen. «Bereits Zeitgenossen fiel auf, daß Hitler die Bekanntgabe unpopulärer Maßnahmen stets Göring übertrug.»[61]

Für die Neuheit der Gunstgewährung, nicht nur nach Hitler, sondern bei seiner Verhinderung, neben ihm das Dritte Reich führen zu dürfen, verlangte Hitler von Göring eine Amtshandlung: den verschlüsselten schriftlichen Tötungsbefehl nach Osten durchzugeben, vor allem, ihn mit Görings Unterschrift zu versehen.

«Am 20. Mai sandte Eichmanns Amt – die Gestapoabteilung für jüdische Angelegenheiten – ein Rundschreiben aus, in dem allen Konsulaten mitgeteilt wurde, daß Göring die freiwillige Auswanderung von Juden aus Frankreich und Belgien verboten habe, weil diese erstens eine ähnliche Auswanderung aus dem Reich behindere und weil zweitens ‹die Endlösung der Judenfrage› zweifellos unmittelbar bevorstehe...

Wie wir gesehen haben, stand Göring seit Januar 1939 hinter Heydrichs Vollmacht, die Juden aus dem Reich zu evakuieren, eine Vollmacht, die er gelegentlich zurückzuziehen in der Lage war... Jede Erweiterung von Heydrichs Machtbefugnissen bedurfte einer neuen Bevollmächtigung durch Göring als Reichsmarschall. Was die geplante Massendeportation aller in deutschen Händen befindlichen Juden nach Rußland betrifft, liegt der volle Wortlaut des Schriftstücks vor. Es wird als Ergänzung zu Heydrichs Anweisung vom 24. Januar 1939 bezeichnet und trägt das merkwürdig späte Datum des 31. Juli 1941, als sich die Ausrottungsgruppen schon seit sechs Wochen in Rußland aufhielten:

‹...beauftrage ich Sie hiermit, alle erforderlichen Vorbereitungen in organisatorischer, sachlicher und materieller Hinsicht zu treffen für eine Gesamtlösung der Judenfrage im deutschen Einflußgebiet in Europa.

Sofern hierbei die Zuständigkeiten anderer Zentralinstanzen berührt werden, sind diese zu beteiligen.

Ich beauftrage Sie weiter, mir in Bälde einen Gesamtentwurf über die organisatorischen, sachlichen und materiellen Vorausmaßnahmen zur Durchführung der angestrebten *Endlösung* der Judenfrage vorzulegen.›

Beim Verhör in Nürnberg bestand Richter Jackson erstaunlicherweise nicht darauf, daß Göring die Frage, was das Wort ‹Endlösung› in diesem Dokument bedeute, eindeutig beantwortete. Göring sagte, es bedeute nicht ‹endgültige Lösung›, sondern ‹Gesamtlösung›, und diese Erklärung wurde für ausreichend erachtet. Jackson bemerkte offenbar nicht, daß beide Wörter – Gesamtlösung und Endlösung – in diesem Schriftstück verwendet worden waren und daß Göring ihm für zwei verschiedene Wörter die gleiche Erklärung zu geben versuchte. Görings Verteidigung war, daß er lediglich Heydrich, die zuständige Stelle für jüdische Auswanderung, um einen Bericht über den erzielten Fortschritt ersucht habe – eine lächerliche Behauptung, denn er mußte unbedingt wissen, daß Heydrich der Leiter des Massenmordens in Rußland war und daß alle dahin deportierten Juden das gleiche Schicksal treffen würde. Es ist kaum vorstellbar, daß Göring, der zu dieser Zeit auf dem Gipfel seiner Macht war und die Ämter eines Reichsmarschalls, Ministerpräsidenten von Preußen, Bevollmächtigten für den Vierjahresplan und Oberkommandierenden der Luftwaffe bekleidete, sich nicht dessen bewußt war, was Hitler von Himmler und Heydrich verlangte. Wir wissen jedenfalls, daß später, am 20. Januar 1942, als Heydrich offen zugab, daß es sich um Mord handle, Görings Staatssekretär Neumann keine Einwände erhob, sondern lediglich darum ersuchte, in der Rüstungsindustrie arbeitende Juden ungeschoren zu lassen.

Wir haben gesehen..., daß Göring die Deportierungen nach Rußland zwischen März und Mai 1940 aus Furcht vor diplomatischen Verwicklungen einstellen lassen konnte. Wir werden weiter sehen, daß er im Oktober 1941 imstande war, den Umfang der Deportationen aus Berlin im Interesse der Rüstungsindustrie herabzusetzen. Später waren seine Interventionen zugunsten von Juden auf private Protektion beschränkt. Als Ministerpräsident von Preußen tat Göring 1943 also nichts zur Verhinderung der Massendeportierungen aus Berlin. Zu dieser Zeit war Göring allerdings schon so verkommen und Ausschweifungen verfallen, daß er kaum noch aktiv in irgend etwas eingriff, aber es gibt keinerlei Beweise dafür, daß er jemals grundsätzlich gegen die Endlösung auftrat, und seine einzige Verteidigung in Nürnberg war die dumme Ausrede, er habe nichts davon gewußt.»[62]

Bei der Wannsee-Konferenz am 20. Januar 1942 ging es darum, «einen allumfassenden Deportationsplan für die Juden aus dem gesamten von der Achse beherrschten Europa zu entwerfen und die hierfür notwendige Mitwirkung der Reichsministerien sicherzustellen. Am 29. November schrieb Heydrich an die Ministerien, indem er sich auf einen ihm von Göring am 31. Juli 1941 erteilten Auftrag berief; eine Abschrift dieses Auftrages war den Einladungen angeschlossen.»[63]

Die «Endlösung» lief an, ohne Görings und Hitlers Hände (allzu) schmutzig zu machen. Beide schienen mit dem Brief Görings an Heydrich vom 31. Juli 1941 aus allem herauszusein. Hitler hatte nie einen Befehl zur endgültigen Ermordung des gesamten jüdischen Volkes in Europa gegeben. Und Göring hatte nur Wörter zu Papier gebracht, deren Sinn er angeblich nicht kannte.

Die Spaltung, die Göring im Amt, beim Amtieren, betrieb, durchzog seine gesamte Person: oberste Machtposition, direkter Führerunterstand in einer der grauenhaftesten Diktaturen, die die Männergesellschaft je hervorgebracht hat – aber selber sauber bleiben, so gut es geht, und Reservation eines kleinen Winkels Gutseins im Schreckenskreis des Ganzen.

Emmy machte die Spaltung «begeistert» mit, hatte ihr Auge auf die Diktatur schwer getrübt, sah an Hermann nur die todabgewandte Seite der Person.

Ihr Umgang mit ihm war Spiel.

Das «KZchen-verwechsel-dich»-Spiel hat sie auch gegen die schwedische Verwandtschaft von Hermann «tapfer» durchgestanden. Sie erweckte den Anschein, als ob es dem zweiten Mann des Staates nicht möglich gewesen wäre, ein einziges Mal einen Blick in ein KZ zu werfen, weder im («Umschulungsheim»-)Stadium I noch im («Besserungsanstalts»-)Stadium II.

Falls Emmy mit dieser Argumentation eine Verantwortung Hermanns für KZs bestritten haben wollte, trifft ihn Verantwortung dann – in Emmys eigener Beweisführung – von anderer Seite, weil er einem Staat vorgesessen hat, der Menschenzerstörungsanlagen nie gekannten Ausmaßes – unter Görings Leitung! – betrieb, über deren Praxis er sich keine Kenntnis verschaffte.

Emmys Verhältnis zu Hermann lief ab im «Blinder-Löw»-Spiel. Hermann war nicht nur Reichsjägermeister, das heißt oberster Tiertöter, er betrieb auch selbst das Ermorden Artverwandter turnusmäßig, er war ein «leidenschaftlicher Jäger». «Natürlich» hat er auch gehegt, vom Aussterben bedrohte Tierarten in Nationalschutzparks eingesetzt, hat das angeblich beste Jagdgesetz erlassen, was nicht bedeutete, das Töten der nahverwandten Säugetiere abzuschaffen, sondern zu regeln.

Görings Haus «Carinhall» war gepflastert mit Trophäen. Hirsche, Elche, Rehböcke Seit an Seit zierten mit ihren kunstvollen Stirnen die Luxuswände des Reichsabknallchefs.

Als Emmy einmal bei einer Treibjagd im Hochstand dabeisein muß – sie kann nicht ausweichen, das Protokoll des italienischen Königs hat ihr dieses Mitmachen aufgezwungen –, schlägt sie die Augen nieder:

«Wen mochte dieser ungleiche Kampf vor uns erfreuen? Vielleicht die Männerherzen? Um den Schein zu wahren, hatte ich mein Gesicht dem Gemetzel zugewandt, hielt die Augen aber gesenkt. Unter den gesenkten Lidern tastete ich mit den Augen meine Umgebung ab. Zu meiner Freude bemerkte ich, daß die Königin und Prinzessin Marie gleichfalls ihre Blicke abwandten und ihre Trauer zu unterdrücken suchten. Warum war keiner von uns so mutig, zu sagen, daß uns diese Jagdmanier zuwider war! Aber höfische ‹Etikette› und taktvolles Verhalten des Gastes stehen über dem natürlichen Empfinden. Abgespannt, von dem Mitleid mit den todgeweihten Tieren noch ganz befangen, kamen wir wieder in Castell Porziano an. – Wer hätte damals gedacht, daß sich hier bei Anzio kaum sieben Jahre später eine der blutigsten Schlachten des Zweiten Weltkrieges abspielen sollte!»[64]

Unbewußt zieht Emmy drastisch Tolstois Vergleich heran: Solange es Schlachthäuser gibt, wird es Schlachtfelder geben.

Emmys «natürliches Empfinden» kommt nur hoch, wenn sie nicht verdrängen kann. Muß sie beim Tiertöten nicht dabeisein, hat sie nichts gegen Hermanns Jagen. Sie berichtet einmal enthusiastisch von seiner geradezu physischen Geilheit, einen Auerhahn zu jagen – als Nachmittagsentspannung.[65]

Hermann Göring schien sich mit dem Status eines Raubtieres

identifiziert zu haben – im Gegensatz zu den Tieren, die er jagte. Raubtiere sind «nett» zu ihresgleichen, fressen aber alles, was ihnen entgegenkommt und schwächer ist als sie. Besonders nett sind Raubtiere – wenn sie nicht in Abnormverhalten ausarten – zu ihren Familienangehörigen. Hermann war rund um die Uhr gut. Er war es zu Angehörigen seiner und Emmys Familie, und «Familie» verstand er weitgefaßt. Er war gut zu Freunden, zu Untergebenen, zu Fliegerzunftangehörigen, zu den Mitgliedern seiner beiden Staatstheater (Oper und Schauspiel). Er war kein Stalin, vor dem jeder Mensch sich unsicher fühlen mußte. Bei Hermann wußte «man», woran «man» war, «man» konnte sich auf ihn verlassen. Er hielt Versprechungen, er beschenkte, er sorgte, er machte sich Gedanken um die vielen mit ihm befreundeten Menschen. Aber auf das «befreundet», wenigstens «bekannt», im weitesten Sinne «zugehörig», kam es an.

Für die Nöte Fremder war Göring unempfindlich, wie es das folgende Beispiel zeigt, das Görings Inhumanität in einer zerstörten Verhältnismäßigkeit entblößt. Ein Mann aus Görings Nähe beschreibt das «Ankleidezimmer» des Potentaten:

«Ich sah fassungslos die ganze verschwenderische Fülle. Ich sah die brechend vollen Schränke mit Uniformen und Zivilanzügen, mehr als ein halbes hundert, ich sah Mäntel jeglicher Art, Wollmäntel, Ledermäntel, Flauschmäntel, Kamelhaarmäntel, ich sah Pelzmäntel kostbarer Herstellung. Jeder überlang und überweit, ich sah Pelzmützen, dicke Hausschuhe, endlose Reihen von Schuhen jeder Art, Überschuhe in Mengen, Stapel von dicken Wollhandschuhen und Fäustlingen, Stapel von Socken und dicken Winterstrümpfen. Das war keine ‹Garderobe› mehr, es war ein Warenhaus. Zur Wollsammlung, im Winter 1941/42, für die frierenden Soldaten in Rußland, hatte er zwei alte SA-Uniformen abgegeben, eine Segelmütze und ein Paar Tennisschuhe.»[66]

Göring war absolut dem «Führer» treu. Seine angebliche Untreue in den letzten Tagen des Dritten Reichs beruhte auf einem Mißverständnis. Er plante keine Machtübernahme gegen Hitler, wie es Himmler tat, der diesen Moment mit einem jahrelang angelegten Geheim«archiv» voller Daten gegen Hitler vorbereitet hatte. Und Göring wurde geliebt, vom «Volke» wie von seinen Untergebenen. «Man» durfte nur nicht Kommunist, Sozialdemokrat, allgemein Liberaler sein, später nicht Pole, Niederländer, Belgier, Brite, Russe... oder fremder Jude, um von Görings Maßnahmen und ab 1939 von seinen Bombern das Leben geraubt zu bekommen – in Hitlers und seinem Krieg.

Das «Demokratie-Rate»-Spiel hatte Emmy gleich beim ersten Mal verloren:

«Die Naivität, mit der ich übrigens die Machtübernahme damals betrachtete, möge ein Wortwechsel illustrieren, den ich mit Hermann in jenen ersten Berliner Wochen hatte. – Ich fragte ihn nämlich, ob man jetzt eigentlich auch die Kommunisten am Rundfunk sprechen lassen wollte. Hermann starrte mich entgeistert an: ‹wie ich denn auf eine so absurde Idee käme!› ‹Ich erinnere mich genau›, so gab ich zurück, ‹wie du früher darüber geschimpft hast, wenn man euch vor dem 30. Januar den Rundfunk nicht gegeben habe, und daß du damals meintest, man müsse doch *jede* Partei anhören. Jetzt seid ihr am Ruder und müßtet doch auch die Kommunisten sprechen lassen; ihr hättet sonst damals kein Recht gehabt, euch aufzuregen.›

Das war meine ehrliche Meinung, wenn auch aus einer ausgesprochen weiblichen Psyche. Aber sie hatte doch auch etwas Wahres für sich. Für solche unpolitischen Argumente war Hermann allerdings nicht zu haben. Wer derartige ‹liberalen› Ansichten vertrat – wie so viele in der Welt von Theater und Kunst –, wurde schon fast als ‹Salonbolschewist› verdächtigt, mindestens als ein von links bedenklich infizierter Zeitgenosse.»[67]

Emmys Demokratieforderung wurde von Hermann gestoppt. Er hatte um sie eine Polstertonne geschlossen, in der es gemütlich warm und dunkel war und die jegliche Sicht auf die Außenwelt versperrte.

Emmy ist «goldig», verteidigt mit den gleichen Mitteln der «weiblichen Psyche» und der «Welt von Theater und Kunst» Hermann Görings Unschuld am Reichstagsbrand – 27. Februar 1933, vier Wochen nach der Machtübernahme der Nazis. Begründung: Hermann habe kurz vorher im Reichstagsgebäude sein Dienstzimmer des Reichstagspräsidenten, der er seit Juli 1932 war, mit persönlichen Gegenständen ausgeschmückt. Am Telefon habe er nach dem Brand zu Emmy gesagt: «Die Familienbilder!

Warum habe ich ausgerechnet die kostbaren Dinge dort hinge-
bracht, die mir so lieb sind!!»[68]

Noch einmal pocht Emmy auf ihren Glauben. Sie kann sich
nicht vorstellen, daß das Gute ihres Hermanns jenseits des Nähe-
kreises zu Ende ist. Ein Mann, der im Verband mit Hitler, Goebbels und vielen anderen die Eroberung eines ganzen Landes zu-
wege gebracht hat, hat erstens in entscheidenden Augenblicken
des Sprungs zur Macht *keine* Emotionen, auch nicht für Familienbilder, und beherrscht zweitens so viele Tricks, die Gegner in der
Schlacht um die Herrschaft niederzuzwingen und sich selbst dabei
immer ins Licht des Heilsbringers zu setzen, daß der Transport der
persönlichen Erinnerungsstücke in das Reichstagsgebäude kurz
vor dem Brand – Göring hatte das Amt schon ein halbes Jahr inne –
ein Indiz *für* Görings Beteiligung an der Brandstiftung ist: mit der
kleinen Emotionalität des Verlusts der Erinnerungsstücke ablen-
ken von der eigenen Urheberschaft des Brandes.

Die einzigen noch ernst zu nehmenden Gegner der neuen Diktatur waren die Kommunisten. Und sie planten Widerstand, ja
Revolte. Ihre Vorbereitungen mußten im Keim erstickt werden.
Den Reichstag anzuzünden, wie es ihnen in die Schuhe geschoben
wurde, wäre eine wirkungslose Tat gewesen, eine Bankrotterklä-
rung ihres Widerstandes.

Göring war jedenfalls bestvorbereitet und begann unmittelbar
nach dem Reichstagsbrand mit einem Scharfgericht für Kommunisten und Sozialdemokraten, über das er bis in geheimste Ecken
der Widersacher drang, Tausende Menschen aufgriff, einsperrte,
folterte und tötete.

Außerdem sollten die Kommunisten für die letzte Demokratie-
farce des Reichstags, die Wahl vom 5. März 1933, in einer Weise
geschwächt werden, daß ihnen auch bei ihren demokratischen
Mitteln jeder Widerstand gebrochen würde.

«Die Urheberschaft des Reichstagsbrandes... entsprach zweifellos am
ehesten dem Charakter des ‹Tatmenschen› Göring, von dem Hitler einmal
gesagt hatte, er sei ‹ein Mann von Eisen, ohne Skrupel›.»[69]

Hitler und Goebbels eilten zur Brandstelle. «Drinnen trafen sie... auf einen geschäftigen Göring, von dem sie bald erfuhren, daß im Plenum des Reichstages ein kommunistischer Brandstifter festgenommen worden sei.»[70]

«In der von Göring nachredigierten ersten Mitteilung des Amtlichen Preußischen Pressedienstes wurde dann ungeachtet jener Aussagen, die van der Lubbe in einer Polizeistation am Brandenburger Tor in Anwesenheit des Chefs der politischen Polizei, Diels, zu Protokoll gab, das Bild einer großangelegten kommunistischen Verschwörung gezeichnet. Die Brandstiftung sei der bisher ‹ungeheuerlichste Terrorakt des Bolschewismus in Deutschland›.»[71]

«In der Gewißheit, endlich die Legitimation für den entscheidenden Schlag gegen den ‹Marxismus› geschaffen zu haben, ließ Göring nach Absprache mit Hitler – er soll in seiner Erregung geschrien haben, daß alles niedergemacht werde, was sich ihnen in den Weg stelle – die gesamte Polizei in höchste Alarmbereitschaft versetzen. Noch in der Nacht wurden etwa 4000 Funktionäre, vor allem der K.P.D., sowie zahlreiche Linksintellektuelle, darunter Carl von Ossietzky und Egon Erwin Kisch, festgenommen. Mehrere sozialdemokratische Parteihäuser und Verlage wurden besetzt; Zeitungen, die noch nicht verboten waren, wurden jetzt ausgeschaltet.»[72]

Dieses politische Bild Görings paßt zur Beschreibung des ursprünglichen Mitkämpfers, Gregor Strasser, des Reichstagsfraktionsvorsitzenden der Nationalsozialisten, der von Göring und Goebbels in jahrelanger «Zersetzungstätigkeit» kurz vor der Machtübernahme ausgeschaltet wurde.

«Die ‹düsteren Burschen› in der engsten Umgebung Hitlers, der grundfalsche ‹Hinketeufel› Goebbels, die ‹Sau› Röhm und Göring, der ‹brutale Egoist›, dem Deutschland gleichgültig sei – so äußerte sich der nationalsozialistische Patriot Strasser über sie...»[73]

Die Zeitzeugin und scharfe Beobachterin, die Kennerin der Innenszene von zerfallenden und sich aufrichtenden Herrschaftsstrukturen, Bella Fromm, läßt keinen Zweifel über Göring zurück:

«Als sie [Emmy] 1933 von Weimar zu ihrem ersten Engagement ans Staatstheater Berlin kam, hat sie sicherlich nicht damit gerechnet, die Frau des zweitgrößten Mörders des Dritten Reiches zu werden.»[74]

«Die große Masse unseres Volkes läßt sich durch die augenscheinliche Leutseligkeit des dicken Göring täuschen und hat eine unverständliche Vorliebe für ihn. Seine Jovialität ist jedoch eine ziemlich dünne Tarnung für seine barbarische Grausamkeit. Sogar Röhm hat Göring einen brutalen Sadisten genannt. Göring ist nicht besonders geistreich, und das hat ihm mit zu seiner Volkstümlichkeit verholfen. Eine zu glänzende geistige Begabung stimmt die Masse leicht argwöhnisch.»[75]

Bella Fromm trübte sich ihren klaren Blick auf Göring nicht, obwohl er sie als bedrohte Jüdin protektionieren wollte. Trügerisch ist jedoch, wenn sie Emmy in der Vollaura der Guten unangeknackst vorführt:

«Emmy ist keine Intrigantin. Die Berliner mit ihrem Witz nennen sie heute schon ‹Landesmutter›. Sie ist eine mitfühlende, mütterliche Frau, Typ Walküre. Groß und kräftig, aber von sanfter Anmut. Ihr schönes blondes Haar umrahmt in breiter Flechte ihre Stirn. Ihre großen blauen Augen blicken sanft und heiter... Emmy ist eine nette Person...»[76]

So «nett», wie sie erscheint, ist Emmy nun auch wieder nicht. Sie betrieb eine abwegige Grausamkeit mit jungen Löwen. Kurz nach der Geburt entriß sie ein Löwenbaby seiner leiblichen Mutter im Zoo und nahm es zu sich mit nach Hause, domestizierte es als Haustier 1¼ Jahre lang. Wenn es die Grenze zur gefährlichen Körpergröße erreichte, verstieß sie es und gab es dem Zoo zurück.

Während ihrer zehn Dritte-Reichs-Jahre als «erste Dame des Landes» ergötzte Emmy sich siebenmal mit dem ihr unter Menschen so schmählich mißlungenen Nähe-Distanz-Spiel, betrieb ein auf die sieben hilflosen Löwenbabys verschobenes Mutterablösungstraining mit zweifacher Gewalt gegen die Löwen. Sie entriß sie ihrem restnatürlichen Bereich der Löwen-Mutter-Kind-Beziehung im Zoo, wenn die Babys gerade geboren waren, und sie schob sie ab aus der Beziehung zu ihr, wenn die Erwachsenheit der Löwen drohte, stieß sie zurück in das den jungen Löwen entfremdete Milieu unter ihresgleichen.

Herzzerreißendes ereignete sich immer wieder, über das Emmy ohne einen Schatten von Reflexion, daß sie allein es war, die es verursachte, hinwegformulierte:

«Wir haben im Laufe der Jahre sieben Löwen großgezogen, und wenn einer bis eineinviertel Jahr alt war, mußten wir ihn einem Zoo übergeben. Wir waren jedesmal schon Tage vorher traurig und gaben ihn nur dann her, wenn wir wußten, daß in dem betreffenden Zoo ein neuer Löwennachwuchs angekommen ist, den wir mit nach Hause nehmen konnten...

...Mein Mann litt einmal an einem sehr unangenehmen Zahngeschwür, das geschnitten werden mußte. Der Arzt empfahl uns, den Löwen ein paar Tage nicht zu ihm zu lassen. Als es Hermann etwas besser ging, wollte er ihn sogleich sehen. Da war es nun wirklich rührend zuzuschauen, wie die beiden sich freuten. Mucki drückte seinen Kopf immer wieder in die Hand meines Mannes und blieb still bei ihm sitzen. Als wir ihn abends in seinen Raum brachten, schrie er so bitterlich, daß ihn mein Mann schnell noch einmal zu sich nehmen mußte...

...Einmal hatten wir für kurze Zeit das Palais des Reichstagspräsidenten bezogen, weil unser Haus am Leipziger Platz gerichtet wurde. Wir hatten den Löwen mitgenommen und im Keller untergebracht. Plötzlich, des Nachts, wurden wir wach, weil sich die Tür unseres Schlafzimmers öffnete: vor uns stand unser Löwe. Er hatte mit seinen Pfoten die Klinken von acht Türen heruntergedrückt, die zwischen dem Keller und unserem Schlafzimmer lagen, und zu uns gefunden. Er war geradezu außer sich, als er uns entdeckte. Wie hätten wir es übers Herz bringen können, ihn zurückzuschicken. Also behielten wir ihn die Nacht bei uns. Es ging uns wie allen Tierfreunden, gerade auch Hundefreunden, wenn sie sich von einem Lieblingshund trennen müssen: es schmerzt einen sehr. Wenn einer unserer Löwen, der zu groß wurde, zu Prof. Hecks Zoo überwechselte, dann war jedesmal der Abschied schwer genug. Die Löwen, die wir im Laufe der Jahre dem Zoo übergeben hatten, besuchten wir des öfteren... Sobald mein Mann den Zoo betrat, schienen sie es sofort zu spüren; sie fingen jedenfalls gleich zu rufen an. Wenn er dann zu ihnen ging, waren sie übermütig vor Freude...»[77]

Ins volle Mittäterinnenfahrwasser geriet Emmy bei ihrer immer wiederholten Aufführung des staatlich ihr übertragenen, von ihr etwas abgewandelten Märchens «Tischlein deck dich, Knüppel *in* den Sack». Bella Fromm beißt ihrerseits zu:

«Er erzählte von der ‹kronprinzlichen Hochzeit›, wie François-Poncet Görings Vermählung mit Emmy Sonnemann genannt hat.

Vorgestern abend erschien Emmy Sonnemann in vollem Krönungsor-
nat in der Oper. Auf ihrem Haupte funkelte ein Diadem im Werte von
fünfzigtausend Mark, ein Geschenk ihres Bräutigams. Wahrscheinlich
nicht einmal bezahlt, da Göring sehr geschickt ist, wenn es ans Bezahlen
geht. Die ‹Spindlerwerke› etwa müssen die weißen Seidenlivreen für Hermanns Diener reinigen und warten dann ewig lange auf ihr Geld. Als sie
im Privatbüro Görings höflich darum ersuchten, doch die letztjährige
Rechnung zu bezahlen, wurden sie schroff abgewiesen, und man bedeutete ihnen, daß sie es als Ehre und Vorzug ansehen müßten, für den Herrn
Ministerpräsidenten arbeiten zu dürfen.

Bei der großartigen öffentlichen Hochzeit gestern führte Hermann
Emmy durch ein Spalier von Generälen, die mit gezogenen Degen ihre
Ehrenbezeugung machten, in den Dom. Hermann hat auch für fürstliche
Geschenke Sorge getragen, die er bei Städten, Vereinen, Fabriken, Indu-
striekonzernen und reichen Privatpersonen ‹bestellt› hat. Jeder wurde
über die Wünsche des Herrn Ministerpräsidenten genau unterrichtet und
auch darüber, wo was erhältlich ist. Kleine ‹Geschenke› von Museen wurden auf persönliche Aufforderung des Ministerpräsidenten gemacht.
Einige Großstädte haben ihm 28 Bombenflugzeuge geschenkt. Ferner gab
es einen Mercedes und eine Jacht von einer Schiffbaugesellschaft. Ich
kann mich nicht mehr an alles erinnern...

Die Hochzeitsgesellschaft im Kaiserhof zählte 330 Personen aus den
höchsten Regierungs- und Wehrmachtskreisen. Hitler stand natürlich
für die meisten im Mittelpunkt der Aufmerksamkeit. Das Diner war fa-
belhaft. Weine zu vierzig Mark die Flasche. Als ein Gang nach dem anderen folgte, einer immer erlesener als der andere, wurde Hitler immer
schweigsamer und mürrischer. Die barbarische Pracht und Verschwen-
dung schien ihn zu beleidigen...»[78]

Wenn Emmy selbst über die Pracht der Geschenke frohlockt, die
ihr aus dem ganzen Land zuflossen, kommt ihr kein Gedanke, ob
es dabei etwa nicht mit rechten Dingen zuging. «Ein Geschenke-
strom ergoß sich über uns.» – «...waren herrliche Kostbarkeiten
angekommen», protzt sie.[79]

Emmy beschäftigt etwas anderes – die Balance zu finden zwischen Mutterschmuck und Hermannschmuck:

«Hermann beglückwünschte mich mit einer sehr schönen Zirkonen-Garnitur. Zu seiner tiefen Enttäuschung war ich aber darüber nicht so beglückt, wie er erhofft hatte. Im Gegensatz zu ihm habe ich mir nie viel aus Schmuck gemacht. Als er mich bat, dieses Geschenk bei unserer Hochzeit zu tragen, lehnte ich es unter dem Hinweis ab, daß er doch schließlich zu einer Arbeiterpartei gehörte! Ich war für ein schlichteres Äußeres. Er protestierte: ‹Ich weiß gar nicht, was Du willst, das habe ich von dem Geld gekauft, das ich von nun an an der Junggesellensteuer sparen werde!› Schließlich einigten wir uns, daß ich zur Trauung nur die Perlenkette meiner Mutter tragen sollte, an der Hochzeitsfeier im Kaiserhof aber seinen Schmuck.»[80]

Die Frage nach der «nationalen» und «sozialistischen» Partei ihres Mannes hat sie sich nicht gestellt, als die Stadt Köln eine Kostbarkeit von allgemeinem öffentlichem Interesse aus einem Museum den Görings «schenken» mußte:

«Wir begaben uns in mein Wohnzimmer. An der Wand, neben meinem Schreibtisch, hing Lukas Cranachs ‹Madonna mit Kind›, ein Gemälde, das die Stadt Köln unserem Töchterchen Edda zum Taufgeschenk gemacht hatte.»[81]

Claudia Koonz läßt in ihrem Buch über NS-Frauen Emmy Göring das Wort «Geschenk» nicht durchgehen:

«Das NS-Regime konnte seine mörderischen Vorhaben weiter durchsetzen. Einzelne hohe Parteifunktionäre wurden sogar aktiv von ihren Ehefrauen unterstützt ... Emmy Göring soll ihrem Mann bei seinen ‹Geschäften› mit Juden geholfen haben, bei denen er sich wertvolle Kunstsammlungen zu schändlichen Preisen ‹verkaufen› ließ.»[82]

Das Stichwort zu Emmys bedeutendstem Gesellschaftspläsir, dem «Juden-Versteck»-Spiel, ist gefallen. Emmy hat – und da gibt es keine Zweifel – Juden gerettet. Zum Spruchkammerverfahren am 20. Juli 1948 in Garmisch strömten die durch ihre Handlungen Überlebenden und entlasteten sie. Emmy war nicht lethargisch-neutral wie Eva Hitler oder achselzuckend abgewandt wie Magda Goebbels.

«In ihrer Treue nichtarischen Freunden und Kollegen gegenüber ist Emmy wundervoll. Sie tritt bei Göring für sie ein, wann immer sie kann.

Man darf gespannt sein, wie lange sie das durchhält. Auch Göring wird
beobachtet und überwacht. Alle Parteigrößen bespitzeln einander.»[83]

Hermann rettete fleißig mit, wollte die bedrohte Bella Fromm unter seine Fittiche nehmen:

«Görings Pressechef, Martin Sommerfeldt, benutzte die Gelegenheit, um
mit mir über meine beruflichen Sorgen zu sprechen. ‹Der Ministerpräsident schätzt Ihre Bedeutung als Mittlerin zu den Diplomaten außeror-
dentlich. Vielleicht kann doch etwas getan werden. Der Ministerpräsident ist bemüht, Hitler davon zu überzeugen, daß es besser ist, wenn er
die Herrschaft über die Presse den Klauen des Zwergs entreißt und wieder
in die Hände Görings legt. Wenn es ihm gelingt, Hitler in diesem Sinne
zu überzeugen, dann sind Sie sicher und unter seinem persönlichen
Schutz.›»[84]

Wiederum ist es ganz besonders schwer, dem Ehepaar Göring auf
die Schliche zu kommen. Emmy ist in der «Judenfrage» einwand-
frei die Gute. Sie hält nichts von Antisemitismus, hat viele Beziehungen zu Juden, verdankt Leopold Jeßner ihren Start in die Thea-
terkarriere, besucht ihn in Berlin demonstrativ nach Antritt der
Naziherrschaft. Emmy ist gespickt mit jüdischen Freunden, verwendet sich aber auch für die Nöte Unbekannter, warnt Leute vor
dem Abgeholtwerden:

«Später, als ich verheiratet war, bat ich einige Male Juden zu mir, um mit
ihnen darüber klar zu werden, wie ihnen am besten zu helfen sei. Da
fragte mich Hermann manchmal, aber nicht etwa boshaft: ‹Kann ich
heute einen SS-Mann mitbringen, oder hast du gerade jüdische Kollegen
bei Dir?›»[85]

Emmy empört sich gegen den Boykott jüdischer Geschäftsinha-
ber, droht Hermann nach der «Reichskristallnacht»:

«Das Schicksal hat Eure Partei so gesegnet, – versündigt Euch nicht!»[86]

«Hermann... hatte... meinen Vorwurf als kränkend empfunden: ‹Eure
Partei, immer sagst Du ‹Eure Partei›! Du bist meine Frau! Es ist *unsere*
Partei›, erklärte er mit harter Stimme. Dennoch beharrte ich auf meinem
Standpunkt: ‹Nein, Hermann›, sagte ich sehr ernst, ‹wenn so etwas im
Namen der Partei geschieht, dann ist es nicht mehr *meine* Partei!›»[87]

Emmy läßt sich von einem jüdischen Arzt behandeln.

Sie fährt 1941/42 mit ihrer Nichte einmal S-Bahn und ist stolz, als im überfüllten Waggon das junge Mädchen einer Frau mit gelbem Stern seinen Platz anbietet. Hitler hört sofort davon und untersagt Emmy Stadtbahnfahrten!

Das Vertrackte an all diesen imposanten Handlungen: Emmy ist eine Ressort-Gute. In ihrem Leben mit Hermann gibt es eine Dreifachteilung: eine Spaltung geschieht zwischen den Anteilen von Hermanns Person, eine zweite zwischen Hermann und Emmy: böser Hermann – guter Hermann – gute Emmy!

Göring segnet als zweiter Mann des Staates, als dem «Führer» direkt unterstehender, mit ihm in den gesellschaftlichen Angelegenheiten gemeinsame Sache machender Schildknappendiktator alles ab, was Hitler befiehlt. Zu Hitlers Politik gehört es, Juden zu bekämpfen bis zur Auslöschung dieser Bevölkerung in Deutschland und später in Europa. Da Juden im Ganzen des Volkes verwachsen waren, ließ sich dieser Mordplan nur langsam mit permanent zunehmenden Drangsalierungen verwirklichen. In den eroberten Gebieten ging es dann gleich aufs «Ganze»: erschießen, deportieren, in Lager und Ghettos inhaftieren, der Lebenskraft berauben, «vergasen».

Göring war immer mit von der Partie, mag er sich die Kenntnis noch so vieler Einzelheiten erspart haben. Von ihm stammte der dem Wiener Oberbürgermeister Karl Lueger nachempfundene Satz: «Wer Jude ist, bestimme ich.» Und die meisten waren es eben auch für Göring. Allgemein verfolgte er sie, speziell half er hier und da bei ihrer Rettung.

Er rettete, wenn es in seinem Bereich notwendig war, wenn ein wichtiger, unverzichtbarer Sänger seiner Berliner Staatsoper mit einer Jüdin verheiratet war etc., wenn Emmy ihn bat.

Und Emmy rettete ebenfalls nur ressortbedingt. Sie forderte nicht: Schluß mit der allgemeinen Verfolgung! Sie faselte statt dessen etwas vom «Judenproblem», das «zu einer Lösung gebracht werden müsse»[88].

Es gab kein Judenproblem. Die sogenannte «Judenfrage» ist eine von der Muttersohngesellschaft Patriarchat immer wieder geschürte Gelegenheit, Gegner zu finden. Muttersöhne brauchen zu ihrer inneren Stabilisierung Gegner. Wenn es keine oder zu wenig äußere Landesgegner gibt, greifen sie auf Minderheiten im eigenen Volk zurück, denen gegenüber sie Gegnerschaften konstruieren, wie Hitler es einmal gesagt haben soll: Wenn es die Juden nicht gegeben hätte, hätte er sie erfinden müssen!

Die Juden als – durch Abstammungsbewußtsein und Traditionsreste – gut greifbarer und besonders schutzloser Teil der Bevölkerung eignen sich bevorzugt dafür, an ihnen die Zwänge zur Gegnerschaft abzureagieren.

Im frühen 20. Jahrhundert waren viele Juden seit Generationen in Deutschland ansässig, hatten sich als eine der positivsten Volksgruppen erwiesen, Beiträge zu allen Geistesdisziplinen geleistet, sämtliche sozialen Interessen der Gemeinschaft befriedigt – bis hin zu ihrem Kriegsdienst für Deutschland im Ersten Weltkrieg (12 000 jüdische Deutsche waren gefallen). Und plötzlich werden sie zu «Vampiren», «Ratten», «Parasiten», «Bazillen» «umformuliert», die dem Volkskörper negativ zusetzten.

Diese Verdrehung der Tatsachen wurde von einem Mann in das deutsche Volk gepeitscht, der die deutsche Staatsbürgerschaft durch einen Trick erst kurz vor Antritt seiner Reichskanzlerschaft erwarb. «Die Machtergreifung» rückte näher und näher, die Wahlgewinne der NSDAP stiegen und stiegen. Hitler wollte Reichspräsident werden, hatte sich am 13. März 1932 als Kandidat aufstellen lassen. Dazu mußte er Deutscher sein. Die NSDAP war im Land Oldenburg am 13. Mai 1931 stärkste Fraktion geworden, hatte am 15. September 1931 in Braunschweig das Amt des Innen- und Volksbildungsministers eingenommen. Es gab also in den Ländern genug Freunde an der Macht, die Hitler mit einem Federstrich einbürgern konnten. Vom Braunschweiger Minister und Parteifreund Dietrich Klagges ließ er sich irgendeine Position übertragen, die ihn zum Deutschen machte. Hitler wurde am 25. Februar 1932, knapp drei Wochen vor der Reichspräsidentenwahl, als «Regierungsrat» beim «Landeskultur- und Vermessungsamt Braunschweig» angestellt und dadurch deutscher Staatsbürger.[89]

Was Hitler den Juden anlastete, war und tat er selbst. Er war fremd und fügte den Deutschen Schäden zu in einem Ausmaß, das ihnen von keinem Deutschen oder Ausländer je zuvor angetan worden war.

Und wieder unterscheidet sich das, was Hermann Göring für sein Mittun bei Hitlers ideologischer Infamie und ihrer praktischen Ausführung absolvierte, nur um Nuancen vom Tun der Koführer. Der Unterschied zwischen der Göring-Hitler-Partnerschaft und der Goebbels-Hitler-Partnerschaft bestand in einer Halb-zog-er-ihn-(Goebbels-)halb-sank-er-hin-(Göring-)Aufteilung. Goebbels stiftete auch an, heizte ein. Göring machte alles mit. Dieser Unterschied betraf Temperaments- oder Charakterfragen, die die Taten selbst nicht berührten.

Emmy berichtet von einer Auseinandersetzung mit Hitler über das Thema «Juden»:

«Ich entschloß mich also eines Tages zu dem Versuch, mich mit Adolf Hitler über das heikelste aller Themen zu unterhalten. Es war dies freilich noch in den Monaten, in denen er bei uns nicht nur ein sehr gern gesehener, sondern auch ein äußerst liebenswürdiger und anregender Gast war. Ein Mann, mit dem man sich unbefangen unterhalten konnte, und der sich selbst noch über Vorkommnisse lustig machte, die seine Umgebung tierisch ernst nahm. Mitten in einer solchen harmlosen Unterhaltung verzerrten sich plötzlich seine Züge, als das Stichwort ‹Juden› fiel. Seine Stimme wurde hart, als er sagte: ‹Die Juden sind ein Bazillus, der das ganze Volk vergiftet. Auch Sie, Frau Göring, werden von ihm angesteckt.› – ‹Ich?› lachte ich, ‹aber ich bitte Sie. Ich kenne so viele großartige Juden, und ich weiß nicht, womit ich mich anstecken sollte.›

‹Das ist es ja gerade›, gab Hitler sehr ernst zur Antwort, ‹Sie versprühen ihr Gift und keiner merkt etwas davon.› Seine Augen flackerten. Es war ein furchtbarer Haß in ihm. Irgendwann einmal in seiner Jugend, so ging es mir durch den Kopf, muß er ein tragisches Erlebnis mit einem Juden gehabt haben. Anders konnte ich mir sein Verhalten nicht erklären. Jedes Argument, das ich ihm gegenüber vorbrachte, prallte an ihm wie an einem unverrückbaren Felsen ab und machte mir meine völlige Hilflosigkeit deutlich. Es war nicht anders, wie wenn ein Hund den Mond anbellt. ––»[90]

Emmy wird nicht von Mitgefühl mit allen Juden ergriffen, sondern von Mitgefühl für Hitler. Er muß etwas Schlimmes erlebt

haben in seiner Jugend. Und gleich anschließend an den Bericht
von der Unterhaltung mit Hitler denkt sie – entgegenlaufend dem,
was sie gerade geschildert hat –, Hitler könne nicht gewußt haben,
was Himmler in Auschwitz alles «gemacht» hat, und sie zieht sich
dann mit dem Satz aus der Affäre: «Heute wissen wir jedenfalls,
daß ein Tötungsbefehl nirgends gefunden worden ist.»[91]

Vom Brief ihres Mannes zu dieser Angelegenheit weiß Emmy
offenbar nichts, denn sie erwähnt das Auschwitz-Start-Schreiben
Hermann Görings vom 31. Juli 1941 nicht.

Emmy verteidigt Hitler, der keinen Byzantinismus gewollt
habe, was heißt, kein absolutes Sich-Unterwerfen aller unter
einen – ihn selbst.[92] Gerade das war es, was Hitler am allerdeut-
lichsten gekennzeichnet hat, wie Emmy es am Schluß selbst noch
erleben sollte. An Fakten berichtet auch sie in ihrem Buch nur
Byzantinismus über Hitler. Sie zitiert eine Nichte, die sich ge-
wundert habe – als kleines Mädchen –, daß Onkel Hermann zu
allem, was der «Führer» will, immer nur «Ja» sagte. Muß das sein?
fragt Emmy und bekommt von ihrem Hermann zur Antwort:
«Ja!»[93] Grund: Der «Führer» sei mehr wert als alle!

Ach ja, Hitler wäre ein so taktvoller Gastgeber gewesen, hebt
Emmy noch hervor, hätte alle seine Gäste Fleisch essen lassen,
obwohl er es selbst zurückwies:

> «Ich möchte an dieser Stelle nicht unerwähnt lassen, daß Hitler weder im
> privaten Kreis noch später in der Reichskanzlei seinen Gästen seine eigene
> vegetarische Lebensweise zugemutet, sie im Gegenteil stets großzügig
> bewirtet hat.»[94]

Emmy und Hermann bekommen ihre Steaks. Gleich danach erzählt sie, wie sie nicht bekommt, was sie will:

> «Eines Nachmittags [1933 oder 34] erhielt ich von der Filmgesellschaft,
> bei der ich als ‹Hedwig› in ‹Wilhelm Tell› verpflichtet worden war, ein
> Telegramm mit folgender Anschrift: ‹Frau Emmy Sonnemann, per
> Adresse Herrn Reichskanzler Adolf Hitler, Obersalzberg›. Das Tele-
> gramm hatte zum Inhalt, ‹Bitte senden Sie sofort Ihre arischen Papiere
> ein.› Ich tat es und zeigte Hitler das Telegramm. Ich glaubte, er würde
> über die kuriose Aufforderung lachen. Er reagierte aber anders: ‹Ja, das

halte ich nun einmal für äußerst notwendig.› Mir war diese Aussage unverständlich und darum richtete ich an ihn die Frage, ‹ja soll das heißen, daß eine Jüdin oder ein Jude, vorausgesetzt, daß hohe schauspielerische Gaben vorhanden, nicht mehr filmen dürfte?› ‹Nein, und auch nicht Theaterspielen bei uns.› Dabei nahm sein Gesicht einen derartig abweisenden Ausdruck an, daß ich für einen Augenblick beschloß, das Thema hier abzubrechen. Aber ich tat es nicht.

‹Könnten wir uns nicht einmal über all diese Dinge aussprechen?› Kaum war die Frage gestellt, erhob er sich plötzlich und antwortete, zwar höflich und freundschaftlich, aber doch sehr bestimmt: ‹Bitte lassen Sie das! Ich möchte es nicht!›

Schon im Begriff, den Raum zu verlassen, wandte er sich noch einmal um und sah mich sehr ernst an: ‹Bitte vergessen Sie jetzt dieses Gespräch! Glauben Sie mir, ich habe Sie sehr gerne, aber ich weiß, daß Sie oft etwas für Juden tun, daß Sie ihnen helfen. Ich muß Sie aber bitten, es zu unterlassen. Ich wünsche es unter keinen Umständen und habe sehr triftige Gründe dafür.›

Dann ging er.

Um Gottes Willen, dachte ich bei mir, warum kann man sich über diese Frage nicht einmal aussprechen?! ––»[95]

«Nicht einmal aussprechen» kann sich Emmy über diese Frage mit Hitler, geschweige denn sie beantwortet bekommen. Und anschließend ist sie wieder beim menschlichen Hitler. Sein langjähriger Chefadjutant, Helmut Brückner, Obergruppenführer der SA, hatte einen Autounfall, infolgedessen er sofort operiert werden mußte:

«Solange die Operation dauerte – wohl eine gute Stunde –, ging Hitler mit mir vor dem Krankenhaus auf und ab. Er hatte Tränen in den Augen: ‹Mein guter Brückner!› sagte er nur immer wieder, ‹gebe Gott, daß er wieder ganz gesund wird!› –

Ein ganz verwandelter Mann schien da plötzlich vor mir zu stehen. Nicht der, der eine Aussprache über die Judenfrage wenige Tage vorher kalt und herzlos abgelehnt hatte. –

Immer, wenn sich sein Wesen so widersprüchlich offenbarte, lebte mein alter Gedankengang wieder auf, der zu enträtseln versuchte, warum er nicht eine menschlich tief empfindende und natürlich denkende Frau geheiratet hat. ––»[96]

Fast hätte Emmy «Mensch ärgere dich nicht!» bis zum Schluß des Dritten Reichs gewonnen. Sie ärgert sich über Hitler, ja sie haßt ihn erst in der letzten knappen Woche seiner Amtszeit. Warum plötzlich, nachdem sie tausend Gelegenheiten 12 Jahre lang haßlos vorüberziehen ließ?

Hitler hatte am 23. April 1945 Göring «mit Begleitung» verhaften lassen, weil er argwöhnte, daß Göring mit den Westmächten Verhandlungen unternehmen würde, um die Göring in einem Funkschreiben zuvor Hitler gebeten hatte. Es wechselten ein paar wutentbrannte Funkschreiben hin und her (telefonieren ging nicht mehr).

Görings Vertrauen in Hitler brach *jetzt* zusammen, nachdem Göring realisieren mußte, daß Hitler ihn des Treubruchs für fähig gehalten hatte und von einer SS-Mannschaft verhaften ließ. Darauf funkte Göring: «Wenn Adolf Hitler mich für treulos hält, dann soll er mich erschießen lassen.» [97]

Emmy fügt dem Funkspruch hinzu: «‹Wenn Adolf Hitler es für möglich hält, daß mein Mann ihm die Treue nicht gehalten habe, dann möchte er Edda und mich miterschießen lassen.›

Nach ein paar Stunden kam – es wurde alles immer unfaßlicher – die Antwort: Ja, wir Hochverräter seien zu erschießen, und mit uns alle Menschen, die sich bei uns befänden. –» [98]

Der «Göring-Putsch» stand unmittelbar bevor.

Daß die die Familie und die Angestellten bewachenden SS-Männer nicht sofort zur Tat schritten, war ein Glücksfall. Auch Görings hätten um ein Haar wie die Goebbels' in den Strudel des Untergangs mitgerissen werden können. Und nun ist es bei Emmy soweit. Sie lehnt Adolf Hitler ab:

«Ich saß gerade so, daß ich auf das Bild Adolf Hitlers, das im Eßzimmer hing, blicken mußte. Ich konnte es nicht mehr ansehen.

In Gedanken redete ich ununterbrochen mit Adolf Hitler, als müßte ich mit ihm abrechnen. Aus meiner noch abwartenden Haltung ihm gegenüber war Ablehnung und Haß erwachsen. Wer meinen Mann so behandelte, verlor meine Achtung und die letzte Zuneigung.» [99]

Die partiale Infantilität stört nicht nur die Fähigkeit der Wahrnehmung der gesellschaftlichen Belange, wie die Wahrnehmung des
Partners – besonders seines sozialen Tuns – und der Zustände in
der Gesellschaft allgemein. Die Teilkindlichkeit schwächt auch die
Kraft eines Menschen, mit seinen inneren Problemen fertig zu
werden, die Schwierigkeiten seiner Person zu meistern.

Emmys Leben zeigt deutlich, wie gespalten sie war. Sie selbst
beschreibt sich als zwei Personen, die in zwei Welten lebten, die
nichts miteinander zu tun hätten: «Ein anderes Leben begann:
Das Leben der Emmy Göring... Die Welt der Emmy Sonnemann
schien weit für mich auf einem anderen Stern zu liegen.» [100]

Der Wechsel geschah nicht als Prozeß, sondern wie ein Knall.
Emmy verabschiedete sich mit 41 Jahren als Lessings Minna von
Barnhelm von der Bühne, betrat sie nie mehr, wurde Haus- und
erste Repräsentationsfrau des Staates und mit 44 noch Mutter
einer Tochter.

Emmy war von Jugend auf gespalten oder gedoppelt. Sie wurde
von der Mutter zur Schauspielerin und vom Vater zur Hausfrau
delegiert. Der erste Versuch, die einander widersprechenden oder
schwer miteinander zu vereinbarenden Botschaften der Eltern zu
kombinieren – die Ehe mit dem Schauspieler Karl Köstlin –, blieb
im Ansatz stecken. Köstlin und Sonnemann hatten Engagements
an verschiedenen Städten, er in Stuttgart, sie in Wien, aber die
Gemeinschaft ließ sich schon nach kurzer Zeit nicht mehr aufrechterhalten, so daß Emmy ihr Vorhaben, auch nach Stuttgart
engagiert zu werden, aufgab.

Als Hitler sie am Göring-Hochzeitstag fragte, was ihr sehnlich-
ster Wunsch sei, antwortete sie: «Ich überlegte nur einen kurzen
Augenblick und sagte ohne viele Bedenken: ‹Daß mein Mann
Schauspieler wäre... Dann wären wir nicht nur privat..., sondern auch im Beruf zusammen. Wir könnten miteinander arbeiten und auf der Bühne stehen und wären immer beieinander.›» [101]

Solche Ehen gibt es zahlreich, aber Emmy konnte sich über zehn
Jahre lang zu einem zweiten Versuch nach ihrer Ehe mit dem
Schauspieler Köstlin nicht entschließen.

Solange sie drei Jahre die Geliebte Hermann Görings war, stand

ihr Problem nur vor der Tür. Aber den kleinbürgerlichen Hitler
ärgerte das Gerede über das Verhältnis des zweiten Mannes im
Staat. Außerdem brauchte er eine Frau zum Repräsentieren –
selbst heiraten wollte er nicht. So fiel ihm die Emmy-Lösung ein.
Hermann war der repräsentabelste unter den Führern, also mußte
*er* die «erste Frau des Deutschen Reiches» «beischaffen».

«Emmy kann Hitler dankbar sein. Der Dicke hätte wahrscheinlich nie
daran gedacht, sie zu heiraten. Sie spielte bisher die Rolle der Gastgeberin
in seinem Hause. Dauernd wurde sie in seinem Wagen gesehen, von Feld-
jägern beschützt. Irgend jemand muß Hitler darauf hingewiesen haben,
daß diese Dinge Anstoß erregen. Anstatt nun das Paar zu trennen, gab er
Befehl, die Beziehung durch Heirat zu legalisieren.»[102]

Für einen Moment läßt Emmy ihre Verstörung über ihren Le-
bensbruch durchscheinen:

«... sagte ich zu meiner Freundin mit einem Seufzer: ‹So wird es von nun
an *immer* sein: ich muß tun, was ihm gefällt.›
     Für einen Augenblick war ich doch tief verstimmt... aus dem Gedan-
ken heraus, daß von nun an nicht mehr ich selbst, sondern Hermann
Göring bestimmen würde, wie ich mich im öffentlichen und sicher oft
auch im privaten Leben geben müßte...»[103]

Daß Emmy ihre beiden Delegationen von Vater- und Mutterseite
her nicht in Einklang bringen konnte oder die väterliche Botschaft: «Werde eine gute Hausfrau und mach deinen Mann einmal glücklich»[104] nicht stur ignorierte, statt dessen ab 41 den ver-
innerlichten väterlichen Wünschen «zum Opfer» fiel, lag an ihrer
Identifikation mit ihrer Mutter – noch besonders belebt durch ihre
Bindung an die Mutter.
     Die Mutter war Hausfrau. Emmys Identifikation mit ihr paßte
nun zur Delegation des Vaters: «Werde eine gute Hausfrau...»
     Zur Delegation der Mutter: «Werde Schauspielerin», paßte
nichts, keine Identifikation mit dem Vater, was hätte möglich sein
können, wenn *dieser* Schauspieler gewesen wäre. Im Gegenteil,
die mütterliche Delegation war wacklig, wurde in Emmys Psyche
aufgehoben von der rollenkonformen väterlichen Delegation *und*
vom eigenen Sein der Mutter als Hausfrau.

Viel leichter wäre es für Emmy gewesen, die mütterliche Delegation stabil und lebenslänglich zu verinnerlichen, wenn die Mutter selbst Schauspielerin gewesen wäre.

Identifikation ist die stärkere der beiden antreibenden Kräfte, der gegenüber die Delegation der elterlichen Wünsche zurücktreten, ja gelöscht werden kann. Identifikation läuft über Modell, Delegation über Motiv. Eine elterliche Position im Leben des Kindes nachzu*bilden*, ist für es leichter, als elterlichen Botschaften nachzu*handeln*.

Bei Emmy standen «zwei gegen eins»! Delegation des Vaters zur Hausfrau und Identifikation mit der Mutter als Hausfrau gegen Delegation der Mutter zur Schauspielerin. Das ließ Emmy im erstbesten Moment umfallen und in das Lager des Sicheren überwechseln, ließ sie in Identifikation mit der Mutter *als* Hausfrau und in Verwirklichung der Delegation des Vaters *zur* Hausfrau selbst Hausfrau werden.

Emmy machte noch einen winzigen Kompromiß mit ihrem alten Leben als Schauspielerin, er wurde in ihrer von Hitler ihr übertragenen Funktion sichtbar, «erste Frau des Deutschen Reiches» zu werden, das hieß: Schauhausfrau, Schau- und Spiel-Frau.

Die meisten Menschen sind psychisch Mischungen aus Identifikation mit dem Sein ihrer Eltern und Verwirklichung der Delegation vom Wünschen und Wollen ihrer Eltern. Keine Schwierigkeiten hätte ein Mensch, wenn der Viererblock sich zu einer Einheitlichkeit in der Psychodynamik zusammenfügte. (Die vier sind: Identifikation mit der Mutter, Delegation von der Mutter, Identifikation mit dem Vater, Delegation von dem Vater.) Das ist nur selten der Fall.

Normalerweise divergieren die unversöhnlichen Rollen von Vater und Mutter in der Seele des Kindes. Wie soll es gleichzeitig Hausfrau *und* Gesellschaftsmann werden, die Identifikation mit so gegensätzlichen Vätern und Müttern verwirklichen?

Die Rollen verursachen nicht nur den sogenannten Geschlechterkampf, den Frauenausschluß aus der Gestaltung der Gesellschaft und die Weltzerstörung im Männerselbstlauf. Die divergierenden Rollen von Vater und Mutter produzieren Krieg im Inneren der heranwachsenden Person, die gezwungen wird, Rollen im eigenen Verhalten nachzuschaffen.

Das immer wieder an Muttersöhnen Beobachtete: sie «*sind*» Hausfrauen, weil sie sich kraft enger, unauflösbarer Bindung an ihre Mutter mit ihr identifiziert haben. Da Söhne aber als identifizierte Hausfrauen keine Karriere in der Männergesellschaft machen können, müssen sie, wenn sie doch dabeisein wollen, Männerrolle spielen, vortäuschen, müssen ihr Gewordensein als Hausfrau verschleiern und es in sich selbst permanent bekämpfen. Sie stehen dadurch unter dauerhaften psychischen Schmerzen, so daß Schmerzen zu bereiten ihnen zur Gewohnheit wird, ja, sie jede Gelegenheit nutzen, anderen Lebewesen Schmerzen zuzufügen.

Auch Töchter können von einem Rollenkrieg im Inneren zerrissen werden. Es sähe für sie zunächst einfacher aus als für Söhne. Der Vater ist fern. Da kommt die Tochter nicht in Gefahr, sich mit ihm und seiner gesellschaftlichen Position zu identifizieren. Die Hausfrauenmutter ist nah zum ungestörten Nachbilden und delegiert ihre Tochter wieder zur Hausfrau, die es aus dieser verdoppelten Tendenz heraus (Modell *und* Motiv) meistens wird.

Aber es gibt nicht nur Divergenzen zwischen den Vater- und Mutterrollen – zwischen den Eltern –, sondern auch im Inneren eines jeden Elternteils.

Solche Divergenz erlebte Emmy an ihrer Mutter. Die Mutter war Hausfrau, wollte dieses ihr Sein der Tochter aber nicht weitergeben (sie hatte schon ältere Töchter, die Hausfrauen wurden), sondern sie delegierte Emmy zur Schauspielerin. Da die Tochter an die Mutter gebunden blieb, setzte sich in Emmy schließlich das durch, was stärker war und durch Vorkommnisse von außen noch zusätzlich verstärkt werden konnte. Die väterliche Delegation: «Werde eine gute Hausfrau» wurde wiederbelebt und in Emmy dingfest gemacht durch Hermanns Heiratsantrag.

«Jetzt war es mir klar, daß meine Tage bei der Bühne gezählt waren. Für Hermann war es gänzlich unvorstellbar, daß seine Frau etwa weiter Theater spielen könnte.

Als er das früher einmal angedeutet hatte, wirkte es auf mich wie ein Schock. Was er von mir verlangte, war ja nicht nur der Abschied von der Bühne, es war der Abschied von einem ganzen Lebensabschnitt. Jetzt aber sagte ich mir, daß er recht hatte, – daß an seiner Seite für mich natürlich ein neues Leben anfangen würde.»¹⁰⁵

Zuvor zitiert Emmy ein Gespräch mit Gustaf Gründgens, der ihr die Rolle der Agnes Bernauer angeboten hatte:

«‹Ich fürchte, nicht mit mir›, gab ich zur Antwort, ‹weil ich dann vermutlich nicht mehr Theater spielen darf. Ich habe mich soeben verlobt.›»¹⁰⁶

Das Ansinnen des von Emmy penetrant als gut beschriebenen Göring war ein Attentat auf ihre über ein Vierteljahrhundert lang errichtete Identität. So beginnen die meisten Anträge der Männer, und die muttergebundenen Töchter merken es nicht.

Auch Eva Hitler, Unity Mitford und Geli Raubal wurden von Divergenzen im psychischen Programm hin und her gerissen.

Eva hätte mit der Delegation ihres Vaters, ein Junge zu werden, es nachgespielt zu sein, besser umgehen können, wenn ihre Mutter die väterliche Delegation verstärkt hätte. Von der Mutter kam aber ganz das Gegenteil. Sie entsprang einem Vier-Schwestern-Haushalt und hatte eigentlich nichts mit Männern im Sinn, lief – wie Tochter Eva später ebenso – interesselos neben den gesellschaftlichen Aktivitäten ihres Mannes her, wollte Töchter, bekam sie und wollte auch die Rolle Hausfrau von ihnen verwirklicht sehen. Als Eva zum («männlichen») Abenteurerdasein tendierte und sich als Adolfs Page einzurichten versuchte, hetzte die Mutter dagegen, nicht weil ihr dieser *Mann* suspekt war, sondern der Status des Verhältnisses ihrer Tochter zu ihm. Sie drängte auf Heiraten – gerade auf das, was mit diesem «Kandidaten» überhaupt nicht zu erreichen war.

«Die Mutter hat sie unablässig drangsaliert: ‹Was will dieser Mann von dir? Er behandelt dich wie eine Dirne. Wann heiratet er dich endlich? Du siehst aus, als ob du schwanger bist. Du verschwendest deine Jugend.› Mehr als einmal soll Eva gedroht haben: ‹Mama, wenn du nicht aufhörst, mich zu quälen, trenne ich mich von euch.›»¹⁰⁷

Eva trennte sich selbstredend nicht von der Familie. Die einander entgegengesetzten Mutter-Vater-Programme wirkten weiter in ihr, hefteten sie nur noch fester an Adolf Hitler, zerrieben ihr erwachsenes Leben in einem Aberwitz von Muttergefolgschaft, trotz des väterlichen Auftrags doch noch zu werden wie die Mutter, zu machen, was die Mutter will:

«Bis zum Schluß verfolgte Eva Braun nur ein einziges Ziel, nämlich die Eroberung Adolf Hitlers» als Ehemann.[108]

Unity Mitford wurde von ihrer Mutter zur britischen Patriotin erzogen. Vom Vater bekam sie den nach Deutschland weisenden zweiten Vornamen Valkyrie. Nun also mußte Unity britisch-germanische Patriotin werden, mit 20 Jahren sich in das Land begeben, in dem Patriotismus – = Vatergefolgschaft – am höchsten im Kurs stand. Sie mußte Faschistin werden und danach trachten, deutsche Verhältnisse auf den Britischen Inseln einzuführen. Sie bleibt – geistig reduziert durch den sich selbst zugefügten Schuß – zurück mit Mutter auf der kleinen Insel Inch Kenneth.

Gelis Leben verkomplizierte sich durch einander widersprechende Botschaften ihrer Mutter.

Angela Hitler wurde am 28. Juli 1883 geboren. Ihre Mutter, Franziska geborene Matzelsberger, die zweite Ehefrau ihres Vaters Alois Hitler, starb ein Jahr nach ihrer Geburt am 10. August 1884 an Lungentuberkulose. Angela wuchs unter der Stief- und Hitler-Mutter Klara geborene Pölzl auf, der dritten Ehefrau ihres Vaters.

Gegen Geli, die Tochter Angelas, trafen zwei einander unversöhnliche Strebungen. Angela (Mutter) wollte sich mit Angela (Tochter) den Verlust ihrer eigenen Mutter heilen, wollte die Tochter Geli als Mutter, das heißt, groß; dazu mußte die Tochter der Mutter nah bleiben, was sie im Kleinsein hielt.

Die Interessen Gelis für Medizin und Gesang, gemeistert von einer selbständig werdenden Erwachsenen, hätten irgendwann zur Entscheidung geführt, Sängerin oder Ärztin zu werden: Sängerin = die große entfernte, allgemein sichtbare, Ärztin = die nahe, heilende Frau. Da Geli aber unablässig mit ihrer Mutter pendelte, immer wieder mit ihr Zeiten auf dem Obersalzberg und in München verbrachte, kam sie in keinem der Studien voran, war es ihr unmöglich, das mütterliche Programm für sie zu entwirren und es mit einem eigenen, erwachsenen Lebensplan in Harmonie zu bringen.

Die Nähe zu ihrer Mutter verlangte Geli ab, drei Strebungen gerecht zu werden: Identifikation mit der Mutter – Angela Raubal war Hausfrau. Dem widersprach die Delegation der Mutter zur selbständigen Berufstätigen, zur emanzipierten Ärztin oder großen Sängerin. Dem widersprach der Wunsch der Mutter nach bleibender Nähe einer mutterheilenden, mutterersetzenden Tochter, wodurch die Tochter lebenslang kindisch sein mußte und blind für die Gefahren des Gewaltonkels wurde.

Emmy hatte es gegenüber Eva, Unity und Geli gut. Ihre Mutter starb rechtzeitig. Somit schwächte sich die Strömung ab, die besonders aus dem Leben der Mutter Zufluß bekam (die Delegation zur Schauspielerin). Es verstärkte sich die der Delegation schon von früh an unterlagernde Identifikation mit der Mutter: die Tochter kann im nachgelebten Sein der Mutter ruhig werden:

«Jedes Mal, wenn wir mit dem Paketpacken fertig waren, gab ich einen Adventstee. Bei meiner Mutter in Hamburg war es auch Sitte gewesen, daß sie, wenn auch in kleinerem Kreis, einen Adventstee gab, jedes Jahr, und mit so viel Liebe und Gastfreundschaft, daß ich ihn nie vergessen konnte. Und so machte ich es nun im großen Stil. Von den Lichtkronen im großen Saal hingen am Silberband die bunten Weihnachtskugeln von den thüringischen und fränkischen Glasbläsern. Die Wände wurden mit dichtem Tannenreis besteckt, auf jedem Tisch standen Kerzen auf Weihnachtszweigen, und allerschönste Weihnachtsbäckerei lud überall zum Naschen ein. Das Schönste für mich waren die Lieder, die gemeinsam oder als Solodarbietungen gesungen wurden. Kolleginnen und Kollegen von der Staatsoper kamen nach Carinhall heraus und sangen alte Weihnachtslieder oder die unvergleichlichen Gesänge von Peter Cornelius. Zu diesen Empfängen lud ich die Damen der Diplomaten, die Ministerfrauen und die früheren Kolleginnen des Staatstheaters ein, und selbstverständlich die Frauen unserer Freunde. Es kamen immerhin über dreihundert Gäste. Das war für mich der Auftakt zum Weihnachtsfest.» [109]

Daß der Preis für diese im Muttereinklang gefundene innere Balance zu hoch war, macht Klaus Mann in seinem Brief an Emmy
Göring, den er ihr nach ihrer Eheschließung mit Hermann
schrieb, scharfzüngig deutlich.

Ob Emmy den Brief gelesen hat, ist nicht überliefert. Klaus
Mann schrieb ihn in der Emigration. Der Brief ist in Deutschland
eingetroffen. «Er fand sich... in den Geheimakten der Gestapo
mit der Notiz Görings: ‹Wer ist Klaus Mann?› Das ‹Geheime
Staatspolizeiamt› antwortete: ‹Der Sohn des berüchtigten Schrift-
stellers und Halbjuden Thomas Mann.›»[110] Hermann Görings
Kenntnisnahme des Schreibens ist mit diesem Beleg gesichert.
Der «Brief erschien am 21. April 1935 im ‹Pariser Tageblatt›, ferner in der Tarnschrift ‹Deutsch für Deutsche›»[111].

«Anfang April 1935
Sehr geehrte Frau Ministerpräsident,
leider hatte ich niemals die Gelegenheit, Sie auf der Bühne zu bewundern. In die kleine Stadt, wo Sie früher spielten, kam ich selten, und als
Sie dann nach Berlin verpflichtet wurden, fand ich es dort schon nicht
mehr gemütlich. Ich bin also nicht imstande, Ihnen Komplimente über
Ihre schauspielerischen Leistungen zu machen. Jedoch, ohne Sie je gesehen zu haben, besitze ich, sehr verehrte Frau Flugwesenminister, einen
höchst lebendigen Eindruck von Ihnen. Das machen nicht nur die vielen
Photos, die man letzthin von Ihnen sah – man hat mir auch manches von
Ihnen erzählt, wir haben gemeinsame Bekannte. Sie genießen einen guten Ruf in Künstlerkreisen. Man versichert mir, Sie seien eine gutmütige
und fein empfindende Person. Ich glaube das gerne. Gutmütig – heißt es
bei Schiller, mit dem Sie Ihre Vergangenheit ja vertraut gemacht hat –,
gutmütig sind sie alle.
Nun haben Sie sich ja freilich hoch erhoben über die Künstlerkreise, in
denen so viel freundlicher Klatsch über Sie umging, Himmel, was haben
Frau Landesmutter für eine Karriere gemacht: Alle Primadonnen der alten und neuen Welt können zerplatzen vor Neid – so was hat keine erreicht. Der legendenumwobene Herr Gemahl nennt mehr Titel sein eigen
als weiland der König von Frankreich. Gewiß verwöhnt er Sie aufs aller-
reizendste – die Welt weiß ja, was er Ihnen schon alles geschenkt hat und
was es kostet. Zu jeder neuen Uniform, die er sich schneidern läßt, gibt es
für Sie ein neues Abendkleid in der dazu passenden Farbe. Und diese
Hochzeit: Plötzlich erleben wir, wie ein Land, das sonst Geld, was ihm

nicht gehört, nur für gediegene Zwecke – etwa für Kriegsrüstungen oder für Spionagedienst – ausgibt, nennenswerte Summen springen läßt für Blumenregen und Schlemmereien – alles Ihnen zu Ehren. Der einfallsreiche Herr Gemahl landete vor Ihrem Schlafgemach als ein klirrender Lohengrin in einem hochmodernen Schwan. Und was für Hochzeitsgäste Sie hatten: sämtliche alten Mitkämpfer, die Ihr flotter Gatte noch nicht hatte umbringen lassen, waren darunter: Mitkämpfer Kerrl und Mitkämpfer Streicher überboten sich in harmlosen Witzigkeiten. Das Tischgebet sprach der Müller, der seine Kollegen in ihren Pfarrhäusern verprügeln läßt. So viel zu lachen gab es nie im Provinztheater, wo ich nicht die Gelegenheit, Sie zu bewundern, hatte. Ihr gutmütiges Herz, Frau Jagdminister, muß jubiliert haben den ganzen Tag. Alles schaute auf Sie und Ihr junges Glück – vielleicht mit gemischten Gefühlen, aber es schaute. Waren Sie da glücklich, Frau Ministerpräsident?

Es ist dies die Frage, die ich Ihnen vor allem stellen wollte. Psychologische Neugierde ist eine angeborene Eigenschaft, das wird man nicht los, Ihr glanzvoller Fall aber reizt die psychologische Neugierde besonders heftig. Hand aufs Herz, liebe Generalin, sind Sie eine glückliche Frau?

Gibt es nichts, was Sie stört? Hat Ihr Eroberer derartig starke Reize, daß er Sie alles vergessen macht, woran das gutmütige und feine Herz einer Künstlerin sonst Anstoß nehmen könnte? – Ihre verklatschten Kollegen von ehemals erzählen, daß Sie ‹Nichtarierin› sind: unsereiner ist ja da nicht so eingeweiht. Wie dem auch sei: aber ist Ihnen nicht ein bißchen sonderbar zu Mute gewesen, als Sie einem besonders lustigen Gesellen aus dem Freundeskreis des galanten Gatten, dem Frankenführer Streicher während des Cercle im Opernhaus die Hand schütteln mußten? Sie wissen doch, was der alles angestellt hat? Stinken seine Hände nicht? Doch sie stinken.

Den grotesken Pomp, mit dem man Ihre Hochzeit ins Lächerliche zog – die Hochzeit einer alternden Dame mit dem dickbäuchigen Witwer, der seit Jahren Ihr Freund war –, den haben Sie wohl aus Staatsraison hingenommen. (‹Spiele fürs Volk›: wenn es schon einmal einen Tag lang kein Blut fließen sieht, dann soll es doch roten Sekt fließen sehen – auf den Tischen der ‹Führer›.) Aber haben Sie denn nicht die Beleidigung empfunden, die Ihr Hermann Ihnen zugefügt hat, gerade am Hochzeitstag? Ich meine nicht die Geschichte mit der Sonnemannstraße in Frankfurt am Main, deren Name geändert wurde: für diesen Scherz gab es vielleicht gute Gründe. Ich meine vielmehr die schauerliche Tatsache, daß die Gesellschaft, in die sie hineingeheiratet haben, zwei Menschen hinrichten ließ, eben während Sie zur Trauung schritten – zwei Menschen, die in der Nähe waren, als im Verlauf eines Zuhälterzankes jemand erschossen wurde. Über die kam das Beil, während der Kerrl so launig war und der General des nächsten Weltkrieges Sie mit der Minna von Barnhelm verglich. Glauben Sie denn wirklich, Minna hätte diese Schmach geduldet? Wie schämt sich Lessing ob dieses unverschämten Vergleiches. Aber schämt sich nicht Ihr ‹mütterliches› Herz?

Hat es nicht auch sonst tausendfachen Anlaß, zusammenzuzucken und sich nie mehr zu beruhigen? Ekeln Sie sich denn nie? Und wenn Sie sich schon nie ekeln: haben Sie niemals Angst? Es kommen doch Stunden, da Sie allein sind – der Hochzeitsrummel kann nicht ewig währen, und es gibt nicht jeden Abend großes Diner. Der dicke Herr Gemahl ist unterwegs – er sitzt vielleicht in seinem Büro und unterschreibt Todesurteile oder er inspiziert Bombenflugzeuge. Es ist dunkel geworden, Sie sind einsam in Ihrem schönen Palais. Kommen da nicht Gespenster?

Treten hinter den üppigen Portieren nicht die Erschlagenen aus den Konzentrationslagern hervor, die zu Tode Geschundenen, die auf der Flucht Erschossenen, die Selbstmörder? Erscheint nicht ein blutiges Haupt? Es ist vielleicht Erich Mühsam – ein Dichter, und es war doch Ihr Beruf, Dichterworte zu sprechen, ehe Sie die Mutter eines verdammten Landes wurden, das von seinen Dichtern die Mutigen totschlägt oder verbannt. Oder es ist Ossietzky – er sieht schrecklich zugerichtet aus, und das nur, weil er sich zum Frieden bekannte. – In seinen frechsten Momenten führt aber auch Ihr geschmückter Gemahl noch immer den Frieden im Munde. Und wenn von Frauenehre die Rede ist, denken Sie da nicht an die Arbeiterfrauen und an die Pazifistinnen, die man verspottet und geschlagen hat? Oder an die Selbstmörderinnen von London? Finden Sie, verehrte Künstlerin, daß Ehre nur jene bestialischen Turnlehrerinnen verdienen, die man zur Beihilfe an Morden ins Ausland verschickt, wie unlängst im Falle Formis?

Gelingt es Ihren Gedanken – die erzogen sein sollten an den deutschen Klassikern, aber wohl schon verdorben sind durch eine neudeutsche Ethik – gelingt es Ihnen denn, sie fern zu halten von all dem? Spielen Ihre Finger so ganz unbekümmert mit den Juwelen, die der Märchengatte Ihnen geschenkt hat? Schmerzt Sie das Diadem für 40 000 RM nicht in der blonden Frisur? Lady Milford warf ihre Juwelen hin, als sie erkannte, womit sie bezahlt waren. Aber vielleicht ist die Milford nicht Ihr Fach...

Und wenn Sie schon unempfindlich sind gegen das arge Gesicht der Gespenster: stellen Sie sich nicht vor, daß auch einmal Lebende in die Räume Ihres Schlosses stürmen könnten? Aber die plaudern dann keine Scherzreden mehr. Was werden Sie antworten, Schauspielerin Sonnemann, wenn man auch Sie zur Verantwortung zieht – auch Sie, da Sie sich ja zur Mitschuldigen machen: Dann berufen Sie sich vergeblich auf Ihr

gutmütiges und feinsinniges Herz. Sie haben es jetzt gar zu sehr zum
Schweigen gebracht. Sie haben sich verdammt gut verstellt, Schauspielerin, Sie gleichen aufs Haar einer jener gewissenlosen Personen, die wir
aus den Stücken der Klassiker kennen: für eine Handvoll Edelsteine, für
einen schönen Namen und ein schönes Kleid vergessen Sie alles, überse-
hen Sie alles, lassen das Ärgste geschehen und sind am Ende nicht besser
und werden am Schluß nicht weniger gehaßt als Ihr mörderischer Gemahl.» [112]

## Carin Göring –
## Muttertochter sucht Muttersohn

Das Ähnliche zwischen Emmy, Eva und Magda: sie flogen auf ihre Unholde und hielten eisern an ihnen fest. Die Steigerung «bis in den Tod hinein» wäre auch bei Emmy möglich gewesen, auch sie war dazu bereit.

Hermann, Adolf und Joseph waren Spezialausgaben der psychischen Charakteristik eines Muttersohns, wuchsen auf mit Vaterschwierigkeiten, blieben lebenslänglich lösungslos in der seelischen Nähe zu ihren Müttern. Jeder litt unter einem anderen Typ von Vatermangel, einer anderen Ursache väterlicher Insolvenz, die zur Mutternähe führte.

Hermann Göring wurde von Abstammungs- und Zuordnungsproblemen geplagt. Seine Mutter, Franziska Tiefenbrunn, heiratete den 26 Jahre älteren Dr. jur. Heinrich Ernst Göring in – für ihn – zweiter Ehe. Sie war 19, er 45. Zum Altersunterschied kam eine Klassendifferenz: Vater – hoher kaiserlicher Diplomat, Mutter – Kellnerin (entstammte einer bayrisch-österreichischen Bauernfamilie).

Hermann war das vierte Kind der insgesamt fünf Kinder seiner Mutter. Er hatte einen älteren Bruder (Ältester), zwei ältere Schwestern und einen jüngeren Bruder, dazu fünf Halbgeschwister aus der ersten Ehe des Vaters, dessen erste Frau nach der Geburt des fünften Kindes gestorben war.

Vater Heinrich Göring leitete 1885 bis 1890 als «erster Reichskommissar» die deutsche Kolonie Südwestafrika. Ab 1890 war er Generalkonsul auf Haiti.[1] Da er die Position eines Gouverneurs einnahm, erhielt er den Titel «Minister-Resident»[2].

Das Ehepaar Göring freundete sich in Afrika mit dem deutsch-jüdischen Arzt Dr. Hermann Epenstein an. «Epenstein hatte die Görings als Arzt im Kolonialdienst kennengelernt.»[3] «Dr. Epenstein blieb Junggeselle. Er reiste viel und genoß sein Leben. Als Arzt praktizierte er kaum, leistete jedoch Franziska Göring Hilfe, als sie in Afrika ihr erstes Kind zur Welt brachte.»[4]

Wie nah die Freundschaft zwischen Mutter und Epenstein zur Zeit von Hermann Görings Entstehung – April 1892 – gediehen war, läßt sich, wie immer bei solchen Delikatessen, nicht verifizieren. Auffällig war jedoch, daß Mutter Göring für die Geburt ihres vierten Kindes – und nur für diese – im Oktober 1892 eine beschwerliche Schiffsreise nach Deutschland auf sich nahm, um das Kind in dem von Epenstein empfohlenen «Sanatorium Marienbad bei Rosenheim in Oberbayern»[5] am 12. Januar 1893 zur Welt zu bringen und ihm den Vornamen ihres Freundes Hermann zu geben. Bewiesen ist, daß während Hermann Görings Kindheit die Eltern mit einem Arrangement lebten, das dem Jungen Schwierigkeiten bereitete.

Zunächst reiste Franziska Göring sechs Wochen nach der Geburt Hermanns wieder nach Haiti und gab zuvor ihr Kind der mit ihr befreundeten Familie Graf in Fürth in Pflege. Dort lebte Hermann drei Jahre lang ohne Kontakt zu seinen Eltern! 1896 ließ sich Heinrich Göring pensionieren und kam mit Kindern, Frau und Geliebtem der Frau nach Deutschland zurück.

Franziska Göring und Hermann Epenstein lebten ab nun in einem von Heinrich Göring tolerierten Liebesverhältnis in den drei luxuriösen Besitzungen des Dr. Epenstein: einer Berliner Stadtvilla, dem Schloß Mauterndorf in Österreich, nahe der bayrischen Grenze, und der Burg Veldenstein, 25 Kilometer von Nürnberg entfernt. Veldenstein wurde zum Hauptsitz der Familie Göring.

Wie sollte sich der kleine Hermann mit seinem bürgerlichen Vater identifizieren, den er als erotisch berenteten Altenteilhocker erleben mußte (53 Jahre älter als der Sohn), der sich die Beziehung seiner Frau mit dem anderen Mann gefallen ließ, vom neuen Paar geduldet, in dessen Prunk er mit durchgezogen wurde?! «Sein Vater war eine Null geworden, ein Mann, der nur noch seinen Erinnerungen lebte.»[6]

Der soziale und möglicherweise biologische Vater, der Aktualpartner der Mutter, Hermann Epenstein, entfaltete eine Pracht, die den Jungen in Märchenwelten versetzte. Dr. Epenstein war ein sogenannter «getaufter Jude». «Den Titel eines ‹Ritters von Epenstein› hatte er durch geschickt gezielte Schenkungen erworben»[7] – 1910. Seine Versessenheit aufs Germanische, besonders auf das deutsche Mittelalter, trieb Blüten, die den Knaben verwirrten. Epenstein kaufte die alten Gemäuer Mauterndorf und Veldenstein und ließ sie renovieren, liebte es, sich selbst in mittelalterliche Kostüme zu kleiden und – als wäre die vergangene Zeit ein Stück von ihm – in burgherrlicher Manier zu residieren. Er war autoritär und zwanghaft, nannte sich «Pate» gegenüber Hermann, spielte sich als Vater auf, gewährte dem Kind ein materiell sorgloses Leben. Aber er war dem Jungen dubios, weil er der Mutter den Nachname-Vater wegnahm.

Seelisch verlief das Leben des kleinen Hermann keineswegs sorglos, preßte sich zusammen unter der Frage: «Wer ist mein Vater, wen soll ich *wie* in mir aufbauen?» Schließlich konnte er keinen von beiden Vätern akzeptieren.

Ab Hermann Görings zehntem Lebensjahr verflüchtigten sich die väterlichen Einflüsse um weiteres. Er kam auf ein Internat in Ansbach, benahm sich dort so schwierig, daß er die Schule nach einem Jahr verlassen mußte und «mit Hilfe der Beziehungen Epensteins bereits im darauffolgenden Jahr einen Platz in der Kadettenanstalt von Karlsruhe»[8] erhielt. In dieser Anstalt begann Hermann Görings Ausbildung zum Soldaten, die er mit 18 Jahren in der Hauptkadettenanstalt von Großlichterfelde bei Berlin abschloß.

Adolf Hitler bekam Abstammungsprobleme von Vater Alois übermittelt, der der uneheliche Sohn der Dienstmagd Maria Anna

Schicklgruber war. Nach ihrem Tod und dem Tod ihres später geheirateten Ehemannes, Johann Georg Hiedler, legitimierte sich Alois mit fast 40 Jahren als ehelicher Sohn dieser beiden, der er zweifelsfrei nicht war, sonst hätte sein Stiefvater Hiedler ihn selbst legitimiert oder adoptiert.

Aus dem kleinen Alois, dem späteren Vater Adolfs, wurde ein Wüterich. Er schlug den Sohn, vertrieb den älteren 14jährigen Halbbruder Alois, der aus der Beziehung des Vaters mit der von ihm ein Jahr danach geheirateten Franziska Matzelsberger stammte.

Vater Alois brachte zwei Frauen ins Grab, unterhielt ein Verhältnis mit seiner Nichte Klara Pölzl, die im Haushalt diente, während seine zweite Frau kränkelte und alsbald im Sterben lag, zeugte ziemlich unmittelbar nach dem Tod der Franziska Hitler mit Klara das erste ihrer sechs gemeinsamen Kinder, wollte sie dann heiraten, was von der höchsten kirchlichen Landesstelle wegen Verwandtschaft der «Brautleute» abgelehnt wurde. Der Papst gab schließlich seine Einwilligung.

Die ersten drei Kinder von Klara und Alois Hitler starben im Kleinkindalter. Adolf, geboren 1889, war das vierte Kind, das erste, das überlebte.

Daß die Mutter auf ihn nicht nur ihre drei verstorbenen Kinder, besonders die kurz vor Adolfs Geburt gestorbene zweijährige Tochter Ida übertrug, sondern ihn auch als einen «Heilsbringer» erlebte, erzwang die «Schicksals»-Konstellation.

Der Vater war 23 Jahre älter als die Mutter, 52 Jahre älter als Adolf. Mutter und Sohn schlossen sich eng gegen den Familientyrannen zusammen, der starb, als Adolf 14 war. Die Mutter erkrankte später an Krebs.

«Im November 1907 geht er [Adolf] wieder nach Urfahr bei Linz zurück und übernimmt die Pflege seiner von dem jüdischen Arzt Dr. Eduard Bloch bereits als unheilbar aufgegebenen und vom Tod gezeichneten Mutter. Er führt den Haushalt, überwacht die Schularbeiten seiner Schwester Paula, wäscht, scheuert, kocht das Essen für die Mutter, für seine Schwester und für sich und versieht die Funktion des Familienvorstands. Dr. Bloch, der nicht nur Klara Hitler, sondern auch Adolf Hitler

bereits vorher persönlich kannte, erklärte im November 1938: ‹In innig-
ster Liebe hing er (Adolf Hitler) an seiner Mutter, jede ihrer Bewegungen
beobachtend, um rasch ihr kleine Hilfeleistungen angedeihen lassen zu
können. Sein sonst traurig in die Ferne blickendes Auge hellte sich auf,
wenn die Mutter sich schmerzfrei fühlte.› Am 23. Dezember 1907, einen
Tag vor Heiligabend, läßt Hitler seine Mutter auf dem Friedhof in Leon-
ding neben seinem Vater bestatten. Bloch erinnerte sich: ‹Ich habe in
meiner beinahe 40jährigen ärztlichen Tätigkeit nie einen jungen Menschen so schmerzgebrochen und leiderfüllt gesehen, wie es der junge
Adolf Hitler gewesen ist.›»[9]

Hitler machte aus seiner Nähe zu seiner Mutter nie einen Hehl,
nannte sich selbst in «Mein Kampf» ein «Muttersöhnchen»[10].
Auch nachdem er aus der Verwöhntheit durch seine leibliche
Mutter herausgekommen war und in Wien seine «fünf Jahre
Elend und Jammer» «als Hilfsarbeiter» und «kleiner Maler»[11] ver-
bringen mußte, blieb Adolf Sohn von großen Weiblichkeiten:

«. . . und was damals mir als Härte des Schicksals erschien, preise ich heute
als Weisheit der Vorsehung. Indem mich die Göttin der Not in ihre Arme
nahm . . .
     Das danke ich der damaligen Zeit, daß ich hart geworden bin und hart
sein kann. Und mehr noch als diese preise ich sie dafür, daß sie mich losriß
von der Hohlheit des gemächlichen Lebens, daß sie das Muttersöhnchen
aus den weichen Daunen zog und ihm Frau Sorge zur neuen Mutter
gab . . .»[12]

Aus seiner alten und neuen Muttersohnschaft wuchs Adolfs Haß
auf seine zwei lebenslänglichen Feinde, die er sich konstruierte:

«In dieser Zeit sollte mir auch das Auge geöffnet werden für zwei Gefahren, die ich beide vordem kaum dem Namen nach kannte, auf keinen Fall
aber in ihrer entsetzlichen Bedeutung für die Existenz des deutschen Volkes begriff: Marxismus und Judentum.»[13]

Hitlers ehemaliger Pressereferent, Ernst Hanfstaengl, bringt
Adolfs Mutterbindung auf den Punkt. Hanfstaengl hatte Hitler im
Sommer 1934 in der Reichskanzlei antreffen wollen. Hitler war
«kurz vorher mit seiner Begleitung nach München abgefahren»[14].

«Da wir uns allein in der sonst so belebten Wohnung [der Reichskanzlei] befanden, stieg in mir der Wunsch auf, wie zum letzten Lebewohl einen Blick in Hitlers von mir noch nie betretenes Schlafzimmer zu werfen. Ein völlig unpersönlicher, schmuckloser Raum, wie man ihn in jedem besseren Hotel findet, mit zwei Fenstern nach dem Hof. Schon wollte ich mich abwenden, da gewahrte ich die stark vergrößerte Photographie von Hitlers Mutter gerahmt auf einem ungefähr vier Meter entfernten Tischlein an der rechten Seitenwand stehen.

Es war der gleichen Photographie nachgebildet, die Hitler bekanntlich während des ganzen Ersten Weltkriegs im Brustbeutel bei sich trug. Sie war sein Talisman während seines jahrelangen Kampfes und wohl sein teuerster Besitz. In einem noch mädchenhaften Antlitz ein ausdrucksvoll-besorgtes Augenpaar rätselhaft jenseitig in der Wirkung, fast hypnotisierend ... durch die Vergrößerung. Ich stand wie versteinert. Eine ganze Welt stieg in mir auf. War das nicht die Lösung des Rätsels?

Eine durch die Ehe mit einem gefühlsarmen Manne leidgeprüfte Mutter, wohl Hitlers früheste gläubige Zuhörerin, die Keimzelle jener zu einem Millionenheer angewachsenen Gefolgschaft, der magnetische Pol seines notwendigerweise auch gegen den brutal veranlagten Vater gerichteten Sinnens und Trachtens – Resultat eine Ödipus-Situation ...» [15]

Joseph Goebbels kam am 29. Oktober 1897 in Rheydt bei Düsseldorf zur Welt. Er war das vierte Kind seiner Eltern Friedrich und Maria Katharina Goebbels geborene Odenhausen. Er hatte zwei ältere Brüder, sollte ein Mädchen werden, seiner Mutter die Drittgeborene und früh verstorbene Maria ersetzen. Sein Vater war Arbeiter, hatte sich vom Laufburschen in einer Rheydter Dochtfabrik zum Buchhalter und schließlich zum Prokuristen der Firma hochgearbeitet. Joseph charakterisiert den Vater unmittelbar nachdem er von dessen Tod erfahren hat, lobt des Vaters «Klugheit», «Fleiß», «Pflichttreue», «Verantwortungsfreudigkeit», «Sparsamkeit», «Strenge der Lebensführung», «spartanische Zucht», «preußische Geradheit». [16]

Joseph schreibt am 11. Dezember 1929 in sein Tagebuch über den Vater:

«Er war ein ganzer Mann. Ein Kerl! Ein Pflichtmensch. Ein Fanatiker der Arbeit. Ein Berserker der Hingabe an seine Aufgabe.» [17]

Sosehr Joseph den Vater lobt und er aufdreht in Trauerbekundungen, rutscht ihm doch der Vergleich mit einem der scheußlichsten Vater-Sohn-Verhältnisse der Männergesellschaft in die Feder: Vater Goebbels wird in Josephs Erinnerung zum Preußenkönig Friedrich Wilhelm I., er selbst zu dessen Sohn Friedrich dem «Großen». Die Beziehung dieser beiden wurde nur noch überboten vom Horror, der zwischen Zar Peter I. und seinem Sohn Alexei geherrscht hat. Wenn nicht der preußische Kronrat eingeschritten wäre und sich geweigert hätte, den Willen des Königs zu vollstrecken, dann hätte Friedrich Wilhelm I. seinen Sohn Friedrich II. nach dessen gescheitertem Fluchtversuch hinrichten lassen.

Joseph bescheinigt auch seinem eigenen Vater sadistische Züge: «...hatte er [der Vater] immer das Bedürfnis, sie [die Mutter] durch kleine Finessen und Schikanen zu quälen...»[18]

Vater Goebbels fand, wegen der Kränklichkeit und der sich festwachsenden Verstümmelung des Sohns, keinen Zugang zu ihm.

«Als Kleinkind wäre er [Joseph] beinahe an einer Lungenentzündung ‹mit grausigen Fieberphantasien› gestorben. Er kam durch, blieb aber ein ‹schwächliches Kerlchen›. Kurz nach der Jahrhundertwende erkrankte Joseph an einer Knochenmarksentzündung» – um sein fünftes Lebensjahr.[19]

«Trotz der wenigen Angaben, die Joseph Goebbels über sein Leiden macht, läßt sich sagen, daß er unter einem neurogenen Klumpfuß infolge einer Knochenerkrankung litt...: ‹Der rechte Fuß... ist mit der Sohle so nach innen gekehrt, daß er mit dem Unterschenkelknochen fast einen rechten Winkel bildet. Die Gegend der Gelenkverbindung des Fußes ist stark deformiert, Fuß verkürzt, verdickt. Der linke Fuß ist 21,5 cm lang, der rechte hingegen (maximale Länge) 18 cm.»[20]

Eine Entwicklung Josephs zum «normalen Jungen» war nach diesen Ereignissen nicht mehr möglich. Er wurde der Liebling der Mutter.

Maria Katharina Goebbels war «Holländerin von Geburt», kam «erst als heranwachsendes Mädchen nach Deutschland», konnte nie richtig Deutsch sprechen, weil sie diese «Sprache nicht auf der Schule» gelernt hatte.[21]

«Mit ihr verband Joseph eine besonders innige Verbindung, und auch sie war ihrem Viertgeborenen sehr zugetan. Vielleicht habe sie ausgerechnet ihn so ‹abgöttisch› geliebt, weil sie bei seiner Geburt beinahe ihr Leben verloren hätte, meinte er später; sie habe wohl die Liebe, ‹die sie ihrem Manne schuldig geblieben› sei, diesem Sohn geschenkt. Die Mutter, die er später ihrer ‹rätselhaften Einfachheit› wegen geradezu verklärte, war ihm die ‹beste und treueste Bewunderin›. Sie blieb zeitlebens sein Bezugspunkt im Elternhaus, das ihm bis Mitte der zwanziger Jahre eine Art Fluchtburg sein sollte.»[22]

Als Joseph nach der Beerdigung des Vaters von zu Hause wegfuhr, jubelte er:

«Gute, gute Mutter, wie froh bin ich, daß ich Dich noch habe!... Und ich fühle mit Inbrunst das Glück, noch diese Mutter zu besitzen. Sie soll mein liebster Kamerad sein. Weg! Schwerer Abschied. Leb wohl, Mutter! In 2 Wochen bin ich wieder da.»[23]

Goebbels ist bei Niederschrift dieser Sätze 32 Jahre alt. Ein treffenderer Mutterbindungsbeleg läßt sich kaum finden. Joseph webt sich und seine Mutter ein mit unverbrüchlicher Festigkeit von Gefühl, Inbrunst, Glück, Besitz und liebstem Kamerad!

Als Drittmachthaber des Dritten Reiches ließ Goebbels sich, außer von seinem «Führer», von niemandem mehr etwas sagen – nur von seiner Mutter.

«... als er Minister wurde und die ersten biographischen Broschüren erscheinen ließ, gab [er] strengen Auftrag zu verschweigen, daß seine Mutter als Kind holländischer Eltern in Holland geboren wurde und dort ihre Kindheit verlebte. Dagegen betonte er gerne in der Öffentlichkeit, daß seine Mutter für ihn ‹die Stimme des Volkes› repräsentiere und daß er in schwierigen Fragen die Entscheidung am liebsten dem gesunden Menschenverstand dieser ‹einfachen alten Frau aus dem Volke› überlasse.»[24]

Am 29. Januar 1942 notierte er: «Ich gehe abends zu einem kurzen Besuch zu Maria [13 Jahre jüngere Schwester Josephs] und spreche mich ausführlich mit meiner Mutter aus, die mir ein Sprachrohr der Stimmung des Volkes ist. Sie kennt die Stimmung des Volkes besser als die meisten Experten der Volksstimmung, die sie von der hohen Warte wissenschaftlicher Erfahrungen aus beurteilen, während hier die Stimme des Volkes selbst spricht. Ich kann wieder sehr viel lernen; vor allem, daß das Volk meistens viel primitiver ist, als wir uns das vorstellen.»[24a]

Goebbels beschwört diesen Mutter-Sohn-Einklang neun Tage nach der «Wannsee-Konferenz», der Sitzung der Vertreter aller deutschen Behörden, die an der Praxis der Ermordung der Juden – genannt «Endlösung» – beteiligt waren.

Am 9. 8. 1932 hatte er eine aufschlußreiche Parallele gezogen:

«Abends erzähle ich von zu Hause. Von Vater und Mutter. Beide haben mit Hitlers Eltern eine frappante Ähnlichkeit. Hitler ist ganz betroffen davon. Wir kramen alte Erinnerungen aus. Das ist immer das Schönste und Rührendste. Hitler hat fast genau dieselbe Jugend durchgemacht wie ich. Der Vater Haustyrann, die Mutter eine Quelle der Güte und Liebe.» [25]

In meinem Buch «Muttersöhne» habe ich immer wieder darauf hingewiesen, daß Muttersöhne frauenverwandt sind. Sie sind es physiologisch und psychologisch. Hitler, Goebbels, Göring sahen ihren Müttern ähnlich und übernahmen von ihnen viele sogenannt weibliche Verhaltensweisen. Wegen der Nähe zur Mutter gelang ihnen das Wegtrainieren der weiblichen Attribute schlecht. In ihrer Jugend wurden sie wegen ihrer femininen Sichtbarkeiten von den anderen Knaben und Jünglingen verlacht. Als gesellschaftliche Führer setzten sie später die verpönten Attribute ein, die ihnen bei Frauen *und* Männern zur größten Wirksamkeit verhalfen. Die sogenannte «Ausstrahlung», die immer und immer wieder an Hitler, Goebbels und auch an Göring von Zeitgenossen behauptet wird, entspringt einer Rollentravestie, die für jeden normalen Mann verboten ist, mit der der Führer aber seine Suggestivität erreicht.

Hitlers Körperbau als Kegel und nicht als nach unten spitz zulaufendes Dreieck, wie das Männerideal festgesetzt worden ist, war für ihn selbst Gegenstand der Scham. Er ging nie vor anderen Menschen (halb)nackt ins Wasser. Er vermied es, solange er konnte, sich vor Ärzten «freizumachen». Seine Hände waren frauenhaft zart, die Konturen seines Gesichtes weich, von Schnurrbart und «Stahlblick» eingezäunt, seine Bewegungen schwuchtelig ausladend, mit SA-Zack rigoros eingedämmt, «abgehärtet». Seine Gestik konnte sich rollenlos enthemmen. Seine Sprache, ursprünglich höher als das erlaubte baritonale Männerguttural, trainierte er tiefer als bei ihm naturgegeben, damit sie besonders männlich wirkte.

Er trat auf als oral versorgende Mutter, die Deutschland Brot bringen wird. Und er brachte Brot! Unter welch brachialen Umständen, steht auf einem anderen Blatt. Während seiner gesamten Leitungszeit machte er ständig sauber. Er reinigte Deutschland von einer ihm mißlich erscheinenden Gruppe nach der anderen.

Saubermachen ist *die* (hausfrauen)mütterliche Tätigkeit, die die Kinder neben Ernährung an ihrer Mutter wahrnehmen. Sie säubert die Wohnung, die Kleider, die Körper der Kinder. Mit dieser Tätigkeit identifiziert und sie mit Gewalt legiert, tritt bei Muttersöhnen immer wieder der wahnhafte Zwang in Erscheinung, in ihrem Einflußgebiet saubermachen zu müssen, ihnen unliebsame Menschen zu Dreck zu erklären, den sie eliminieren wollen.

Hitler fuhr wie göttinnengestützt, mit weiblichen Sonderaufträgen versehen, durch die Gegend, wenn er sich bei allen ihm nützlich erscheinenden Gelegenheiten auf die «Vorsehung» berief, die ihn begleitete, förderte, vor Mordanschlägen schützte. Er war instinktsicher, irrational, unberechenbar, wie es der klassische Rollenmann auf keinen Fall mehr sein darf. Und er war «emotional», charmant, schmeichelnd, was ihn bei Frauen so beliebt machte.

Goebbels schlug allem, was Mann sein soll, kraß ins Gesicht. Zum Mädchenhaft-Dünnen und Knabenhaft-Zarten kam das Behindertsein. Frauen mußten umgehend auf mütterlich «schalten», wenn sie mit ihm in näheren Kontakt treten wollten. Er lockte bei jedem Annäherungsversuch die Identifikation der Muttertochter mit ihrer Mutter hervor. Wegen dieser Identifikation springen Muttertöchter leicht auf das Jungenhaft-Kindliche der Muttersöhne an. Die Muttersöhne suchen in den Muttertöchtern Neumütter, mutterähnliche Situationen. Und sie selbst haben, wegen ihrer Mutterbindung, Knabenreste an sich, auf die die Muttertöchter positiv reagieren. Das Wilde und Ungebärdige wie das Weiche und Runde rufen in Frauen sogenannt mütterliche Gefühle ab.

Unter seiner Schreckpistolenphallik, mit der Goebbels sich in

die Seelen von Millionen Deutschen schrie, kultivierte er zwei un-
männliche, von der Mutter übernommene Tugenden, die ihn
schließlich zum liebsten und engsten Gefolgten Hitlers machten:

*Anpassung* – ein hochdotierter Mutterwert! Goebbels paßte
sich derart frappierend Hitler in allen Wendungen an, die der
«Führer» von ihm vor dem Volk vertreten haben wollte. Logisch
war nichts. Alles Führergewollte schmolz Goebbels zu einem Pro-
pagandabrei, den er über Deutschland schüttete, bis es unter ihm
erstickte.

*Selbstverleugnung* – die vom Patriarchat verlangte Mutter-
haupttugend! Goebbels glaubte außer an den «Führer», seinen
Herrn und Meister, an nichts im einzelnen. Er wollte nichts anderes als dem «Führer» zu Willen sein, sich ihm unterlegen mit allen
mörderischen Mitteln, die ihm zu Gebote standen.

Göring schwoll in den Umfang einer neolithischen Urmutter
hinein. Daß es keine innerlich oder äußerlich verursachten körperlichen Anomalien waren, bezeugen seine Maße zu Anfang der
20er Jahre und im Gefängnis ab 1945. In der späten Kampfzeit und
permanent in der Herrschaftszeit rundete er sich zur Dauer-
schwangerschaft. Aufgeblasenes Dicksein und Rechter-Winkel-
Bauch löschten jegliche Erinnerung an Mannkonturen aus. Wir-
tinnenhafte Herzigkeit zu allen, die bei ihm im Kreis persönlicher
Beziehungen «zu Gast» waren, erinnerte an den ursprünglichen
Beruf seiner Mutter – Kellnerin.

Die mannunerfahrenen Muttertöchter fliegen auf die Reste von
Weiblichkeit, die in Muttersöhnen gespenstern. Durch den Vatermangel wissen Muttertöchter nicht, wie Männer sind. Sie machen
sich letztlich nichts aus «richtigen» Männern.

Eine lesbische Latenz kennzeichnet ihr Leben, das gemeinhin
nicht in einer ausgelebten Liebesbeziehung zu einer Frau mündet,
nur in emotional aufgepumptem Frauenbeieinander. Entweder
wird die eigene Mutter «über alles geliebt», wie Emmy Göring es
tat, oder es treten Freundinnen auf, die mutternah heranrücken,
immer da sind, psychisch versorgen, nie fordern, die mit der Muttertochter stagnieren in frühem Mutter-Kind-Einvernehmen.

Magda Goebbels' zweites Ich, Eleonore Quandt – die genaue
Reflektorin der Situation –, durfte nie die Joseph-Frage stellen und
hätte auch keine Macht gehabt, Magda von ihm loszureißen. Ein
Spiegel war die Freundin der Freundin – jeden Tag. Aber wann
Magda vor den Spiegel trat und was sie dort sehen wollte, wie sie
sich gab, das bestimmte sie selbst. Sie benutzte die Freundin auch
als seelische Schminke, um das Debakel ihrer Bindung an Mutter
und Muttersohn zu überschmieren.

Eva Hitler brachte ebenso ein zweites Ich in ihrem Leben unter –
Herta Ostermayr, der nahezu alle Rechte vom «Führer» einge-
räumt wurden, die Eva selbst besaß. Dazu kam Evas jüngere
Schwester Gretl, die um sie war.

Emmy Göring lebte zehn Jahre (zwischen 28 und 38) in einem
Verhältnis mit einer Nächstfreundin und nach 1945 bis zu ihrem
Tod (fast 30 Jahre) mit ihrer Tochter zusammen. Emmy wußte
von der Befruchtung an, daß ihr Kind ein Mädchen werden würde.

Mit solchen Wünschen setzen Mütter erste Keime für die Entstehung von Muttersöhnen in die Welt, wie es Maria Katharina
Goebbels tat. Emmy hat Glück gehabt, so daß ihr Fötus wirklich
ein weibliches Baby wurde. Wird das gewünschte Mädchen jedoch
ein Junge, ist dessen Entwicklung zur Männlichkeit erschwert, ja
gestoppt, holt er der Mutter zuliebe sozio-psychisch nach, was er
versäumt hat, ihr körperlich zu erfüllen (Goebbels).

Muttergebundenheit läßt Frauen in einer unfruchtbaren Lesbik
stagnieren: sie sind einer Frau affektnah bis zum Geht-nicht-Nä-
her, aber sie wagen keinen Durchbruch zu erwachsenen körper-
lich-seelischen Liebesbeziehungen.

Was viel schlimmer ist: sie lauern auf den mütterlichen Vater,
den Gott, den Führer, den Versorger, auf den Muttertöchter dann
«abfahren», auf ihm aufprallen und sich bis in den Tod hinein mit
ihm verschweißen.

Alle drei Nazirepräsentantinnen hatten Erfahrungen mit anderen Männern. Jugendfreunde, erste Ehepartner – alles nichts, da
kam der Geschlechtsrollenquirl, und sie sagten: «Der ist es!»

Er? Das ist die Frage. Das allesfickende Kindermädchen Josepha,
die nichtfickende Tante Herfrau und die wunscherfüllende große

Mutter Adolphine? – so oder ähnlich müssen die Muttertöchter ihre Diktatoren halluziniert haben!

Der Muttersohn erinnert die Muttertochter nicht nur an ihre Mutter, er kratzt auch die Beziehung der Tochter zur Mutter nicht an.

Oft war das Zusammentreffen von Muttertochter und Muttersohn in einem Moment geschehen, da beide oder eine(r) von beiden eigentlich nicht fähig gewesen wäre(n), neue Partnerschaften einzugehen.

Quandt war im Trauerjahr nach dem Tod seiner ersten Frau, während Magda ihn um sie werben ließ. Als sie für Goebbels empfänglich wurde, lebte sie noch im aktuell funktionierenden Verhältnis mit Viktor Arlosoroff. Eva begann die Liebesbeziehung mit Adolf ein Vierteljahr nach Gelis Tod. Emmy stieg vergleichbar kaum später in Hermann ein, seine erste Frau war noch nicht ein halbes Jahr tot.

Es verbinden sich mit Muttertochter und Muttersohn zwei Menschen, die in ihren Bereichen bleiben, die in ihren Gegebenheiten einander nicht stören, vor allem, die ihre Bindung an ihre Mütter erhalten.

Für Muttersöhne sind Muttertöchter ideale Kooperateurinnen. Da Muttertöchter durch ihre Gebundenheit an die Mutter in einem psychischen Nest sitzen, können sie letztlich keine erwachsenen Partnerschaften eingehen. Sie wollen unter die göttlichen, heiligen, spendenden, so «verständnisvollen» (wie Emmy immer wieder von Hermann schwärmte) Mutterväter schlupfen, um weiter in Geborgenheiten einzusitzen. Dadurch können Muttersöhne mit Muttertöchtern machen, was sie wollen, vor allem bleiben sie in ihren gesellschaftlichen Traktierungen, die bis zum Völkermord gehen können, von Muttertöchtern ungestört.

Da das Gefesseltsein in der Mutterbindung den Zugang zur Gesellschaft verhindert oder erschwert, ist die Muttertochter dankbar, wenn der Muttersohn statt ihrer alles Gesellschaftliche regelt, wenn sie entweder gar nicht mit Gesellschaftlichem behelligt wird oder nur Hilfsdienste wie Repräsentieren beizutragen hat.

Zum Sich-Ausliefern an den Mann, Sich-ihm-Unterordnen

und zum Ihn-unberührt-Lassen kommt eine weitere Attraktion, die Muttertöchter für Muttersöhne darstellen. Da Muttertöchter wegen ihres Vatermangels von Männern nichts verstehen, fordern sie auch «keinen Mann» als Partner. Der Muttersohn wird von einer Muttertochter in seiner Frauennähe, in seiner verunstalteten Frauenhaftigkeit akzeptiert, ja gewünscht, denn er bringt der normwilligen Muttertochter Männergebein ins Haus, mit dem sich zu paaren – im Gegensatz zu vollzogenen lesbischen Beziehungen – patriarchalisch schwerst erlaubt ist.

Adolf ähnelte gesichtsstrukturell der Mutter Evas, sah anders aus als der Vater.

Ein Muttersohn wird von einer Muttertochter nicht als Schrulle enttarnt, was ihm ohne Meisterung maskulistischer Mimikry unter Männern oft widerfährt.

Seelisch unerreichbar (beide sind besetzt von ihren Müttern) und gesellschaftlich im Leerlauf nebeneinanderher lebend (sie stören einander in ihren Bereichen nicht) – diese beiden Merkmale garantieren die Dauer der Beziehung zwischen Muttertochter und Muttersohn, ihr Aneinanderhaftenbleiben.

Ein Rätsel ihres Aufeinanderfliegens, ihrer sogenannten gegenseitigen Anziehung, liegt in der Verfremdung ihres Rollenüberkreuzseins. Zur verdrehten Mädchenhaftigkeit des Muttersohns paßt die ungewordene Jungenhaftigkeit der Muttertochter.

Die Nähe der Tochter zur Mutter macht sie nicht nur «überladend» weiblich, sondern schmückt sie auch mit einigen Federn der Männlichkeit.

Ich habe das (Überkreuz-)Aufnehmen von Merkmalen des anderen Geschlechts in meinem Buch «Vatersöhne» an Männern in ihrer Beziehung zu ihren Vätern beschrieben. Die Nähe des Jungen zum Vater aktualisiert eine Teilweiblichkeit im werdenden Mann, die er im Gegensatz zu der von der Mutter übernommenen Weiblichkeit des Muttersohns nicht abzulehnen braucht. Vom Vater geliebt zu werden, rückt den Sohn an Frauen heran, weil er den Vater nur in Beziehungen zu Frauen gefühlvoll erlebt. Den Vater zu lieben, heißt nicht nur, mehr und mehr zu werden wie er, sondern auch, sich den Frauen anzugleichen, die den Vater lieben.

Ähnlich «Seitenverkehrt»-Sekundärgeschlechtliches bildet sich in der Beziehung der Tochter zur Mutter heran. Die Tochter erfährt die Mutter nur auf Männer bezogen liebend, also übernimmt sie männliche Attribute, wenn sie der Mutter nahe kommt und nah bleibt.

Diese männlichen Attribute der Muttertochter führen aber nicht zu einem Eintritt in die Männergesellschaft oder gar zur Fähigkeit zu deren Beherrschung. Sie sind nur Beiwerk, («Homo»-)Sexappeal für den nach Männlichkeit verlangenden Muttersohn.

Emmy Göring zum Beispiel war burschikos, geradeheraus, sagte immer ihre Meinung, konnte sich damit manchmal in Schwierigkeiten hineinreiten. Das ganze männergesellschaftliche Verstellungsgehabe hatte sie nicht «drauf».

Ein wesentlicher Reiz von Muttersöhnen, auf den Muttertöchter fliegen, ist ihre Detailnettigkeit. Wenn Muttertöchter Glück haben, hält das Nette wie bei Hermann Göring über die ganze Beziehung an. Adolf hat im Rahmen seiner Beziehungsmöglichkeiten Eva alles verwirklicht, was er ihr versprochen hat. Das tun Muttersöhne gegenüber Männern nie.

Es ist möglich, daß Hitler deswegen Großbritannien nicht besiegen, in es militärisch nicht eindringen wollte, weil er es seiner Freundin Unity Mitford versprochen hat, die er nach ihrem Selbstmordversuch während des Krieges permanent am Krankenbett in ihren letzten Monaten 1939 in Deutschland besuchte, wenn er in München war.

Über Hitlers Stopp vor einem Totalangriff auf Großbritannien gibt es viele Mutmaßungen, keine Klarheit. Hitler ließ es lediglich warnbomben, wollte es angeblich zu gemeinsamer Sache gegen andere Länder bewegen. Das Bomben mußte Göring machen, das gehörte in dessen Bereich! Die Generalität hatte sich auf einen Einmarsch in Großbritannien vorbereitet. Der Befehl kam nie.

Ebenso rätselhaft war Hitlers vegetarisches Essen, dessen er sich vor Gelis Tod nicht befleißigt hatte und unter dem er sogar litt, weil er es unprofessionell betrieb. Er ließ Fleisch «einfach» weg und nahm meist gekochte Speisen zu sich, vor allem zog er aus seinem Verhalten keine tierrechtlichen Folgen für das ganze Land, wozu er bei seiner in Deutschland nie zuvor gekannten absoluten Macht fähig gewesen wäre. Im Gegenteil, er bewirtete Gäste mit Fleisch, wollte nicht, daß sie ihm zuliebe auch auf Fleisch verzichteten. Die Fleischabstinenz war ein Signal für Geli, ein dreimaltägliches Gedenken an sie, eine postume Nettigkeit!

Goebbels wollte für Lida Baarova alles aufgeben, was er möglicherweise getan hätte, wenn Hitler nicht ein Veto gegen die Scheidung von Magda eingelegt hätte.

Die Nettigkeit der Muttersöhne kann auch im Verhältnis zur Muttertochter in Grausamkeit und offene Gewalt umschlagen. Dadurch bleibt die Muttertochter aber trotzdem an ihn gefesselt, weil sie auf die Zustände der Nettigkeit wartet, die gutwetterhaft immer wieder die Grausamkeit auflichten.

So einfühlsam, so verständnisvoll, so zugewandt, so liebesfähig..., wie der Muttersohn sein, wie er sich für die Muttertochter – temporär – entfalten kann, soll er unablässig bleiben, das alles muß, trotz der vielen Zwischenzeitenzumutungen, ihm immer wieder hervorgelockt werden. Magda fiel sofort um, als Joseph die Charmehähne ihr gegenüber abermals öffnete, ertrug jede neue Dürreperiode.

Die herausragenden Nazipartnerinnen werden «Endlösungsbräute» genannt, weil sie die ungeheuerlichsten Attacken begleiteten, die Muttersöhne bisher gegen die Menschheit unternommen haben. Der erste hat sie sich ausgedacht, hat sie vorangetrieben und verwirklicht, der zweite hat sie propagiert, was hieß, alle (ausgrenzenden und deportierenden) Vorbereitungsmaßnahmen getroffen, ihre Berechtigung ins Volk gebleut und danach den Mord (durch Denaturierung – Transport und Lager –, Gewehr und Gas) vor den Untertanen verheimlicht. Der dritte hat den Startschuß zum Beginn gegeben, den Führerbefehl ersetzt, das industriell-amtliche Massentöten eingeleitet.

Es fehlt der vierte dieses Auslöschung betreibenden Kleeblatts, Heinrich Himmler, der alle «Vollzugs»maßnahmen überwacht hat.

Er fehlt in «Muttersöhne» nicht. Der scheinbar Schrecklichste ist in seiner Jugend der Normalste. Der Ausführende ist jedoch nicht schrecklicher als der Befehlende, als der den Befehl zum Start Weitergebende, als der den Befehl Rechtfertigende.

Heinrich Himmler – geboren am 7. Oktober 1900 als zweiter Sohn – hatte einen verheerenden Vater, der quälerisch mit ihm umging, für eine Identifikation des Sohnes mit dem Vater unbrauchbar wurde. Der Sohn mußte an Mutter und Tante rücken und sich mit denen identifizieren. Den Vater – einen Schuldirektor – verhöhnte der Sohn im späteren eigenen Tun. Heinrich wurde selbst Gewerbelehrer, machte aus dem Gewerbe des Menschen-Erziehens das des Menschen-Einstampfens.

Heinrich Himmler trat im vorliegenden Buch als Schattengröße Muttersohn bisher nicht auf, weil es über seine Frauen kein ausführliches biographisches Material gibt.

Himmler war seit 1928 verheiratet mit der um sieben Jahre älteren Krankenschwester und Homöopathin polnischer Abstammung, Margarete (Marga) Concerzowo. Sie unterhielt ein kleines Pflegeheim, in dem sie alternative Heilmethoden wie Kräuterkuren anwandte. Für die Eheschließung mit Himmler verkaufte sie es und erwarb einen Bauernhof in Waldtrudering bei München, in dem sie eine Hühnerzucht betrieb, tauschte ihn später mit einem ländlichen Besitz – Gemüsegarten – in Lindenfycht bei Gmund am Tegernsee. Hier blieb sie mit der 1929 geborenen Tochter Gudrun und dem adoptierten Sohn Gerhard, während Himmler allein nach Berlin übersiedelte und dort in einem Verhältnis mit seiner Sekretärin und inoffiziellen Zweitfrau Hedwig, genannt «Häschen», lebte. Er bekam mit ihr zwei Kinder, für die er als legaler Vormund sorgte.[26]

Die Konstellation ist die gleiche: An der Seite eines Gewaltmannes leben gute, harmlose Frauen, die beschäftigt sind mit Kindern, Landarbeit, Heilen, Ordnen und Dem-Mann-zur-Hand-Gehen.

Um den familiären Hintergrund von Marga und Hedwig aufzuhellen, müßte ich ihre Kinder, Verwandten und Freunde befragen.

Das Verfahren, das viele Biographen anwenden, Gespräche mit überlebenden Zeitzeugen und Nachkommen zu führen und die

Aussagen dann als Beleg anzugeben: «mündliche Auskunft gegenüber dem Autor», ist sinnvoll in einer Gesamtlebensbeschreibung, die um jede Nuance bemüht sein muß.

Bei meiner Arbeit geht es jedoch um eine Theorie, gefiltert aus archetypischen Fällen, die nachprüfbar sein müssen.

Dem mir hin und wieder gemachten Vorwurf, ich sei kein praktizierender Therapeut, arbeitete nicht mit Patienten, deswegen seien meine Schlüsse realitätsfern und fehleranfällig, kann ich mit zwei Argumenten entgegnen:

Patienten sind ein nicht von der Allgemeinheit nachprüfbares «Fallmaterial», das sich aus mündlichen Äußerungen oder privaten schriftlichen Zeugnissen wie Träumen und Berichten zusammensetzt. Eine psychologische Theorie, gebildet aus Patientengeschichten, womit Sigmund Freud begonnen hat, steht und fällt mit der «Objektivität» des Autors. Die Konsumierenden müssen nachvollziehen und *glauben*, können sich normalerweise keinen eigenen Weg zum Material bahnen, aus dem die Theorie gezogen wurde.

Ich arbeite statt dessen mit Texten, mit Daten über bekannte «Größen». Die Texte sind allgemein zugänglich, können von allen kritischen Lesenden überprüft, und aus ihnen können andere Schlüsse gezogen werden. Ich erreiche mit diesem Verfahren nicht ein Weniger, sondern ein Mehr an Genauigkeit und Objektivierbarkeit. Wenn ich Fakten übersähe oder willentlich beiseite schöbe, kann jede mißtrauische Person mir Schlampigkeit nachweisen oder auf die Schliche kommen und die Theorie kippen, weil ich Voraussetzungen, die sie einschränken, modifizieren oder ad absurdum führen, außer acht ließe. Solche Überprüfbarkeit ist bei Therapeuten meist erst nach Jahrzehnten möglich – nach mühsamer Rekonstruktion ihres (freigegebenen) Materials und ihrer Verfahrensweise, aus ihm Rückschlüsse zu ziehen.

Ein weiterer Nachteil der Bildung einer psychologischen Theorie aus therapeutischer Tätigkeit ist neben der Privatheit des «Patientenmaterials» der Status «Patient» selbst. Ein Patient weicht durch seine «Entscheidung» (zur) und sein «Wagnis» (der) Krankheit vom «gesunden Normalfall» ab.

Das Verfahren, von der Abweichung auf die Norm zu schließen, ist ebenfalls fehleranfällig. Jede theoretische Arbeit muß
mit der Möglichkeit von Irrtum und Fehler rechnen. Ich versuche, sie zu vermeiden durch die Benutzung von allgemein bekannten, nachprüfbaren Fällen, die – bisher jedenfalls – von der
Gesellschaft nicht als «Krankheit», allenfalls als Extrem taxiert
wurden.

Beim Thema «Affinität von Frauen für Gewaltmänner» gehe
ich davon aus, daß die sogenannten «Endlösungsbräute» keine
Ausnahmen sind, daß sie bei der Wahl ihrer Männer schlicht
Pech hatten, deren Explosion in eine nie zuvor gekannte Mord-
tätigkeit von den Partnerinnen nicht vorausgesehen werden
konnte, als sie sich mit ihnen vereinigten.

Da die Biographien der drei Nazi-Hauptfrauen Magda Goebbels, Eva Hitler und Emmy Göring so umwuchert wurden von
dem gesellschaftlichen Zerstörungsverhalten ihrer Männer,
konnte der Kernpunkt ihres psychischen Befindens schwer unabhängig von den historischen Geschehnissen freigelegt werden.
Immer wieder störte dabei das Problem der (Mit-)Verantwort-
lichkeit ihres «puren» An-der-Seite-Stehens. Außerdem fehlen
bei allen drei Frauen Intimzeugnisse zur Mutterbindung.

Magda und Mutter Auguste lebten in Berlin in so engem Kontakt, daß keine Briefe geschrieben wurden. Eva besuchte ihre Eltern turnusmäßig in München. Briefeschreiben, verbunden mit
Seelenergüssen, entsprach darüber hinaus nicht ihrer Herkunfts-
schicht. Auch war Evas Bindung an ihre Mutter – zumindest
phasenweise – erheblich negativ definiert, wodurch Eva keine
Veranlassung zu schriftlichen Nähebekundungen hatte.

Emmy Göring posaunte die Daten einer Mutterbindung frei-
gebig heraus, aber der Intimvorgang von Bindung wird in ihren
Äußerungen nicht entblößt. So etwas hat in einmaliger Weise
ihre Vorgängerin, Hermann Görings erste Frau Carin, getan.
Dadurch, daß Carin eineinhalb Jahre vor der Machtübernahme
der Nazis starb, tritt das Problem ihrer historischen Mitverantwortung in den Hintergrund.

Wie schon die Eva-Vorläuferin, Geli Raubal, und ebenfalls

Adolf Hitlers ideale Potentialpartnerin, Unity Mitford, einen Ma-
gnetismus nahelegten, der zwischen Muttersöhnen und Muttertöchtern zu bestehen scheint, belegt auch Carin Görings Fall eine
Zwangsanziehung zwischen Muttersohn und Muttertochter.
Außerdem ist ihre eigene Enthüllung ihrer Mutterbindung so
«traumhaft» ungeniert, daß sie damit ihre Konkurrentinnen in
den Schatten stellt.

Carin Göring wurde als Carin von Fock am 21. Oktober 1888 in
Stockholm geboren. Sie war die vierte von fünf Töchtern ihrer
Eltern, des Obersten Freiherrn Carl A. von Fock und seiner Frau,
Huldine geborene Beamish. Der Vater avancierte in seiner Laufbahn als Soldat zum Regimentskommandeur, entstammte einem
nach Schweden ausgewanderten deutschen, im 19. Jahrhundert
verarmt-entgüterten Adelsgeschlecht aus Westfalen und Nieder-
sachsen. Die Mutter kam aus Irland. Huldines Mutter wiederum
war Schwedin und wurde von einem Herrn Beamish nach Irland
geheiratet. Tochter Huldine kehrte also mit ihrer Heirat von Carl
von Fock in das Land ihrer Mutter und Großmutter zurück, die in
ihrem Leben die bedeutendsten Rollen spielten.

Der Familienaufbau ist klassisch: Männerinteressierter Vater,
Soldat, mit dem Erlernen und Weitergeben des Kriegshandwerks
beschäftigt, heiratet eine Frau von auswärts (die er bei ihrem Besuch ihrer schwedischen Großmutter kennengelernt hatte), eine
Frau, die ganz in Fraueninteressen aufging, Gutes in der Welt zu
tun, zu geben und zu lieben und inbrünstig an Gott zu glauben.
Sie übernahm von ihrer Großmutter einen «Edelweißverein» mit
einer Kapelle. Das war eine prätherapeutische, privatreligiöse Ein-
richtung. Menschen sollte die Möglichkeit gegeben werden zur
Einkehr, zur Selbstfindung, zur Stille, zum Zwiegespräch mit
Gott. Die öffentlichen Kirchen waren damals in Schweden, außer
während der Predigttermine, geschlossen. Huldine von Fock
wollte dem Mangel an Gelegenheit zur Meditation abhelfen. Die
Töchter schlossen die Mutter mit dem Tun gleich und sagten:
«Mama und ihre Edelweißkapelle.» [27]
Der Vater bedauerte wie üblich, daß er fünfmal keinen Sohn

bekam, aber da er beruflich mit Hunderten von «Söhnen» zu tun hatte, verschmerzte er die Zurückhaltung des Lebens ihm gegenüber bei der Vergabe von männlichem Nachwuchs.

Von den fünf Töchtern rückte die Zweitgeborene, Elsa, der Mutter so nahe, daß ein Weggehen zu Männern für sie nicht in Frage kam. Sie «blieb unverheiratet und widmete sich den Eltern und den religiösen, sozialen Bestrebungen ihrer Mutter»[28]. Elsa starb ein Jahr nach dem Tod ihrer Mutter.

Älteste, Dritte und Fünfte legten normale Frauenbiographien zurück, heirateten Militärs und Adlige. Auch Carin, die Vierte, tat das, heiratete in erster Ehe am 7. Juli 1910 den Leutnant Nils von Kantzow, bekam mit ihm ihr einziges Kind, den Sohn Thomas (geboren am 1. März 1912).

Nach etwa zehnjähriger Ehe, Ende 1920, lernte Carin Hermann Göring kennen. Sie war Anfang 30, fünf Jahre älter als er. Beide trieb ein Coup de foudre zusammen. Sie lebten neben Carins Ehe ein knappes Jahr lang in einer Liebesbeziehung, bis Carin sich zur Scheidung von ihrem ersten Mann und zur Eheschließung mit Hermann Göring (3. Februar 1922) durchrang.

Nichts wäre an all dem auffällig gewesen, wenn Carin nicht mit knapp 43 Jahren an einem Herzleiden gestorben wäre, sich vorher mit einem Mann verbunden hätte, der zu den führenden Wegbereitern des destruktivsten Regimes gehörte, das die Männergesellschaft je hervorgebracht hat.

Carin begleitet diesen Mann in den entscheidenden Vorbereitungsjahren. Sie lernt ihn kurz nach Beginn seiner Zeit in Schweden kennen, folgt ihm ins fremde Land, obwohl sie zunächst nicht Deutsch spricht, feuert ihn an, Deutschland zu erobern, bewundert ihn, wird Bewegungsmutter der ersten Nazis, die es sich in ihrem Heim in München zwischen 1921 und 23 wohl sein lassen, ist eine Vorläuferin Magda Goebbels', wird von Hitler ebenfalls sehr geschätzt, ja ein wenig vergöttert, wie er es mit Carins Landsfrau Greta Garbo tat, deren Filme er sich immer wieder – in heftiges Entzücken ausbrechend – ansehen konnte.

Auch Carin entflammt augenblicklich und entbrennt dauerhaft für Hitler, hat Doppelliebesgefühle für Hermann und Adolf, wie

Magda sie für Joseph und Adolf, Emmy sie für Hermann und Adolf empfinden werden.

Am 7. April 1924 schreibt Carin Göring über ihre Gefühle für Hitler in einem Brief an ihren Vater: «Ich glaube *so* an ihn! Er ist ein wunderbarer Mensch, ein Genie, ein solches, wie Gott selten der Erde gibt, dies ist meine feste Überzeugung.» [29]

Carin erlebt Hitlers und Görings Putsch in München, am 9. November 1923, aus nächster Nähe, obwohl sie nicht mitmarschieren kann, was sie zu anderen Gelegenheiten schon oft tat. Sie ist krank. Dafür ist ihre ältere Schwester Fanny dabei (Witwe des Weltkrieg-I-Offiziers Wichard Graf von Wilamowitz-Moellendorff), eine ebenso fanatische NS-Anhängerin wie Carin.

Fanny Wilamowitz schrieb das atemberaubend seelisch enthüllende – die Mutterbindung aller fünf Fockschwestern bezeugende – Buch über Carin Göring und zog in ihm ahnungslos-unfreiwillig permanent die Gleichung Muttertochter = Gewaltinteressentin.

Emmy Göring berichtet von ihrer Vorläuferin Carin, daß sie eine «hochpolitische» Frau gewesen sei, so hätte sich Hermann über sie geäußert.[30] Mit diesem Ausspruch hat er wohl etwas danebengegriffen. Er meinte, daß Carin hochschwanger mit der durch ihn in sie eingedrungenen NS-Ideologie war, die sie in sich undifferenziert anwachsen ließ und in ihren Briefen an ihre Familie zum besten gab.

Die Briefe Carins sind ein Zeugnis dafür, wie Mutterbindung und Nazitum in einem positiven Verhältnis zueinander stehen – und das bei Mann *wie* bei Frau.

Zu dem mutterbindungsfördernden Familienmilieu – Vater = Soldat, Mutter = K. K. [Kinder, Kirche] (Baronin Fock hatte für das dritte K. [Küche] selbstredend immer Bedienstete) – kamen für Carins mutterangeschlossene Position noch weitere Merkmale hinzu.

Mutter Huldine war psychisch schon aus einer Mutterbindungsdynastie hervorgegangen. Sie und ihre Mutter wurden von ihren Männern «entortet». Huldines Mutter heiratete von Schweden nach Großbritannien, lebte später mit ihrem Mann in Irland, wo Huldine aufwuchs. Huldine heiratete von ihrem Kind-

heitsland weg nach Schweden, zurück in das Mutterherkunftsge-
biet, das aber nicht das Land ihrer psychischen Entwicklung, ihrer
sogenannten Heimat war.

In «Muttersöhne» spielte immer wieder die Exogamie der Frau
eine Rolle für die Gestaltung ihres Verhältnisses zu ihren Kindern. Wie aus der völkerkundlichen Arbeit «Die Braut» ersehen
werden kann[31], sind die Völker und Volksschichten friedlich, die
die Exogamie des *Mannes* – das Nach-auswärts-Heiraten des
Bräutigams – verlangen, sind demgegenüber Völker und Volksschichten kriegerisch, die die Exogamie der *Frau* – das Nach-auswärts-Heiraten der Braut – erzwingen.

Für mich als Bindungsforschenden erhob sich sofort die Frage,
warum es dieses Verhältnis zwischen der Exogamie der Frau und
der Brutalität ihrer Söhne gibt.

Der Adel hat mit dieser Relation jahrhundertelang die Gewalttätigkeit seiner Söhne garantiert. Die Frauen der herrschenden
Klassen mußten immer wegheiraten. Bei den Königen, von denen
das Patriarchat die stärkste Destruktionsfähigkeit verlangte, mußten die zukünftigen Mütter regelmäßig außer Landes heiraten.

Die Gleichung ist klar: Je weiter die Frau aus ihrem Ursprungs-
gebiet entrissen wird, um so enger schließt sie sich an ihre Kinder,
weil in der Ähnlichkeit ihres Kindes mit ihren verlorenen nächsten Verwandten ihr ein Stück Heimat zuwächst, das sie zu ihrer
Stabilisierung nach dem «Raub» unbedingt in ihrer Nähe braucht.

Unter Bauern herrschte meistens Exogamie des Mannes. Die
Bauerstochter blieb im Verband ihrer Herkunft oder in deren
Nähe. Und sie erhielt mit dem Status «Bauersfrau» eine autonome
Position, behielt ihr von Kindheit an gewohntes eigenes Verhält-
nis zu Mensch, Tier und Land.

Huldine von Fock und ihre Mutter machten beide eine «hochad-
lige» Exogamie der Frau durch, schlossen sich eng an ihre Kinder
an. Huldine kultivierte nach der Rückkehr in das Land ihrer Mütter eine besonders enge Beziehung zu ihnen. Sie war also schon
vordisponiert, ihre Töchter in ihrer Nähe zu behalten.

Soweit die Töchter (erste, dritte und vierte) in Fanny Wilamowitz' Buch «Carin Göring» abgebildet werden, hängt über ihren

Gesichtern ein depressiv-migränischer Leidensschleier. Die Älteste, Fanny, paart sich nach dem frühen Tod ihres Mannes im Ersten Weltkrieg nicht wieder.

Graf Eric von Rosen, der Mann der dritten Focktochter Mary, drückt seine Gewalt in ältester Männermanier aus: Tiere jagen – als hervorragendster Tapferkeitsbeweis Bären töten mit dem Speer! –, in der Welt herumreisen, auf Expedition gehen, Land dem weißen Mann untertan machen. Der Mann der fünften Tochter Lily, Seth Martin, Leutnant und Kunstmaler, stirbt nach kurzer Ehezeit; die Jüngste bleibt wie die Älteste – und die Zweitälteste ihr ganzes Leben lang – ebenfalls von da ab allein.

Daß die Nähe zwischen Mutter und vierter Tochter, Carin, zum Zusammenwachsen beider Frauen schmolz (regredierte), muß einem Sonderzustand der Mutter während der Schwangerschaft zugeschrieben werden. Zur familientypischen, brautexogamiebedingten Nähe kam noch eine Nähe durch Übertragung, die der vierten Tochter eine auserwählte Position bei der Mutter einräumte.

«Gerade in den letzten Monaten vor ihrer [Carins] Geburt war die Mutter sehr erschüttert gewesen durch die Krankheit und den ganz plötzlich und unerwartet eingetretenen Tod ihrer geliebten Großmutter, die für sie hier in der neuen Heimat wie eine Mutter, ja, in diesem Falle noch mehr gewesen war.»[32]

Die mütterliche Großmutter (Carins Urgroßmutter) war für Huldine ein stabilisierender Faktor im fremden Land. Als sie diesen während der Schwangerschaft mit Carin verlor, delegierte sie die vierte Tochter in die Stellung ihrer [Huldines] Großmutter hinein. Das Kind sollte ihr die Sicherheit wiedergeben, die der Tod ihr mit dem Verlust der schwedischen, durch kein Auswärtsheiraten entkräfteten Großmutter gerade streitig gemacht hatte.

Die Nähe zwischen Mutter Huldine und Tochter Carin wird nie aufgehoben. Sie sind einander so verbunden, daß die älteste Tochter schreiben kann:

«Das Band zwischen diesen beiden war nicht nur irdischer, sondern auch himmlischer Natur.»[33]

Carin bleibt offen, weich, hautlos, verweigert psychisch bis zu ihrem Tod den Gang in die Welt.

«Carins Mutter pflegte zu sagen, daß das durchschimmernde zarte Empfindungsleben, die ‹Hautlosigkeit› dieser Tochter gerade Brutalität und äußerer Gewalt gegenüber, hierauf zurückzuführen wäre.» [34]

«... hierauf zurückzuführen» – damit meint die Mutter unbewußt die Übertragung der während der Schwangerschaft gestorbenen Großmutter auf die kurz nach deren Tod geborene Tochter.

«Jedenfalls war sie [Carin] als kleines Kind eine Sensitiva, die sich vor jeglicher Berührung mit der Außenwelt oder fremden Menschen fürchtete. Dieses pflegt bei anderen Kindern ein bald vorübergehender Zustand zu sein, bei ihr dehnte sich dieses scheue Zurückziehen viel länger hinaus. Wenn irgendein Fremder zu Besuch kam, wenn eine Wolke vorübergehend in das häusliche Leben Schatten warf, sogar wenn ein Hund laut bellte, und sie instinktiv ahnte, er sei traurig oder geängstigt, füllten sich ihre Augen mit Tränen und mit Windeseile flog sie hin zur Mutter, oder wenn diese nicht da war, zur ältesten Schwester. Trost und Hilfe sollten gegeben werden! In geistiger Beziehung behielt sie diese Hautlosigkeit immer, sie ‹fühlte›, wenn jemand traurig war und doch nichts sagte, sie ‹wußte›, wenn Schlechtes gedacht oder geplant wurde, sie ahnte im voraus, was später sich als Wirklichkeit erwies.» [35]

Diese «Sensitiva» wird mit 32 Jahren schlagartig ergriffen von einem Mann ausgeprägter Gewaltcharakteristik. Sie war in ihrer Jugend ein «Muttertöchterchen», hing an Mutters Rockzipfel, solange es irgend ging, interessierte sich nicht für die Welt, nur für Mutter und für das, was «oberhalb» der Mutter lag, für das Übersinnliche. Die Schule war ihr gräßlich. Sie lehnte diese fremde Welt so sehr ab, daß sie sie «nach einer schweren Erkrankung... früher verließ als die Schwestern...» [36]

«So fleißig sie sein konnte, wenn sie dicht neben der Mutter sitzen durfte und Weihnachtshandarbeiten verfertigte oder für den Wäscheschrank Leinen stopfte ‹wie Mutter›, so gleichgültig, so direkt ablehnend verhielt sie sich den Schulaufgaben gegenüber.» [37]

«Eifrig machte sie es ihrer Mutter klar, wie wichtig das Erlernen häuslicher Arbeit für sie wäre, mit viel Geschick und rührendem Fleiß stürzte sie sich hinein.» [38]

Carin wollte auch nicht heiraten, tat es dann doch viertelherzig, hatte Sehnsucht nach ihrer Mutter, wenn sie mit ihrem ersten Mann, dem Berufssoldaten Nils von Kantzow, im Norden Schwedens oder in Paris leben mußte.

Und da passierte der Knall!

«Allerdings gab es schon seit einiger Zeit gewisse Schwierigkeiten in dieser Ehe. Es lag nicht daran, daß Nils von Kantzow seine Frau nicht geliebt hätte. Er empfand eine tiefe Zuneigung für sie, die er bis ans Ende seines Lebens bewahrte. Der Grund lag vielmehr darin, daß sich die schöne, verträumte Karin [abweichende Schreibweise], die in der Welt nordischer Mythen großgeworden war, heimlich nach einem Helden sehnte, der ihr Herz höher schlagen lassen würde. Der konservative Ehemann, seine geordnete Laufbahn und das gemeinsame Leben in verschiedenen schwedischen Garnisonen langweilten sie...»[39]

Göring «war der Held, dem zu begegnen von jeher ihre Sehnsucht gewesen war. ‹Er ist der Mann, von dem ich immer geträumt habe›, sagte sie später zu ihrer Schwester Fanny.»[40]

Carin schreibt an ihre Schwester über die Begegnung: «Wir sind wie Tristan und Isolde. Wir haben den Liebestrank gekostet, und wir sind hilflos, ja ekstatisch hilflos unter seiner Wirkung.»[41]

Biographin Wilamowitz beschreibt genau die Situation einer muttergebundenen Frau, bevor sie auf den Gewaltmann trifft. Die Frau ist «unbefriedigt», wartet auf etwas, hat Depressionen, wird von seelischen Schwankungen entnervt, fühlt sich leer.

Carin von Kantzow ist in einem ähnlichen Zustand vor dem *Eintreffen* Hermann Görings in ihr Leben wie Magda Quandt vor ihrer Begegnung mit Joseph Goebbels. Beide Frauen hatten einen Mann, der sie liebte, der sie aber nicht «betraf», nicht «riß», ihre Leere nicht (aus)füllte.

Das Gefühl der Leere entsteht nur bei gebundenen Menschen. Jemand anderes (Eltern, Geschwister oder ehemalige Partner) besetzt das eigene Ich des «Gebundenen», ist ihm nah, obwohl er die Nähe nicht (mehr) verdient.

Carin hielt an dieser lebensgeschichtlich überholten Nähe zu Mutter und Schwestern unverbrüchlich fest und mußte dafür mit dem berühmten Zustand der Unausgeglichenheit bezahlen:

«Es interessierte sie alles, unbewußt lebte in ihr doch eine treibende Unruhe.

Carin gab ihren vier Schwestern je eine Seite ihres reichen Wesens – sie war nie launisch, aber oft voller wechselnder Stimmungen, die irgendwoher aus dem Unbewußtsein emporstiegen und die von den Gedankengängen und Charakterzügen ihrer Umgebung, die sie mehr fühlte als bewußt kannte, beeinflußt wurden. Jeder, der sie kennengelernt hat, bewahrt wohl ein anderes Bild von ihr als Haupterinnerung. Sie war eben eine selten reiche Natur, die immer Hochsommer, Glanz, Farbenfreude und bewegtes Leben um sich verbreitete. Dadurch wurde sie auch leicht Mittelpunkt der Gesellschaft, worin sie sich befand.

Die Sehnsucht nach etwas ganz Großem, nach etwas Geahntem, noch nicht Offenbartem, lebte stark in ihrer Seele diese Jahre. Ohne direkt unglücklich zu sein, fühlte sie jedoch eine Leere, eine Einsamkeit, als ob sie gewußt hätte, daß sie zu einem ganz besonderen Zweck auf dieser Erde geboren war.

Da ist Hermann Göring ihr begegnet.»[42]

Carin besuchte im Winter 1920 vor Weihnachten – offenbar ohne ihren Ehemann – ihre Schwester Mary Gräfin Rosen auf deren Schloß. Die Frauen erwarteten die Rückkehr des Grafen von einer Forschungsreise an den Gran Chaco. Diese Rückkehr machte Hermann Göring auf tollkühne Art möglich. Göring war Kampfflieger im Ersten Weltkrieg, Offizier und «eines der Asse des Luftkrieges»[43].

«Er schoß in Luftkämpfen 36 feindliche Maschinen ab und erhielt die höchste militärische Auszeichnung, den Pour-le-mérite-Orden»[44].

Als der «mit 80 Luftsiegen» «erfolgreichste Geschwaderführer des Ersten Weltkriegs», Manfred von Richthofen, 1918 in einem Luftgefecht abgeschossen wurde, übernahm Hermann Göring seine Position, wurde Kommandeur des berühmten Richthofengeschwaders.

Auch nach Ende des Ersten Weltkriegs zeigte Göring Schneid und Todesverachtung:

«Aber 1918 war der Krieg verloren, und die Helden galten nichts. Als Göring während der Revolution auf dem Flugplatz Schleißheim mit seiner Maschine landete, riß man ihm die Uniformjacke herunter und auch das Hemd, so daß er mit nacktem Oberkörper vor den Revoluzzern stand.

Da nahm er gelassen das EK I von seiner Jacke und steckte es sich an die bloße Haut.

Als man ihn zwingen wollte, seine Kampfmaschine, ein Flugzeug, wie man es heute nur noch im Museum findet, dem Sieger abzuliefern, benutzte er einen unbewachten Augenblick und flog mit der Maschine nach Schweden.» [45]

Göring schlug sich in Skandinavien durch, wurde Vertreter der holländischen Flugzeugfirma Fokker, veranstaltete, um in der Luft fit zu bleiben, «gegen eine Bezahlung von 50 Kronen je Vorführung Kunstschauflüge für große Menschenmassen, auch Fallschirmabsprünge. Er war wieder ganz in seinem Element...

...Im Jahre 1920 nahm er die Stellung eines Chefpiloten der Svenska Lufttrafik in Stockholm an. Außerdem verdingte er sich mit seiner Maschine als Lufttaxi.» [46]

Da kam der Expeditionsreisende Graf Rosen nach Stockholm zurück und wollte von jemandem auf sein Gut geflogen werden. Ein «Schneesturm fegte über die Stadt». Niemand «wollte... den tollkühnen Flug wagen. Nur Göring bot sich mit seiner Maschine an.» [47] Die Männer fanden Gefallen aneinander. Der «abenteuerliche Flug war geglückt» [48]. Der Hausherr lud den wagemutigen Piloten ein, sein Gast zu sein.

Als der 27jährige Hermann die 32jährige Carin sah, entschied er sich ziemlich bald dafür, sie zu seiner Frau zu nehmen!

Für diesen Mann interessierte sich Carin nun voll und ganz. Alles ist anders. Ihr Gott ist eingetroffen, aus fernem Lande eingeflogen. Seit zwei Jahren in der Emigration in Schweden, spricht Hermann schon gut Schwedisch.

Carin folgt ihm, baut eine Basis für ihn in Deutschland. Vom Geld, das sie aus der Scheidung von ihrem ersten Mann Nils bekommt, können die Görings gut leben. Carin kauft ein Haus im Münchner Stadtteil Obermenzing. Hermann beginnt augenblicklich mit den Aktivitäten, Deutschland zu rearistokratisieren. Er hatte den Zusammenbruch des Kaiserreiches so wenig ausgehalten, daß er Deutschland freiwillig verließ. Nun, nach der Begegnung mit Adolf Hitler, nahm er sich einen eigenen Kaiser, dem er bis auf seinen Verderb 25 Jahre lang diente.

Infolge des mißglückten Novemberputsches in München 1923 *muß* Göring Deutschland verlassen, um nicht in Haft zu kommen. Nach einigen Monaten in Österreich und Italien zieht er mit Carin wieder nach Schweden. Sie leben dort vier Jahre lang, bis zur Amnestie der Novemberputschisten – Oktober 1927.

Umgehend begibt sich Göring nach Deutschland zurück, diesmal nach Berlin, setzt zur zweiten Phase seiner Eroberung – es kann auch heißen, seiner Wühltätigkeit – an. Carin berichtet in ihren Briefen über Hermanns Betriebsamkeit. Ab Herbst 1928 haben sie eine neue große Wohnung in Berlin. Carin arriviert zur allerersten «ersten Dame» der NS-Bewegung. Klein-, Mittel- und Hochadel geht in ihrer Wohnung ein und aus. Sie gibt Essen für die Wirtschaftsbosse, die Hermann für die Bewegung anheuert. Hitler kommt. Es geht «vorwärts und aufwärts»[49], wie die Biographin-Schwester, Gräfin Wilamowitz, nicht ruht, diese Demokratieuntergrabungszeit zu charakterisieren.

War Carin zwischen 1921 und 23 der Boden, aus dem Hermann seine Zersetzungskraft entfalten konnte, so ist sie jetzt in absoluter Hingabe die Seit-an-Seit-Gefährtin, die trägt, stützt, aufnimmt, berät, teilt, seelisch gibt, gibt und nochmals gibt.

Die Extreme in ihrer eigenen Seele sehen so aus:

Innsbruck, den 13. November 1923: Carin an ihre Mutter in Stockholm – nach dem gescheiterten Putschversuch am 9. November 1923 (Hermann war von einer Kugel am rechten Oberschenkel getroffen worden, mußte mehrmals operiert werden. Carin und er konnten – von Freunden mit gefälschten Pässen versehen – nach Österreich über die Grenze geschmuggelt werden)

«Meine Liebste!
Hermann und ich haben richtig Mamas Gedanken um uns in dieser ganzen ereignisreichen, schweren Zeit gefühlt. Innigen Dank Dir, meine Liebe, für alle Gebete und alles, was, wie ich fühle, uns stützt und begleitet...
...Du, liebe Mama, kannst verstehen, wie alles gewesen ist!!! Aber *eins* haben wir in dieser Zeit gelernt, wie Gott doch hilft... – Mama, Du sollst nicht glauben, daß Hitlers Sache verloren ist, daß sie aufgegeben ist,

o nein, im Gegenteil, die Energie ist stärker als je zuvor. Und er wird siegen, ich fühle es, ich weiß es, wir haben das Ende noch nicht gesehen... Du wirst sehen, daß wir auch in unserer prosaischen Zeit Wunder erleben. Und daß dieses erste Mißglücken den schließlichen Sieg tiefer, reifer und ernster machen wird...»[50]

21. November 1923: «Meine liebste Mama!...

...Wenn es auch scheint, als ob das ganze Unglück der Welt auf Hitlers Arbeit und uns herabfallen wollte, habe ich trotzdem einen so *festen* Glauben und das Gefühl, daß alles sich zum Besten wenden wird. Die Arbeit geht vorwärts, er bekommt täglich neue Anhänger wie *nie* zuvor. Tausende von Arbeitern schreiben sich ein...»[51]

30. November 1923: «Meine liebste Mama,...

...Liebste, ich bin so froh, daß Du uns nicht vergißt und an uns denkst mit Deinen starken Gebeten...»[52]

5. Dezember 1923: «Meine Liebste...

...auch für mich liegt Verhaftungsbefehl von Kahr vor [«Staatskommissar» = Haupt der bayrischen Regierung, gegen die geputscht wurde]. Ich, die ich nicht das Geringste mit der Sache zu tun habe... Schreib einmal – Liebste, ich sehne mich krank...»[53]

8. Dezember 1923: (aus Carins Brief an ihre Schwester Lily)

«Und trotzdem fügt sich alles zum Besten für Hitler, und seine Arbeit kommt vorwärts wie nie zuvor. – Bald hat er doch die Macht –...»[54]

29. Dezember 1923 (Carin an ihre Mutter):

«Mein Liebling! Den innigsten Dank für die *geliebten* Briefe, die wie ein Sonnenstrahl gerade am Morgen des 24. eintrafen. Kein Mensch auf der Welt schreibt so herrliche Briefe wie Du, liebe Mutter – jedes Wort geht so ins Herz hinein – alles ist so wahr, so warm und echt –, und man findet fast, daß man Dich, Liebste, vor sich sieht, jedes Wort selbst sprechend. Was Du schreibst, *lebt* wirklich – – Du schriebst, wie Du fühltest, daß Deutschland jetzt einen Karfreitag durchlebt. – Es war so eigentümlich wirklich. –...

...– Der 9. November, als von Kahr so viele erschießen ließ und Hitler verriet, war ein Freitag (als Hermann verwundet wurde). –...

...– Und ich bin dessen gewiß, daß Gott eine Absicht damit gehabt hat, Hitler, Ludendorff und Hermann zu schonen, sie waren der Gefahr am meisten ausgesetzt, in der *ersten* Reihe – um sie herum fielen andere –

20 Tote und unzählige Verwundete – die meisten mit 5–6–8 Schüssen durch den Körper. –...

...– Nun bittet Hermann, einen Gruß schreiben zu dürfen, und deshalb schließe ich mit einer warmen innigen Umarmung und Dank für alle, alle Liebe und Gebete und Gedanken, die ich Tag und Nacht um uns fühle, von meiner über alles geliebten Mutter. – –

Deine Carin.»[55]

2. Januar 1924 (Carin an ihre Schwester Lily):

«... Sage Mama, bitte, daß sie nicht unruhig sein möchte – alles wird noch gut – und sie soll nicht aufhören, an Hitlers endgültigen Sieg zu glauben. Er kommt!...

... Wilder Jubel! [auf der Silvesterfeier 23/24] Über 200 Telegramme... darunter eins von unserem netten Chauffeur..., unterschrieben ‹Ihr bis in den Tod treuer Chauffeur Schellshorn›. –... Er ist jetzt ohne Arbeit, ohne einen Pfennig, es wurde ihm von einem Juden auf dessen Schloß ein Chauffeurplatz angeboten – er schlug es ab mit folgenden Worten: ‹Wer einmal die Ehre gehabt hat, Hitler oder Göring zu dienen, muß sich tödlich verletzt fühlen, von einem Semiten eine Arbeit zu bekommen. Tausendmal lieber vor Hunger sterben, als ‚einem Juden' dienen.› Kräftig, fanatisch, oder wie? Aber stolz, wunderbar, von einem so armen Mann. – Hermann ist es gelungen, ‹Liebesgaben› für ihn aufzubringen, vor ein paar Tagen, wie auch etwas Geld, so daß er wenigstens für 14 Tage hat und mit seiner Frau existieren kann. – Täglich sieht man solche großartigen Proben an Heldenmut. Eine Bewegung, die solche Naturen schafft, solche Helden, kann niemals sterben. – Das ist meine feste Überzeugung – selbst gingen Hermann und ich gern in den Tod dafür. – Das ist keine Prahlerei – ja –, Hermann hat es ja schon bewiesen. Umarmung und Kuß von Deiner                                                    Carin.»[56]

Carin bekam zu ihrem dritten Hochzeitstag von Hermann eine Schreibmaschine geschenkt und schreibt ihren ersten Brief darauf an ihre Mutter:

4. Februar 1924: «Meine liebste Mama! Nun war es schrecklich lange, seitdem ich zuletzt ein Wort von Euch hörte...

... Liebste!...

... Ich hatte mir so lange eine Maschine gewünscht, wir hatten eine hier von der Partei geliehen... Du kannst Dir vorstellen, liebste Mama, wie froh ich wurde!!! Den ersten Brief sollst auch Du haben, von der ich weiß, daß sie mehr als ein anderer meine Freude teilt...

...Wir [Hermann und Carin] tranken zum Abendessen [am dritten Hochzeitstag] eine Flasche Sekt und erinnerten uns aller Dinge, aller jetzt überwundenen Schwierigkeiten, alles, was wir zusammen durchgemacht haben, was sicher dazu beigetragen hat, daß wir jetzt einander so unendlich nahestehen, und was sicher unsere Liebe und unser Verstehen vertieft hat. Liebste Mama, wir gedachten auch innigst Deiner, die Du für Hermann und mich so unendlich viel bedeutest! Oh, wenn Du wüßtest, Liebste, wie wir Dich aus tiefster Seele lieben!!! Ich kann es wirklich nicht in Worten ausdrücken, das mußt Du fühlen, Liebste!!!??!! Ich sehne mich so sehr nach einem Brief bald, es war so lange, seitdem ich zuletzt etwas hörte. Von der lieben Lily hatte ich heute einen kleinen Brief, grüße sie und danke ihr, ich werde ihr bald schreiben und danken...»[57]

14. Februar 1924: «Meine liebste Mama!
...*Liebe nicht zuviel!!!* Niemand ist das wert, was Du, Liebste, wert bist, nimm Dich daher in acht, für mich und für uns alle!!...»[58]

18. Februar 1924: «Liebste,...
...Hitler ist voller Mut, obgleich er absolut glaubt, daß er zu einer Strafe verurteilt wird mit bald darauffolgender Amnestie. Aber die Stimmung *überall* in allen Schichten ist so klar und absolut für Hitler, und nie zuvor hat er so viele neue Anhänger bekommen, wie während dieser Zeit, wo seine Bewegung verfolgt wird bis zur Lächerlichkeit und so verboten und bestraft, daß es eine Schande ist. Oh, wie würdest Du, Liebste, Dich erregen über ihre Maßnahmen gegen ihn, es ist so, daß man nicht weiß, ob man weinen oder lachen soll!!...»[59]

20. Februar 1924: «Liebste...
...Die Menschen sind rührend zu uns gewesen, für Hitler würden sie alles tun. Personen, die politisch nie interessiert gewesen sind oder auch nur im entferntesten daran gedacht hätten, in eine ‹Partei› einzutreten, haben sich jetzt der Hitlerbewegung angeschlossen, und haben sich erboten, auf alle Art mitzuhelfen, trotzdem es jetzt von v. Kahr mit Zuchthaus bestraft wird, Nationalsozialist zu sein!! Seitdem ist die Partei herrlich vorwärts gegangen, *nur in Bayern* allein eine halbe Million Anhänger mehr als vor der Krise!! Das ist doch großartig!?!?!? Und überall in Norddeutschland in derselben Weise. Wir sind alles andere, nur nicht mutlos. Jetzt bei der Wahl hat die Partei zum erstenmal in ganz Deutschland mitgewirkt und die Mehrheit bekommen, z. B. in Thüringen, wo man glaubte, daß es ausschließlich kommunistisch sei, haben die Kom-

munisten 6 Plätze bekommen, die Nationalsozialisten 18, die Sozialdemokraten 14 Plätze, die verschiedenen übrigen Parteien 3 Plätze! ! Und bisher
überall auf dieselbe wunderbar glückliche Weise!...

...So, Du siehst, meine Liebste, daß wir keinen Grund haben, zu ver-
zweifeln, sondern noch mehr als vor dem Putsch hoffen können, zumal
*Hitler jetzt überall bekannt ist und man seinen unerhörten persönlichen
Mut gesehen* und er in gewisser Weise die Glorie eines Märtyrers bekommen hat. Wie viele mißglückte Versuche machte nicht Mussolini, ehe er zu
seiner jetzigen Stellung kam! ! Und wie viele Tote hatte er nicht, ehe er
siegte! ! –...

...Das Schönste, was es gibt, meine glücklichsten Augenblicke sind
immer die, in denen ich von meinem Elternhaus, von Dir, meine liebste
Mama, höre!...

...so komme ich vorläufig noch nicht. Aber ich sehne mich *so! Mir tut
das Herz weh vor lauter Sehnsucht!*...

...Dir, meine Liebste, mein ganzes Herz voller Gedanken und Liebe von
Deiner Carin.»[60]


2. April 1924: «Meine Liebste, gerade kam Dein lieber Brief vom 29.,
tausend Dank! Briefe von Dir zu bekommen, sind *richtige Feiertage*, dann
braucht die Sonne draußen nicht zu scheinen! ! ! Ich schicke Dir ein kleines
Buch, das in diesen Tagen herauskommt und in welchem der Prozeß wie-
dergegeben ist, alle Reden von Hitler (die wunderbar sind und mehr Pre-
digten gleichen)...

...Das Leben hat mich wirklich in wilde Begebenheiten gebracht, weißt
Du, Liebste, daß ich früher stets *Ereignisse* wünschte, welcher Art sie auch
sein mochten. Gott mag wissen, daß ich nun bald reichlich genug habe.
Hier ist jeder Tag so voll davon, daß man oft nicht ein noch aus weiß!
Hermann ist entzückend lieb. – Es steht heute in der Zeitung, daß München
gestern voll von Menschen war, die die Hände voller Blumen hatten, die
alle für Hitler bestimmt waren. Mehrere tausend Personen!...»[61]


Im Mai 1924 sind Hermann und Carin in Italien, Hermann will
Strategieunterricht für die Machtergreifung bei Benito Mussolini
nehmen.

Carin am 5. Mai 1924 in Venedig an ihre Mutter in Stockholm:

«Meine Liebste!
...Aber die ganze Zeit dachten wir an Dich, ich sehne mich *sehr* und
hätte Dich zu gern mit gehabt. Es ist wirklich so, als ob ich mit meinem
Herzen und mit meiner Seele so fest mit Dir verwachsen bin, daß ich nicht

richtig glücklich sein kann, ohne daß wir zusammen sind. Sobald wir etwas Schönes sehen, denken wir sofort: ‹Warum kann Mutter dies nicht sehen› oder in einem Schaufenster: ‹Warum können wir es nicht für Mutter kaufen›, und in dieser Weise geht es die ganze Zeit...

...Entzückende Läden, Schmucksachen, daß man wegsehen muß oder in die Luft, um nicht über die eigene Armut weinen zu müssen!!! Und Korallen!!! Und Schalen und Farben überhaupt, und Glas und echte und unechte Antiquitäten. Oh, liebste Mutter, wenn man Millionen hätte, es wäre nicht zuviel!!! Aber man hat nicht das Wenigste!!! Aber Gott hat wohl eine Absicht damit, daß er einen so leben läßt, ‹nur einen Tag, nur einen Augenblick›, wie es so schön im Psalme heißt, und was sich so schwer im Leben erfüllen läßt. Und doch habe ich Gott so unendlich viel zu danken, das weiß ich. In erster Linie für meine liebe Mutter, die mir das Teuerste, das Liebste auf der Welt ist. Und für meinen Hermann, Du kannst Dir nicht vorstellen, wie lieb und gut er zu mir ist. Er denkt nur daran, daß ich es gut habe, daß es mir an nichts fehlt, daß mein Weg mir stets geebnet ist. Und er hat es wirklich selbst nicht leicht. Wieviel hat er in der letzten Zeit durchgemacht...

...Ich kann gar nicht glauben, daß es Wahrheit ist, daß ich bald Dich, meine liebste Mama, sehen werde!!!...»[62]

Görings reisen Juni/Juli 1924 um Deutschland herum nach Schweden und leben in Stockholm bis Ende 1927.

Aufgrund der Amnestie der Novemberputschisten geht Göring sofort nach Deutschland und nimmt seine Tätigkeit für die NSDAP wieder auf.

Im Frühjahr 1928 holt er Carin nach. Beide leben ein halbes Jahr lang in möblierten Zimmern in Berlin, bis sie Ende 1928 eine eigene Wohnung beziehen können. Hermann war ab dem 20. Mai 1928 Reichstagsabgeordneter der NSDAP geworden.

Carin an ihre Mutter in Stockholm, Berlin, den 14. Juni 1928:

«Meine liebste Mama!
...Nichts in der Welt ist so schön, als wenn ich einige Zeilen von Dir, Liebste, bekomme, davon lebe ich lange. Ich bin so froh, daß es Dir einigermaßen gut geht...

...Hier bei uns ist alles gut, ich finde es kolossal interessant. Gestern wurde der Reichstag eröffnet, und ich war natürlich auch da. Hermann hatte einen ausgezeichneten Platz bekommen mit General von Epp aus Bayern, die beiden sitzen ganz allein an einem Tisch, ganz vorn...

... Es war recht unheimlich, die Rotgardisten zu sehen, sie sind uner-
hört vorwärtsgegangen und nehmen einen kolossalen Platz im Reichstag
jetzt ein. Sie waren in ihren Uniformen, bekleidet mit dem Davidstern,
d. h. Sowjetstern, das ist dasselbe, roten Armbinden usw. Junge Typen,
die meisten; kampflustig alle, einige aber vollkommene Verbrecher-
typen. Wie viele in allen Parteien, außer in Hitlers, sind Juden...»[63]

21. Februar 1929: «Liebste Mama!
... Dein Bild, meine Liebste, hängt an der Wand neben dem Schreibtisch, und wenn ich es ansehe, werde ich von Sehnsucht erfüllt. In meinen beiden Zimmern habe ich mir eine kleine Ecke einrichten können,
die meine Welt ist, mit allem, was ich liebe. In meinem Schlafzimmer
habe ich eine solche kleine Ecke mit meiner Orgel, ein paar Bildern, einigen Kleinigkeiten, die mich an den Ursprung und den Himmel erinnern,
nach welchem ich mich immer, immer sehne – und in meinem Schreib-
zimmer habe ich einen Winkel, wo ich jetzt sitze – der Schreibtisch
trennt das Stück des Zimmers ab. Da habe ich das Bild von Dir, meine
Liebste, einen schönen Stuhl, einen kleinen ovalen Tisch, wo ich stets
eine Blume von Hermann habe, einige kleine Erinnerungen in den
Schubladen – das ist alles. Und genug –
Wie oft gehe ich nicht hinein, und sei es auch nur für einen Augenblick; wie oft, um mich auszusehen, einmal zu weinen, oder auch nur,
um die Erde für einen Augenblick zu verlassen, bis man aufs neue gezwungen wird, an Essen und Plazierungen und Kleider und alles Mögliche auf allen Gebieten zu denken...
Liebste, vergiß mich nicht, sondern denke daran, daß Du auch in Berlin eine Tochter hast! Mit ganzer Liebe Deine Carin.»[64]

28. Februar 1930: «Meine liebste Mama!
... Wieds [Prinz und Prinzessin zu Wied] wollen ihren ganzen Be-
kanntenkreis für die Hitlerbewegung interessieren, und Hermann wird
mit Fragen überlaufen, mit Wendungen und Einwendungen – es sind
immer dieselben, nur von verschiedenen Menschen gestellt. Es ist ein
Suchen nach allen möglichen Fehlern und Mängeln bei Hitler, was
nichts zu wünschen übrig läßt, oder man kritisiert sein Programm usw.
Und dann muß Hermann erzählen, antworten und geben, so daß er
manches Mal ganz fertig hinterher ist. Ich versuche zu stützen, rein seelisch, und das nimmt auch oft viel Kraft. Aber ich merke, daß es gut ist,
und daß der Kreis um uns sich immer mehr vergrößert, und daß wir viel
für Hitler und seine Sache gewonnen haben. August Wilhelm [dritter
Sohn Wilhelms II.] führt uns, wie auch Wieds, mit einer großen Reihe

interessanter Menschen zusammen. Gestern aßen wir Frühstück beim Fürsten Henckel-Donnersmarck...

...Ach, wenn ich doch jetzt gerade bei Dir wäre, meine Liebste, und alles erzählen könnte, anstatt steif und dumm alles zu schreiben...

...Ich sehne mich nach Dir, liebste Mama, mehr als ich überhaupt sagen kann!...»[65]

22. März 1930: «Meine liebste Mama!

Heute morgen kam Dein lieber interessanter Brief mit den Zeitungsausschnitten. Herzlichsten Dank, meine Liebste! – – Ich bin allein zu Hause – es ist Sonnabend, die Uhr ist ½9. Mein Hermann reiste auf Versammlungstournee zusammen mit August Wilhelm. Sie fangen in Ostpreußen an und setzen diese dann hinunter nach Köln fort, jeden Abend auf einem anderen Platz. Sie sprechen alle beide, und *alle* Versammlungen sind schon seit vielen Tagen ausverkauft. Der *kleinste* Saal faßt viertausend Menschen! Der größte fünfundzwanzigtausend!...

...August Wilhelm ist ganz und gar Hitlermann, er ist mit ganzer Seele dabei. Er ist anspruchslos, hilfsbereit, dienend, arbeitsam. Ich halte immer mehr von ihm, je häufiger wir uns treffen.

Gestern hatten wir Wieds hier zum Mittag zusammen mit Dr. Goebbels, dem Leiter der Bewegung hier in Berlin. Die Prinzessin hatte eine wunderbare Zeichnung von Hitlerkompanien in Marsch gemacht, mit der Hakenkreuzfahne an der Spitze, zwischen den Soldaten sah man die von Kommunisten Ermordeten als Lichtgestalten, die mit marschierten. Das Ganze war so schön, so inspiriert. Ich werde es mitnehmen, wenn ich zu Dir komme, meine Liebste! Ist es noch irgend etwas, was Du von hier haben möchtest? Spielkarten? Sag, Liebe, ich wäre so selig, wenn es etwas wäre, was ich mitbringen könnte...

...Es ist so leer, wenn Hermann fortgereist ist, ich habe dann stets Sehnsucht. Ich bin ja so allein hier, denn ich kann meiner Gesundheit wegen nicht gesellschaftlich mit Freunden und Bekannten verkehren, wie alle anderen Frauen es können. Es ist nur, wenn ich glaube, in irgendeiner Weise helfen zu müssen, seelisch oder in der Hitlersache, daß mir die Kraft von oben kommt. Du verstehst sicher, meine Liebste? – Ja, meine liebste Mama, nun will ich für heute schließen...

...Liebste, Liebste, wie ich mich nach Deiner Umarmung sehne. Deine Carin.»[66]

9. September 1930: «Mutter, ich sehne mich nach Dir! Fühlst Du nicht die Wellen der Sehnsucht, die aus dem lieben alten Deutschland zu Dir ziehen? Ich glaube nie, daß ich mich je so nach Dir gesehnt habe!»[67]

Schwester Fanny hält in ihrem Buch über Carin die Zeit fest: «Diese Reichstagswahl im September 1930 bleibt unvergeßlich in der deutschen Geschichte. Sie markiert einen Wendepunkt, mit 107 Abgeordneten rükken die Nationalsozialisten in den Reichstag. Hermann Göring wird nunmehr politischer Bevollmächtigter des Führers.» [68]

«... Hermann Göring wurde immer mehr in den Vordergrund geschoben, er mußte immer mehr hinaus, an neue Kreise heran, er wurde von den verschiedensten Parteien und Interessenten aufgesucht. Carin ging möglichst wenig aus dem Hause fort. Sie wollte immer für ihn da sein, wenn er kam, immer bereit, Bestellungen, Boten und Telephongespräche anzunehmen, wenn er abwesend war. Hatte er eine gut besuchte Versammlung (und wo waren sie nicht gut besucht!) oder interessante Bekanntschaften oder Erlebnisse gehabt, sofort rief er danach Carin telephonisch an. Alles sollte sie gleich miterleben, sonst empfand er keine rechte Freude. Wie war es auch herrlich, immer gleich ihre warme, teilnehmende, heitere und lebendige Stimme zu hören, sie war ja so ganz dabei, verstand sofort, was im Gange war, konnte Rat, Verständnis, Frieden und Ermunterung geben, gerade das, was er in jenem Augenblick am meisten brauchte, wonach er sich sehnte. Das Schwere wurde so viel leichter dadurch, der Sieg erst recht ein Sieg! Es ging ja auch vorwärts wie noch nie, Deutschland *war* aufgewacht! ...

Carin sah im Geiste schon das große Werk vollendet. Klar erkannte sie die Bedeutung, den positiven Wert eines jeden einzelnen Heims, sie verstand, daß von den Frauen jetzt wieder viel gefordert werden mußte. Das Heim mußte fester wie je stehen, die Frau gütiger, reicher an Verständnis, an Mütterlichkeit und an Mut sein als vielleicht jemals früher in der Geschichte. Der neue Geist und der gute Wille senkten sich nicht fertig und reif in die Herzen der Menschen, sie mußten wie der Christusgedanke, wie die Botschaft des Lichtes und der Liebe in der innersten Welt empfangen, dort gepflegt, geschützt und verteidigt werden, bis sie offen und frei als Heiligtum eines ganzen Volkes anerkannt werden. Hier gerade könnte der Einfluß der Frau von unermeßlichem Wert und grundlegender Bedeutung sein. ‹Nicht mitzuhassen, sondern mitzulieben sind wir da.› Wenn die Männer zum Bau des neuen Reiches gewaltige Steinblöcke heranschleppten, so mußten die Frauen den nötigen Zement einfügen in das neue Volksgebäude, worin alle Deutsche, sowohl Männer wie Frauen, Arbeit und Glück finden sollten. Könnte es eine herrlichere Aufgabe geben!» [69]

Carin an ihre Mutter in Stockholm, Berlin, den 4. Januar 1931: «Meine liebste Mama!

... das Einzige und der Einzige, worauf ich in diesem Falle wie in allen anderen meine ganze Hoffnung setze, ist Hitler, wenn er einmal ‹das Steuer ergreift› auf diesem sinkenden Schiff.

Dies ist ein furchtbarer Jammerbrief, aber ich bin so gewohnt, meiner Liebsten alles genau so zu sagen, wie es mir einfällt, und ich weiß ja, daß Du *immer* verstehst...

... Am liebsten möchte ich jeden Tag telefonieren und alles erzählen, und alles von Dir hören. Ich hoffe so, daß Dein Herz wieder besser ist. Ich verstehe gut, daß Du Dich zu sehr angestrengt hast und zu sehr in Anspruch genommen bist, und dann wird bei einer gewissen Grenze das Herz müde, d. h. das körperliche. Das geistige, gebende, liebende Herz bei unserer Liebsten, glaube ich, ermüdet *niemals*. Es will nur geben und immer geben... Liebste Mama... Deine Carin.»[70]

Ende Juni 1931: «Liebste Mama, sei vorsichtig! Vergiß nie, wie Du geliebt wirst, wie sehr man Dich auf dieser Erde braucht und am allermeisten Deine Carin.»[71]

Am 25. September 1931 stirbt Carins Mutter. «Carin brach bei dieser Nachricht zusammen»[72], stirbt nach drei Wochen, am 17. Oktober 1931.

Die Gegensätzlichkeit ist in ihrem Leben auf die Spitze getrieben: auf der einen Seite Mutter und Himmel, auf der anderen Seite destruktivste Gesellschaftsaktivitäten ihres Mannes Hermann Göring und ihres Abgotts Adolf Hitler, die sie beide «mit ganzem Herzen» unterstützt. Sie bringt Adolf Papier ins Gefängnis, auf dem er «Mein Kampf» produziert! Der Umschlagplatz dieser Extreme ist ihr Herz. Rätselhaft, wie diese «Sensitiva», von der Mutter als «Hautlose» charakterisiert, die angeblich alles fühlt und ahnt, die «Kinderseele»[73], mit ihrem «Kinderglauben»[74], die so empfindlich gegenüber «Brutalität und äußerer Gewalt»[75] ist, die das «Verbrecherische» mancher Kommunisten durchaus registrieren kann, jedoch hornhäutig, ja blind und taub – gefühllos wäre ein zu jämmerliches Wort – vor den Gewaltmännern steht, denen sie sich eng verbunden hat.

Das Bewußtsein ist ein nur grobes Wahrnehmungsinstrument.

Zu vieles fällt bei ihm durch. Das Herz ist genauer. Carin reagiert auf die anmarschierenden Ungeheuerlichkeiten mit Herzanfällen. Sie konnte die Extreme Mutterliebe und Naziliebe auf die Dauer nicht mehr miteinander vereinbaren.

In ihrer Jugend wird nichts von einer Herzkrankheit berichtet, im Gegenteil, Carin rudert, wandert, tanzt... Auf dem Foto, das sie zeigt, bevor sie Hermann Göring kennenlernt, strotzt sie – «sozusagen» – vor Kraft. So wird sie nie wieder aussehen. Sie bläßt ein, wird transparent, verfällt.

Das zweite Signal ihrer – von keinem Arzt spezifizierbaren – Herzkrankheit: Sie bekommt eine Herzattacke, nachdem sie erfahren hat, daß ihre Mutter wegen einer Herzschwäche in ein Sanatorium gebracht werden mußte – zwischen 14. und 18. Februar 1924.[76] Ihre Krankheit während des Novemberputsches 1923 ist eine Lungenentzündung. Zu dieser Zeit ist noch nicht von Herz die Rede.

Die Herzgeschichten kommen immer öfter vor, seit Carin mit Hermann von 1924 bis 27 wieder in Stockholm lebt.

Das Buch «Carin Göring» geriert sich als eine Art «Mein Kampf» für Frauen der NS-Zeit (230000 Exemplare in den ersten Monaten nach seinem Erscheinen!), weil es – von Frau zu Frau! – alles propagiert, was die Männer von Frauen zur Unterstützung ihres Tuns brauchten. So sehr es die Gehirnwaschgänge für das Hausfrauen- und Mutter-Ideal wieder und wieder durchzieht, läßt es trotzdem die Irritationen heraus, in die Carin während der Zeit nach dem Novemberputsch in Schweden geriet. Die Familie – wohl besonders der Vater – scheint sich auf einen Reservekurs gegenüber Hermanns Putschtätigkeiten zurückzuziehen. Das Münchner Unternehmen hat die Schweden ernüchtert:

«Niemals haben Hermann und Carin Göring an Hitler gezweifelt, ihr Glaube an ihn und an seine Freiheitsbewegung ließ niemals nach. Dafür hielten sie sich stets bereit. Carins Familie aber, die die beiden gern in geordneten Verhältnissen sehen wollte und tief beunruhigt war durch die Unsicherheit der Lage und den schlechten Gesundheitszustand Carins, konnte sich nicht in die politische, immer wiederkehrende Kampfeslust hineinversetzen. Die nationalsozialistische Idee schien den Schweden damals wohl schön, aber mehr wie ungewiß und noch dazu unreif. Die Begeisterung des jungen Ehepaares, die es dazu trieb, alles noch einmal dafür zu opfern und zu riskieren, konnte man wohl bewundern, aber jetzt nicht billigen.»[77]

Ein anderes Mal bricht Carin zusammen, als Harmoniewunsch und feinstoffliche Disharmoniewahrnehmung sie auseinanderzureißen drohen. Es ist Weihnachten 1930, die reaktionär-national-aristokratische Phalanx tritt bei ihr an, am 24. Dezember schon Joseph Goebbels, der noch unverheiratet war. Carin wird überwältigt vom Schönmachenwollen. Sie «preist sich selig, so viel schenken zu dürfen»[78].

Carin an ihre Mutter in Stockholm, Berlin, den 29. Dezember 1930:

«Meine liebste Mama!
. . . um 8 Uhr kam Goebbels hierher, um seinen Weihnachtsabend mit uns hier zu feiern. Er hatte reizende und so persönlich ausgedachte Pakete mit, für uns alle. Zum Abendessen hatten wir nur kalten Aufschnitt und Früchte. Dann spielte er Orgel, die ich während des Festes in den Saal stellen ließ, und wir sangen alle die alten Weihnachtspsalmen, ‹Stille Nacht, heilige Nacht›, ‹O, du fröhliche, o, du selige› usw. Thomas [Carins Sohn aus erster Ehe] und ich sangen schwedisch und Goebbels und Cilly deutsch mit Melodien, die uns vereinigten. Der Tannenbaum brannte, und die Geschenke wurden ausgeteilt. Dann brach bei mir ein Schüttelfrost aus, und zwar so stark, daß ich vom Sofa fiel und ins Bett mußte, und seitdem habe ich mit Fieber und Kopfschmerzen gelegen. Heute ist es etwas besser. . .
. . . Ich bin traurig, daß Du, Liebste, das Herz überanstrengt hast. . .
. . . Liebste, ich denke Tag und Nacht an Dich. Deine Carin.»[79]

Als die Mutter immer altersschwächer wird, zieht Carin mit immer mehr Herzattacken nach, übersteht den Tod ihrer «Liebsten» nicht. Bis zu siebenmal ruft sie diese Bindebeteuerung in ihren Briefen aus. Unter dreimal geht es nicht. Es ist nicht ihr exaltierter Stil, nicht Zeit- oder Klassenart, so zu schreiben. Carin schreibt anders, das heißt normal, an Vater und Schwestern.
Sie kann ohne ihre Mutter und ohne den Einklang mit ihr nicht

leben, und dieser Einklang beginnt dissonant zu werden, nachdem der Vater gegenüber den Naziumtrieben seines Schwiegersohnes skeptisch wurde.

Carin teilt noch nicht die Staatsverbrechen ihres Mannes. Aber nichts deutet darauf hin, daß sie es nicht getan hätte, im Gegenteil, sie ist aufgepumpt mit dieser Gesamtgesinnung ihres Mannes, der aus Österreich nach dem gescheiterten Novemberputsch an ihre Mutter schreibt – am 22. Februar 1924 –: «Denn ich will nur in ein nationales Deutschland zurückkehren und nicht in diese Judenrepublik.» [80]

Von Carin selbst stammen antisemitische, lebensverachtende Passagen. Sie kürt einen Mann zum «Helden», der lieber sterben will, als eine Arbeit bei einem Juden anzunehmen. Sie teilt uneingeschränkt den Antisemitismus Hermann Görings.

Carin Göring ist wie Unity Mitford antisemitisch ohne äußere Gründe. Sie gehört damit zum größeren Kontingent dieses patriarchatsstabilisierenden (Fehl-)Verhaltens. Beide Frauen wuchsen im «judenfreien» feudalen Milieu mittlerer Adliger auf, hatten weder Primär-(Abstammungs-) noch Sekundär-(Erziehungs-) probleme mit Juden und würdigten doch die ätzenden Tätigkeiten ihrer angebeteten Männer gegen diese Bevölkerungsgruppe mit Genugtuung.

Die elterngebundene Molluskenseele muß gegen Präzision und Unabhängigkeit anderer Menschen vorgehen – die Ungestalt gegen die Gestalt tätig werden. Die Juden sind abgegrenzt, und das beleidigt die Unabgegrenzten. Die Juden sind jedoch nur *eine* Metapher für Profil, von dem sich die Schwammigkeit verfolgt fühlt. Emmy Göring haßte sich auf Kommunisten ein, denen Qual anzutun ihr nichts ausmachte. Carin Göring hatte beide Formen gesellschaftlicher Außerordentlichkeit oder Antithese im Visier. Sie ist fürs Töten. Sie feiert Mussolini, der es mit vielen Toten zur Diktatur gebracht hat. Sie will Diktatur selbstverständlich auch für Hitler und Göring. Von nichts anderem reden die beiden mit ihr, für nichts anderes handeln die beiden. Und die Handlungen ihrer Idole bringen Tote, das weiß Carin und billigt es.

Die Geschichte mit ihrem Herzen und ihrem frühen Zerrissenwerden zwischen Mutterbindung und Gewaltmannpartnerschaft ist ein Extrem. Ihr Herz hat etwas klargemacht, zu dem ihr Bewußtsein nicht fähig war und zu dem Magda, Eva und Emmy erst die Feinde zwingen mußten: Tod oder Aufgabe der Diktatorenbegleitung.

Keine andere Nazifrauenbiographie macht wie die Carin Görings so frappierend die psychostrukturelle Ähnlichkeit zwischen Muttersohn und Muttertochter klar. Die Muttertochter ist die Kehrseite der Medaille «Muttersohn» und liegt daher wie er auf Gewaltkurs. Sie sitzt in dem Zug, den er lenkt. Sie steigt aus dem gleichen Grund ein, aus dem er das gesamte Gefährt in den Untergang steuert.

Von einem «rührenden» Zeichen der Ähnlichkeit und Gemeinsamkeit zwischen Hermann und Carin erzählt Schwester Fanny. Beider liebste Blume ist das Edelweiß:

«Wer Hermann Göring öfters im Zivilanzug gesehen hat, mag bemerkt haben, daß er ein Edelweiß an seinem Hut trägt. Diese Blume ist auch die Blume des Führers geworden. Sie mag ihn an seine geliebten Berge erinnern, an die große Einsamkeit in der Höhenluft oberhalb alles irdischen Kleinkrames und der Vergänglichkeit. Je höher der Wanderer steigt, um so seltener werden die Blumen. Dort oben auf den Zinnen gibt es die weite Sicht in die Ferne, das stille Schweigen, die weißen Berge, Himmel und Sonnenglanz. Eine kleine weiße Blume sucht ihn noch möglichst lange zu beglücken. Stolz trägt sie ihre Krone am Rande des Abgrundes. Sie könnte ihm das Leben kosten, aber hat er sie einmal erobert, dünkt sie ihm wertvoller als Lorbeeren oder Gold.

Ist es nicht eine seltsame Fügung, daß gerade diese Blume, das Edelweiß, schon von frühster Kindheit an Carin vertraut und heilig war?»[81]

Edelweiß ist das Symbol für «Ganz weit weg». Zu Carin kommt es über ihre Mutter und deren «Edelweißkapelle». Die Pflanze soll in diesem (Frauen-)Zusammenhang Gottesentfernung wie göttliche Nähe gleichermaßen treffen, Vater Jenseits ankündigen, den Raum für ihn schmücken. Die Männer holen sich das Blümchen am «Rande des Abgrunds», das von ihrem Gang in höchste Höhen zeugt. Kein Kräutlein kann so gut wie das Edelweiß Muttersohn und Muttertochter repräsentieren, die Nicht-Herausgekommenen, die psychisch nicht Geborenen. Die Bergkuppelblüte ist Balsam für Menschen in geschlossenen Verhältnissen, in ihrem dunklen Für-immer-innen-Sein. Die Blume des Obersten bringt Heil für das eigene ewige seelische Unten.

Carins Nachfolgerin, Emmy Göring, sagte 1948 am Schluß des Verfahrens gegen sie:

«Ich habe immer geglaubt, daß Liebe eine Gnade sei. Ich habe nicht gewußt, daß man dafür bestraft werden kann.» [82]

Die Richter hatten die zwei Jahre Haft, die Emmy verbüßte, für rechtens erklärt. Sie «wurde in die Gruppe 2 eingestuft» [83]. Emmy hatte für keinen Moment ein Unrechtsbewußtsein. Immer wieder hat sie beteuert, sie habe ihren Mann geliebt und Menschen gerettet, wie es in ihrer Macht gestanden hätte.

«Ich wußte, daß man mir nichts vorwerfen konnte, außer der Tatsache, daß ich meinen Mann von ganzem Herzen geliebt und immer zu ihm gehalten habe.» [84]

Emmy Görings Verteidiger, Erich Ebermayer, warnte sie, «die zu erwartende Spruchkammerverhandlung nicht zu leicht zu nehmen, auch wenn ich ein reines Gewissen hätte und mir keiner Schuld bewußt sei» [85].

Emmy Göring während der Spruchkammerverhandlung am 20. Juli 1948: «Mein Mann ist die große Liebe meines Lebens: Ich liebe ihn und werde ihn lieben bis zu meinem letzten Atemzug.» [86]

Bei Emmys Vorgängerin Carin war es genauso. Als ein Haftbefehl gegen sie wegen Komplizenschaft bei der Planung des Novemberputsches 1923 erlassen wurde, entrüstete sie sich: «Ich, die ich nicht das Geringste mit der Sache zu tun habe.» [87]

Für Hermann ist sie «liebende Frau», «sorgende Mutter» und «Kind», «das gläubig, sorglos vertrauende und heitere, [das] dem Mann helfen, ihn erfreuen und sicher leiten kann».[88]

Eva Hitler hat «nur geliebt». Am 20. Juli 1944 bleibt es ein paar Stunden ungewiß, ob Hitler etwas zugestoßen und inwieweit ihm Ernsthaftes geschehen ist. Eva erlitt einen Nervenzusammenbruch. Als Adolf endlich – kaum verletzt, nur um seinen beschädigten Anzug sich sorgend – sie anruft, sagt sie: «‹Ich liebe dich, Gott schütze dich.›

Sie tanzte vor Freude, sie hüpfte herum, sie weinte.» [89]

Sie schreibt an ihn:

«Geliebter,
ich bin außer mir. Ich sterbe vor Angst, jetzt wo ich Dich in Gefahr weiß. Komm so bald als möglich zurück, ich fühle mich dem Wahnsinn nahe. Hier ist das Wetter schön, alles erscheint so friedlich, daß ich mich fast schäme... Du weißt, ich habe es Dir immer gesagt, daß ich sterbe, wenn Dir etwas zustößt. Von unserer ersten Begegnung an habe ich mir geschworen, Dir überallhin zu folgen, auch in den Tod. Du weißt, daß ich nur lebe für Deine Liebe. Deine Eva.» [90]

Eva geht mit Adolf in den Tod, nicht weil sie ein Schuldbewußtsein hätte, sondern weil sie nicht allein sein will, ein Leben ohne ihn für sie sinnlos wäre.

Nur Magda Goebbels spricht in ihrem Abschiedsgeständnis gegenüber ihrer Freundin von Mitschuld. Aber auch sie erklärt nach allem, was sie weiß: «Vielleicht liebe ich ihn ja doch immer noch... Joseph ist mein Mann.» [91]

Beide Positionen sind richtig.

Die Nazifrauen haben etwas in nicht mehr zu übersehendem Extrem zum Ausdruck gebracht: die Rollenbereiche von Mann und Frau berühren sich nicht. Der Bereich der Frauen ist so getrennt vom Bereich der Männer, daß das Unfaßbare geschehen konnte: Da gehen zwei Leute miteinander ins Bett, produzieren Kinder, fühlen sich wohl zusammen, reden miteinander, unternehmen viel zusammen. Und doch berühren sie sich in einem entscheidenden Punkt nicht. Das gesellschaftliche Tun des Mannes dringt in die Momente, die er mit der Frau teilt, nicht ein, vermittelt sich ihr nicht. Das Tun des Mannes läuft frauenunerkannt – es kann auch strenger heißen, frauenuninteressiert – nebenher, unterbrochen von den kurzen und wenigen Überschneidungen wie Ausruhen, Regenerieren, gesellschaftlich Pausemachen. Da mit diesen unbedeutenden Ausnahmen *alles* nebenherläuft, Rollenmenschen so funktionieren, daß sie als Teil-Gewordene sich nur für Teile des anderen interessieren, läuft auch Massenmorden nebenher.

Und der «Geliebte» Adolf kann nach dem mißglückten Attentat auf ihn an *sein* «liebes Tschapperl» Eva schreiben:

«Mein liebes Tschapperl,
es geht mir gut, mach Dir keine Sorgen, vielleicht ein bißchen müde. Ich hoffe, bald heimzukommen und mich dann in Deinen Armen ausruhen zu können. Ich habe ein großes Bedürfnis nach Ruhe, aber meine Pflicht gegen das deutsche Volk geht über alles andere. Vergiß nicht, daß meine Gefahren nicht mit denen unserer Soldaten an der Front verglichen werden können. Ich danke Dir für die Beweise Deiner Zuneigung...
Von ganzem Herzen Dein A. H.»[92]

Bei den Frauen geht es um Empfängnis, Heiraten, Fehlgeburten, neue Frisuren, Nebenbuhlerinnen, Hauseinrichten... Und schon sind 100 000 Behinderte getötet, 3 Millionen Polen erschossen...

Magda hat wie Carin «somatisiert», nicht so stark, daß es tödlich wurde. Doch ihr Körper stellte Verbindungen her, wehrte sich gegen das abgespaltene Teil-gut-Sein, wollte zu einem Ganzen kommen. Magda bekam Gesichtszuckungen. Ihr rechter Trigenimusnerv spielte verrückt, mußte nach jahrelangem Leiden operiert werden. Die Bauchspeicheldrüse machte Probleme.

Auch Eva bekam Ohnmachtsanfälle, hatte Herzbeschwerden, füllte sich mit Beruhigungsmedikamenten, rauchte hektisch, sowie Adolf außer Reichweite war.

Die Katastrophe der Beziehung zwischen Muttersohn und Muttertochter ist der Widerspruch von Nähe und Ferne. Psychologisch sind sie einander nah, ähnlich, ja identisch, «sitzen sie im selben Zug»! Soziologisch sind sie voneinander weit entfernt, berühren sich in ihren Bereichen nicht.

Der Zusammenfall von seelischer Nähe und gesellschaftlicher Entferntheit ist der Grund der destruktiven Wirkung der Partnerschaft von Muttersohn und Muttertochter. Kein «Durchblick», keine Einflußnahme, keine Erkenntnis übereinander, aber Liebe, Zusammenhalt.

Im Alten Testament waren Erkennen und Lieben noch gleich.

In den neuen Verhältnissen sind sie es nicht mehr, im Gegenteil, Liebe schließt Erkenntnis aus. So löst sich die Widersprüchlichkeit auf: die unerkannte psychische Nähe von Muttersohn und Muttertochter führt in eine erkenntnislose gesellschaftliche Entfernung zwischen den beiden.

Das Lieben ist eine positive Kraft. Ist es auch positiv, wenn es sich an die verheerendsten Menschheitsdestrukteure verschwendet? Von Frauen wird immer wieder vertreten – ebenfalls von Feministinnen –, die Welt wäre längst untergegangen, wenn Frauen nicht so positiv wären, wenn sie nicht liebten, schützten, sorgten, wenn sie nicht so viele emotionale Fähigkeiten hätten, nicht mit so viel Wärme das Leben aufzögen und in Geduld die Männertiraden ertrügen.

Ich bin der gegenteiligen Ansicht und versuche meine Perspektive mit diesem Buch zu verdeutlichen.

Die Liebe der Frau richtet sich nicht auf die Welt, auf die Menschheit oder die Natur, die Liebe der Frau verausgabt sich an *den* Mann, nicht einmal an alle, sondern an den einen, auf den sie zufällig eingerastet ist. Und wenn dieser eine ein Massenmörder ist, tut es ihrer Liebe keinen Abbruch.

Wenn die Frau in ihrem Bereich weniger positiv wäre, ja wenn sie Chaos dort veranstaltete, wie es der Mann in seinem Bereich Welt tut, würde er seine Kraft von der Welt abziehen. Er müßte die in sich ziemlich gut funktionierende Welt in Ruhe lassen. Er müßte seine Aufmerksamkeit allen Geschehnissen des frauenvertretenen Innenbereichs widmen, weil er durch das dortige Chaos keine Kraft für sein Weltumwühlen bekäme.

Da die Frau das Gegenteil tut, harmonisch-positiv, erotisch und nicht chaotisch ist, funktioniert der Untergang der (Männer-) Welt wie geschmiert. Die Liebe von Frauen «auf Hitler komm raus» ist der Beitrag der Frau zum Untergang der Menschheit.

Wenn die Frauen die Nazimänner weniger bis gar nicht geliebt hätten, wäre das Regime nicht noch ärger geworden, sondern hätte nicht stattgefunden.

Unablässig erscheinen in den Beteuerungen der nazimännerliebenden Frauen die Begriffe «Herz», «herzlich», «herzensgut».

«Herzensgut» sind die Frauen als Mütter und als Partnerinnen der Berserker. Clara Hitler, die Mutter Adolfs, war es, Maria Katharina Goebbels nicht minder. Ach, und die Mutter von Martin Bormann, Hitlers grauenhaftestem Endzeit«berater», «lebte noch viele Jahre in Weimar und soll eine herzensgute Frau und Mutter gewesen sein»[93].

Es ist nur der Trick des Patriarchats, daß der Sohn, der dem Herzen dieser herzensguten Mutter lebenslang nah bleibt, zu einem potentiellen und, wenn er gesellschaftlich kann, zu einem reellen – direkten oder indirekten – Mörder wird. Er nimmt dann wieder eine herzensgute Frau, wie der Martin die Tochter des obersten Parteirichters der NSDAP, Walter Buch (Major a. D. und ehemaliger Freikorpssoldat)[94], Gerda Buch, die ihrem Mann zehn Kinder «schenkt» und damit so beschäftigt ist, daß sie nicht einmal bemerkt, wie Bormann einen seiner Söhne öffentlich quält. «Einmal beklagte sie [Eva] sich sogar empört bei Hitler, Bormann peitsche einen seiner Söhne in aller Öffentlichkeit aus.»[95]

Die Liebe der Frauen hat selbst in deren Bereich Grenzen. Gerda Bormanns Feingefühl, ihre Liebe und ihr Herzensgutsein hörten schon gegenüber dem peinigenden Umgang ihres Mannes mit seinen Söhnen auf. Wie können die drei Positiva der Frau – lieben, schützen, sorgen – sich da noch über die Schwelle wagen, aus dem Haus zum Nächsten, wenn sie schon ihren Kindern nicht mehr (oder nicht genug) gelten?! – So stark kann die Liebe einer Frau von ihrem einen Einzigen aufgesogen worden sein!

Gerda Bormann, von Zeitgenossen als «verschüchterte Hausfrau» erfahren[96], schreibt an ihren Mann, Martin Bormann, am 8. September 1944:

«Mein liebstes Herz, jedes Kind muß begreifen, daß der Jude das Böse dieser Welt schlechthin verkörpert und daß er bekämpft werden muß, wo immer er in Erscheinung tritt [hier kritzelte Bormann die Worte ‹sehr richtig› an den Rand] . . . Solange es irgendwo auf dieser Welt ein germanisches Volk gibt, das sich wünscht, fleißig, sauber und treu zu sein und nach seinen eigenen Gesetzen zu leben, in einem Staat, der seiner Rasse entspricht, wird der ewige Jude versuchen, dieses zu verhindern und alles Positive zunichte zu machen.»[97]

*Elektras Schwestern*

## «*Frauen*» *lassen morden*

*Ü*ber Nazifrauen ohne Abscheu, Ärger, ja Zorn zu schreiben, war nicht möglich. Die Entrüstungspassagen wurden nicht gestrichen, weil es ebenso schwer erträglich wäre, über die Nazifrauen ohne diese Ausbrüche zu lesen.

Die Problematik der Mittäterinnenschaft stelle ich im Schlußteil des Buches zurück. Die Frage nach der Mittäterinnenschaft ist nicht mit einem unumstößlichen Ja oder Nein zu beantworten, denn die Frauen für mitschuldig oder mitverantwortlich an den Taten ihrer Männer zu erklären, ist sowohl möglich als auch unmöglich, weil die Beantwortung der Frage abhängig ist von der Welt- und Gesellschaftsanschauung des oder der Fragenden.

Zur förderlichen Wirkung der Frauen auf ihre Männer habe ich mich eindeutig positiv erklärt. Zum Vorwurf der juristisch-moralischen Schuld/Verantwortung der Frauen möchte ich mich negativ äußern. Es ist wichtig, daß zu diesem Vorwurf eindeutige Positionen bezogen werden.

Ich halte die Nazifrauen – auch eine Magda Goebbels – für nicht schuldig, für nicht mit-täterschafts-verantwortlich.

Jede der hier behandelten Frauen hat ihren Mordbrenner vor oder neben seinen Taten kennengelernt. Sie kannte nur die private Seite ihres Mannes, hat die gesellschaftliche Seite erst sehr viel später und nur ausschnitthaft «erfahren», wenn sie sie überhaupt jemals mit ihren geistigen Mitteln zur Kenntnis nehmen konnte. Die Gewaltbegleiterinnen waren keine Professorinnen für Zeitgeschichte, die analysiert haben, was geschieht, und prognostizieren

konnten, was auf sie zukommt, um sich dann auf die Zerstörer zum
fröhlichen Mitmorden zu stürzen.

Ab wann hätte eine mitwissende Magda zur Verantwortung gezogen werden können? Schon beim Boykott jüdischer Geschäfte?
Für die «Reichskristallnacht», für die Berlin«säuberungs»aktion?
... Wußte sie jemals etwas vorher? Oder hat sie immer nur «gewußt», nachdem etwas passiert und es ihr mitgeteilt war.

Ich äußere mich mit diesem Votum gegen die von Thürmer-Rohr
vertretene – von mir abstrakt sehr geschätzte – Position der Mittäterinnenschaft, das heißt, der Hinzuziehung der Frauen zur (Mit-)
Verantwortung für das Patriarchat. Ich tue es, weil es im einzelnen Fall so gut wie ausgeschlossen ist, den Zeitpunkt des Mittuns
und dessen Ausmaß zu bestimmen. Sogenannte Triebtäter sind
oft verheiratet. Ich kann ihre Frauen nicht für ihre Taten zur
Verantwortung ziehen, es sei denn, die Frauen haben an der Tat
selbst mitgewirkt. Bei den Nazimännern handelt es sich – auf die
Gesellschaft übertragen – um nicht viel anderes als um «Triebtäter».

Wenn ich die Thürmer-Rohr-Position übernehmen würde,
müßte ich aufs Ganze gehen und den Beginn der Mittäterinnenschaft sehr früh ansetzen, müßte sagen: Frauen werden mitschuldig vom Moment ihres (Männer-)Liebens an. Und so umfassend
kann ich die Frauen nicht zur (Mit-)Verantwortung heranziehen.

Statt der einzelnen Frau verurteile ich die Rollentrennung der
Geschlechter, tue das aufs schärfste.

Ein Prinzip, das zu Adolf und Eva geführt hat, ist für mich als
gesellschaftliches Modell des Zusammenlebens erledigt. Dieses
Prinzip wird jedoch weiter vertreten, propagiert – auch von Staats
wegen –, nach ihm wird massenweise gelebt.

Adolf und Eva waren keine Ausnahme, sondern nur die Eis-
bergspitze der Norm. Auch heute «weiß» eine AKW-Betreiber-
Gattin nichts von den Plänen ihres Mannes, fragt eine Waffen-
händlersgemahlin nicht: Wieviel, wohin, warum?

Eine Frau Ministerpräsident Barschel konnte sich nicht vorstellen, was in ihrem Mann alles vor sich ging, konnte nach öffentlichen und Ausschuß-Berichten nicht verstehen, was eigentlich

gegen ihn, der es doch immer nur gutgemeint hat und dann plötzlich ermordet wurde, vorgebracht wird.

Das Frau-Barschel-Syndrom bevölkert «natürlich» – das heißt, gesellschaftlich – die gesamte männlich leitende und weiblich begleitende Wirtschafts- und Politszene aller Industriepatriarchate. Das Prinzip ist das Um-sich-selbst-Drehen der Geschlechter, das Nebeneinanderherlaufen in ihren voneinander getrennten Bereichen.

Wer den Untergang der Menschheit verhindern will, muß dieses Prinzip der verhinderten Einfluß- und Bezugnahme der Geschlechter abschaffen. Die Nazizeit war eine Generalprobe des Untergangs. Es klappte vieles noch nicht ganz. Das spricht – nach einem alten Theatergesetz – dafür, daß die Premiere, die schnell, aber unsicher auf uns zukommt, gelingen wird.

Die Entgesellschaftung der Frau muß aufgehoben werden, nicht um die Frauen die zeitgenössische Misere des Patriarchats beheben zu lassen, sondern um ihre soziale Erstarrung und ihre politische Verdämlichung aufzuheben.

Die Frau von der Mitverantwortung für das Patriarchat freizusprechen, auch wenn sie an der Seite seiner ärgsten mörderischen Ausgeburten steht, heißt nicht, sie zu idealisieren oder zu verharmlosen. Der Freispruch heißt: solange der Frau die gestaltende Mitwirkung an der Gesellschaft vereitelt oder – wie immer noch wenigstens – erschwert wird, kann sie für die Folgen dieser Gesellschaft nicht verantwortlich gemacht werden, denn auch ihre Partnerschaft mit den höchsten Spitzen dieser Gesellschaft greift nicht in diese hinein, hat keinen Einfluß auf sie, es sei denn, eine Frau hat eine eigene gesellschaftliche Position als Staatsleiterin, Präsidentin, Königin...

Ich äußere mich zu dieser Mittäterinnenfrage so eindeutig zugunsten der Frau, nicht nur, um den «armen» Frauen einen Gefallen zu tun, sondern auch um die Bahn frei für das Folgende zu haben – für die Analyse der psychischen Strebungen der patriarchalischen Frau.

Die Beschäftigung mit psychischen Dimensionen – theoretisch wie praktisch-therapeutisch – wird leicht gestört von sogenannten

Schuldgefühlen: darf ich etwas denken, schreiben, sogar tun? Wohin überall und wie weit muß meine Rücksicht gehen? Wenn dann auch noch gesellschaftliche Schuld hinzukommt, ist vielleicht gar kein Weiterdenken und Voranhandeln mehr möglich.

Ich bin für dieses Buch angetreten, um mich mit der Achse «Gewalt, Destruktion, Schadenzufügung und Mutterbindung der Frau» zu beschäftigen. Ich wollte dafür zuerst das extremste Material vorstellen, das es zu dieser Problematik gibt. Ich mußte zeigen, daß eine psychologische Auffälligkeit besteht, die «hoch»gesellschaftliche, das heißt «hoch»politische Folgen hat: Frauen, die muttergebunden sind, haben die Neigung, sich mit Gewaltmännern zu verbinden.

Von den sechs beschriebenen Nazifrauen litten vier selbst heftig, während sie in der Partnerschaft zum Gewaltmann steckten, vier starben früh eines unnatürlichen Todes, die fünfte (Carin) verbrachte die Hälfte der Zeit an der Seite ihres Mannes in einer Schwäche zu Tode, bis der Tod sie von ihrer gegen sich selbst gerichteten Langzeitdestruktion erlöste. Emmy, die sechste, machte zwei Jahre schlimme Zeiten durch, mußte den Rest ihres Lebens in öffentlichem Zwielicht stehen.

Die Psychologie fragt gern, wenn jemand immer und immer wieder sich in eine Situation bringt, die Leiden verschafft oder von Leiden begleitet wird, oder aus der mit Sicherheit Leiden folgen werden: Was bringt dir das? Welchen Gewinn hast du von deinem Tun? Auf diese Frage folgt immer Empörung: Wieso Gewinn? Ich leide doch!

Werden Eva, Magda, Emmy, Unity, Carin genauer beobachtet, dann erscheinen sie in einer konsternierenden Hartnäckigkeit, die mit einem Satz – herausfordernd zugespitzt – umschrieben werden kann: Frauen lassen morden! Leidet «die Frau» an einer Sucht nach Gewalt am Mann?

Die Tendenz der hier geschilderten Frauen ist für mich nicht fraglich. Die Frauen wollten dabeisein, zwar im Nebenzimmer ihres Rollendaseins, aber in Wand-an-Wand-Nähe zu ihren Destruktionsprofis.

So weit ist die Verdämlichung der Frau nicht getrieben worden, daß die Frau auch noch unfähig gemacht worden wäre, ihr feines Sensorium zu gebrauchen. Die Membranen des «Einfühlungs»-vermögens ließen auf unzensierten, unterbewußten Gängen die Zersetzungskonzepte und -taten der Geliebten in das Innere der Frauen eindringen.

Das bewußte Eingeständnis dieser unbewußten Vermittlung – dieses Bemerkens, das sich irgendwann in Wissen verwandelt – ist dann nicht jederfrau Sache, dazu gehört ein trainierter Intellekt und eine Spur von Größe, wie sie nur Magda Goebbels gehabt hat (dieses Thema berührt schon wieder das Gebiet von Moral, Schuld und Verantwortung).

Gewaltkonzept und Gewaltverwirklichung des Mannes kommen auf geheimen Wegen im Inneren der Frau an und werden dann von den anderen Instanzen der Person «gegengezeichnet». Da sich die Frau nach ihrer Ahnung – ihrem Vermitteltbekommen – der Gewalt des Mannes nicht vom Partner abwendet, sondern erst recht an ihm verbissen festhält, muß sie etwas mit diesem Nebenan, ihrer Nachbarschaft zur Destruktion, bezwecken, was ihrem psychischen Gleichgewicht dient.

Die zentrale Frage ist: Was will die Frau mit ihrer Begleitung von, mit ihrer Anteilnahme an Männern, die zerstören?

Die Paarung mit einem Gewaltmann ist ein Grundsatzverhalten der patriarchalischen Frau. Feministinnen könnten einwenden, es gäbe keine anderen Männer als gewaltlegierte. Das stimmt fast. Es gibt wenig andere. Daher muß ich die Frage präzisieren: Warum richten sich Frauen an der Seite dieser Männer ein mit einem nicht zu übersehenden Wohlgefallen, das erst dann gestört ist, wenn sich die Gewalt der Männer gegen die Partnerinnen richtet (Magda–Joseph, Emmy–Adolf, Unity–Adolf)? Und selbst diese Drehung der Gewalt des Mannes bewirkt noch lange keinen Aufbruch der Frau aus der Beziehung zu diesem Mann.

Am sexuellen Interesse kann es nicht liegen. Das war bei Emmy nicht besonders ausgeprägt, wurde Magda von Josephs Vorgänger Viktor viel kontinuierlicher befriedigt. Und die kontinuierliche Befriedigung wurde ihr von Anwärtern neben Joseph in Aussicht gestellt. Magda lehnte ab. Bei Unity spielte diese Ebene gar keine

Rolle. Eva nahm die um sich greifende Impotenz ihres Adolfs hin, griff Angebote von anderen Seiten nicht auf. Die kränkliche Carin erwähnte dieses Thema nicht.

Aus einem Grundsatzverhalten des Menschen pflegt sich früh schon ein Mythos zu entwickeln, der die Motive eines später rätselhaft erscheinenden Tuns noch ungeniert offen zeigt.

Für viele menschliche Grundsatzverhaltensweisen gibt es Mythen. Es ist nicht falsch, zwischen heute motivverschleiertem Grundsatzverhalten und motivnacktem Mythos eine Verbindung herzustellen. Falsch ist, *einen* Mythos über alle anderen zu erheben und zu behaupten, nach ihm allein organisiere sich modernes menschliches Zusammenleben, alle anderen Mythen müßten sich ihm unterordnen, wie es Freud mit dem «Ödipuskomplex» getan und ihn zu *dem* Kulturkomplex erhoben hat. Der Ödipuskomplex ist eine Metapher für die Mutterbindung des *Mannes*. Die Frau hat ganz andere – eigene – Komplexe und nicht einen seitenverkehrten Ödipuskomplex.

Von *einem* solchen speziellen Komplex der Frau rede ich nun. Er ist zentriert um Elektra, zeigt ihre ungelösten, unlösbaren Probleme mit Mutter, Vater, Stiefvater, Bruder und Schwester.


## Der Elektrakomplex


Ein Mythos ist eine Summe aus dreierlei, 1. einer Komprimierung stammesgeschichtlicher, übermittelter Vorgänge, 2. einer Fixierung der während der Aufzeichnung geschehenen politischen Ereignisse – der Tagespolitik –, und 3. den in Handlung umgesetzten inneren Prozessen einzelner Menschen.

Eine Erzählung wird zum Mythos, wenn die dritte Komponente auch noch spätere Generationen anspricht, wenn ein Einzel-

«schicksal» sich verallgemeinern läßt. Mythos heißt: aus geschichtlicher Überlieferung und Zeitgeschichte wurde seelisches Konzept, aus Historie und Politik wurde Psychologie.

Die Klytämnestra-Agamemnon-(Mutter-Vater-)Auseinandersetzungen widerspiegeln Matriarchats-Patriarchats-Kämpfe, zeigen die Auflehnung der Frau gegen den Antritt des Mannes zur totalen Herrschaft, zeigen anschließend in den Gestalten von Orest und Elektra die Kind-Eltern-Konflikte beim Übergang von mutterbevorrechtigten zu vaterdominierenden Gesellschaftsstrukturen. Elektra besiegelt in ihrer Person Patriarchat von Frauenseite her.

Die Geschichte beginnt bei einem ausgemacht unliebenswürdigen Vater, Agamemnon, dem König in Mykene, Abkömmling einer feudal leitenden Familie mit von Generation zu Generation weitergeschleppten, unlösbaren Bruder- und Vetterzwisten.

Stammvater war Tantalos, Sohn oder Freund des Zeus, in Ungnade gefallen. Er hatte seinen eigenen Sohn Pelops zerstückelt, in einer Suppe verkocht, den Göttern zum Mahl vorgesetzt und noch viele andere Scheußlichkeiten begangen. Er wurde in der Unterwelt bestraft mit ewigem Durst, war gefesselt an einen Baum, konnte weder die Früchte, die ihm vor das Gesicht hingen, erhaschen, noch aus dem um ihn ansteigenden Wasser trinken. Wenn es die Höhe seines Kinns erreicht hatte und sein vertrockneter Mund nach ihm schnappen wollte, sank der Wasserspiegel herab. Tantalos' Sohn Pelops wurde von den Göttern zusammengesetzt und verlebendigt. Das Prinzip des Auseinanderschneidens übertrug sich auf seine Zwillingssöhne Atreus und Thyestes, die sich bis aufs Blut bekämpften. Ihre Söhne und Vettern Agamemnon (Atreus) und Ägisth (Thyestes) setzten die Todfeindschaft gegeneinander fort...

Schon die Genealogie des verbrecherischen Agamemnons, auf den seine Tochter Elektra so schwört, zeigt das System Patriarchat in seinem Frühzustand: korrupt und dekadent bis ins Mark, das die männlichen Interessenten an diesem System einander gegenseitig bereitwillig aus den Knochen ziehen.

Agamemnon und sein Bruder Menelaos sind mit extremen Va-

terschwierigkeiten aufgewachsen. Vater Atreus und Onkel Thyestes mordeten kreuzweis und unablässig in ihren menschlichen
Bezugsgruppen herum – kein Ort für Kinder! Teilweise wuchsen
die Knaben nicht in väterlicher Nähe auf, weil unter dem gegenseitigen Abschlachten der Onkel- und Vatergefolgschaften ein sicherer Gedeih nicht möglich war und sie zu fremden Erziehern
gegeben wurden.

Agamemnon selbst entwickelte eine später zu oberster Heeres-
spitze treibende Destruktionsenergie. Ehe sich Klytämnestra seiner entledigte, verging er sich mehrfach an ihr. Seinen ersten
Krieg führte Agamemnon gegen seinen Vetter Tantalos (Namens-
vetter des Urgroßvaters). Er tötete ihn und zwang seine Witwe
Klytämnestra (!), Agamemnon zu heiraten, bevor er nebenbei
noch ihr an der Brust liegendes Neugeborenes abgeschlachtet
hatte.

Klytämnestra ergibt sich. Sie ist Beute des Siegers. Sie bekommt mit Agamemnon vier Kinder: Iphigenie, Chrysothemis,
Elektra und Orest. Von Liebe zwischen den Eltern keine Spur, von
Zuwendung des Vaters zu seinen Kindern fehlt ebenso jedes Zeugnis, im Gegenteil, Agamemnon will mit seinem Heer zum Kampf
gegen Troja aufbrechen, seine Kinder für unabsehbare Zeiten vaterlos zurücklassen. Doch es herrscht Flaute. Die Schiffe dümpeln
im Hafen vor sich hin. Agamemnon hat die Göttin Artemis verärgert, er war in ihren heiligen Hain (heute würde es heißen, ihr
Naturschutzgebiet) eingedrungen und hatte dort – seine nächste
Schandtat – ein Hirschjunges getötet. Nun, sagte Artemis (angeblich), müßte Agamemnon, wenn er Wind haben wollte, zur Sühne
seine Tochter Iphigenie opfern. Er tut's. Daß Iphigenie dann von
Artemis im letzten Moment in eine Hindin – eine Hirschkuh –
vertauscht und entführt wird, um bei ihr Priesterin zu sein, davon
weiß Agamemnon nichts. Der rettende Eingriff der Göttin entlastet ihn vom Tochtermord nicht, spricht ihn nicht gegenüber Klytämnestra frei.

Vielleicht sagen die schweigenden Winde: zu Hause bleiben
wäre besser! Aber für solche Stimmen war ein Agamemnon nicht
empfänglich. Wind kommt auf. Agamemnon hat seine Tochter

preisgegeben – für Kriegszwecke. Die Männer segeln los, verschwinden auf ein mögliches, fast wahrscheinliches Nie-mehr-Wiedersehen. Sie verwickeln sich in Kämpfe um Troja. Mit ihrer Rückkehr ist nicht zu rechnen. Die Zeit ihrer Abwesenheit geht leicht in zwei Jahrzehnte. Die Mythen halten sich nicht an Jahresgenauigkeit, sie kennen nur Spannen, und die Spanne des Fernbleibens von Agamemnon war «ewig». Und doch verlangte er von Klytämnestra eheliche Treue, ließ sie von Dienern kontrollieren und sich in Briefen über ihr Verhalten berichten.

Agamemnon hatte den Erfinder und Naturwissenschaftler Palamenes «früher» steinigen lassen. Dessen Vater Nauplios stiftete nun aus Rache die zurückgelassenen Frauen der griechischen Heerführer zur Untreue an, die deren Männer selbst üppig vor Troja betrieben.

Klytämnestra geht mit Agamemnons Vetter Ägisth eine Beziehung ein, hat mit ihm drei Kinder!, regiert mit ihm das Land, lebt so, als käme ihr früherer Gemahl Agamemnon nie wieder.

Leider wird Troja besiegt, und die Herren kommen doch zurück. Agamemnon bringt seine Zweitfrau, die trojanische Prinzessin Kassandra, und die gemeinsamen Zwillingssöhne mit.

Alles wäre eitel Freude, wenn die Verhältnisse nach dem Prinzip «Seid umschlungen Millionen» – hier wenigstens «seid umschlungen ein Dutzend» – geordnet gewesen wären. Aber Agamemnon will eine steril gebliebene Klytämnestra allein wieder in Besitz nehmen, will Alleinherrscher über Mykene ohne seinen Vetter sein und noch sein eigenes Nebenverhältnis genießen – wenn es nur *eines* gewesen wäre, eine Schar von versklavten Frauen brachte er mit, die zu seinen Diensten standen.

Es ging um Tod oder Leben der einen oder anderen. Klytämnestra entschließt sich, Agamemnon umbringen zu lassen. Der Plan gelingt. Agamemnon wird im Bad seines Palastes nach seiner Ankunft von Ägisth erschlagen. Sohn Orest, der die Tat später rächen könnte, soll auch umgebracht, kann aber gerettet und in der Fremde in Sicherheit gebracht werden.

Nun beginnt die Geschichte der Elektra. Sie ist eine Urvertreterin der Muttertochter. Den Vater hat sie kaum gekannt. Sie ist die

Drittgeborene, war klein, als der Vater zum Krieg nach Troja auf-
brach. Sie lebt zwei große Perioden mit der Mutter zusammen.
Die eine – mindestens zehn Jahre – nach der Abreise des Vaters bis
zu seiner Wiederkehr, die andere nach seiner Ermordung bis zur
Ankunft des geflohenen Bruders Orest – die Rede ist von sieben
bis zwanzig Jahren.

Ihr Name heißt griechisch «Bernstein» – das Material, aus dem
die ersten Funken für die berühmte Kraft geschlagen wurden, die
Elektrizität, die heute das gesamte patriarchalische Leben regiert.
Elektra hatte ihren Namen von «einer großen Göttin... gleichsam
einer zweiten Pallas Athene»[1]. Sie wird mit ihr in Verbindung
gebracht, steht unter ihrem Schutz oder ähnelt ihr. «Elektra, deren Name ‹Bernstein› auf den Vaterkult des Hyperboreischen
Apollon hinweist, ... Elektra ist wie die Zeus-geborene Athene
ganz zugunsten des Vaters eingestellt.»[2]

Pallas Athene ist die ausgeprägteste Vatertochter unter den
griechischen Göttergestalten, eine Mutterverräterin = Mutter-
lose und aktive Patriarchatsförderin, geboren aus dem Kopf des
Zeus.

Elektra ist eine Übergangsgestalt, noch bei der Mutter lebend,
aber nicht mehr auf der Seite der Mutter, sondern auf der des
Vaters. Im Unterschied zu Athene jedoch nicht aktiv, sondern passiv, nicht vatergemacht und vatergeworden (= vatertöchterlich),
sondern vatersehnend. Und Vatersehnsucht stammt immer von
Vatermangel.

Ich habe lange über den Namen «Elektra» nachgedacht. «Elektra», «Elektri...» – das signalisiert Bewegung, Reibung, Turbulenz. Wie kann so die Urmutter der Statischen, Gehemmten, ja
Stagnativen heißen?

Elektrizität muß gemacht werden, ist nicht wie Wind und Wasser eine Kraft von allein. Elektra = Bernstein = von allein geschieht nichts. Er muß gerieben, es muß an ihn gestoßen werden,
dann sprühen die Funken. Elektrizität kommt aus der Bewegung
anderer und bewirkt Bewegung von anderem.

Nach einer Quelle der Überlieferung lebte Elektra immer im
Palast der Mutter, im Keller bei den Hunden, eingereiht unter die

Sklavinnen, sich in dieser Position trotzig verschanzend oder von der Mutter nach unten gedrückt, weil die Vaterrächerin keine Ruhe gibt.

Einer anderen Quelle zufolge lebt Elektra in der Nähe des Palastes mit einem Bauern verheiratet in einer Hütte. Der Bauer ist lieb, aber rührt die Prinzessin sexuell nicht an, teilt mit ihr das einfache Leben.

Elektra verfolgt nur eines – jahrein, jahraus: Sie will die Mutter töten, für den Mord am Vater bestrafen, kann das aber nicht selbst vollführen, braucht dazu ihren in der Fremde lebenden Bruder Orest. Sie weiß nicht, wo er ist. Sie *hofft* auf seine Rückkehr, sie *glaubt* daran. Sie wartet darauf.

Orest kommt zurück. Aus Elektra bricht Liebe hervor, die zum Inzest fähig wäre – objektiv betrachtet, denn subjektiv ist Orest ihr fremd, zuerst erkennt sie ihn nicht. Elektras Beziehung zum Bruder muß wie zum Vater in den Zeiten der Kindheit ebenfalls nicht sehr nah gewesen sein, da sie ihn bei seiner Rückkehr für einen Fremden hält. Erst als er ihr Beweise seiner Identität, dazu den muttermordenden Beleg seiner Botschaft und seines Willens vorführt, schlägt es bei ihr ein.

Sie feuert ihn an, hilft mit allem, was sie hat und kann, rät, steht Schmiere, führt Orest in den Palast hinein, verstellt sich gegenüber der Mutter, täuscht sie, lockt sie heraus. Orest vollführt die Tat.

Danach wird er von Erinnyen (Rachegöttinnen zugunsten der getöteten Mutter) verfolgt, irrt umher, muß vor ein Gericht, wird schließlich freigesprochen – entscheidend war die Stimme Athenes für ihn!

Orest kehrt zurück nach Mykene, nimmt den Thron ein, herrscht, vergrößert sein Land.

Elektra taucht in Normalität unter, heiratet Orests Freund Pylades, bekommt Kinder mit ihm und stirbt als alte Frau. Mythologisch am Leben erhalten hat sie sich nur im Status ihrer Mutterbindung, im zur Schau gestellten Zusammenhang von Mutterbindung und Gewaltverlangen einer Tochter.

Elektra komprimiert mit ihrem mythologisch lebendig gebliebenen Verhalten einen Komplex, der bei vielen Frauen eine Rolle spielen wird, den das Patriarchat der «normalen Frau» aufzwingt, um von der zweiten (der weiblichen) Hälfte der Menschheit ebenso nachgeschaffen zu werden wie von der «ersten» (der männlichen).

Elektra bleibt bei der Mutter. Sie sträubt sich gegen eine Heirat oder fügt sich in die von Mutter und Onkel verhängte Jungfräulichkeit oder nimmt einen unebenbürtigen Bauern, der sie unberührt läßt. Alle drei Varianten des Mythos stimmen darin überein: Elektra bleibt Tochter und bleibt im Hause der Mutter oder jungfräulich in dessen unmittelbarer Nähe.

Sie ist mit einem elementaren Affekt an die Mutter gebunden – mit Haß. Haß und Liebe widersprechen einander im Ziel des Gefühls, nicht in der Intensität und Bedeutung einer Emotion, die in ihrer Stärke heißt: Angeschmiedetsein zum unabsehbaren Bleiben, solange dieses Gefühl hält. Und nichts deutet bei Elektra im Charakter des Urgefühls Haß auf sein Ende hin, auf seine Ablösung durch erwachsene, freundschaftliche Neutralität.

Statik und der Haß der Tochter gegen die Mutter haben dieselbe Wurzel im Vatermangel. Elektra haßt ihre Mutter, weil die ihr den Vater geraubt hat, den die Tochter zum Erlernen gesellschaftlicher Beweglichkeit gebraucht hätte – unter patriarchalischen Verhältnissen.

## Töten statt ablösen

Klytämnestra selbst ist noch nicht vom Muttertochterkomplex gezeichnet, den sie ihrer Tochter zugunsten eigener Interessen zufügen muß. Klytämnestra ist einerseits Restprinzip mächtiger Frau, deren ursprüngliche Freiheit sich im Beginn ihres Namens «Klyt» niederschlägt, was heißt «klitoral»-selbständige, noch nicht «vaginal»-statische Frau.[3] Klytämnestra ist zugleich Alibi-

und Ausnahmefrau im Patriarchat – vatertöchterlich charakterisiert. Wenn ihr Name im Mythos fällt, heißt es oft «Tyndareos' Tochter». Sie war die Tochter des Königs von Sparta und seiner Frau Leda. Ihre (Halb-)Schwester Helena hat diese Vatertochterstabilität nicht. Helena war ein Kind Ledas mit dem sich in einen Schwan verwandelten Zeus.

Wenn Kinder von Göttern gezeugt worden sein sollen, bedeutet das immer, daß über die Person ihres Vaters Unklarheit besteht. Ein Gott als Vater heißt kein Vater. Ein Gott ist nicht zuständig für eine intime Eltern-Kind-Ausschließlichkeit, die Nähe, Permanenz des Umgangs und positive Gegenseitigkeit verbürgt.

Klytämnestra ist teilweise noch beweglich, frei und stark. Sie übersteht die gewaltsame Trennung vom ersten Mann und die Tötung ihres ersten Kindes. Sie arrangiert sich mit Agamemnon mindestens ein halbes Dutzend Jahre lang. Sie ergreift sofort die Gelegenheit zur Freiheit, als Agamemnon abreist.

Klytämnestra ist auch Botin des nachpatriarchalischen Zeitalters, denn sie teilt sich die Führung des Landes mit einem neuen Mann, Ägisth, mit dem sie am glücklichsten ist.

Ganz anders ihre Tochter Elektra. Sie kann nur den Aspekt der Statik ihrer Mutter übernehmen: immer am selben Hof bleiben. Und sie muß sich mit dem Mörderischen ihrer Mutter identifizieren, will ebenfalls morden.

Identifikation ist eigentlich ein Mischungsverfahren, ein Teilähnlichwerden. Je enger ein Mensch an einen Elternteil gebunden ist, um so zwangsläufiger mißrät das Identifizieren zum Imitieren, das heißt, zum Deckungsgleichwerden mit der Person von Vater oder Mutter, noch dazu mit Verhaltensweisen, die ursprünglich abgelehnt oder für das eigene Leben als unbrauchbar empfunden wurden.

Elektra macht noch etwas viel Unerbittlicheres vor: Töten statt Ablösen, Ablösung durch Mord. Eine vermiedene Ablösung tendiert zum Mord. Elektra vollführt den Mord *als* Ablösung und vollführt ihn – was für den Komplex der Muttertochter ein entscheidendes Merkmal wird – nicht selbst, sondern läßt ihn vollziehen.

Elektras Lebensmischung ist Warten, Glauben, Hoffen und Lieben – Lieben aber nicht als Vermischung mit «Gott und der Welt», sondern als Knall, als funkensprühendes In-Bewegung-Geraten, wenn der eine, dessen sie buchstäblich ihr ganzes bisheriges Leben lang harrt, endlich erscheint und die erwartete, erhoffte, geglaubte Tat, die Tötung der Mutter, vollbringt.

Elektra formt ein Dilemma von Generationen patriarchatsverformter Frauen vor: sie bleibt bei der Mutter mit einem unerwachsenen Affekt. Sie muß sich mit der Mutter identifizieren, was sie eigentlich nicht will. Die Identifikation mit der Mutter reißt sie nur rein, eröffnet ihr kein mutterabgelöstes Leben aus eigener Kraft. Sie sehnt sich nach Mutterablösung. Sie kann sie nicht selbst zustande bringen, weil sie durch das Fehlen des Vaters – einer positiven, ihr zugewandten Vatergestalt – keine Autonomie erhalten hat, Distanzierungsschritte von der Mutter weg zu unternehmen. Elektras Sprengenergien zielen auf Mord. Es muß Mord sein, da sie der Mutter zwangsähnlich werden mußte und ihr dadurch jede psychische Verselbständigung unmöglich ist. Aber den Mord kann sie nicht selbst vollführen aus immer dem gleichen Grund: die Nähe zur Mutter macht sie statisch, macht sie mutterähnlich, macht sie unselbständig, zwingt ihr nur den Wunsch auf, in Ablösung, Selbständigkeit, Autonomie gesprengt zu *werden*. Und das soll jemand tun, der gleich oder ähnlich wie sie ist, der die gleichen Probleme hat, nur das eine nicht, das der Tatblockade. Und dieser Ähnliche-Extreme ist der Muttersohn und Bruder Orest.

Elektra «sandte häufig geheime Mahnungen an Orest, die von ihm erwartete Rache nicht zu vergessen»[4].

Unklar ist: Warum kann Elektra nicht von der restfreien Mutter Autonomie und Handeln übernehmen, warum kann sie nicht mit den an der Mutter noch existenten Aspekten der Selbständigkeit – identifikatorisch verinnerlicht – sich vom Bereich der Mutter trennen oder, wenn sie so von Rache geleitet ist, den Mord selbst vollführen?

Als ihr zu Ohren kommt, daß Orest angeblich tot ist – mit dieser Falschmeldung sollten Klytämnestra und Ägisth getäuscht werden –, stiftet sie die Schwester Chrysothemis an, mit ihr die Mutter umzubringen. Die Schwester lehnt ab – nach der Maxime: wenn schon im Bereich der Eltern bleiben, dann muß sich das Kind arrangieren, in eine Teilunselbständigkeit dreinschicken, darf nicht nach Mord der Eltern trachten.

Chrysothemis ist eine Gestalt, die auf vorpatriarchalische Züge hinweist, die mit der Mutter keine Probleme hat, geschweige denn von Vatersehnsucht verfolgt wird.

Im Mythos wird Elektra «Chrysothemis gegenübergestellt, deren Name daran erinnert, daß die alte Auffassung des matriarchalen Gesetzes noch immer in den meisten Gegenden Griechenlands hochgehalten und ihr ‹Gehorsam› gegenüber der Mutter als fromm und edel betrachtet wurde»[5].

Elektra ist weder wie eine «alte» matriarchalische Tochter «muttergehorsam», noch mutterabgelöst wie eine Vatertochter. Sie ist eingeklemmt zwischen zwei gesellschaftlichen Zuständen. Sie will «raus», möchte sich von der Mutter distanzieren, ist dazu auf «normalem» Wege nicht fähig, muß die Mutter ermorden. Elektra kann diese Tat jedoch nicht allein vollbracht denken, sie nicht allein ausführen, obwohl sie dazu – inmitten einer Permanenz von Gelegenheiten – physisch in der Lage wäre. Aber Elektra hat nicht zustechen, nicht kämpfen, nicht Listen aushecken, Fallen legen gelernt. Außerdem: wenn sie die Tat selbst vollführt, tötete sie den wesentlichen mütterlichen Teil, der sie geworden ist, den sie zum Überleben braucht. Der andere Teil, der väterliche, fehlt.

Klytämnestra kann ihn Elektra nicht durch die eigenen vateridentifizierten Aspekte ersetzen. Diese Aspekte sind nur Ausläufer vergangener Eigenschaften oder sind Wetterleuchten zukünftiger Fähigkeiten, keine zentralen Charakteristika, keine Hauptwesensmerkmale, die die Mutter der Tochter präsentieren und mit denen sich die Tochter identifizieren könnte.

Auch Klytämnestra ist längst eine in Besitz genommene, den patriarchalischen Verhältnissen unterworfene «Haus»frau. Ihre Schwächung ist vielfach und für Elektra so prinzipiell als Mutterzustand erlebt, daß die Tochter daraus kein Vorbild für gesellschaftliche Stärke entnehmen kann. Klytämnestra wurden erster

Mann und erstes Kind getötet. Sie mußte den Sieger und Mörder
heiraten. Ihr wurde für Kriegszwecke ihr nächstes Kind, Iphigenie, geraubt – getötet oder auf Nimmerwiedersehen entführt. In
der Blüte ihrer Jahre war sie vom zweiten Mann zur sexuellen
Abstinenz verpflichtet und in der Ungewißheit zurückgelassen
worden, ob ihr Gemahl je wiederkommen würde. Sehr frei kann
sie sich auch nun nicht benehmen, entweder müßte sie verschwinden oder sich heimlich mit einem Liebhaber die Zeit vertreiben.
Sie unterliegt den Werbungen des Verwandten Ägisth. Damit
schlägt sie den Weg der Konfrontation ein. Ägisth ist der Vetter
ersten Grades ihres Mannes Agamemnon. Ihm steht der Thron
von Mykene ebenfalls zu. Sein Vater und Agamemnos Vater waren die Zwillingsbrüder Atreus und Thyestes, die sich den Thron
im Pingpong von Meine-Morde-deine-Morde hin- und herschlu-
gen. Ägisth benutzt die vorübergehend freie Stelle, behauptet
seine Thronanwartschaft, tut so, als sei Klytämnestra Witwe.

Was die beiden betreiben, ist verständlich und zukunftsträchtig,
ist aber auf dem Boden ungeklärter patriarchalischer Verhältnisse,
vor allem der noch zugunsten Agamemnons bestehenden Vor-
machtstellung, leichtsinnig und dilettantisch.

Auch die nächste Zumutung bleibt Klytämnestra nicht erspart.
Ihr Mann kommt frisch und siegreich aus Troja zurück. Will Klytämnestra überleben, muß sie Agamemnon ermorden lassen, wodurch sie ihr Leben verhunzt, die Rache ihrer Kinder auf sich
zieht, ab nun in Angst ihre Tage verbringt.

Klyämnestra paßt nicht auf, sie ist nicht gründlich, nicht prinzipiell. Sie hätte, wie es Ägisth gewollt hat, auch ihre und Agamemnons Kinder umbringen müssen. Wenn schon, denn schon! Sie
aber hat Muttergefühle, will Elektra nicht töten. Und der Sohn
entweicht in die Fremde.

Auch Klytämnestra ist schon Wartende, Zögernde, Halbhan-
delnde, Willensgebrochene. Überall, von allen Seiten her, zu allen
Zeiten obsiegen über sie Männertaten – bis zu ihrer Ermordung
durch ihren eigenen Sohn.

Aus dieser schon gebrochenen Mutter kann Elektra gesellschaftliche Aktion nicht mehr beziehen. Klytämnestra war keine

Nymphe oder Hexe, wie Asterodeia, die Mutter Medeas, die der Tochter ein ganzes Arsenal von Fähigkeiten beibringen konnte, mit Welt, speziell mit Patriarchat in allen Krisen umzugehen.

Das Verlangen nach Vater entsteht nur dann, wenn die Mutter so entmachtet, so entweltlicht wurde, daß *sie* der Tochter ein Verhältnis zur Welt nicht mehr vermitteln kann. Bei Klytämnestra war schon alles aus den Fugen «funktionierender» Aktion geraten und in «Passion» erstarrt, daß Elektra für das Erlernen jedweden mutterunabhängigen Tuns den Vater gebraucht hätte.

Eine letzte Unklarheit an Elektras Lähmung: Warum kann *sie* als patriarchalische Muttertochter nicht allein handeln, ihr Bruder Orest mit gleicher Konstellation kann es? Warum ist die Muttertochter statisch, der Muttersohn hyperagil?

Der Vatermangel der Tochter ist meistens absolut, der Vatermangel des Sohnes relativ. Elektras Onkel und Stiefvater Ägisth war ihr so feindlich gesonnen, daß eine Identifikation mit ihm für Elektra unmöglich wurde. Zum Schluß des spannungsgeladenen Verhältnisses wollte er Elektra in ein Verlies weit weg vom Hof einsperren lassen, weil die zänkisch-renitente Art, mit der Elektra ständig den Vatermord präsent hielt, Mutter und Neugatte das Leben vermieste.

Wenn der Vater für eine Tochter mangelhaft ist, gibt es für sie keine anderen Väter neben ihm. Die Tochter wird als weibliches Wesen vom Patriarchat links liegengelassen, ist nur Heiratsgut, Durchgangsstadium für die Produktion von neuen Söhnen.

Die Tochter kann nichts anderes, nicht «*mehr*» werden als die Mutter, als die Mutter ihr vorgelebt hat in ihrem Verhältnis zur Welt. Und wenn dieses Verhältnis ein statisch-passives war, muß das der Tochter wieder statisch-passiv werden.

Der Muttersohn ist ein Mitglied des im Patriarchat bevorzugten männlichen Geschlechts. Für ihn interessiert sich die gesamte Männergesellschaft. Des Sohnes bemächtigen sich die Männergremien, sowie er erwachsen ist. Auf ihn richten sich die Normen der «männlichen» Aktivität. Aber auch der Prozeß des Erwachsenwerdens ist maskulin stabilisierend, männlichkeitsfördernd. Es gibt für den Knaben die Jungenkollektive, die einschleifen, was später vom Mann gefordert wird. Das Training in Kameradschaft von früh an reibt, spitzt, macht fit für Inmitten-, Unten- und Obensein im Männerkollektiv.

Die Charakteristik «Muttersohn» bezeichnet nicht nur einen Mann von außen, sondern trifft Vorgänge in seinem Inneren, einen Kampf zwischen seiner Bindung an seine Mutter und seinen Pflichten gegenüber der Männergesellschaft. Die Bindung an die statische Mutter ist fix. Da die von Jugend auf betriebene Turbulenz des Mannes an seinen inneren Stein des Bleibens (bei der Mutter) nicht anschlagen darf – Mutterschonung –, richtet sich die Turbulenz in einer Überhektik auf die Gesellschaft.

Diese Hektik des Muttersohns braucht die statische Muttertochter. Elektra will mit Orest auch den Vater ersetzt bekommen. Und zur Befreiung aus den Fesseln an die Mutter braucht sie genau das, was der Bruder überreichlich hat: Entschlußkraft, Tatelan, Skrupellosigkeit.


## Von Mißhandlung zu Mißbildung

Der Elektramythos ist 3000 bis 4000 Jahre alt. Die griechischen Tragödiendichter, die zwischen 500 und 400 vor der Zeitrechnung lebten und Mythen in ihren Dramen festhielten, waren den überlieferten Geschichten noch nah, vergleichbar nah wie der Autor des Nibelungenliedes der der Dichtung zugrundeliegenden Sage.

Mit Elektra beschäftigten sich die drei großen Dramatiker Aischylos, Sophokles und Euripides. Sie strafften die Geschehnisse schon präpsychoanalytisch, so daß sich in den Schauspielen Archaik und Moderne kreuzen. Sophokles hat am präzisesten Elektras Situation festgehalten, ja sein Drama hat ihre Lage, ihr sogenanntes Schicksal schon komplexhaft verallgemeinert. Die von ihm seinen Helden in den Mund gelegten Äußerungen haben den analytischen Wert von Geständnissen, Träumen und Briefen. Allen voran spricht Elektra seelisch enthüllend und redet nicht nur theatralisch (ver)handelnd.

Der Elektramythos führt zwei Frauen in sogenannter klassischer griechischer Tragödie vor: beide haben recht. Beide sind patriarchalisch unterdrückt, deformiert, sind Heldinnen des Ergebnisses der Frauenknechtschaft. Der Schritt von Klytämnestra zu Elektra stellt den Vorgang dar, wie aus sozialer Mißhandlung (Klytämnestra) psychische Mißbildung (Elektra) wird:

«Jedoch mich hat das meiste Leben schon verlassen, hoffnungslos, und ich reiche nicht mehr hin: . . . dien ich im Hause . . .»[6]

«Und sie, . . . die mein Leben niedergeworfen verräterisch, die mich zugrundegerichtet!» (Elektra über ihre Mutter.)[7]

«Auch seh ich eine Fronherrin viel mehr in dir als eine Mutter gegen mich, die ich ein Leben lebe mühevoll und vielen Übeln bin zugesellt durch dich . . .» (Elektra gegen ihre Mutter.)[8]

Klytämnestra zeigt im Drama ihre Verformung von Reduktion zu Erstarrung. Sie kann sich selbst ihrer Tochter nicht mehr zu einer solchen Identifikation anbieten, aus und mit der die Tochter gesellschaftliches Handeln erlernen und anwenden könnte. Klytämnestra ist nur noch Vorbild für die von der Tochter übernommene Statik. Sechsmal wird in Klytämnestras Biographie eingegriffen. Beim vierten und fünften Mal wehrt sie sich, kann aber ihre Statik nicht aufheben und wird «ausgerechnet» mit Hilfe ihrer Tochter umgebracht.

Elektra macht die Mutter für den Vaterverlust ganz und gar verantwortlich, sieht nicht, daß der Vater selbst den Verlust zu verantworten hat. Desinteresse und kriegsbedingte Abwesenheit in den ersten beiden Jahrzehnten der Tochter – damit sind schon die wesentlichen Merkmale für Vatermangel konstituiert. Klytämnestra versucht, der Tochter die Situation klarzumachen: «. . . war dem ganz verderbten Vater das Gefühl für die von mir geborenen Kinder lau geworden . . . Ist dies die Art nicht eines sinnberaubten und aus dem Grunde schlechten Vaters?»[9]

Der Mord des Vaters kann – objektiv gesehen – der Mutter nur halb angelastet werden, denn die Tat war Notwehr. Klytämnestra und Ägisth wären sehr wahrscheinlich hingerichtet worden für das, was sie in Agamemnons Abwesenheit getan haben. Vielleicht hätte Klytämnestra eine Flucht wagen oder eine Auseinandersetzung heraufbeschwören müssen. Mord ist ja immer falsch, wen es auch trifft. Vielleicht wäre Agamemnon zur Kooperation fähig gewesen. Sehr vielleicht. Klytämnestra wollte ihren sofortigen Untergang nicht riskieren, war auch als schon eingeschränkte patriarchalische Frau nicht mehr wendig, beweglich, auch nicht stark genug, ein Arrangement mit Agamemnon herbeizuführen (Abdankung, Ausreise oder Herrschaft über ein Teilgebiet, Räumung des Hauptthrons für Agamemnon und seine Zweitfrau, Prinzessin Kassandra, die mit ihren Zwillingen von Klytämnestra und Ägisth nach Agamemnon auch umgebracht wurde).

Aus Arrangement und Konfliktlösung entsteht kein Mythos, sondern aus Scheitern und Mißlingen. Die Geschichte hielt sich über die Niederlage beider Frauen am Leben.

Klytämnestra-Elektra – die Situation ist allgemeinpatriarchalisch da: die Tochter muß sich mit der statisch gewordenen Mutter identifizieren. Um beweglich werden zu können, braucht sie den Vater. Seine Abwesenheit wird der Mutter angelastet. Der Vatermangel erscheint der Tochter als Verbrechen der Mutter. Die Tochter kann ja nicht, solange sie aufwächst, realisieren, daß der Vater selbst – aus patriarchalischer Norm – sich ihr vorenthält. Da er in verschiedenen Stadien, auf verschiedene Weise, mangelhaft ist, kann die Tochter ihn nicht zur Identifikation verwenden. Andere Väter gab es nicht.

Es entsteht die Idealisierung des Vaters – sie ist der Schlüssel, um Frauen patriarchatsgefügig, unselbständig, vor allem männerunterwürfig zu machen.

Der Unterschied zwischen Identifikation mit dem Vater und seiner Idealisierung verdeutlicht das Dilemma der nach innen gedrängten Frau. Identifikation ist ein Vorgang der psychischen Formung, der Weitergabe von Verhalten und Eigenschaften, des sozialen Teils der Fort«pflanzung», ja ist das Wesentliche der Eltern-Kind-Beziehung. Mit der Identifikation bildet das Kind sich heran, bekommt die Möglichkeit der Verselbständigung, wenn nach der Identifikation die Ablösung erfolgt. Identifikation ist das Material, aus dem psychisch der neue Mensch wird. Sie schafft die Voraussetzung für die einstmalige – mit Hilfe der Ablösung vollführte – *Entmachtung* der Elternfiguren.

Verselbständigung und Entmachtung werden mit der Idealisierung der Eltern verhindert. Der Idealisierung ging ein Entzug voran. Sie dient der Machterhaltung einer Elternfigur, der Unselbständigkeit des Kindes. Idealisierung beruht auf Unkenntnis. Idealisierung ist das Ergebnis vom Nicht-teilhaftig-Werden einer Elternfigur. Was an anderen idealisiert wird, ist in einem selbst nicht geworden, kann nicht für das eigene Leben verwendet werden.

Das Schlimmste aber: in die Position des idealisierten Vaters ist jeder andere Mann einsetzbar, besonders ein solcher, der so unerfahrbar entrückt ist, wie es der Vater war. Er muß nur mit väterlichen Versatzstücken um sich werfen, dann wird er zum Stellvertretervater gemacht und ebenso idealisiert wie der entbehrte ursprüngliche Vater.

Elektra führt den Umschlagsmechanismus vor. Sie kennt den Vater nicht, den Bruder nicht mehr, den erwachsen gewordenen noch nicht. Und trotzdem sind sie ihr die Liebsten, werden sie zu Göttern inthronisiert, zu Lebenssinnspendern gemacht.

Elektra redet vom Vater nur in Superlativen:

«... des allerbesten Vaters Kind zu heißen ...»[10] «... dem Liebsten von allen Sterblichen, ihm ... meinem ... Vater ...»[11]
Zu Orest spricht Elektra gleichermaßen: «O Same! Same von dem Leibe des mir liebsten Menschen!»[12] «O liebstes Licht! O einziger Erretter des Hauses Agamemnons! ... Freude dir, Vater! Einen Vater nämlich mein ich in dir zu sehen! Freude dir!»[13]


Über die Zwangsidentifikation der Tochter mit der Mutter und die Idealisierung des Vaters durch die Tochter hat das Patriarchat die Frau kassiert.

Wesentliche Mechanismen der Unterdrückung, infolge der weibliche Potenzen ausgeschaltet werden, laufen zwischen Mutter

und Tochter ab. Die Mutter hat die Tochter statisch gemacht. Die
Tochter ermordet die Mutter.

Wer dem Kinde nah war, mit wem das Kind sich identifiziert
hat, von dem *kann* das Kind sich ablösen, den kann das Kind «ermorden» (wenn es sich von ihm nicht ablöst). Der Ferne, Uner-
reichbare bleibt am Leben, behält die Permanenz des Einflusses.

Die Ablösung ist der zweite wesentliche Vorgang bei der psychischen Schöpfung eines Menschen (nach der Identifikation), so
bedeutungsvoll, daß Buddha sie eine dritte Geburt nennt, die Geburt in eine unabhängige, psychisch erwachsene Existenz. Die Ablösung ist die Bedingung der psychischen Erwachsenheit. Ablösung ist ein Vorgang der sozialen Bewegung. Identifikation war
Formung, Heranbildung, Ablösung heißt erstes Handeln, Weggehen. Ablösung schafft die Voraussetzung für alles spätere gesellschaftliche Handeln.

Zweiter Teil der patriarchalischen Tragödie zwischen Mutter
und Tochter: Die gesellschaftliche Beweglichkeit wird im Prozeß
der Identifikation der Tochter mit der statisch gewordenen patriarchalischen Mutter nicht mehr beigebracht. Die Tochter braucht für
die Ablösung, für die Technik gesellschaftlicher Beweglichkeit
überhaupt, den Vater. Der glänzt durch alle Arten der Abwesenheit. Die Identifikation der Tochter mit der nur statischen Mutter
macht die Tochter wieder statisch. Sie kann schon den ersten Schritt
gesellschaftlicher Bewegung, die Ablösung, nicht machen.

Ablösung ist ein Menschenrecht, eine Erwachsenenpflicht, ein
Naturvorgang während des Erwachsenwerdens des Kindes.

Die Mutter *kann* gesellschaftliche Beweglichkeit nicht mehr
beibringen, der Vater *will* sie der Tochter vorenthalten. Die Tochter droht «unter» der Mutter zu ersticken.

«Allein, von dem, was maßvoll wäre, fortgerissen zum Unbewältigbaren
hin, dem Schmerz, richtest du, immer seufzend, dich zugrunde! Darin ist
keine Lösung von den Übeln. Was drängst du mir zum Unerträg-
lichen?»[14] spiegelt der Chor Elektras Verzweiflung.

Ihre Ablösung gelingt nicht. Ihr Freiheitsdrang schwillt an zum
Mordgelüst. Die Mutter «muß» umgebracht werden. Anders

kann die Tochter Eigenständigkeit nicht mehr erwerben. Und Mord ist die ärgste, verzerrteste soziale Tat, die die Tochter erst recht nicht selbst unternehmen kann.

«Kommt! Helfet! Rächt den Mord an unserem Vater! Und mir den *meinen* schickt, den Bruder! Denn allein hab ich nicht mehr die Kraft, die Waage zu halten der Last des Wehs!»[15] «Ja, er, auf den ich unermüdlich wartend, kindlos, ich Arme, und hochzeitlos immer dahingeh, von Tränen feucht, und trage dieses unendliche Schicksal der Leiden!»[16]

«Das meiste Teil von deinen Übeln erwarbst du dir im Übermaß, weil du in deiner unmutigen Seele immer Kriege gebierst», reflektiert der Chor.[17]

Elektra gibt ihre Lage zu: «Von Furchtbarem war ich gezwungen, Furchtbarem! Ich weiß es wohl, verborgen ist mir nicht mein Ungestüm... Denn dieses muß für unauflösbar gelten.»[18] «Jedoch ich will nicht davon lassen, daß ich um meinen Vater klage, den unglückseligen!»[19] «Wo erstlich mir der Umgang mit der Mutter, die mich gebar, ins Feindseligste ausgeschlagen.»[20]

Elektra stellt eine psychomathematische Bilanz auf:

1. Je stärker und ausschließlicher, je enger, je konzentrierter auf eine einzige Person bezogen die Identifikation abgelaufen war, um so intensiver ist der Ablösungs*wunsch.*

2. Je intensiver der Ablösungswunsch, um so lebensnotwendiger ist Ablösung für die erwachsene Existenz. Je schwieriger die Erfüllung des Ablösungswunsches, je mehr er vereitelt, ja unmöglich gemacht wird, um so heftiger schlägt er in einen Mordimpuls um.

Diese beiden ersten Punkte sind bei Elektra und Orest – Muttertochter und Muttersohn – identisch. Der dritte Punkt betrifft nur die Muttertochter:

3. Je heftiger der Mordwunsch ist, je schwieriger seine Erfüllung durch eigene Kraft zu verwirklichen ist, um so intensiver das Bemühen, um so unstillbarer das Verlangen, die Tat durch jemand anderen ausführen zu lassen, durch einen Ersatztäter, einen Stellvertretermörder. Das Gefühl, mit dem der Ersatzhandelnde herbeigerufen wird – er kann wegen der eigenen Handlungseinschränkung nicht herbei*geholt* werden –, ist «Liebe», dieses festbeißende «Meinen-Gott»-gefunden-Haben. Sowie der Vater-

ersatztyp da ist, ist er derjenige, welcher, auf den die Muttertochter drauffühlt mit dem Schrei: «Der ist es!»

«Ich aber, immer auf Orest wartend, daß er als Erlöser von dem allen
komme ...»[21], und zur Mutter: «Daß ich ihn dir ernähr' als Rächer. –
... Hätt' ich die Kraft: ich täte es, das wisse wohl!»[22] – Ich tue Dinge, die sich
für mein Alter nicht schicken und sich nicht für mich geziemen. Jedoch *dein*
[der Mutter] böses Wollen und *deine* Werke zwingen mich, daß ich dieses
tue, mit Gewalt! Schandbare Dinge lehren schandbar Tun!»[23]

Elektra zu Orest: «So bist du – Er?» – «O liebstes Licht!» – «O Stimme!
Kamst du?» – «Halt ich dich in den Armen?» – «O Same! Same von dem
Leib des mir liebsten Menschen!»[24] – «Nicht beraube mich der Wonne
deines Angesichts, daß ich es misse!» – «Jetzt aber halt ich dich! Erschienen bist du mir mit dem liebsten Angesicht, dessen ich auch im Schlim-
men nicht vergäße!»[26] – «So soll auch mein Betragen sein! Da ich die
Freuden von dir empfangen und nicht selbst errungen habe...

Getan hast du mir Unausdenkliches, so daß, träte der Vater lebend vor
mich hin, ich dieses nicht mehr für ein Blendwerk nähme, sondern darauf
vertraute: ich sähe ihn! – Da du mir endlich nun auf solchem Wege gekommen bist, so gehe du voran nach deinem Sinn!!»[27]

## Der seelische Gewinn

*D*er Schritt in die Gegenwart des Komplexes ist kein großer. Die
drei Punkte der Bilanz sind geblieben: Nähe zwischen Mutter und
Tochter, ausschließliche Identifikation der Tochter mit der Mutter
= Ablösungswunsch.

Schon der Mythos war kleinfamiliär zugespitzt. Das Kind kann
sich nur mit objektiv bedeutenden Personen identifizieren, die zugleich eine bedeutende, Kind-meinende Beziehung zu ihm haben
müssen. Mit beliebigen Beipersonen – damals «Sklaven» geheißen – geht Identifikation nicht.

Elektra hatte das reduzierte Dreieck Vater–Mutter–Kind als
Konstellation, das zur Einerbeziehung Mutter–Tochter bei ihr ge-

schrumpft war. Großeltern, Onkel und Tanten, einflußreiche ältere Geschwister, bedeutende Erzieherinnen und Erzieher, die sich hätten in Elektras Seele niederschlagen können – von niemandem dergleichen ist in der Geschichte die Rede.

Muttersohn und Muttertochter sind wie Geschwister im gleichen psychischen Konfliktfeld aufgewachsen. Die Nähe zu ihrer Mutter schafft ihnen einen starken Freiheitsdrang, der bei Nichtbefriedigung in negative Strebungen umschlägt.

Zivilisiert worden ist der Komplex nur in einem Detail der Geschichte: die Mutter wird nicht mehr ermordet. Damit sind die Ablösungsimpulse keineswegs gezähmt. Sie richten sich woandershin. Und «woanders» heißt «alles», ist «überall».

Der Unterschied zur Modernität ist in diesem Punkt ein gravierender. Die antiken Leute – originaler Muttersohn und originale Muttertochter – ermordeten die Mutter und ließen dann die Welt halbwegs in Ruhe.

Tod des Elternteils ist nicht identisch mit Ablösung von ihm, aber er kann ihr bei einer Trennungsverarbeitung nahekommen.

Mord ist insofern Vollzug der Ablösung, wenn er mit allen seelischen Begleiterscheinungen der Ablösung einherging: Realisation des Hasses, des Trennungswunsches, des – vorübergehenden – «Auslöschen»wollens, des Bemerkens der Insolvenz der alten Machtfiguren, ihrer «Verbrauchtheit», ihres Ausgehöhltseins...

All das machen Elektra und Orest durch. Orest wurde auch «ordentlich» verfolgt, vor ein Gericht gestellt und freigesprochen, weil seine Tat zwar objektiv falsch, aber subjektiv richtig, das heißt unvermeidbar gewesen wäre. Orest wird dann König in Mykene. Elektra – so üblich bis heute! – wird für ihre Anteilnahme an der Tat nicht einmal beschuldigt. Sie läßt sich als Königsschwester nieder, heiratet den Bruderfreund Pylades, bekommt Söhne, von denen einer wieder König geworden sein soll... Elektra bringt weder ihren Gatten um, noch benehmen sich ihre Söhne mythologisch auffällig. Sie ist «erlöst» – abgelöst, erwachsen. Der Mythos interessiert sich nicht mehr so genau für das weitere Ergehen Elektras, das sich der Normalität erfreut. Die Geschichte der Geschwi-

ster endet prächtig. Der Mord war ein Unfall im Ablösungsdrama
zwischen Kindern und Eltern.

Die alten Griechen hatten es noch gut, daß sie so handeln konnten
(durften?) und in einem so engen Verhältnis zwischen Seele und
Aktion gestanden haben. Was macht unsere Zeit mit der gleichen
Mathematik, die noch immer in den patriarchalischen Seelen funktioniert? Ablösungswünsche, ja Mordimpulse werden immer mehr
gefühlt, schlimmer, umgewertet in mutterschonendes «Über-al-
les-Lieben», Immer-bei-ihr-Bleiben, unabhängig davon, ob die
Mutter angenehme oder unangenehme Gefühlsreste zurückließ.

Und da kommt auch schon gleich der Teufel im Gottgewand
einher, der der einzige war und ist und bleiben wird, der die ord-
nende, Ich-stabilisierende, Autonomie-gewährende Separierungs-
arbeit als Schneiden in der Welt vollführen soll.

Die seelische Ablösung und ihre Zuspitzung – der Mord – geschehen nur einmal. Ersatzhandlungen brauchen die Permanenz.

Zivilisation heißt: der Muttermord wird symbolisiert.

Die Originalhandlung, so verzerrt sie auch ist, gibt der Seele
Beruhigung. Das Symbol gibt Beruhigung nur, wenn es wieder-
holt wird. Immer und immer wieder muß im Symbol ersatzmäßig
gelöst werden, bis die unglaublich grausame und doch so wahr-
scheinliche Formel entstand: «Endlösung» statt Ablösung!

Von seiten der Muttertochter ist dieses uferlos gewordene
Trachten abgedeckt mit dem Mantel der Liebe. Die Muttertochter
*ist* die feine Dame.

Die Mutter wird geliebt oder begleitet, von ihr wird sich nicht
getrennt. Die Genugtuung verschaffende, schneidende Symbolhandlung unternimmt der Muttersohn-Partner an einer Stelle der
Welt. Und dafür liebt die Muttertochter ihn inbrünstig, liebt ihn,
weil er löst. Wenn er so viel anderes auch noch mit «löst», Tierarten auslöscht, Völker mordet und nun die Welt zerstört, macht
das der Muttertochter nichts, stoppt nicht ihre Befriedigung durch
die repetierte Symbolhandlung. Der Muttersohn darf nur nicht
damit aufhören, irgendwo zu trennen, in irgend etwas hineinzu-
schneiden, muß fließbandlösen.

In größte Verzweiflung gerät die Muttertochter erst dann,

wenn die Zuwendung des Matrichirurgen aufhört. Sofort fällt die Tochter dadurch ganz an die Mutter zurück, erlebt einen so in sie selbst einschneidenden Autonomieeinbruch, daß sie sterben will.

Schon Elektra wird selbstmörderisch gezeigt. Sie will sich umbringen, als sie meint, Orest habe sich durch Tod von seinem Auftrag, die Mutter zu ermorden, entzogen.

«Doch nein! Nie werd ich für die künftige Zeit im Haus mit denen leben, sondern hier am Tor, dahingesunken, möge ohne Freund das Leben mir verdorren! – ... Zu leben hab ich kein Verlangen!»[28]

Euripides formuliert noch schärfer. Elektra droht Orest mit Selbstmord, wenn er den Kampf mit dem Mutterfreund Ägisth verlieren sollte:

«Und wenn du erliegst im tödlichen Streit, so zähle mich nicht zu den Lebenden: Ich treffe die Brust mit der Schärfe des Schwerts!»[29]

Geli Raubal, Eva Hitler, Unity Mitford legten Hand an sich nach Teil-Rückzugs-«Gefechten» ihrer Angebeteten. Als Joseph Goebbels die wesentliche Ebene der Beziehung, die sexuelle Gemeinschaft, verlassen hatte, flammten in Magda Selbstmordimpulse auf.

«Nachts um 3 Uhr kam Magda zu ihrer Schwägerin. Als sie das Zimmer betrat, fiel sie, noch ehe sie sprechen konnte, ohnmächtig zu Boden. Bleich und gequält saß sie dann im Sessel, rauchte unablässig und sagte schließlich: ‹Es wäre das beste, wenn ich mir zusammen mit meinen Kindern das Leben nähme.› Nachdem sie der Freundin berichtet hatte, was sich in Schwanenwerder ereignet hatte, sagte sie: ‹Faßt man es, kann man es begreifen, daß ein Mensch so grauenvoll lügt? Warum denn nur? Ich will mich ja scheiden lassen. Er ist ein Teufel, er, den ich für meinen Gott gehalten habe. – –›»[30]

Joseph hatte zuvor geschworen: «Ich habe seit langer Zeit keinerlei Beziehungen mehr zu Frau Baarova, das schwöre ich dir beim Leben unserer Kinder!»[31]

In Magdas Handtasche lagen – ihr zugespielte – Liebesbriefe von Joseph an Lida, datiert von gestern und vorgestern ...

Das Patriarchat hat mit dieser Art des Liebens der Frauen seine heißbegehrte Monogamie in die Frau hineinmanövriert und in ihr wirken lassen mit der Macht eines Triebes: Verlangen nach dem einen, der alles tut, der kreissägend um sich schneidet. Wo, wie und wie weit das Schneiden geht, ist für die Psychodynamik der Mutter-tochter sekundär. Es kann sich auch, wenn es noch mit Restbegehrt-werden verbunden ist, gegen sie selbst richten.

Frauen lassen sich nicht abhalten, Männer zu lieben, die in die Partnerin selbst hineinschneiden. Wenn nur das phasenweise Rücklieben, das Sich-zur-Partnerin-Organisieren, das Grundsätz-lich-zu-ihr-Stehen gesichert ist, dann kann er sich so gut wie alles erlauben.

Erst recht das «Schneiden» gegen ihre Kinder. Immer und immer wieder tritt das Komplizinnenverhalten von Frauen beim Miß-brauch ihrer Kinder in Erscheinung, ausgeübt durch ihre Ehemän-ner – ihr Kommentar nach den Entdeckungen der Taten: «Nichts gewußt!», auch wenn es 300mal geschehen war...

«Nicht wissen» ist nur eine juristische, keine psychologische Kategorie. «Nicht gewußt» heißt für die Seele noch lange nicht «nicht gewollt».

Gerda Bormann ließ die Zugbrücke des Nichtwissens fallen. Öf-fentlich beliebte ihr Mann einen ihrer Söhne zu peitschen, und sie schritt nicht ein. Was er nichtöffentlich machte – davon ganz zu schweigen. Und zum Mord an jüdischen Menschen heizte sie ja ihr liebstes Martinherz belegterweise auch noch an.

«Psychischer Gewinn» als Erklärung für dieses Verhalten ist viel zu harmlos gesagt, «psychische Not» muß es heißen. Ohne das schneidende Tun des Mannes würde das Ich der Muttergebundenen zerfallen.

Das Verhalten von Frauen an der Seite kindesquälender Väter ähnelt dem Emmy Göringschen Augenniederschlagen während der Jagd. Sie ist dabei. Sie mag die Steaks – das Ergebnis des ins Leben eingreifenden Tuns der Männer –, aber nicht den Weg dort-hin.

Die Kinder sind nicht nur die Kinder der Menschen. Auf sie werden die eigenen Eltern übertragen, ungelöste Konflikte von Großeltern zu Enkeln weitergeschleppt. Tochter und Sohn sind in Aspekten auch Vater und Mutter der Mutter (des Vaters). Werden gegen die Kinder vom Gemahl schneidende Symbolhandlungen vollführt, gibt das der Gemahlin eine Ablösungsscheinbefriedigung. Das Kind kann, darf, soll (ein bißchen) gequält werden, das lockert in der Seele den festen Sitz der (Groß-)Mutter oder des (Groß-)Vaters, macht das Atmen für ein paar Momente freier.

Nur Schneiden – Quälen bis Mißhandeln – *gegen* das Kind ist gefragt, nicht vom Kind. Das Kind soll, ja darf sich seinerseits nicht schneidend = trennend verhalten.

## Über die Macht der Liebe

Die Modernität des Elektrakomplexes hat die Genealogie der Mutterbindung gesichert: Die Gatten pflegen die Gattinnen zu verlassen, physisch oder psychisch. Sie wenden sich ab auf vielerlei Weisen. Sie vollführen nicht, was die Muttertöchter brauchen. Selbstmord und Krankwerden der Im-Stich-Gelassenen sind Ausnahmehandlungen der an die Mutter zurückfallenden Töchter. Sie haben ja noch *ihre* Kinder: ihre Tochter, die als Erwachsene Schnitt für Schnitt sich ins eigene Leben schneidet (was die Mutter offiziell beklagt, inoffiziell genießt), und den Sohn, der wiederum der Welt Schnitte antut, was ans originale Bedürfnis der muttertöchterlichen Mutter heranreicht – symbolhaftes Weltpeinigen statt Muttertrennen.

Schon vor Jahren überraschte mich ein Nebenphänomen, das mir bei der Bearbeitung von «Muttersöhne» auffiel. Die Mütter der Muttersöhne sind nie Vatertöchter, immer Muttertöchter, mir auffällig geworden bei Hölderlin, Napoleon, Nietzsche, Bismarck, Wilhelm II. . . . Was der Gatte an Schneiden versäumt, was er eingestellt oder nicht genügend ausgeführt hat, das soll der Sohn fortsetzen, nachholen, vervollständigen.

Das Patriarchat macht sich bei der Entstehung der Gewalt des
Mannes die Hände nicht mehr schmutzig. Der gewalterhaltende
Mechanismus läuft von Mutter zu Muttertochter zu Mutter(en-
kel)sohn.

Das Öl, das die Maschinerie in Schwung hält, ist die Liebe. Die
Frau liebt alles: die Mutter, den Partner, die Kinder...

Es ist *die* Gegenwartsmühe, hinter diesem Gefühl den Beitrag
der Frau zum Untergang der Menschheit sehen zu können.

Liebe ist *vor* Glaube und Hoffnung, den anderen beiden patriarchalischen Stützwerten, so überaus positiv besetzt, daß ein Heran-
kommen an dieses Frauentreiben, eine Überwindung des Widerstandes, dieses Gefühl zu verringern oder zu unterlassen, fast
unmöglich erscheint.

Wie es die Nazifrauen vorgemacht haben, kann mit der Liebe
alles entschuldigt werden. Ein Blick in die Geschichte, ebenso wie
ein Blick in ein Tagesmedium, deprimiert absolut über die Macht
dieses Gefühls.

Die Anstrengung von Menschen während der vergangenen
Jahrtausende (es müßte heißen, hauptpersönlich von Männern –
Frauen konnten es gar nicht vergleichbar wie Männer), die Aus-
wüchse des Patriarchats zu mildern, Diktaturen zu überwinden,
sind so prinzipiell gescheitert, die «bösen» Männer waren, langfri-
stig gesehen, immer stärker, die Gewalt ist nie gewichen, hat sich
nur anders dargestellt, hat im 20. Jahrhundert ein Maß des Frevels
gegen alles Leben erreicht, so daß ein Entkommen aussichtslos
erscheint. Und jeder Zerstörer hat mindestens eine Frau, die ihn
liebt – meistens sind es Dutzende!

Klarsicht ist nötig. Hoffnung ist ebenso ein patriarchalisches
Gefühl, weil hinter ihr die Gewaltmänner leichter und besser ungestört machen können, was sie wollen.

Es vergeht kein Tag einer Industrienation, daß nicht ein Mann
Amok läuft, um sich schießt, manchmal Frau und Kinder mit in
den Tod reißt, durchaus nicht immer. Wenn nach den Sonder-
sprengungen, den die Allgemeinheit erschreckenden Gewaltaus-
fällen des Gatten, die Gattin gefragt wird: «Was war denn los?»,
dann hat sie nichts gemerkt, dann war das Leben bisher normal,

der Mann nicht auffällig, im Gegenteil, zu den Nachbarn immer freundlich. . .

Wahrnehmungsstörung, Teilkindischkeit, Um - sich - selbst - Kreisen, wie ich das Phänomen zu erfassen versuchte, waren Wegbeschreibungen, Annäherungen an das Unerhörte: Männer *sollen* sprengen, explodieren, zersetzen. Die unbefreite Frau braucht das. Es genügt ihr schon, wenn der Mann die Tendenz in die Gemeinschaft mitbringt. Wie, wo, wann und ob überhaupt die Tendenz ausbricht, ist zweitrangig. Sie muß dasein. Jeder Gebundene braucht sie, und die Frau braucht sie *am* Mann, lockt sie heran mit Liebe.

Das Patriarchat bietet periodisch Gelegenheiten, die Tendenz «auszuleben».

Wenn ein Verhalten sich bis in die Gegenwart so verformt hat, daß der Beweis der Verformung nicht mehr möglich ist, kann ein Mythos helfen, weil er den Vorgang der Verformung freilegt. Daß eine muttergebundene Frau Gewalt an den Mann delegiert, hätte mit hundert Nazifrauen nicht bewiesen werden können, weil der Zusammenhang verdeckt ist.

Der Mythos hat noch keine «Moral», kennt keine Scheu, keine Verdrängung, er ist Psyche pur.

Daß das Lieben der Frauen falsch ist, kann modern nicht hergeleitet, nur festgestellt werden: Frau Mao, Frau Auschwitzkommandant Höß, Frau Ceaușescu, Frau Saddam. . ., von Frau Ölgesellschaftsdirektor, Frau Chemiekonzernchef, Frau Fleischwarenproduzent. . . zu schweigen, sie alle lieben ihre Giganten.

Dieses Tun der Frauen ist eine in Normalität verpackte Absonderlichkeit, an die der bisherige Feminismus nicht herankommt. Die Begriffe «Unterdrückung» und «Ausbeutung der Frau» sind zu stumpfe Werkzeuge, das Fehlverhalten der Frauen reparieren zu wollen.

Elektra stellt ihre reaktionäre Gesinnung ungeniert aus. Sie macht sich nichts aus dem hübschen Ägisth, der den Krieg meidet, der ein Bettheld ist, der sich die Regentschaft mit einer Frau teilt. Elektra hält nichts vom emanzipierten, sanften Mann, bringt Ägisth unverhohlen ihre Verachtung zum Ausdruck:

«Du prahltest, du habest das fürstliche Bett durch Schönheit erworben. Du Weibergesicht! Mein Mann sei ein Mann! Seine Söhne im Krieg bewährt, nicht im Tanz nur, ein glattes Gezücht!»[32] Und zu Orest: «Ermanne dich, werde kein feiges Weib!»[33]

Elektra liebt. Daß ihre Liebe Inzest ist, schreckt sie nicht. Sie ist an Orest fixiert. Als die Liebe gestört wird, will sie sterben. Das zeigt genau: im Nicht-Ablösen liegt der Tod. *Eine* Frau mindestens muß sterben, Mutter oder Tochter. Der Mythos läßt die Tochter noch siegen. Die Zivilisierung, die Verinnerlichung der Geschehnisse zum Komplex, lief entgegengesetzt. Die Mutter bleibt leben. Die Tochter vollzieht die Ablösung nicht. Der Mordimpuls bleibt bestehen, geht gegen jederleut oder gegen sich selbst, er geht, anstatt nach oben, zur Seite oder nach innen. So heißt Lieben: bitte, bitte morden! «Schlag zu, wenn du die Kraft hast, zum zweiten Mal!» schreit Elektra – «mit stärkstem Ausdruck»! –, während Orest die Mutter ermordet.[34]

Der Kreislauf ist geschlossen. Der Mann unterdrückt die Frau. Die unterdrückte Frau zeichnet die Mordkonzepte des Mannes gegen, wenn nicht die schärfere Version gesagt werden muß, die Frau feuert den Mann beim Morden an.

Exakt läuft es so ab: Der Mann unterdrückt die Frau. Die unterdrückte Frau «verhindert» die Ablösung ihrer Kinder von ihr, läßt sie mit Mordimpulsen zurück, die sich nicht mehr gegen die Mutter als Person richten, sondern die sich gegen das Leben, die Weiblichkeit schlechthin verschoben haben.

Der Muttersohn führt die Taten aus, die Muttertochter sieht ihm zu, erlebt sie mit Wohlgefallen, weil Schneiden, Schießen, Stechen, Bohren des Mannes ihr die Entspannung von Ablösungsfragmenten vermitteln. Ihre Kinder sind wieder ein Sohn, der unterdrücken will, eine Tochter, die sich unterdrücken läßt.

Patriarchat ist nicht nur außen oder – für die Frauen – gegenüber. Patriarchat ist in uns allen, auch in den Frauen. Die Mutter-Tochter-Beziehung ist keine Antithese oder ein männergesellschaftliches Schongebiet. Sie ist auch Patriarchat.

Frauen kämpfen im äußeren Patriarchat, erringen sich Land um Land, und das innere Patriarchat spielt ihnen Streiche, feiert dort fröhliche Urständ, wo es von Frauen am wenigsten vermutet wird, in der Mutter-Tochter-Beziehung.

Noch unerbittlicher formuliert: die Mutter-Tochter-Beziehung ist derzeit eine der Hochburgen des Patriarchats, in denen seine Reorganisationsmechanismen nahezu ungestört ablaufen.

Gern räumt das Patriarchat der Frau hier und da Freiheiten ein, macht ihr Zugeständnisse gesellschaftlicher Art. Es kann das, weil in seinen Stuben der patriarchalische Charakter der Frau munter nachproduziert wird und dadurch Millionen von Frauen entstehen, die nicht willens sind, aufs Ganze zu gehen, die Herrschaft des Mannes wirklich abzuschaffen.

Am kompliziertesten ist die Situation für die moderne berufstätige Frau. Sie hat Patriarchat mit ihrer äußeren Existenz zu großen Stücken aufgehoben, verfängt sich aber in ihrem Inneren an psychischen Fußangeln, die ihr ein Fortkommen der Befreiung verhindern.

Meine Beschwörung der Gewaltpartnerinnen kontern berufstätige Frauen gern: so schlimm seien ihre Männer nicht, so eng sei ihre Beziehung zu ihren Müttern ebenfalls nicht. Sie hätten ihre Unabhängigkeit, ihr eigenes Einkommen – und Kompromisse müßten eben gemacht werden...

Ich möchte mit dem Folgenden darauf hinweisen, daß der Eisberg, dessen Spitze die Nazifrauen waren, keineswegs geschmolzen ist, daß sich in der Moderne der emanzipierten Frau einiges an Antike erhalten hat. Die elektrischen Schwestern sind noch am Werk!

## Wie die Nazifrauen überlebten

Hinter den hier besprochenen Biographien verbergen sich vier patriarchalische Positionen, die noch heute von Frauen massenhaft eingenommen werden:

1. Das Magda-Goebbels-Syndrom

Klassische Hausfrau – in allen gesellschaftlichen Schichten von ganz unten bis ganz oben. Magda vertrat die Spitze des Syndroms: bleiben im Innen, nichts machen aus der Flut der Anlagen und Begabungen, warten auf Mann, sich an seine Seite begeben, unpolitisch sein, gute bis beste Mutter, treue Partnerin auf Gedeih und Verderb, was letzteres nur selten eintritt. In der Regel gedeiht die patriarchalische Frau als Zimmerpflanze unangefochten. Unfälle gibt es überall. Magda ist das Haus abgebrannt. Ohne Untergang des Dritten Reichs wäre sie am Leben geblieben, hätte sich vielleicht mit einem ritterlicheren Mann, der sie wirklich «beschützt», zum dritten Mal verheiratet.

2. Das Eva-Hitler-Syndrom

Die untergeordnete Jobberin, die eigentlich clever ist, ihre Sache gut macht, Talent zu Filmemacherei und Schauspielerei hätte, aber unmotiviert ist, sich in höhere Berufe hineinzuarbeiten, sich anzustrengen, eine eigene Identität zu entwickeln. Der Beruf bedeutet ihr nichts. Sie ist Handreicherin, Angestellte in irgendeiner Wabe der Tausenden Betriebe, Unternehmen und Gesellschaften der Männer. Mißmutig hält sie durch, allein für ihren Unterhalt zu sorgen. Frohlockend gibt sie alles auf, wenn sich eine langersehnte Gattenpersönlichkeit einstellt, an deren Seite sie dann befriedigt zum Magda-Goebbels-Syndrom überwechselt, mit dem sie ins Alter schreitet. Im Falle des Nichtauftauchens einer GP, eines verläßlichen Sorgemannes, bleibt sie beim mißmutigen Durchhalten bis zur Pension.

## 3. Das Emmy-Göring-Syndrom

Das Maß an Unterdrückung ist bei diesen Frauen verringert. Sie konnten eine Identität aufbauen, sie sind wer geworden, sie beherrschen viel. Sie haben sich die finanzielle und lebensgeschichtliche Unabhängigkeit von *einem* Mann erworben. Talent, Anlage, ja Genie hat sie in alle möglichen Gehobenheiten verschlagen. Da geschah *die* Begegnung, die Wende – die Versuchung! Der eine, derjenige welche, trat auf sie zu. Und sie verschenken Identität, Position, Geist und Kraft an den Mann. Emmy spielte nun nicht mehr Theater für sich und die Zuschauer, sondern spielte die Rolle der Landesmutter für den Kronprinzendiktator. Auch Unity Mitford gehört hier hinein. Sie hatte das Zeug zur Diplomatin, fütterte Hitler jedoch lieber mit großgermanischen Reichsvereinigungsideen. Die Riefenstahl ist eine Vertreterin dieses Syndroms. Sie hat Hitlers Massenshows und sein führendes Thronen und Gebieten so bestechend fotografiert und montiert, daß das Ergebnis schlicht geil auf Nazideutschland macht.

## 4. Das Carin-Göring-Syndrom

Frauen, die zerbrechen an dem, was sie tun. Es muß schmerzhafterweise heißen «an dem, was sie tun» und nicht «an dem, was ihnen angetan wird». Carin Göring und auch Geli Raubal willigten ohne äußere Zwänge in die Liaison mit Destrukteuren ein, die sich als solche auch zu erkennen gaben. Die Verbindung wird zur Falle. Die eine Komplizin (Geli) bringt sich um oder macht sich nicht los, bevor ihr etwas angetan wird. Sie hätte es – äußerlich – gekonnt. Der anderen (Carin) standen Gelder aus der Scheidung vom ersten Mann zur Verfügung, ebenfalls Ressourcen der eigenen Familie. Geli hatte Talent und Geist und viele männliche Angebote. Sie hätte irgend etwas außer Onkel Führer in ihrem Leben anfangen können.

Frauen wie Carin Göring ziehen an einer Stelle ihrer Existenz «Konsequenzen». Unüberfühlbar hat ihr Körper registriert: «Hier stimmt etwas nicht. Ich muß raus!» Meistens kann die Frau es nicht mehr biographisch vollbringen, hat weder innere Kraft noch profilierten Geist, vor allem kein «entbundenes» Ich, um sich aus der Umklammerung zu befreien. Sie kann nur noch mit Selbstmord, Unfall, Krebs und anderen tödlichen Krankheiten «entkommen».

Von den Nazifrauen auf Elektra zurückzugehen, wird kaum Protest ausgelöst haben. Nun aber von den Nazifrauen eine Brücke in die Gegenwart zu schlagen – das verletzt zutiefst.

Das Problem der Verletzung beim Herstellen des Zusammenhangs zwischen den ärgsten Ausgeburten und Vertretern der Normalität, schlimmer: und verehrten Gestalten, gab es schon bei «Muttersöhne». Hitler und Thomas Mann? (Er hat die Verbindung selbst in seinem Aufsatz «Bruder Hitler» gezogen), Göring und Fassbinder, Goebbels und Pasolini, Stalin und Hermann Hesse? Zwischen Wagner, Nietzsche und den Nazis Verbindungen zu ziehen, vielleicht..., aber die in so vielem Positiven mit den ganz ausgemacht Negativen in einen Topf? Und nun Nazifrauen und einen Bogen zur modernen Berufstätigen, zur aufgeklärten Gemahlin?

Ein Komplex ist ein Komplex, er macht vor niemandem halt. Kein Berufsstand ist gegen ihn gefeit. Oberste Nazis waren Künstler, Lehrer, Ärzte, Juristen... Kein Minderheitenstatus löscht den Komplex. Der Schwule Röhm wie der Behinderte Goebbels waren Muttersöhne. Und sie waren *deshalb* destruktiv, nicht weil sie Minderwertigkeitsgefühle hatten, die für Goebbels und Röhm, auch für Hitler, Himmler und Göring noch körperlich und/oder sozial gefunden werden können. Bei Heß, Bormann, Höß, Freisler, Rosenberg, Mengele, Streicher, Heydrich, Eichmann... – den Männern der 2. und 3. Garnitur – wirkten sie nicht.

Die Klammer, die alle vereint, die geheime Formel, die zu Gewaltausbrüchen führt, heißt *Mindermännlichkeit*: Gefesseltsein in zwanghafter, unbearbeiteter, von sich selbst abgelehnter Weiblichkeit. Ethik, Geist, Vernunft und Weltanschauung vollbringen nichts gegen einen Komplex, den Selbstlauf eines seelischen Zwangsmechanismus. Professoren, Philosophen, Religions- und Naturwissenschaftler, Beamte, Politiker, Industrielle wie die sogenannten einfachen Männer werden vom Patriarchat in den

Muttersohncharakter gezwängt, der nach Eruptionen drängt und als Wohltat jede Möglichkeit ergreift, Sprengung auszuleben. Nichts Besseres kann geschehen, wenn eine gesamte Gesellschaft, wie die des NS-Regimes, das staatlich organisierte Ausleben von Explosionen verheißt.

Und bei Frauen sollte ein Komplex vor der Zivilisierung haltmachen? Er tut es ebensowenig wie bei Männern. Er maskiert sich in der Moderne, um seine Herkunft aus archaischen Zeiten zu verbergen. Die Mutter-Tochter-Bindung drückt sich in immer neuen Formen aus. Dadurch wird der aus ihr resultierende Komplex nicht abgeschafft oder bewältigt.

Eine moderne Form der Bindung der Tochter an die Mutter geschieht über das Zeitphänomen «Kumpelmutter».

## Die Kumpelmutter

Männer können sich selten vorstellen, was es für Frauen bedeutet, in einer Gesellschaft zu leben, die im Gröbsten wie im Feinsten vom anderen Geschlecht geprägt worden ist – «geprägt» ist gelinde gesagt, es muß heißen: erdacht, durchgesetzt, beherrscht, aktuell geführt, bis in alle Verästelungen permanent neugestaltet und von Männern im Verband mit anderen Männern besetzt. Wohin die Frau auch kommt, es ist immer alles schon geschlossen. Unter solchen Bedingungen zu arbeiten und gesellschaftliche Verantwortung zu übernehmen, Ideen für Veränderungen zu verwirklichen, überhaupt erst zu entwickeln, ist kein Spaß, ist biographische Tortur. «Berufstätige Frau», das klingt so schön – es bedeutet, sich aufzuhalten in der Wüste oder im Feindesland.

Die Frau kann andere Wege kaum gehen. Äußerst mühsam ist es für sie, Gegengesellschaften aufzubauen. Auch bei diesem Aufbau eckt jeder Schritt an die Strukturen der patriarchalischen Gesamtgesellschaft an, sind ununterbrochen Vernetzungen mit Männerwerken unumgänglich.

Die Frau *muß* sogenannt berufstätig werden. Anders bekommt sie keine Unabhängigkeit vom einzelnen Mann, keinen Einfluß auf die allgemeine Gesellschaft. Das besonders Anstrengende ist für die Frau nicht das Erlernen von Fähigkeiten, anstrengend ist es, sich gegen die den Frauen immer noch oktroyierte Frauenrolle eine eigene Identität aufzubauen.

Das Problem der Kreation von Fähigkeiten zu einer Identität hat der Mann auch, besonders Muttersöhne haben damit am Anfang ihrer Entwicklung große Schwierigkeiten. Doch den mühevollen Weg versüßt das Patriarchat dem Mann mit der Einbettung ins Kollektiv anderer Männer, mit den Polsterverfahrensweisen des Streichelns und Schmeichelns, der Prämien und Bestätigungen. Dieses gleichgeschlechtliche Kollektiv fällt für die Frau weg. Reste erlebt sie in Schulzeiten, auch die nicht mehr, wenn die Schulen gemischt organisiert sind. Eine berufstätige Frau ist immer allein. Nur die Berufe in der Nähe zur alten Rolle – Kindergärtnerin, Krankenschwester, Lehrerin... – vermitteln vielleicht noch etwas Frauenkollektiv. Die feministischen Gruppen und Organisationen sind an den Händen abzuzählen.

Das Bedürfnis nach Getragensein von einem Kollektiv von Angehörigen des gleichen Geschlechts ist elementar. Das Recht auf Kumpel wird der Frau verwehrt. Die Busenfreundin hat eine andere Funktion. Kumpel – das ist die Wonne, gemeinsam zu arbeiten, zu denken, zu sein, zu planen, zu regeln. Eben *nicht* zu lieben, das gehört in den anderen Teil der Person. Wo hat die Frau im Leben eine Kumpelin? An keinem Ort, nirgends.

Im alten Frauenrollenbereich vor 100 bis 200 Jahren lebten Frauen noch im Verband mit anderen Frauen, gab es gegenüber den Männerkollektiven intakte Frauenkollektive, organisierten sich die Haushalte über das Verhältnis Herrin–Magd, auf dem Lande sowieso, aber auch in den Städten, beim Adel zwischen Gräfin und Kammerzofe. Die privatisierte bürgerliche Hausfrau ist blank. Aber das ist auch die berufstätige Frau: Mann zu Hause, Mannschaft im Büro.

Ihre Witzkultur geht flöten, wenn die Frau kein geregeltes Un-
ter-sich-Sein erleben kann. Schalk, Leichtsinn, Frivolität können
nicht ausgelebt werden. Das Fehlen dieser Welt des gesellin-ge-
nossinnenschaftlichen Miteinanders läßt Frauen den Männern oft
humorlos erscheinen.

Männer und Frauen lachen anders. Zugang zu beiden hat nur
der «Zwitter». Frauen assoziieren mich mehr als ihresgleichen,
und ich nehme manchmal für sie eine Kumpel(in)stellung ein. Die
Komik von Frauen ist schier grenzenlos.

Männer, die sich untereinander ebenso enthemmen können,
verschließen sich, wenn eine Frau in ihre Reihen eindringt. Die
Lust des Frotzelns gefriert ein. Kein Wunder ist der Mißmut der
Männer an berufstätigen Frauen. Die Kreise werden aus vielen
intimen Gründen ungern für Frauen geöffnet. Müssen Frauen unter Männern sein, fühlen sie sich immer etwas ausgeschlossen.

Geschlechtsgetrennte Arbeitskollektive wie Schulen einzurichten, soweit sind wir noch lange nicht.

Und in der Zwischenzeit geschieht eine für Töchter verhängnis-
volle Rückwirkung der Gegenwartsmisere der Frau: die Mutter
wird zum Kumpel der Tochter.

Was sich Sigmund Freud da alles noch vorstellte – Rivalität zwischen Mutter und Tochter, Kampf um den Vater –, ist passé oder
von untergeordneter Bedeutung. Zwischen Mutter und Tochter
wogt ein gegenseitiges Einvernehmen, dessen fast lesbische
Ausdrucksformen alle Muttermordideen Lügen zu strafen scheinen.

Die Mutter gewinnt außerdem nur, wenn die Tochter nah bleibt.
Da ist der Vater mit zweien liiert, braucht nicht mehr «fremd» zuge-
hen. Die Tochter übernimmt die «Anmache». Die Mutter bekommt die frische Reizung des Vaters dann frei Haus geliefert.

Die Folgen der Besetzung der Tochter als Kameradin, mit der
alles besprochen, mit der durch dick und dünn gegangen werden
kann, sind für die Tochter «einschneidend», aber nicht in der Richtung, wie es für die Tochter förderlich wäre:

Die Tochter entwickelt sich in eine unfreiwillige «Geschlechtslo-
sigkeit», die das Gegenteil von androgynem Reiz ist. Sie hat nicht

beides, sondern fühlt sich – schwammig unpräzise – von keinem charakterisiert.

Die Kameradschaft als erwachsenes Geschehen zwischen Menschen wird deswegen so angenehm empfunden, weil sie Pause macht von aller An- und Beziehungs-Hektik: «Läden zu, Licht aus, unter die Decke und Geschichten erzählen!», so fühlt sich Kumpanei wie in Kindertagen an. Wird dieses Einmummeln jedoch zu einer erwachsenen Zwangscharakteristik an einer Person, entsteht eine Dauerhemmung. Die Tochter bahnt sich ihren Weg der Liebe und der Freundschaft zu Männern und zu Frauen nicht.

Für den *Anfang* aller eigenen Kontakte, vor allem für den Beginn von Beziehungen, brauchte die Tochter Reiz – und der ist in der Kumpelschaft mit der Mutter aufgegeben worden.

Für die *Dauer* von Freundschafts- und Liebesverhältnissen brauchte die Tochter eben die Kameradschaftlichkeit, die sie am Altar der unterdrückten modernen Mutter geopfert hat. Kein Verhältnis unter Menschen, weder ein Liebes- noch ein Arbeitsverhältnis, kann auf Dauer erhalten bleiben ohne die Kumpelfähigkeiten, die bei der Mutter festliegen.

So sind die Töchter heute oft seltsam isoliert. Sie sind es aktiv wie passiv. Sie finden weder Männer zum Lieben noch Frauen zum Sich-Anfreunden. Die Männer mögen dieses Geschlechtsmerkmal-Gekappte, das Sexuell-Stumpfe der Kumpeltöchter nicht, fühlen sich abgestoßen von der Atmosphäre des beleidigten *Ein*saugens, das an die Stelle von *Aus*strahlung getreten ist. Und Frauen gegenüber fehlt den Mutterkameradinnen das Fünfe-gerade-sein-Lassen, das das Kumpelhafte kennzeichnet, die wonnevolle Ungenauigkeit, die Lust am Ungefähren. Die Töchter nehmen außerhalb der Mutter alles zu ernst, als heirateten sie mit jeder Freundin eine Prinzessin aus dem Morgenland. Ergebnis: Männerliebe, Frauenfreundschaft – keine!

Die Isolation öffnet Tür und Tor der töchterlichen Seele für niederzwingende, ausbeutende Machttypen, an die nun rettungsankerfest geglaubt, auf die gehofft wird, und das Schlimmste: die geliebt werden.

«Niederzwingend» heißt, die Typen sollen eigentlich die Verwunschenheit niederreißen, was die Führer nie tun, die die Töchter nur für ihre Dienste und Zwecke mißbrauchen.

Die Gefahr des neuen Kleides der Mutter-Tochter-Bindung: es erscheint so locker-flockig-zeit*genössisch*. Kein alter Zwist mehr, aber auch keine Mutter-Tochter-Partnerschaft. Die Mutter ist Partnerin eines Mannes, sie hat oder hatte einen Beruf. Und bei der Tochter geht alles schief. Das Kumpelverhältnis kennzeichnet – das *ist* seine Gefährlichkeit – kein typisches Beziehungsgesicht. Haß ist zu sehen, «siehe» Elektra! Liebe tönt von allen Seiten, hören wir bei Emmy. Die Kumpanei maskiert sich harmlos-beiläufig, aber die Tochter bleibt in allem stecken, kommt überall zu nichts.

## Außen Faust und innen Gretchen

*I*ch habe über die Tochter-Mutter-Beziehung zum ersten Mal intensiv vor 30 Jahren nachgedacht, lange bevor ich über Männer prinzipiell reflektierte. Ich war 22, liebte eine Frau – etwas mehr als doppelt so alt wie ich. Die Liebe scheiterte an der Mutterbindung der Freundin. «Scheiterte» heißt nicht, daß die Liebe zu Ende ging, denn jede Liebe geht zu Ende, diese aber brach auseinander, ehe sie richtig angefangen hatte, stolperte über die ersten Konflikte, stieß sich permanent an der äußeren – und im Inneren der Freundin ruhenden – Präsenz ihrer Mutter.

Unglückliche Frauen gibt es wie Sand am Meer. Frage ich Bekannte, Freundinnen und Fremde, die klagen, nach dem Grund, bekomme ich zur Antwort: «Die Männer taugen nichts!» Und die Belege sind niederschmetternd. Wenn ich nun empfehle: «Probier es mit einem jüngeren Mann!», ich meine einen viel jüngeren, ich ringe mit Frauen zwischen 40 und 60 und versuche, ihnen Männer zwischen 17 und 27 schmackhaft zu machen – vergebens –, dann kommt Desinteresse, Ablehnung und Spott: «Die sind unreif, dumm, untauglich!» Ich erkundige mich nach ihrem im etwa gleichen Alter stehenden Sohn, ob der auch unreif, dumm, untauglich sei. Nein, der nicht, der sei aber anders, so einfühlsam, mit dem könne sie sich einmalig gut unterhalten. Ich verstehe.

Die Muttertochter braucht etwas zum Aufsehen, das Magda-Goebbelssche «gewisse Maß männlicher Autorität!»[35]. Und Scharen von bedürftigen jungen Männern gehen leer aus.

Ich frage immer wieder junge Männer, die Beziehungen zu älteren Männern eingehen, warum sie das täten, da sie sich doch eigentlich heterosexuell orientieren wollten oder es schon getan hätten.

Um das Sexuelle ginge es ihnen nicht, nicht so primär, kommt zur Antwort. Sie suchten bei älteren Männern etwas, das sie von älteren Frauen nicht bekämen, ja, die wagten sich erst gar nicht in eine Beziehung zu ihnen hinein.

Die muttergebundene Frau will von jedem Partner letztlich immer noch die Vollführung des Mutterrisses. Heldisch soll er das Ungeheuer köpfen, das sie umklammert hat. Und solche antiken und modernen psychochirurgischen Taten können junge Männer noch nicht.

Muttertöchter erschöpfen sich in unerfüllbaren Wünschen gegenüber Männern: er muß einen Körper haben wie ein Olympiaschwimmer, einen Geist wie ein Philosoph, ein Einfühlungsvermögen wie ein Schriftsteller, ein Bankkonto wie ein Industriemagnat, eine öffentliche Bekanntheit wie ein Filmstar... Das Verlangen der Muttertochter nach männlicher «Autorität» ist in Wirklichkeit maßlos.

Was wollen die jungen Männer von älteren Menschen *im Bett*? Sie wollen Personbildung fortsetzen und Weltmachen lernen. Beides dauert ohne Sexualität dreimal so lange, bei Lehrern, Professoren, Meistern, Therapeuten... und ist mit viel, viel Mühen verbunden. Strukturnachformung übers Bett – in Verbindung mit Bett – ist lustvoll und geht schnell. Besonders die Errichtung innerer, vor allem der sogenannten Gefühlsstrukturen, die bei Jugendlichen noch wackelig sind, ist gefragt. Zu solch einem «pädagogischen Eros» sieht sich die Muttertochter nicht in der Lage, weil sie innerlich selbst noch Kind ist. Außerdem heißt für sie Beziehung = Dauer, unabsehbare. Noch die 50/60jährige träumt von goldenen Hochzeiten. Beziehung war und ist für sie mit Mutter unverbrüchlich und muß so mit allen anderen auch immer sein und bleiben.

Ich war als junger Mann für ältere Männer nicht zu haben. Doch ich bemerkte an mir sehr wohl Strukturmängel, die mir ältere Menschen beheben helfen sollten. Eine Therapie bei einem Analytiker-«Vater» war mir nicht genug. Ich wollte ins Bett zu einer Geliebten-Mutter. Ich verliebte mich «unsterblich» in eine Frau um Mitte 40 – nach Verliebtheiten in Gleichaltrige und Jüngere, aus diesen Gefühlen aber nichts Ernsteres und Längeres wurde.

Jetzt war ich von dieser «Faust»-vielseitigen Frau gänzlich eingenommen. Sie hatte eine selbständige berufliche Position, sah überwältigend gut aus, sprach drei Fremdsprachen, war klug und sensibel, hatte ihre Fühler in aller Kultur, die Gespräche mit ihr – ein Fest. Sie war abenteuerlustig. Wir unternahmen Ausflüge zu theatralischen und künstlerischen Ereignissen. Sie foppte ihre Berufsmännerriege, wenn sie sich Freizeiten mit mir am Telefon und zu heimlichen Treffs ertrotzte. Sie kaschierte Zusammenkünfte mit mir mit beruflichen Außenpflichten. Hinter den gelogenen Sitzungen spielten sich Liegungen ab.

Sie war nicht leicht zu erobern gewesen. Ich trat in ihr Leben, als für sie gerade eine Beziehung mit einem älteren Mann auseinandergegangen war. Ich bedauerte sie, gebärdete mich ritterlich: «Dieser vertrocknete Schrumpelhut ist einer solchen glanzvollbrillanten Frau doch gar nicht würdig!»

Ich mußte ein Jahr werben! Dieser Mühe wollen sich «normale» junge Männer schon einmal überhaupt nicht unterziehen. Mit älteren Männern geht es beim ersten Feststellen gegenseitiger Wertschätzung noch am selben Tag ins Bett. Da ist schon einmal ein Jahr gespart, was mit Angenehmerem als mit Werben verbracht werden könnte.

Ich war unnormal-hartnäckig. Und schließlich gab sie nach. Sie begründete ihr langes Zögern, sie hätte mit dieser Liebe das Gefühl absoluter Unschicklichkeit verbunden.

Es ist wahr, daß Frauen nicht durften, was Männer sich herausnahmen, die Beziehung zu jüngeren Geliebten, zu Zweit- und Dritt-Freundinnen. Aber Zug um Zug läßt sich die Gesellschaft darauf ein, daß Frauen sich dieses Vorrecht der Männer ebenso erkämpfen. Die Versagungsschranke hebt sich, die Verbotsschilder verschwinden mehr und mehr. Und eine innere Fessel macht es Frauen unmöglich, sich zu holen, was das Ihre wäre. Die 70jährige Künstlerin Helga Goetze hat junge Freunde, die 70jährige Schriftstellerin Anne Rose Katz hat einen Geliebten von Mitte 20. «Warum du, und nicht ich?!» fragen sie ihre 40- bis 50jährigen Freundinnen.

Während meiner Werbezeit um meine Angebetete fiel mir ihr Eiergetanze um ihre Mutter auf. Die Tochter war schon zweimal verheiratet gewesen, hatte aus ihrer zweiten Ehe einen Sohn – im Moment meines Auftauchens 11 Jahre alt. Ihre Mutter lebte in einer anderen Stadt in einem eigenen Haus, war rüstig, selbständig, eine witzige Person mit Herz auf dem rechten Fleck, die alle paar Naselang auftauchte und ihr in der Wohnung der Tochter reserviertes Zimmer in Beschlag nahm, den Haushalt führte, nach dem Enkel schaute.

Eigentlich wollte die Tochter das nicht, brauchte es nicht, denn sie hatte eine Zugehfrau, die sie sehr mochte, aber die Mutter ließ sich nicht abweisen, wurde von der Tochter auch regelmäßig besucht, wenn sie in ihrem Haus in der anderen Stadt weilte.

Die Mutter hatte ihren Mann am Ende des Ersten Weltkrieges verloren. Er starb kurz nach der Geburt der Tochter, die er nicht öfters als ein- bis zweimal gesehen hatte. Mutter und Tochter lebten danach zusammen. Einen neuen Mann der Mutter gab es nicht, von einem «Bekannten» wurde gemunkelt, belegt nur als Begleiter von Theaterbesuchen.

Mutter und Tochter redeten sich mit Tierkosenamen an. Die Mutter war innerhalb meiner Werbephase ein Faktor der Komik. Die Tochter und ich umfuhren sie im Slalom des Verbergens der Beziehung, die wir beide auf uns zukommen fühlten. Ich wurde zum Nachhilfelehrer ihres Sohnes, zum Sekretär und «Adjutanten» ihrer selbst gemacht.

Dann... – wie das Leben so ist, tritt es immer auf das Hühnerauge, das sich präferiert gebildet hat.

Meine Freundin kam aus irgendeinem Grunde mit Männern nicht zurecht – erotisch, das Berufliche klappte – und hatte eine Busenfreundin. Diese nun war cleopatraisch attraktiv, daß ich bei ihrem ersten Sehen in tristansche Benommenheit geriet. Verheiratet! Göttin sei Dank! Der Konflikt gewährte Aufschub. Es gab Einladungen, Besuche, gemeinsame Fahrten zu viert. Mein Sinn war flatterig – deswegen hatte ich ja nach einer älteren Stabilisatorin Ausschau gehalten. Nach jeder Begegnung mit Cleopatra mußte ich mich an meinem Vorhaben, um meine Freundin weiter zu werben, sehr festhalten. Die Gute schätzte aber keine Gefahren auf diesem Gebiet ein, ja rannte noch in Gefährliches hinein.

Die Ehe von Cleopatra kriselte unvorhergesehen. Der Mann verschwand. Meine Freundin nahm Cleopatra bei sich auf, obwohl ich schon bei ihr, nach einer orthopädischen Operation genesend, untergebracht war.

Große Oper: Cleopatra und ich gestanden uns «unsere Liebe» ein – in der Wohnung der Freundin. Cleopatra war arglos, hatte nichts gewußt. Ihre beste Freundin hatte sie über die Beziehung zu mir nicht informiert, so daß die jüngere Schöne «in Unschuld» nach mir ihre Hände ausstreckte. Sie tat das ziemlich dringend, aber auch ich durfte ihr über mein Verhältnis zu ihrer besten Freundin nichts sagen.

Plötzlich sollte ich das Leben von zwei älteren Frauen – die eine zehn, die andere zwanzig Jahre älter – klären, retten, meistern, wozu ich mit 23 viel zu schwach und «dumm» war. Das überraschende «Gretchen aus dem Sack» kann der Jüngere nicht freien, erlösen, ja es stößt ihn ab, wenn auf ihn ein gerüttelt Unmaß von Unfreiheit trifft.

Ich riß aus – vor beiden Frauen. Eine hoffnungsvolle Liebe, die gut ihre Zeit von fünf bis sieben Jahren hätte haben können, zerrann. In meinem Leben wäre genau in dieser Zeit Platz für sie gewesen. Ich war fünf Jahre lang unfähig, mich neu zu verlieben.

Ich konnte in diesem Moment – in meinem Alter und psychischen Zustand – nicht die Ehemisere Cleopatras aufhellen. Auch ihr stand eine nahe Mutter im Nacken! Erst recht nicht vermochte ich, meine Angebetete von ihrer Mutter loszueisen. Mir war schon damals klar, daß ich das sollte. Sie hatte unter allem zur Schau gestellten Einvernehmen mit der Mutter mir oft in den Ohren gelegen, wie sehr sie unter deren Dominanz und Präsenz in ihrem Leben litte. Aber ich konnte sie weder sozial-funktional von ihrer Mutter befreien, noch wußte ich damals, was Bindung ist, hätte also auch psychisch nicht mit ihr «arbeiten» können.

Ich war über alles verwirrt und traurig, hatte eigentlich nicht aufgehört, sie zu lieben, während die Gefühle für Cleopatra ins Nichts zerstoben waren. Die Freundin und ich sahen uns noch manchmal bedripst zu dem einen oder anderen Konzert. Doch der Glanz war weg, das Schwellen zusammengesunken. Ich mochte ihr Rotieren zwischen Mutter und Freundin nicht. Sie hatte mich an meine Schwachpunkte ausgeliefert, anstatt klare Entscheidungen zu treffen, die mich in diesen Punkten hätten stärken können.

Auch im emotionalen Bereich müssen Entscheidungen getroffen werden, sonst haben wir immer nur wieder Isoldes Liebestod.

Dessen Vermeidung hätte heißen müssen: «Cleopatra, der Junge hier ist im Moment meiner! Mutter, kümmere dich um dein Leben, deines!»

Solche Schnitte hätten mir in diesem Augenblick imponiert. Klarheit! Statt dessen machte die Arme – die Inwärts-selbst-Labile – etwas, das mich noch weiter weg von ihr führte und mich ihr nicht neu näherte. Sie ließ sich das Gesicht «liften» = schneiden. Sie dachte, meine Abwendung geschähe wegen ihrer Falten! Es war umgekehrt: die kinderpopoglatte Haut ihrer konfliktunbeleckten Seele stieß mich ab.

Sie hatte den verflossenen Liebhaber, dessen Verschmerzung ich ihr bravourös ermöglichte, als Muttersohn beschimpft. Er lebte mit seiner Mutter zusammen und war nicht imstande, sich zu einer neuen Beziehung durchzuringen. Aber Muttertochter sucht Muttersohn.

Das originale Goethe-Gretchen zerschellt in der Tragödie ersten

Teils Magda-Goebbels-gleich an einer Doppelausgabe dieser Spezies. Auch sie – das hat der Dichter genau getroffen – «kennt» nur die Mutter, lebt mit ihr...

Und das Gewaltverlangen meiner Bezaubernden? Ihr Beruf hatte mit staatlicher Kanalisierung von Gewalt zu tun, was mich früh wunderte. Ich konnte mir aus dem Zusammenhang zwischen ihrem Tun und ihrer «privaten» Feinfühligkeit damals keinen Reim machen.

Muschelhaft schloß sie ihr Leben nach der Episode mit mir zu. Sie beendete die getrennte Lebensweise von Mutter und Tochter, kaufte mit zugeschossenen Muttergeldern ein Haus und zog mit Sohn und Mutter zusammen. Sie betonierte ihr Intimleben mit der Präsenz der Mutter.

Daß Frauen bei den Kämpfen in der Männerwelt erliegen – daß sie stagnieren, resignieren oder tödlich erkranken –, ist nicht nur den Männergremien zuzuschreiben. Der Stopp geschieht auch durch die Unwilligkeit des Wurzelverlassens mit allen Konsequenzen.

## Böse Schwester – Abwehrlesbe

Muttertöchter haben eine hohe lesbische Kapazität, die sie vor der Verwirklichung stoppen.

Ähnlich zwecklos, wie das Unglück der Muttertöchter mit Beziehungen zu jungen Männern (statt goldener Hochzeit – einen *nach* dem anderen) beenden zu wollen, ist es, ihnen Verhältnisse zu Frauen anzupreisen. Die sexuelle Befriedigung unter Frauen sei doch viel ausholender und erschöpfender, dazu käme die Geschlechtersolidarität, und der Ärger mit den Männern fiele weg... – vergeblich meine Mühe.

«Frauen? Nein, das habe ich schon einmal versucht. Das bringt mir nichts!» «Schon einmal» heißt meistens wörtlich ein einmaliges Erlebnis, aus dem auf eine gesamte Liebeskultur rückgeschlossen wird.

Muttertöchter weigern sich hartnäckig, sie (genauer) kennenzulernen, nur ein paar Schritte in sie hineinzuwagen.

«Warum nicht?» – «Da fehlt mir was!» – «Ach so, wo geht's hier, bitte schön, zum Schwanz?!» Geht es um Germaine Greers Preisung des Orgasmus «mit voller Möse», der besser sei als der «mit leerer», wie sie es in ihrem «Weiblichen Eunuch» ausdrückte?

Die gefesselten Muttertöchter wollen mir ihre lesbische Abwehr mit Natur einreden. Rede ich dawider mit natürlicher Bisexualität, dann bekomme ich den Hinweis auf die festgelegten Begehrstrukturen. Wenn ich an dieser Stelle der Auseinandersetzung den «jungen Mann» einführe, der doch zur weiblichen Begehrstruktur bestens paßte, ist das Gespräch über das Unglück der Muttertochter zu Ende.

Das «Nein» zur Frauenliebe paßt dem Patriarchat wie geschaffen; es *hat* es geschaffen. Das Patriarchat interessiert sich heftig für die gleichgeschlechtliche Liebesform, fühlt sich von ihr bedroht – zu Recht, möchte sie mit so viel Natur wie möglich dingfest machen, trumpft alle paar Jahre übers Angeborensein mit neuen Beweisen auf, redet dann natür-lich meist über die Gleichgeschlechtlichkeit der Männer. Und immer bleibt bei all diesen Theorien – so naturwissenschaftlich sie sich auch geben, es sind Modelle – der Fakt außer Betracht, daß von 100 Homosexuellen 90 Männer sind.

So gern beim Mann von Zwangshomosexualität – direkt und indirekt – gesprochen wird, muß aus dem gleichen Grund bei der Frau von Zwangs*hetero*sexualität gesprochen werden. Das überkandidelte Heterogebaren der Frau resultiert aus dem gleichen Grund, aus dem die praktizierte oder gremienschwul ausgelebte Homophilie des Mannes «erwächst»: Mutterabwehr. Die kommt bei Frauen nur als scheinbare Normalität heraus, wie sie sich bei Männern als Abweichung maskiert.

Die Muttertochter ist stark lesbisch motiviert, kann ihr Motiv aber nicht in befriedigenden Beziehungen mit Frauen zum Ausdruck bringen. Sie liebt Frauen und haßt Männer, zumindest versteht sie sie nicht, kennt sie nicht.

Durch das Leben der Naziprotagonistinnen zog sich diese deutlich sichtbare lesbische Ader. Alle hatten engste Freundinnen oder Schwestern um sich – bei Emmy Göring wurde es später die Tochter –, auf die sich ihr Trieb «eigentlich» richtete, ja sie nahmen ihren gesellschaftlichen Berserker zu Hause als einen Teil von Weiblichkeit wahr, bei dem sie sich nicht vorstellen konnten, daß er in der Gesellschaft unter Männern so böse wurde.

Eine der auffälligsten Eigenheiten von Muttersöhnen: ihre primär sichtbare Hauptzerstörungsenergie richtet sich gegen Männer. Das Töten, wenn es von oberster Stelle industriell verzahnter Gesellschaften aus geleitet wird, trifft selbstverständlich Frauen ebenso, aber das Ursprungsbestreben gilt Männern. Das wird deutlich bei den Generaltötern wie Napoleon, Stalin, Mussolini, Mao... Sie töteten ihre Kameraden, die Männer, die ihnen beim Aufstieg geholfen hatten, zuerst.

Hitlers erster Massentötungsbefehl betraf seinesgleichen, der sogenannte «Röhm-Putsch», in dem alle ihm unliebsamen, abweichenden Rechten umgebracht wurden.

Röhm war einer der ältesten Freunde Hitlers, der einzige, der sich offen schwul verhielt. Seine schwule Orientierung war gesellschaftlich kein Geheimnis. Und er war der einzige, mit dem sich Hitler duzte!

Saddam Hussein tötete unter seinen Wegbereitern. Chomeini tat es ihm ähnlich. Stalin tötete eine Freundesgruppierung nach der anderen...

Muttersöhne «rächen» sich mit diesen befremdlichen Taten meist an völlig «Unschuldigen». Verschobene Rache ist eines ihrer Hauptmotive. Sie rächen sich an «Vätern» und «Brüdern». Die Tode von Frauen bei diesen «Aktionen» werden in Kauf genommen, aber auf sie wird nicht abgezielt.

Stalingrad – da machte es Hitler richtig Spaß, Hunderttausende junger Männer abzuschlachten. Jedes Schlachtenführen ist ein Hauptangriff auf Männer. Von Juden sprach Hitler prinzipiell in männlicher Form. Es war *der* Jude, den er umbringen wollte, so sehr das dann auch bedeutete, Frauen und Kinder gleichermaßen mitzutreffen. Doch die affektgeladene Stoßrichtung geht gegen Männer. Es ist die Rache für das Nicht-männlich-geworden-Sein der Muttersöhne, für das Vorenthalten väterlich-männlicher Identifikationsvorbilder, für die erlittene Vatervakanz, derentwegen sie von «Vätern» und «Brüdern» ja auch noch seit ihrer Jugend gelästert worden waren.

Zu dieser psychischen Bedingung von Gewaltmännern paßt eine soziologische Auffälligkeit, die der Kriminologe Joachim Kersten in einer seiner Untersuchungen über Männlichkeit und Verbrechen konstatierte: Sämtliche Kriminalstatistiken in den Industrieländern – also die von Polizei und Gerichten zusammengetragenen Fälle der Gewaltdelikte – belegen, daß Männer prozentual viel häufiger als Frauen Opfer von Gewalttaten werden, die Männer verüben. Die kriminelle Energie des Mannes richtet sich noch mehr gegen den anderen Mann als gegen die Frau![36]

Und da, an der Seite der größten Männerhasser, fühlen sich Muttertöchter wohl. Sie tun es, weil auch sie unbeglichene Rechnungen mit Männern/Vätern ins Leben nehmen mußten. Was die Mangelväter den Söhnen antaten, taten sie ähnlichermaßen den Töchtern an. Auch denen fehlt «Männlichkeit», mit allem, was patriarchalisch dazugehört, was heißt, fehlt gesellschaftliche Kraft, Freiheit, Selbständigkeit.

Das männertötende Umsichschlagen ihrer Liebsten bringt ihnen Genugtuung für ihre Leiden und Demütigungen in ihrer Kindheit.

Magda Goebbels nannte ihren «Teufel» Joseph «Engelchen» und nahm ihn auch so wahr, konnte ihm nicht böse werden. Richtig «böse» ging sie nur mit «richtigen» Männern um.

Dreimal machte sie sich gegenüber Männern schuldig, das erste Mal gegenüber ihrem Stiefsohn Hellmuth Quandt, dessen Gang in die Männlichkeit sie nicht so begleiten konnte, daß es nicht zur Katastrophe kommen mußte: entweder während der Pubertät ein distanzierterer Umgang, der ein Sich-tödlich-Verlieben des Jungen unmöglich gemacht hätte, oder die entfesselten Gefühle befriedigt in einer später gewagten Liebesbeziehung. Den Stoß gegen Viktor Arlosoroff führte Magda völlig zu Unrecht, ebenso den gegen Karl Hanke, der ihr in ihrem schwersten Ehekonflikt half und dabei seinen Kopf riskierte, mit dessen Gefühlen sie spielte, dem sie jahrelang Hoffnungen machte, ihn zu heiraten, worüber sie schon redete, und den sie dann bei einem Wink ihres «Engelchens» im Stich ließ. Beide Männer, Viktor und Karl, rissen Magda aus schweren Krisen, überbrückten für sie Tiefs. Auch Hellmuth tat das auf seine Weise, war «frisches Blut», Anregung, Sinnspender in der mürbe werdenden Ehe mit dem müde gewordenen Günter Quandt.

Mit der Geschlechtsbeziehung zum mutterähnlichen Muttersohn und der Busenfreundschaft zur Schwester-Tochter-Frau umdrehen die Muttertöchter ihren Mittelpunkt, auf dem ihre Mutter sitzen bleiben darf. Weder mit dem Muttersohnpartner noch mit der Busenfreundin besteht echte Gegenseitigkeit. Der Muttersohn interessiert sich für andere Dinge, läßt die Muttertochter «für bestimmte Zwecke», wie Eva Hitler sich ausdrückte, neben sich herlaufen. Zentrum der Muttertochter bleibt in dieser Konstellation die Mutter.

Es gibt in unserem «Herzen» nur *einen* Ort für Gegenseitigkeit. Wenn der mit alten Gefühlsresten besetzt ist, sind wir nicht frei für die Einrichtung echter neuer gegenseitiger Beziehungen.

So wie keine wirkliche Gegenseitigkeit zwischen Muttertochter und Muttersohn besteht, gibt es in der engst erscheinenden Busenfreundschaft keine echte Solidarität unter Frauen. Die Busenfreundin ist kein eigenständiges Gegenüber, das Rechte hätte, eingreifen könnte in das Leben der Muttertochter. Satelliten umkreisen darf sie – Ello Quandt war Hofdame. Emmy Göring spricht mehrfach von ihren «Zofen», die sie hat, die immer um sie waren, und dann «treu bis in den Tod!», aber gerade dieser Schwur belegt die Abhängigkeit der Dienerin. Ello Quandt konnte kein Quentchen rütteln am Entschluß Magdas, ihre sechs Kinder zu ermorden.

Als Eva Hitlers Schwester Ilse einmal gegen Ende des Krieges Adolf kritisierte, der alle und alles zugrunde richtete, wies Eva sie nach dem Winifred Wagnerschen Argument zurück: der «Füh-

rer» habe Ilse gerade ein Appartement in der Reichskanzlei einrichten lassen; wie könne sie seine Güte mit solch einem Gerede
entlohnen!

Winifred Wagner hatte ihren Sohn Wieland getadelt – festgehalten in dem Syberbergfilm mit ihr (sinngemäß): «Du kannst
doch nicht Onkel Führer wegen des Krieges beschimpfen, da er
dich vom Einsatz an der Front freigestellt hat!»

Feministinnen beklagen das Dilemma zwischen Mutter und
Tochter: der Vater habe Zwietracht zwischen den beiden gesät.
Das gesamte Patriarchat tut das. Zwietracht zwischen Frauen *ist*
Patriarchat. Wie der Elektramythos es verdeutlicht, ist die Zwietracht zwischen Tochter und Mutter eine Altlast der Männergesellschaft, die eine Neu«schuld» wiederum den Frauen aufbürdet,
die Zwietracht unter Schwestern, resultierend aus der Bindung
der Tochter an die Mutter.

Schon der Mythos entblößt die Misere peinvoll. Elektra hat ein
auffällig ungeklärtes Verhältnis zu ihrer Schwester Chrysothemis. Latent lesbisch begehrt sie sie, beschimpft sie wegen ihrer
anderen Position zur Mutter und mißachtet sie wegen ihrer Normalität, interessiert sich für sie nur als ihr Werkzeug, als ihre Hel-
ferin beim Muttermord. Chrysothemis ist Ersatz für Orest, was
noch einmal auf die «gleichgeschlechtliche» Färbung ihres Verhältnisses zu ihrem Muttersohn-Partner-Bruder ein deutliches
Licht wirft. Chrysothemis ist nicht so neurotisch wie Elektra. Sie
sagt: Wenn Muttermordtendenzen da sind, dann verlasse das Re-
vier! Als Orest für tot geglaubt wird, bekommt Chrysothemis
einen Moment eine Ersatzbedeutung, fällt aber zurück in das
Interessenichts, als Orest erscheint. Sogar der Mythos gibt ihr
kein Augenmerk mehr. Freut sie sich über den Tod der Mutter wie
Elektra, leidet sie daran? Wird sie mit umgebracht? Sie ist schlicht
weg. Sie war Funktion im Dreieck Mutter–Muttertochter–Muttersohn. Das Zentrum der Muttertochter bleibt der Mutter reserviert. Keine Frau kommt da heran für die Partnerschaften der
Liebe und der souveränen, rückbezogenen Freundschaft.

Versöhnung mit der Mutter hieße: Einklang mit der *Schwester*
und mit sich selbst und nicht Erhalten der Bindung an die Mutter.

Die Muttertochter hätte Potentiale der Liebe zur Frau und des Hasses auf den Mann, die aber nicht *gegen* das Patriarchat genutzt werden können, sondern eingebracht werden zu dessen immer noch besserem Funktionieren.

Die unabgelöst nah gebliebene Mutter macht der Tochter die Liebe zu Frauen ungenießbar und den Haß auf Männer mit der Verdrehung in Liebe zu männerhassenden Muttersöhnen schmackhaft.

## Das unsolidarische Nest

Seit 30 Jahren spreche ich mit Frauen über ihre Beziehungen zu ihren Müttern. Es waren Geliebte, es sind Freundinnen, es kommen Fremde hinzu. Die Erzählungen von Mutter-Tochter-Merkwürdigkeiten spülen unerhörte Begebenheiten hoch, Belege von fast unsittlichen Grenzüberschreitungen der Mütter in das Leben ihrer Töchter, von mütterlichem Einrichten in der Existenz der Töchter, von einem Subalternbewußtsein der Tochter gegenüber der Mutter, ja von Sklavinnennischen in der Seele einer Tochter, die gesellschaftlich an manchen Ecken schon in Freiheit glänzt, sich gegenüber der Mutter aber eine Magdschaft gefallen läßt, die eine Frau in ihrem Kontakt zur Außenwelt sich nie mehr gefallen lassen würde.

Wenn ich versuche, Zusammenhänge zwischen dem persönlichen Elend wie dem sozialen Stocken der Befreiung der Frau und ihrer Bindung an ihre Mutter herzustellen, winken die Töchter ab.

Auf dem Muttergebiet ist plötzlich das Private *nicht* das Politische. Entgegen jahrelang gesicherter feministischer Erkenntnis sei das privat Matriarchalische, das Mutter-«Herrschende», ganz, ganz ungesellschaftlich ein marottöses Nebengeschehen, das eine

Rückwirkung auf das Sexualleben der einzelnen Frau und auf das gesellschaftliche Fortkommen aller Frauen niemals hätte.

Als Beleg für ihre Entbindungsunlust argumentieren Frauen, sie könnten sich mutterfeindlich, ja schon mutterdistanziert derzeit nicht benehmen, sie müßten frauensolidarisch agieren, den Zusammenhang der Gesamtgesellschaftsproblematik sehen. Die Mutter sei auch eine Frau und werde ebenfalls unterdrückt. Es müsse historisch *mit* ihr gegangen werden, nicht gegen sie. Frauen müßten Frauenfreundschaften zu allen Seiten hin üben, und in diese Übungen müßte die Mutter miteinbezogen werden. Außerdem wollten Töchter das patriarchalische Geringachten des Mütterlichen nicht übernehmen, Gebären, Kinderaufziehen müßten im Gegenteil erst einmal positiv besetzt werden.

Zudem brauchten die Töchter die Mutter zur Identifizierung, zur Bejahung der eigenen Weiblichkeit – kurz: Mutter und Tochter im Verein gegen die Männergesellschaft.

Die feministische Gemeinnützigkeit dieses Bindungstrotzes klingt sirenenhaft so überzeugend, daß meine Einwendungen und manchmal Mahnungen erstarben. Ich gab es auf, Mutterfragen zu stellen.

Die Zeit ist meine Freundin. Die Töchter, mit denen ich stritt, schraubten sich durchaus weiter voran in ihr persönliches Unglück und ihre gesellschaftliche Stagnation, so daß ich mich genötigt sehe, mit dem Fragen aufzuhören und statt dessen Antworten zuzumuten.

Unglück und Stagnation der Frauen sind ebenso ein gesellschaftliches Phänomen wie Mißbrauch und Destruktivität der Männer. Es kann nicht damit fortgesetzt werden, einen Mißzustand eines Geschlechts den jeweiligen Genossinnen und Genossen allein zu überlassen. An Mißbrauch und Destruktivität von Männern zu arbeiten, würde bei keiner Frau auf Widerstand stoßen. Unglück und Stagnation der Frauen nicht widerstandslos hinzunehmen, müssen sich nun ihrerseits Frauen gefallen lassen. Der Zustand von Frauen ist nicht deren Privatsache – nach der Devise: «Meine Mutterbindung gehört mir! Ich kann so kindisch sein wie ich will!»

Die Frauen sind etwas mehr als die Hälfte der Menschheit, und ihr Befinden hat einen deutlich spürbaren Einfluß auf Fortschritt oder Rückschritt dieser Gesellschaft. So wie Mißbrauch und Destruktion der Männer den Untergang des Ganzen betreiben, haben Unglück und Stagnation der Frauen eine eminente Wirkung auf alles, bedeuten einen empfindlichen Rückschlag auf Emanzipation schlechthin.

«Ich brauche meine Mutter zur Identifikation», braucht mir eine über 20jährige Frau nicht mehr zu sagen. Die Identifikation ist zwei Jahrzehnte lang gelaufen und hat aus Tochter wieder Mutter gemacht, besonders dann, wenn der Vater oder männliche und andere weibliche nahe Bezugspersonen fehlten, dann fand die hier ausgiebig behandelte Zwangsidentifikation, das heißt die totale Identifikation der Tochter mit der Mutter statt.

Not täte ab dem dritten Lebensjahrzehnt also das Gegenteil: die Neustrukturierung der Person, die Befreiung aus dem zwangsidentifizierten Kopistinnendasein der Tochter, die Einübung anderer Verhaltensweisen oder die Neumischung der schon im Inneren bestehenden Potentiale. Das alles gelingt aber nur in Distanz von der Mutter und nicht in ihrer Nähe. Jeder Kontakt zwischen Tochter und Mutter schließt den Käfig der Zwangsidentifiziertheit wieder zu.

Und nun die trügerische «Solidarität» unter Frauen, für die die Mutter geschont würde. Das Gegenteil ist wahr: Mutterbindung macht Frauen frauen*un*solidarisch.

Die Nazifrauen wurden noch nicht mit diesem Problem konfrontiert, das die modernen Postnazifrauen ununterbrochen vorgesetzt bekommen: Frauen im Verband, Frauen in Kooperation, Frauen in Gemeinsamkeit an einem Projekt... Frauen wollen und sollen sich zusammentun. Die feministische Bewegung will das, muß das, kreierte die Frauenprojekte.

Und da, mit einem Mal, dringt Elektras Schatten in den feministischen Raum. Der Ablösungswunsch ist eine Energie, pocht lebenslang auf sein Recht. Plötzlich werden die eben noch verehrten, großen Feministinnen zu schleimigen, übergreifenden, atemnehmenden Muttergestalten. Frau muß sprengen, heute noch –

in Verschiebung, in Übertragung, wie das alles feinsäuberlich psychologisch (ungehört) heißt. Eins, zwei, drei ist das gemeinsame feministische Projekt gesprengt.

Das Patriarchat grinst. Und Elektra weint, denn die Verschiebung und Übertragung eines Mutterkonfliktes bringt nur in Liebes- oder therapeutischen Beziehungen eine nachgeholte Mutterablösung. In Liebesbeziehungen kann nachgelöst werden, in Latenzverhältnissen nicht. In Frauenprojekten passieren nur die Explosionen, die Auf-Lösungen, jedoch keine für die Psyche verifizierbare Ablösung, die eine mutterähnliche Nachnähe verlangte, wie sie Kollektive und Projekte nicht herstellen können.

Die Tochter bleibt weiter auf der Lauer, ein geeignetes Übertragungsobjekt zu finden, auf das sie ihre ungelöste Mutterproblematik abwälzen kann. Das Lesbische steht der Muttertochter nicht zur Disposition, und in den Therapien wird selten die Gelegenheit zur strikten Muttertrennung genutzt. Eigentlich braucht eine solche Trennung – übertragen erlebt – Liebe. Und vor der – mit einer Frau erfahren – scheuen die Muttertöchter ebenso zurück wie vor der Trennung von der originalen Mutter.

Feministisch-theoretisch allein zu arbeiten, das geht für eine muttergebundene Tochter. Ein Komplex hat nichts mit Bewußtsein zu tun. Sowie aber Solidarität unter Frauen gelebt, kontinuierlich fortgesetzt werden muß, fahren den Muttertöchtern die Sprengwünsche dazwischen, bekommen sie verspätete Autonomiegelüste, die – in den gemeinsam unternommenen Projekten ausgelebt – unpassend sind, um nicht das noch härtere Wort «unerwachsen» zu benutzen.

Viele Töchter kommen wegen der Abschöpfung der Kameradinnenschaft durch die Kumpelmutter erst gar nicht dazu, sich jemals einem kollektiven Frauenprojekt anzunähern, geschweige denn jahrelang fruchtbar in ihm mitzuwirken.

Die Mutterbindung erhält der Frau einen antisolidarischen Impuls gegenüber allen Frauen. In das Gebiet dieses Impulses gehören auch die angeblichen Kämpfe der Frauen um den Mann! Die beste Freundin der Frau schläft mit deren Mann in der Nacht der Niederkunft der Frau mit «seinem» Kind.

Die eigentlich «verbrannte Erde» betätigen Frauen untereinander. Muß es ausgerechnet der Mann der Schwester, der besten Freundin sein? Ganz und gar nicht! Es muß das Ausstechficken gegenüber der nahen Frau sein, die als halluzinierte Mutterhülse hintenrunterfallen soll.

Halluziniert! Denn die Mutter, Fleisch und Blut, steht kerzengerade mit der ausgestreckten Hand am Hörer, tochterabrufbereit zum nächsten Telefonat!

Erwachsen, mutterabgebunden wäre es, die andere Frau nicht auszustechen, abzuschneiden, sondern dem Mann zu sagen: «Kläre du erst einmal deine Probleme mit deiner Frau (oder deiner alten Freundin). Löse du dich aus der jetzigen Beziehung, dann steige ich in dich ein! Der anderen Frau tue ich diesen Schmerz nicht an!»

Aber gerade darum geht es der nebenliebenden, mannraubenden Muttertochter, der es zu toll schmeckt, Gewalt ein bißchen selbst zu verüben, Stich und Schnitt gegen eine weibliche Person zu verüben, die beides nicht im geringsten verdient.

Die meisten Zweit-, Dritt- und Viertfrauen oder Geliebten haben «Dreck am Stecken» gegenüber ihren Vorgängerinnen oder der noch existenten Hauptfrau des Mannes.

Die Mutterbindung der Frau macht noch etwas weiteres Antifeministisches. Die Tochter wogt mit metasolidarischem Gefühlsdrive in abgesicherten Harmonieblasen. «Geborgenheit» lautet ihr Credo!

Muttertöchter wollen einsitzen. Sie tun es schon bei Mutter, sind immer auf der Suche nach neuen Schutzhüllen.

Solange der Feminismus (die Feminista!) Geborgenheit anbot – in den ersten Phasen der Wiederbelebung der Frauenbewegung während der 70er Jahre –, waren Frauen zu Millionen dabei: Feminismus als Inlettgewähr, als Versprechen von Sicherheiten.

Die feministische Bewegung ist aber derzeit in ein anderes Stadium eingetreten, verlangt die zähe Einzeltat, fortgesetzt frauenkooperativ, und verlangt das gesellschaftliche Frontmachen, das Aufs-Ganze-Gehen einer feministischen Revolution, die jetzt gedacht und vorbereitet werden muß.

Eigentlich ist das ein Zweifrontenkampf. Front heißt vorn,

außen. Da wollen die aufs Innen angelegten, für es spezialisierten
Muttertöchter nicht mehr mitmachen. Sie schweben ab in Esoterik, in einen übersinnlich geschlossenen Raum, eine Himmelsblase, die sie um sich schließen. Auch ins «New Age» verduften
sie. Wenn sie auf dieses mit Glauben und Hoffen hinträumen, ist
es ebenso eine Blase, neben der munter ungestört Männer ihr
«Old Age» betreiben, bis alles aus ist, nichts mehr da, mit dem ein
neues Zeitalter noch arbeiten könnte.

Ich will mit meiner Schelte des muttertöchterlichen Dranges, in
metaphysischen Räumen einzusitzen, nicht die Fachfrau treffen,
die das Esoterische psycho- und physiotherapeutisch berufsmäßig
einbindet, es erdet, indem sie Menschen professionell hilft, berät,
heilt, indem sie aus dem Wissen um die Existenz der übersinnlichen Kräfte Kommunikation macht. Ich meine die Dilettantinnen, die Sozioflüchtlinge, die Geborgenheitsfanatikerinnen, die
Innen-Beschwörerinnen, die ihr Eingeschlossenentrauma zum
Kult erheben, die sich auch dankbar in die neuen Sitzmöbel fallen
lassen, die ihnen Männer fürs Zurückkommen in das alte Heteronest bereithalten: Unterschlupf Mann statt revolutionär-feministisches Herausgehen mit Frau.

Wer am Ausgang seines erwachsenen Lebens bei Mutter sitzen
bleibt, will immer sitzen, gleich wo.

Mit dieser Mentalität kann sogar die berufliche Position zum
Nest werden. Die Muttertöchter richten sich häuslich ein *im* Patriarchat, dienen an irgendeiner Stelle – nicht mehr (nur) dem einzelnen Mann, sondern der ganzen Männergesellschaft, treiben es so
weit, daß sie, wie die von Claudia Koonz untersuchten Nazifrauen,
gleich direkt Hausfrauen und «Mütter im Vaterland» werden.

Ein schweißtreibender Kreislauf schließt sich. Die Frau ist vom
Patriarchat zum Sitzen degradiert worden, gelähmt in allem, wo
sie sich bewegen könnte. Ihre Tochter kann wieder gehen. Aber
sie bewegt sich nicht, wie sie es derzeit könnte. Sie landet wieder
beim Sitzen, beim noch ausgebreiteteren, hübscher aussehenden
Sitzen in viel größeren Räumen, die ihr sogar vom Patriarchat zur
Verfügung gestellt werden. Aber sie geht nicht, nicht männergesellschaftlich hinaus, sie kämpft nicht, nicht für ein männer-

gesellschaftliches Danach. Sie liebt nicht, nicht wirklich männergesellschaftsgegenläufig, liebt nicht das Leben, wie es ihr von Männerseite her angedichtet wird, das gebiert sie nur zum nieendenden patriarchalischen Ausgeschlachtetwerden.

## Psychophysik

«Die Frau» steht nicht außerhalb der Männergesellschaft, doch hat sie eine historische Chance, weil sie in der Gesellschaft unterdrückt wird. Die ersten Phasen der Frauenbewegung haben den Zustand der Unterdrückung und die aus ihm resultierenden Zustände der Frau als Behinderung konstatiert.

Die Behinderung der Frau ist eine biographische. Sie war irreversibel, wie es die meisten körperlichen und geistigen Behinderungen sind. Körperlich-geistige Behinderungen sind ein Teil der Gesellschaft, entstanden durch Geburt oder Unfall, und müssen geschützt, ja gefördert werden – die Nicht-Behinderten-Lebensrechte müssen für Behinderte gleichberechtigt durchgesetzt und mehr und mehr verwirklicht werden.

Ich sehe den Zustand der unterdrückten Frau am Ende des 20. Jahrhunderts in den Industrieländern jedoch nicht mehr als gegebene biographische Unverrückbarkeit an, die Schonung verdiente. Die Frau ist noch immer seelisch behindert und wächst sich aus dieser Behinderung in einer unverrückbar scheinenden Biographie fest. Im Gegensatz zu den Fällen der körperlich-geistigen Behinderung muß die überwiegende Mehrzahl der seelischen Behinderungen nicht als unveränderbar hingenommen, geschweige denn als schützenswert proklamiert werden. Ich erachte die Frau zum Abschluß der ersten feministischen Phasen soweit als Subjekt zumindest *ihrer* Verhältnisse, daß sie fähig geworden ist, ihre seelischen Behinderungen aufzuheben.

Der Zustand der Unterdrückung hat eine Befreiungsenergie
entstehen lassen, die prinzipiell bei allen Frauen festgestellt werden kann.

Der Status quo der Frauenbefreiung: Frauen nutzen diese Energie nicht oder nicht optimal zu einer historisch größtmöglichen
Befreiung. Die Energie geht woandershin. Energie kann nicht verschwinden, sich nur verteilen oder verschieben.

Die Befreiungsenergie der Frau geht gegen sie selbst. Frauen
«operieren» physisch statt psychosozial: Krankheit, Unfall, kos-
metische Chirurgie sind Energieumleitungswege, verlegen den
Sprengschauplatz nach innen. Frauen implodieren, anstatt zu explodieren.

Bei Unterdrückung und Energieverschiebung spielt die Mutter-
Tochter-Beziehung eine wesentliche Rolle. Diese Beziehung ist
Patriarchat und muß wie alle patriarchalischen Institutionen hin-
terfragt und in ihren reaktionären, patriarchats-nachschaffenden
Teilen *ab*geschafft werden.

Die Mutter-Tochter-Beziehung übernimmt praktische Ver-
richtungen bei der Unterdrückung der nächsten Frauengenera-
tion. Und die Mutter-Tochter-Beziehung bewirkt die Vielfalt der
Energieverschübe der Frauen gegen sich selbst und gegen andere
Frauen, beim Besetzen sogenannter spiritueller Räume, beim
Sich-Absetzen in Glaubensbereiche aller Art.

Die Verschiebung der Sprengenergie, die ursprünglich gegen
die Mutter gerichtet war, verhindert eine Befreiung der einzelnen
Frau und stoppt die Entfaltung der Kräfte aller Frauen bei der
Überwindung des Patriarchats.

Das größte Dilemma, dem dieses Buch gewidmet ist, die Energie
der Frauen verschiebt sich zugunsten der Männer, ja führt Frauen
bevorzugt an die Seite von profilierten Sprengmeistern.

Viele Töchter beteuern, daß sie ihre Mütter gar nicht mehr liebten, daß sie sie haßten, daß sie die Verinnerlichung der reaktionären (nicht der positiven) Mutterwerte in sich bekämpften.

Haß – ebenso seine gemilderte Form, die Abneigung – nützt
nichts gegen die Energieumleitung oder -verteilung, wenn er regelmäßig in die Tochter-Mutter-Beziehung «eingebracht» wird.

Jedes Gefühl – zur Mutter in konventionellen Anstandsverhaltensweisen transportiert – hält die Tochter-Mutter-Beziehung am Leben.

Die Frau ist historisch an einem Punkt angelangt, an dem sie kritisiert werden muß, wenn sie reaktionäres Objekt des Patriarchats bleibt und sich nicht aufmacht, revolutionäres Subjekt einer neuen Gesellschaft zu werden. Reaktionär ist ihr Zu-Wenig an Autonomie, das Pendant des Zu-Viels an Autonomie des Mannes, seiner Gesinnung des Welt-Untertan-Machens, aus dem Weltzerstören kam. Un-Autonomie und Hyper-Autonomie greifen ineinander, so daß die Frau Komplizin werden muß bei allem, was zerstörerisch geschieht.

Die Welt geht den Bach hinunter – die Frau sitzt am Ufer und schaut zu.

Es gibt eine historische Pflicht der Frau zum Glück, weil aus ihm Bewegung kommt, weil Glück immer ein Beleg für richtige Energieentfaltung und nicht für «Schicksal» ist. Glück kommt nicht von oben, sondern von innen.

«Das Glück ist nicht so blind, wie man es sich vorstellt; es ist oft das Ergebnis einer langen Folge richtiger und genauer, von der Masse nicht bemerkter Maßregeln, die dem Ereignis vorangegangen sind. Besonders auch für die einzelnen Menschen ist es ein Ereignis aus Eigenschaften, Charakter und persönlicher Handlungsweise.»[37]

Das ist der Ausspruch einer Vatertochter, Katharina II. von Rußland, der ehemaligen deutschen Prinzessin Sophie Auguste von Anhalt-Zerbst. Katharina stellt sich selbst als Anschauungsobjekt hin für die Gleichung: Eigenschaften + Handlung = Glück.

Katharina hat eine Vielfalt von Sprengungen immer am richtigen Ort zur richtigen Zeit durchgemacht, die erste von zu Hause weg, als sie 14/15 war, die sie selbst gewollt, nachdem ihr die Chance dazu geboten, die ihr nicht von ihrer Familie aufgezwungen wurde.

Katharina konnte im 18. Jahrhundert Patriarchat noch nicht abschaffen. Ihr Ausspruch ist aber feministisch und ihr Leben wetterleuchtend für Jahrhunderte.

Inwieweit «Glück» etwas mit Handlung zu tun zu haben scheint, zeigen die unterschiedlichen Verhältnisse, die Muttertöchter und Vatertöchter, ebenso mutterabgelöste Frauen, zu Männern haben. Der Unterschied überrascht und weist darauf hin, wieviel Gemachtheit, eigenes Tun, in diesen Verhältnissen liegt. Es gibt drei Situationen: 1. Die Muttertochter will immerzu einen Mann und «findet» keinen. Eine Vatertochter oder eine mutterabgelöste Frau will keinen Mann, bleibt balanciert allein oder liebt Frauen, was klappt. 2. Der Muttertochter laufen immer wieder die Männer weg, oder es klappt nicht, die Beziehungen fallen nach kurzer Zeit auseinander. Eine Vatertochter – eine mutterabgelöste Frau – hat einen Mann nach dem anderen, bis sie 80 ist! 3. Der eine Mann, der ein Leben lang bei der Muttertochter bleibt, quält sie. Der eine Mann, der bei einer Vatertochter oder einer mutterabgelösten Frau ein Leben lang bleibt, ist «lieb» und rücksichtsvoll, von Qual in der Partnerschaft wenig oder keine Spuren.

Die Frau hat historisch nicht nur eine Pflicht zum Glück, sondern auch eine Pflicht zur Revision ihrer reaktionär-statischen Muttertochteranteile. Die Frau hat eine Pflicht gegenüber sich selbst und keine Pflicht zur Rücksichtnahme gegenüber ihrer Primärperson Mutter. Diese Rücksichtnahme ist reaktionär und führt zu Reaktionärem. «Reaktionär» heißt zurück«gehend», genau übersetzt eigentlich rückhandelnd!

Die Frau hat eine Pflicht auch gegenüber ihren Kindern, die ein Recht darauf haben, nicht (mehr) von einer unterdrückten Person zweiter Ordnung mit unautonomem Verhalten erzogen zu werden.

Daß die Folgen der Erziehung durch eine unfreie, unterdrückte Person unabsehbar sind, das braucht hier nicht mehr nachgewiesen zu werden, da sich Dutzende Frauen und Männer – wie ich selbst mich in meinen früheren Büchern – mit diesem Thema bereits ausführlich beschäftigt haben. Irgend etwas muß jedes Kind einer solchen unterdrückten Mutter hergeben, manches das ganze Leben.

Als Mann – ich will es nun sehr bescheiden formulieren – hätte ich für alle meine Geschlechtsgenossen den Wunsch, daß die Frau auch eine Pflicht in sich fühlt, den Mann nicht mehr reaktionär zu stützen – Reaktion zu Reaktion! –, sondern ihm die Umbildung vom patriarchalischen in einen menschlichen Charakter abzuverlangen. Ich sage «abverlangen» und nicht: daß sie ihm dabei helfen soll! Es machen, ist Männersache, aber den Mann nicht mehr patriarchalisch hinzunehmen, ist Frauensache.

Katharina II. spricht davon, daß Handlungsweisen und Eigenschaften im Zusammenhang stehen. Der sogenannte Charakter ist ein Ergebnis von angeborenen Voraussetzungen und Handlungsweisen.

Und hätte die Gegenwartsfrau nicht auch eine Pflicht ihrer Mutter gegenüber? Bei ihr bleiben, heißt nur, die Mutter in all ihrem Reaktionären zu unterstützen. Die Mutter flüstert der Tochter zwar immer ein: «Nur du – und kein anderer Mensch der Millionen um mich – kannst es mir so schön recht machen!» Aber ist das wahr? Mit diesem Satz ist die Mutter eingekindelt, und die Tochter rächt sich nur als Neu-Mutter der Mutter, wenn sie über das Schwächer- und Schwächerwerden der Mutter wacht. Was hätte die Mutter nicht für Chancen, wenn die Tochter sie verlassen würde! Nach Geli Raubals Tod zerstritten sich die Halbgeschwister, und Mutter Angela Raubal zog – von Adolf Hitler gekündigt – aus dem Obersalzberghaus, ging nach Wien und heiratete dort ein zweites Mal, lange nach dem Tod ihres ersten Mannes.

So etwas passiert immer erst nach den Toden der Töchter, wenn die Mütter zu Alleinsein und Neubeginn gezwungen worden sind.

Bei rechtzeitiger und zielgerichteter Entfaltung der töchterlichen Befreiungsenergie wäre das nicht nötig, hätten Tochter *und* Mutter etwas von dieser psychischen Geburt. So aber haben die Töchter ihr Unglück, und die immer älter werdenden, nicht beizeiten sterbenden Mütter haben etwas Schloßgespenstisches an sich.

Die Mythen liegen richtig. Vampire sind meistens männlich, Schloßgespenster, die sich nicht entscheiden können, das Diesseits zügig und ein für alle Male zu verlassen, sind meistens weiblich.

## Fraubarkeitsriten

Seit Patriarchatsgedenken gibt es Mannbarkeitsriten, die ein
Jüngling durchmachen muß zwischen seinen Stadien «Knabe»
und «Mann». Diese sogenannten Initiationsriten werden von drei
Vorgängen gekennzeichnet:

1. Trennung von der Mutter, dem Mütterbereich, dem Lebens-
gebiet der Kindheit. Die Mutter wird oft jahrelang nicht wiederge-
sehen, in manchen Fällen erst bei der Hochzeit des gewordenen
Mannes. Der Ort der Kindheit darf lange Zeit nicht betreten werden. Auf keinen Fall wohnt der werdende Mann je wieder bei seiner Mutter.

2. Aufnahme in das Männerkollektiv, Betätigung unter Mitgliedern des gleichen Geschlechts, Lernen des Umgangs mit der Welt.

3. Der Übergang wird mit einem Ereignis markiert, das peinvoll
ist; zumindest ist es so aus dem Rahmen normaler Erfahrungen
herausfallend, daß beim erlebenden Jüngling das Gefühl des Ein-
schnittes entsteht. Geläufigstes Verkommnis ist die Beschneidung
der Vorhaut – noch heute im Vorderen Orient verbreitet. Es gibt
darüber hinaus viele andere Formen, die der Anthropologe David D. Gilmore in seinem Buch «Manhood in the Making – Cultural Concepts of Masculinity» zusammengetragen hat, zum Beispiel muß der Junge den Samen von Männern der Gruppe schluk-
ken, die im Kreis um ihn stehen. Dem Initiationsritus dienen auch
Übergangsereignisse, die keine sexuelle Ausdrucksform haben.
Der Knabe fastet oder verbringt einige Tage und Nächte in einem
dunklen Raum, abgeschlossen von allen Einflüssen der Außenwelt. Oder er muß Mutproben bestehen, körperliche Traktierungen erleiden... Der deutsche Titel des Buches von Gilmore
«Mythos Mann – Rollen, Rituale, Leitbilder» ist nichtssagend, ja
verunklärend, lenkt ab von dem, worum es geht: «Männlichkeit in
der Herstellung – Konzepte der Maskulinität», oder noch einfacher: «Die Entstehung des Mannes(alters) – Wie in den Naturvölkern Männer gemacht werden», müßte die deutsche Übersetzung
heißen.

Auch im «zivilisierten» industriellen Patriarchat sind Reste solcher Riten zu beobachten. Am deutlichsten die Bewährung im Kollektiv der Männer. Jeder Mann muß in das Kollektiv der männlichen Mit*glieder*. Er wird schon früh trainiert im Knabenverband (das mindeste ist Fußballspielen). Und die Kollektive fügen nicht einmalig große, aber doch regelmäßig kleine Schmerzen zu. Jeder Mann erinnert sich an Peinvolles, an erste Keilereien, an Versagen oder Sich-Bewähren mit Mutproben.

Die religiösen Feierlichkeiten der Konfirmation und Kommunion – und in ehemaligen staatssozialistischen Ländern der «Jugendweihe» – sind «säkularisierte» Reste der Umbruchsriten.

Gänzlich verschwunden ist bei all den Restriten der erste Punkt, die Trennung vom Ursprung.

Das Auffälligste bei der gesamten Initiationsproblematik: In allen patriarchalischen «Natur»-Völkern gibt es die Riten nur für männliche Jugendliche. Die weiblichen Kinder erleben sie nicht oder in keiner mit den männlichen Kindern vergleichbaren Drastik. Das Mädchen (die junge Frau) erfährt «Einschnitt» erst beim «Geraubt»- oder Weggeheiratetwerden. Es erlebt aber keine Trennung vom Ursprung als Prozeß, der nur mit dem Mädchen selbst zu tun hätte. Und es fehlt die Aufnahme in einem Kampf- und Lebensmeisterungskollektiv des gleichen Geschlechts, sozusagen unter den (weiblichen) Mitscheiden.

Die in arabisch-afrikanischen Ländern unter dem moslemischen Diktat vorgenommenen Beschneidungen von Mädchen sind keine Initiationsriten, keine Einweihungszeremonien, sondern das Gegenteil, Ausstoßungsakte. Dem Jungen wird mit der Beschneidung nichts Wesentliches genommen; mit den Schmerzerlebnissen wird er nach vorn geleitet und an ihrem Ende in das für ihn neue Kollektiv der Männer einbezogen. Den Mädchen werden Klitoris und Schamlippen abgeschnitten, das heißt, zentrale Teile seines Geschlechts geraubt. Es wird mißhandelt, zurückgestoßen in einen vorfraulichen Zustand, für immer von autonomer Lust ausgeschlossen. Die Beschneidung von Mädchen ist eine Zuspitzung der Frauenunterdrückung, eine Degenerationserscheinung des forcierten Patriarchats und kontranatürlich, während die Initiationsriten, auf Ereignissen in Tiergesellschaften aufbauend, pronatürlich ablaufen.

Daß es Initiationsriten in allen patriarchalischen Völkern nur für das Männlichwerden gibt, führt zu der Vorstellung, die Mannwerdung müsse sozial gemacht werden, die Frauwerdung liefe von allein ab. Mädchen und Frau sei das gleiche. Frau sei Natur, sie könne es von allein sein, könne alles von allein tun, brauchte keine Erwachsenheitsweihe.

Es ist leider nicht so. Daß Initiationsriten nur für Männer veranstaltet werden und nicht auch für Frauen, ist ein früher Mechanismus der Frauenunterdrückung. Auch die Frau muß (erwachsen) *werden*, *gemacht* werden. Erlebt sie keine Initiationsriten, bleibt sie kindisch. Und da haben wir schon das Patriarchat.

In den von Männern dominierten patriarchalischen «Natur»-Völkern war es leicht, Frauen den Initiationsritus streitig zu machen. Mädchen wuchsen wie Jungen bei der Mutter, im Frauenverband, auf und blieben dort ohne Trennungszeremonien. Frauen hatten seit Zerstörung der amazonischen Kulturen keine Kampfverbände mehr, es gab keine Trennung der Frauen in Gruppen des Hauses, der Aufzucht und in weibliche Kampf- und Erwerbsverbände, in die hinein ein Mädchen hätte initiiert werden können. Und vom Männerclan sollten Frauen ja dezidiert ferngehalten werden, ausgeschlossen sein.

Wir brauchen Entwicklungen nicht zurückzudrehen, können es nicht. Die Ungünstigkeit für Fraubarkeitsriten in den Frühpatriarchaten, den heute noch existierenden «Natur»-Völkern, ist in den Industriepatriarchaten nicht mehr gegeben, weil die mechanisierte Welt nicht mehr in die Geschlechtergruppen Aufzucht–Kampf geteilt wird.

Die Frauenweihe wäre unerläßlich, ein unverzichtbarer Schritt auf dem Wege der Befreiung der Frau. Wenn sie nicht geschieht, bleibt die erwachsene Frau in einer Ecke ihres Wesens Mädchen, und das bedeutet immer, ist die Frau patriarchalisch nutzbar.

Ich halte noch einmal die Wichtigkeit der drei Ereignisse bei der Mannwerdung des Jungen fest:

1. Trennung von der Mutter, Ablösung, Abschluß der Phase Mutter–Kind.

2. Erlebter Schmerz, ohne den eine Trennung nicht markiert werden kann. Bei dem Vorgang des Einschnitts handelt es sich um die dritte, die psychische Geburt, die ebenfalls wie erste und zweite Geburt mit einer Zäsur, einem Einschnitt, erlebt werden muß, sonst gibt es keine Umwandlung in einen qualitativ neuen Zustand. Erste Geburt (die physische) = Zeugung, Eibefruchtung, Sprengung der Eihülle durch den Samen, Beginn der Entstehung eines neuen Menschen, Anfang seiner körperlichen Präsenz. Zweite Geburt (die soziale) = Heraustritt aus dem Mutterleib, Beginn des Werdens einer physischen Eigenständigkeit, eines von der Mutter getrennt erfahrbaren Körpers. Dritte Geburt (die psychische) = Werden einer *seelischen* Eigenständigkeit, zelebriert in der Trennung vom Ursprung, von den Eltern, am deutlichsten noch einmal von der Mutter. Erster und zweiter Schritt der Initiationsriten – Trennung und Schmerzerfahrung – bedeuten die dritte Geburt.

3. Aufnahme im Kollektiv des gleichen Geschlechts. Nach der Trennung von der Herkunft und der Schmerzerfahrung nun Einbettung in die Gruppe, die neue Formen der Akzeptanz spendet, den Du-Bezug mit dem Wir-Bezug vertauscht.

Ich finde es für eine moderne Gesellschaft notwendig, daß der einzelne Mann zur Ich-Stärkung sich mit einem vierten Schritt der Mannbarkeit auch noch von der Gruppe des gleichen Geschlechts trennt, um nicht in einer vater(ver)söhnlichen Patriarchatsstützung mißbraucht zu werden.

In «Vatersöhne» habe ich mich ausgiebig damit beschäftigt, daß es für Männer nicht nur Mutterablösungs-, sondern auch Vaterablösungsriten geben muß, um die männliche Mittäterschaft aufzugeben, in die Männer immer wieder bei Nichtablösung vom Vater hineinrutschen.

Wenn Frauen erst einmal soweit wären! Sie brauchen zunächst Schritt eins bis drei. Die Schwierigkeit dafür ist eine organisatorische und eine ideologische. Es gibt keine den Männerclans vergleichbaren Frauengemeinschaften. Und Frauen sehen die Trennung von ihren Müttern als antipatriarchalische Tat derzeit noch nicht ein.

Zunächst theoretisch: Wie sollte eine Frauenweihe ablaufen?

Sie kann nicht symmetrisch zu männlichen Initiationsriten erfolgen, was wäre: weg vom Vater, Schmerz, hin zu Frauenkollektiven. Es gibt keine regelmäßige Vater-Tochter-Beziehung, die – der Mutter-Tochter-Beziehung vergleichbar – als Ursprung bezeichnet werden könnte.

Die drei Schritte müßten für Frauen heißen:
1. weg von der Mutter, dem Ursprung,
2. gravierender Einschnitt (Schmerzerfahrung),
3. Aufnahme in ein gleichgeschlechtliches Kollektiv.

Das Wesen der drei Geburten: es erfolgt nach einem einschneidenden Ereignis eine Einbettung in etwas Neuem. Erste Geburt: nach Eibefruchtung, Einnisten des Eis in der Gebärmutter, Heranreifung. Zweite Geburt: nach Heraustritt aus dem Mutterleib Einbezogenwerden in Nähe und Pflege der Primärpersonen. Dritte Geburt: nach Trennung von Mutter/Herkunftsgebiet, Schmerzerfahrung Aufnahme in Bestätigung gebendem Kollektiv der Gleichen.

Die Frau kann, soll, will nicht im Kollektiv der Männer landen, weil die ihr nicht bestmögliche Bestätigung geben können, wollen – derzeitiges Dilemma der meisten berufstätigen Frauen.

Es müssen also Frauenkollektive geschaffen werden, die nicht klostergleich die Frauen für immer einbehalten. Solche Kollektive gibt es schon im feministischen Umfeld. Es sind Projekt- oder Studiengruppierungen, in denen sich Frauen zusammentun und die den Effekt eines frauenbestätigenden Kollektivs haben. Ja, die namhafteste deutsche Leiterin von Frauenstrafanstalten, Helga Einsele, sprach sogar davon, daß der moderne Frauenstrafvollzug etwas von einem frauenbestätigenden Kollektiv an sich haben kann, in dem Frauen sich stabilisieren und reifen können. Was gezwungenermaßen und mit großen Einschränkungen verbunden möglich ist, sollte freiwillig gestaltbar sein.

Wichtig ist, daß das Einbezogenwerden in ein Frauenkollektiv einhergeht mit der Trennung vom Ursprung. Die Frau kann die erwachsen machende Solidarität des Kollektivs des gleichen Geschlechts nur reifungsgewinnbringend erfahren, wenn sie sich zugleich mit einem Einschnitt von ihrer Mutter, der Repräsentantin ihrer Kindheit, trennt. Der moderne Strafvollzug garantiert nicht nur Kollektiv, sondern auch Trennung. Die Töchter leben dort weitgehend von ihren Müttern abgeschirmt.

«Mutter» ist eine Kategorie des Patriarchats. Frauen, die diese Position über eine andere Frau (ihre Tochter) einnehmen, die ihr 21. Lebensjahr vollendet hat, müssen, wie alle patriarchalischen Positionen, überwunden, «abgeschafft», entmachtet werden – als Position und nicht als Mensch!

Die Besetzerin dieser Position, die Mutter, kann die Position mit eigenem Verhalten aufgeben, sich «entmuttern», sich wieder freimachen für neue Beziehungen zur Welt.

Die Tochter muß weggehen, sich aus dem Einflußgebiet dieser Position irgendwann herausbegeben. Sie muß es mit einem Einschnitt tun, einer Trennungsmarkanz. Und die Abwesenheit von ihrer Mutter muß lang und deutlich fühlbar verlaufen. Keine Rückkehr in alte Nähe darf der Trennung folgen.

Wenn das alles nicht geschieht, ist für die Frau Erwachsenheit der ganzen Person auf allen Ebenen nicht zu haben.

Um die Frauenkollektive muß sich die Gesellschaft kümmern. Männer werden es nicht machen, werden den Sinn der Frauen-«Kampf»-Gemeinschaften nicht einsehen. Also müssen Frauen sie erstreben und durchsetzen, um nicht nur Ultima-ratio-Institutionen wie Gefängnisse und Frauenhäuser zu haben, in die Täterinnen und Opfer verbracht werden, wenn zuvor großes aktives oder passives Scheitern erfolgt ist. Es müssen Arbeits-, Projekt- und Lebensgemeinschaften sein im Charakter zwischen Kloster, Lehre, Internat und feministischem Zusammenschluß für Zeitungen etc. – ein Tun und Sein ausschließlich unter und für Frauen, eine Regeneration der Amazonen- und Hexenverbindungen.

Die einzelne Frau kann selten Aufnahme in den entstehenden Frauenprojekten finden, muß zur Gründung dieser Gemeinschaf-

ten momentan noch viel tun, sich für die Errichtung solcher ge-
schlechtsspezifischen Gruppierungen mit anderen Frauen verbün-
den, um sie der Männergesellschaft abzutrotzen.

Punkt 1 und 2 des Fraubarkeitsritus kann die Frau jedoch sofort
in Angriff nehmen: Trennung vom Ursprung und Markanz – Un-
überfühlbarkeit des Schnittes: Mutter ade, Scheiden tut weh!


## Fehlbesetzung


«Die Frau muß...» – und das von einem Mann gesagt! –, nimmt
sich im historischen Moment nicht gut aus. Ich will das Buch mit
Eindrücken und Warnungen beenden. Ich bin mehr Chronist als
Moralist. Ich sehe etwas, halte es fest, ziehe – bescheiden – *meine*
Rückschlüsse, und «die Frau» *kann*, wenn sie will, daraus Inspira-
tionen für ihre Rückschlüsse entnehmen.

Seit Jahren, eigentlich Jahrzehnten – denn ich begann schon
früh, mich zu wundern (wuchs zwischen vielen Frauen auf) –,
speichere ich seltsame Frauenverhaltensweisen, die ich nicht anders nennen kann als *Fehlverhalten*.

Das Wort «Fehl» hat eine dreifache Bedeutung: «fehl» = falsch,
«fehl» = verfehlt, nicht an einem Ziel angekommen, abgewichen,
«nebenraus», verirrt, und «fehl» = es fehlt etwas, es ist etwas
abhanden gekommen.

Ich fühle, daß das Leben «unheimlich» vieler Frauen sich im
Tochterdasein strapaziert. Nicht, wie es sein sollte, wie es von
Natur angelegt ist, wächst das Leben der Tochter aus dem Leben
der Mutter heraus, sondern funktioniert in einem entgegengesetzten «widernatürlichen» Vorgang: Wurzeltochter – Blüten-
mutter.

Ich lerne eine Frau von 70 bis 80 kennen und denke: «Die ist
aber toll ‹beinand›, welch eine Ausstrahlung, welch eine Power,

die hat ja eine 40-50-Aura!» «Schön», denke ich, «daß Frauen heute so strotzen!»

Dann ergibt es sich, daß ich nach einiger Zeit die Tochter dieser Frau kennenlerne, die nun wirklich 40 bis 50 ist, aber einen Filz von Alterslosigkeit um sich hat, verkrampft, verhärmt, gedunsen, überanstrengt, entformt, ja entjüngt ist.

Sehe ich ein Mutter-Tochter-Paar im Alter von 20 und 40, darf ich raten, wer von den jungen Zwillingen Mutter und wer Tochter ist. Bei 50 und 70 hat sich die Situation eindeutig zugunsten der Mutter geklärt, und bei 60 und 80 ist es ein Todes-um-die-Wette-Lauf.

Die Mutter stirbt jetzt, die Mutter stirbt jetzt nicht. Sie stirbt jetzt, sie stirbt jetzt nicht... Die Tochter hat Krebs. Stirbt sie voraus? Nein, doch nicht, in letzter Minute stirbt die Mutter voran. Der Krebs der Tochter verschwindet. In anderen Fällen geschieht das Gegenteil, die Tochter folgt der Mutter ins Grab.

Eine meiner immer schönen Freundinnen erlebte ich eines Tages um zehn Jahre gealtert. «Was ist mit dir?» – «Meine Mutter war gerade da!»

Der Freund einer Freundin hört auf, die Tochter zu lieben, nachdem er sie zum ersten Mal im Zusammensein mit ihrer Mutter gesehen hat.

Männer beginnen fremdzugehen nach Begegnungen mit ihren Schwiegermüttern! Die Entformung, die der Tochter im Zusammensein mit ihrer Mutter passiert – nur kurz, nur für Momente –, stößt den Mann ab, die Einkindelung seiner Partnerin desillusioniert ihn.

Wenn Töchter lieben wollen, schiebt sich zuweilen der seltsamste Mutterriegel vor ihre Seele, die Magersucht.

Wenn Töchter heiraten, bricht bei ihnen Krebs aus. Kraft für zwei Hauptpartnerschaften haben manche Frauen nicht. Das neue Glück ist zuviel. Es bekommt keine Oberhand gegenüber dem alten Glück der noch bestehenden Tochter-Mutter-Nähe.

Wenn Töchter erben, bauen sie Unfälle. Mit dem Erben sitzt die Mutter für immer in der Tochter fest. Postume Rüttelungen führen nur noch zur Zerstörung und Beschädigung der Tochter selbst.

Legionen von Krankheiten und Selbstschädigungen verfolgen
Frauen: Petras und Romys Nieren, Knefs und Taylors dutzend
und mehr Operationen – angeborener weiblicher Masochismus?
Das Patriarchat! Schon wieder? Wird es allmählich zur Ausrede?

Das Patriarchat will eigentlich lieber gesunde Frauen – zum besseren Funktionieren! Es lacht sich ins Fäustchen, wenn die Frau so
mit ihrem Inneren beschäftigt ist, daß sie weder Zeit noch Kraft
hat, ihm ans Zeug zu gehen.

Es ist eine *Fehlvorstellung*, wenn die Frau bewußt oder unbewußt
meint, der Mann hülfe ihr, betriebe Ablösung für sie, befreite sie
aus der Fessel ihrer Mutterbindung.

Orest gibt es nicht mehr. Die Geschwisterschaft von Mann und
Frau besteht nur in der Mutterbindung beider und in der Spren-
gungsdynamik nach außen – gegen andere, gegen die Gesellschaft
gewendet.

Was die direkte Befreiung von der Mutter direkt betrifft, ist die
Beziehung zwischen Mann und Frau schief. Dem Mann steht die
Mutterbindung bestens zu Gesicht, der Frau schlechtestens. Die
Mutterbindung des Mannes läuft synchron *mit* der Gesellschaft,
paßt zu seiner Gesellschaft. Die Mutterbindung der Frau läuft entgegengesetzt zu allen gesellschaftlichen Bemühungen der Frau –
von Sex bis Arbeit. Der Mann hat also überhaupt kein lösendes
Interesse. Seine latente Gewalttätigkeit wird vom Patriarchat gebraucht, darf, ja soll zuweilen sich in aktuelle Gewalt umwandeln.
Auch das sexuelle Verhalten des Mannes läuft bestens im Einklang mit seiner Mutterbindung. Er zermürbt eine Frau nach der
anderen, er wird untreu, geht fremd. Das erhöht sein Image vor
den anderen Männern. Männer *müssen* ja nicht lieben. Sie sollen
in Sachen aufgehen, Frauen nur nebenher haben, dürfen sie auch
verschleißen, das ist dem Patriarchat egal, wenn der Mann in den
Hierarchien funktioniert. Mit der Mutterbindung lebt es sich für
einen Mann vorzüglich im Patriarchat. Und mit dem Frauenver-
schleiß schafft er sich auch noch die Befriedigung einer verschobe-
nen, symbolischen, stückhaft erlebten Muttertrennung.

Der Mann will Mutterablösung weder bei sich selbst noch bei

seiner Frau. Das Unabgelöstsein der Partnerin erhält sie in Unfreiheit, die der Mann gut gebrauchen kann – für ungestörtes Herumfuhrwerken mit den Dingen, für ungestörtes Umhertreiben unter sexuellen Verhältnissen.

Die Frau aber *will* Ablösung von der Mutter. Sie hat sich mit der Mutter identifiziert, was ihr meist den vollständigen Katalog der alten patriarchalischen Frauenwerte bescherte: Sitzen, Mannlieben, Glauben, Hoffen, Warten, Bleiben, Lassen, wie es ist, Jasagen, Dienen, Dulden, (politisches) Dummsein.

Aber der Mann macht es nicht – die Mutterablösung für die Frau. Niemand macht es *für* sie.

Was mich am meisten an Frauen überrascht, ist ein *Fehlbild* ihrer selbst. Frauen haben eine unsexuelle Identität oder eine sexuelle Nichtidentität. Ich höre es ungezählte Male: «*Das* bedeutet mir nichts mehr. Darum geht es mir nicht. *Das* brauche ich nicht. *Das* ist für mich abgeschlossen.»

So reden nur heterosexuelle Frauen. Weder hetero-, homosexuelle Männer noch lesbische Frauen verkünden ein nichtsexuelles Selbstbild, im Gegenteil, die drei Gruppen gehen davon aus, daß Sex bis zu ihrem Tod eine Rolle in ihrem Leben spielen wird, und sie versuchen alles, daß er das auch in der Realität tut. Vatertöchterlich kolorierte Frauen wie die französische Aristokratin des 17. Jahrhunderts, Ninon de Lenclos, wie die Filmschauspielerin Mae West... lieben bis 80, treiben es mit jüngeren Männern.

Sexualität ist die Kraft der Bewegung – simpel, das sagen zu müssen –, hat nichts mit Schönheit und Alter zu tun, jedoch mit einem wesentlichen Gesetz: bis 30/40 läuft vieles auch über «Passion», das heißt, Begehrt-, Genommen-, Verlangtwerden, ab 40 dann aber so gut wie nur noch über Aktion, Anmache, Heranmachen, Begehren. Und genau da, ab diesem Moment, klinken sich die muttertöchterlichen Frauen aus und verschanzen sich in ihrer Nonsex-Stabilität.

Ein Mensch mit einem asexuellen Bewußtsein ist statisch, die Sexualität ist das geheimste Agens für seinen Antrieb, sich in Bewegung zu anderen Menschen zu bringen, daß heißt gesellschaft-

lich zu sein, womit immer einhergeht, sich auch innerlich zu bewegen, sich zu verändern. Denn Bewegung ist nicht nur Motorik,
sondern auch Entwicklung.

Bewegung verlangt Pause, Ruhe, aber ihr Abgestelltwerden hat
schwere Folgen. Jeder Muskel, der aus Operationsgründen in
einer Heilungszeit zu lange stillgelegt werden muß, ist ohne ein-
drückliche Regenerationsmaßnahmen nicht mehr einsatzbereit.

Da haben wir es: Bewegung! Frauen klagen über Einschrän-
kung ihres Willens, über Impulshemmung, über seltsames Ge-
bremstwerden. Das asexuelle Bewußtsein von sich selbst ist dafür
der niederdrückendste Ausdruck. Druck statt Fluß. Das Selbstbild
von der nichtsexuellen Frau fügt subjektive und objektive Misere
der Frauen zusammen.

Das asexuelle Bewußtsein einer Frau von sich selbst stützt das
Fledermausdasein, gespannt im System Mann und Mutter, denn
es erhält sowohl die Bindung an die Mutter als auch die Stagnation
gegenüber den Männern.

Mit einem sexuellen Bewußtsein würde sich die Frau vom
Mann nichts gefallen lassen. Und die Frauen, die es haben, tun das
auch nicht.

Das gegensexuelle Selbstverständnis der Frau garantiert die
Bindung der Kinder an die Mutter, den Umschlagplatz von Opfer
in Täterin. Was das Patriarchat der Mutter raubt, holt sie sich von
ihren Kindern – und am meisten von ihrer Tochter.

# Anmerkungen

## Frauen und Gewalt

1 Koonz, S. 16
2 Gravenhorst / Tatschmurat, S. 11
3 Thürmer-Rohr, S. 41
4 A. a. O., S. 42
5 Koonz, S. 16
6 Zitiert auf dem Klappentext der deutschen Erstausgabe
7 Gun, S. 201
8 Thürmer-Rohr, S. 41
9 Koonz, S. 16 f

## Magda Goebbels – Die Gefährtin des «Teufels»

1 Heiber, S. 101
2 Oven, S. 32
3 A. a. O.
4 Charlier / Launay, S. 43. In den deutschen Biographien wird der belgische Ort Vilvoorde immer mit einem «o» geschrieben.
5 Ebermayer / Roos, S. 13
6 Meissner, S. 11
7 Fromm, S. 78; Ebermayer / Roos, S. 20
8 Heiber, S. 101, Reuth, S. 648, Anm. 139
9 Reuth, S. 350, 681, Anm. 264
10 Ebermayer / Roos, S. 36
11 A. a. O.
12 Ebermayer / Roos, S. 86, Meissner, S. 68 ff
13 Ebermayer / Roos, S. 89 f
14 Günter Quandt «Erinnergen», zitiert in Meissner, S. 74
15 Schirach, S. 174
16 Ebermayer / Roos, S. 110 f
17 Goebbels (F), Bd. 2, S. 47
18 Reuth, S. 198, Goebbels (F), a. a. O.
19 A. a. O., Meissner, S. 101 und 304
20 Meissner, S. 111. Das von ihm angegebene Datum der Hochzeit, der 12. Dezember, ist falsch, siehe Heiber, S. 103
21 Ebermayer / Roos, S. 338
22 Reuth, S. 270
23 Ebermayer / Roos, S. 132
24 Goebbels (F), Bd. 2, 3., 6. und 11. 2. 1933, S. 364, 368 und 371

25  Reuth, S. 267

26  A. a. O., S. 269, 661

27  Ebermayer / Roos, S. 176

28  Goebbels (R), Bd. 4,
    S. 1756 f. Dieser Eintrag ist
    von Elke Fröhlich neu datiert
    worden, bei Reuth noch
    «16. 2.», bei Lochner
    «14. 2. 42»

29  A. a. O., S. 1762 f

30  A. a. O., S. 1766

31  Reuth in Goebbels (R), Bd. 4,
    S. 1776, Anm. 43

32  Goebbels (R), Bd. 4, S. 1776 f

33  A. a. O., S. 1786

34  Ebermayer / Roos, S. 325

35  Nach Notizen von Eleonore
    Quandt, zitiert in a. a. O.,
    S. 325 f

36  Zitiert in a. a. O., S. 337–339

37  Zitiert in a. a. O., S. 124 f

38  A. a. O., S. 129

39  Goebbels (F), Bd. 2, S. 376

40  Meissner, S. 167, 190 f

41  Ebermayer / Roos, S. 264

42  A. a. O.

43  Goebbels, 19. 8. 1941, in:
    Goebbels (R), Bd. 4, S. 1660

44  Reuth, S. 490

45  Goebbels, 19. 8. 1941, zur
    Zeit noch unveröffentlichte
    Passagen, zitiert in Reuth,
    S. 490

46  20. 8. 1941, a. a. O.

47  A. a. O.

48  Goebbels in seinem Aufsatz
    «Die Juden sind schuld!» In:
    «Das Reich», 16. 11. 1941, zi-
    tiert in Reuth, S. 491 und 711

49  Hildegard Henschel: Aus der
    Arbeit der jüdischen Ge-
    meinde Berlin während der
    Jahre 1941–1943, zitiert in
    a. a. O.

50  Schirach, S. 204 f

51  A. a. O., S. 185

52  A. a. O.

53  Meissner, S. 304

54  Heiber, S. 101, Meissner, S. 8

55  Fromm, S. 78

56  A. a. O., S. 80

57  Riess (50), S. 99

58  Riess (Leben), S. 327

59  Carossa, S. 125

60  Meissner, S. 104

61  Fromm, S. 39

62  A. a. O.

63  Ein vergleichbarer psycho-
    biographischer Musterzwang
    herrscht zwischen Vater und
    Sohn, siehe Pilgrim, «Vater-
    söhne»

64  Kempowski, Bd. IV, S. 698

65  Ebermayer / Roos, S. 86,
    Meissner, S. 68

66  Meissner, S. 45

67  Reuth, S. 648, Anm. 140

68  Riess (Leben), S. 326

69  Fromm, S. 79 f

70  A. a. O., S. 79

71  Reuth, S. 648, Anm. 140,
    Riess (Leben), S. 326

72  Arlosoroff, S. 34 f

73  Avineri, S. 2, aus dem Engli-
    schen von VEP

74  A. a. O., S. 2 f

75  Meissner, S. 70

76  Dora und Lisa Arlosoroff
    über ihren Bruder. In: Ar-
    losoroff, S. 22

77  Ein Schulfreund über Viktor.
    In: a. a. O., S. 26

78  J. Lufban. In: a. a. O., S. 36

79  Brief A.s an Sima Arlosoroff.
    In: a. a. O., S. 281

80  Goebbels (F) Bd. 2, S. 47 ff,
    78, 95 f, 99

81  Fromm, S. 130

82  Ebermayer / Roos, S. 264

83  A. a. O., S. 21

84  A. a. O., S. 115

85  A. a. O.

86  A. a. O., S. 116

87  A. a. O., S. 357 f

88  Reuth, S. 73

89  Goebbels (F), 30. 6. 1924,
    Bd. 1, S. 30

90  Ebermayer / Roos, S. 82 f

91  Maser, S. 15 ff

92  A. a. O., S. 34 f

93  A. a. O., S. 18 ff

94  Ebermayer / Roos, S. 357 f

95  Schirach, S. 177 f

96  A. a. O., S. 179, 181

97  A. a. O., S. 183

98  A. a. O., S. 184 ff, 188, 217

99  Carossa, S. 126 f

100 A. a. O., S. 182

*Eva Hitler – «nur zu bestimmten
Zwecken»*

1  Eva Braun in ihrem Tage-
   buchfragment über Adolf
   Hitler am 11. März 1935: «Er
   braucht mich nur zu bestimmten Zwecken.» In:
   Maser, S. 349

2  Gun, 7. Dokument nach S. 192

3  A. a. O., S. 198 ff

4  A. a. O., S. 192, Bildunter-
   schrift Foto 3

5  A. a. O., S. 53

6  Siehe Pilgrim, «Muttersöhne», S. 452, auf der die Kate-
   gorien vorgestellt werden.

7  Gun, S. 35

8  Frank, S. 30

9  Gun, S. 160

10  A. a. O., S. 29 f

11  A. a. O., S. 30

12  A. a. O.

13  A. a. O., S. 36

14  Frank, S. 30

15  A. a. O., S. 40, siehe auch
    Gun, S. 41

16  Frank, S. 40

17  A. a. O., S. 101

18  Gun, S. 84

19  A. a. O., S. 41

20  Frank, S. 40 f

21  Gun, S. 85

22  A. a. O., S. 87 f. Eva Braun
    und ihr damaliger Chef,
    Heinrich Hoffmann, hatten
    den Brief von Fritz Braun ab-
    gefangen.

23  Gun, S. 118

24  A. a. O., S. 36

25  A. a. O.

26  A. a. O.

27  A. a. O.

28  A. a. O.

29  A. a. O., S. 36 f

30  A. a. O., S. 37

31  A. a. O.

32  A. a. O., S. 51

33  A. a. O., S. 50

34  A. a. O., S. 37

35  A. a. O., S. 50

36  A. a. O., S. 37 f

37  A. a. O., S. 119

38  A. a. O., S. 86

39  A. a. O., S. 161
40  Schirach, S. 220
41  A. a. O., S. 231
42  A. a. O., S. 232
43  A. a. O., S. 234
44  Gun, S. 131
45  A. a. O., S. 130 f
46  Schirach, S. 236
47  Maser, S. 317, 347, Gun,
    S. 56
48  Gun, S. 56
49  A. a. O., S. 54 ff
50  Maser, S. 327. Das Tage-
    buchfragment wurde zuerst
    von Nerin E. Gun 1968 ver-
    öffentlicht (S. 69 ff), im fol-
    genden hier jedoch nach Ma-
    ser zitiert, weil Maser neben
    dem Drucktext das kopierte
    Original veröffentlicht hat,
    S. 326 ff.
51  Maser, S. 327
52  A. a. O.
53  A. a. O., S. 329
54  A. a. O., S. 327
55  A. a. O., S. 331
56  A. a. O., S. 333
57  A. a. O., S. 329
58  A. a. O., S. 335
59  A. a. O., S. 335, 337
60  A. a. O., S. 339
61  A. a. O.
62  A. a. O., S. 339, 341
63  A. a. O., S. 343
64  A. a. O., S. 347
65  A. a. O., S. 349
66  A. a. O., S. 349, 351
67  A. a. O., S. 353
68  A. a. O., S. 355
69  A. a. O. Siehe die Hand-
    schrift Eva Brauns in Maser,

S. 354, und Gun, S. 76. Maser irrt sich hier, indem er
das handgeschriebene Wort
«Coue» in seinem Drucktext
fälschlich zu «Louis» macht
und von dieser Interpretation
auf Evas Freund Luis Trenker
schließt (Anm. S. 355).
Schriftproben im gesamten
Tagebuchtext ergeben, daß
das umstrittene Wort ein-
deutig «Coue» – ohne accent
aigu geschrieben – heißt und
nicht «Luis». Eva Brauns
Schrift war regelmäßig; die
großen «L»s sind deutlich
von den großen «C»s, die
kleinen «s»s deutlich von den
kleinen «e»s zu unterschei-
den, die «i»s nie verschludert
worden. – Emil Coué aus
Nancy war in den 20er/30er
Jahren des 20. Jahrhunderts
ein sehr verbreiteter Autor
(ist es heute noch) über das
Thema «Selbsthilfe und Hei-
lung durch Autosuggestion»,
siehe Emil Coué: Die Selbst-
bemeisterung durch bewußte
Autosuggestion. Basel 1988,
Verlag Schwabe und Co. AG,
257. Tausend.
70  Maser, S. 355
71  A. a. O., S. 351
72  A. a. O., S. 355
73  A. a. O.
74  A. a. O., S. 357
75  A. a. O., S. 361
76  A. a. O., S. 363
77  A. a. O., S. 363/365
78  A. a. O., S. 365

79  A. a. O., S. 367
80  A. a. O.
81  A. a. O., S. 369
82  A. a. O.
83  A. a. O.
84  Gun, S. 79
85  A. a. O.
86  Brief Unitys an ihren Vater, Lord David Redesdale, vom 10. 2. 1935, zitiert in Frank, S. 179
87  Frank, S. 180
88  A. a. O.
89  Schirach, S. 88 f
90  Pryce-Jones, S. 330
91  Schirach, S. 89
92  Frank, S. 182
93  Pryce-Jones, S. 330
94  Frank, S. 184
95  A. a. O., S. 181 f
96  Gun, S. 154
97  A. a. O.
98  Schirach, S. 89
99  Gun, S. 155
100 Pryce-Jones, S. 328
101 A. a. O., S. 330
102 Frank, S. 179
103 Gun, S. 155
104 Frank, S. 181
105 Gun, S. 154
106 Schirach, S. 81
107 Zitiert in a. a. O.
108 A. a. O., S. 83
109 Pryce-Jones, S. 322
110 Guinness, S. 114 ff
111 Pryce-Jones, S. 331
112 Schirach, S. 83, siehe auch Pryce-Jones, S. 324
113 Pryce-Jones, S. 323
114 Schirach, S. 82
115 A. a. O., S. 88
116 Gun, S. 154
117 A. a. O.
118 Pryce-Jones, S. 328
119 Frank, S. 187
120 A. a. O.
121 Schirach, S. 82
122 Gun, S. 57
123 A. a. O.
124 A. a. O., S. 147
125 A. a. O., S. 21
126 Schirach, S. 67
127 Gun, S. 21, Toland, S. 350
128 Frank, S. 55 f
129 A. a. O., S. 57
130 Toland, S.349
131 Maser, S. 66, Schirach, S. 45
132 Frank, S. 57, Gun, S. 20, Toland, a. a. O.
133 Gun, S. 19
134 Frank, S. 54 f
135 A. a. O., S. 54
136 A. a. O., S. 58 f
137 A. a. O., S. 55
138 Schirach, S. 61 f
139 Gun, S. 24
140 Schirach, S. 59 f
141 Frank, S. 55
142 Gun, S. 25 f
143 A. a. O., S. 26
144 A. a. O.
145 A. a. O., S. 27
146 Maser, S. 316
147 Hanfstaengl, siehe Dokument «Erklärung» von Generalmajor a. D. v. Schoenebeck, S. 392
148 Gun, S. 21, auch Frank, S. 58, Toland, S. 350
149 Hanfstaengl, S. 242, 234
150 Maser, S. 313, 570, Anm. 41
151 Gun, S. 22

152  Maser, S. 570, Anm. 41
153  Schirach, S. 67, Toland, S. 349
154  Gun, S. 20
155  Schirach, S. 67, Toland, S. 350
156  Gun, S. 58
157  Frank, Foto unten rechts ne-
     ben S. 81

*Emmy Göring – «An der Seite
meines Mannes»*

  1  Schirach, S. 206
  2  Maser, S. 361
  3  Siehe Pilgrim, «Dressur zum
     Bösen», S. 66 ff
  4  Göring, S. 40
  5  A. a. O., S. 97
  6  A. a. O.
  7  A. a. O., S. 88 f
  8  A. a. O., S. 99
  9  A. a. O., S. 101
 10  A. a. O., S. 105
 11  A. a. O., S. 100
 12  A. a. O., S. 30
 13  A. a. O., S. 88
 14  A. a. O., S. 97 f
 15  A. a. O., S. 99 f
 16  A. a. O., S. 100
 17  A. a. O.
 18  A. a. O., S. 100 f
 19  A. a. O., S. 102
 20  A. a. O., S. 103
 21  A. a. O., S. 105
 22  A. a. O., S. 106
 23  A. a. O., S. 107
 24  A. a. O., S. 34
 25  A. a. O., S. 30
 26  Siehe Pilgrim, «Dressur zum
     Bösen», S. 66 ff
 27  Siehe Mend / Pilgrim, «Das
     Paradies der Väter», Erläute-
     rung des Begriffs der «analen
     Deformation», S. 69 ff
 28  Riefenstahl, S. 16, 20 f, 29, 37
 29  A. a. O., S. 21
 30  A. a. O., S. 30
 31  A. a. O., S. 15
 32  A. a. O., S. 29
 33  A. a. O., S. 34
 34  Baarova, S. 22 f, aus dem
     Tschechischen von Petra
     Begas
 35  A. a. O., S. 9 ff
 36  Reitsch, S. 291
 37  A. a. O., S. 249
 38  A. a. O., S. 251
 39  A. a. O., S. 279
 40  A. a. O., S. 299
 41  A. a. O., S. 303 ff
 42  A. a. O., S. 287
 43  A. a. O., S. 13, 17
 44  A. a. O., S. 264
 45  A. a. O., S. 267
 46  Göring, S. 122
 47  A. a. O., S. 28
 48  A. a. O.
 49  A. a. O., S. 119
 50  A. a. O., S. 53
 51  A. a. O., S. 65 f
 52  A. a. O., S. 72
 53  A. a. O.
 54  A. a. O., S. 73
 55  Geheime Reichssache, An-
     lage I. Gefilmte Akten im
     Institut für Zeitgeschichte,
     München, Dokumenten-
     Nr. NG-1206 Ma-5
 56  Domarus, Bd. II, Buch 2,
     S. 1316
 57  Geheime Reichssache, Anla-
     ge II und III, a. a. O.

58 Göring, S. 112 Anlage

59 A. a. O., S. 204

60 Geheime Reichssache, Anlage II und III, a. a. O.

61 Kube, S. 322, Anm. 71

62 Reitlinger, S. 92–94

63 A. a. O., S. 105

64 Göring, S. 122 f

65 A. a. O., S. 140, auch S. 133

66 Kempowski, Bd. III, S. 59

67 Göring, S. 54 f

68 A. a. O., S. 45

69 Reuth, S. 263

70 A. a. O.

71 A. a. O., S. 264

72 A. a. O.

73 A. a. O., S. 244

74 Fromm, S. 223

75 A. a. O., S. 225

76 A. a. O., S. 224

77 Göring, S. 130 f

78 Fromm, S. 222

79 Göring, S. 115

80 A. a. O.

81 A. a. O., S. 14

82 Koonz, S. 439

83 Fromm, S. 224

84 A. a. O., S. 172

85 Göring, S. 68

86 A. a. O., S. 69

87 A. a. O., S. 70

88 A. a. O., S. 69

89 Maser, S. 298

90 Göring, S. 74

91 A. a. O., S. 75

92 A. a. O., S. 34, 48 f, 144, 150

93 A. a. O., S. 47 f

94 A. a. O., S. 144

95 A. a. O., S. 144 f

96 A. a. O., S. 145 f

97 A. a. O., S. 249

98 A. a. O., S. 250

99 A. a. O., S. 243 f

100 A. a. O., S. 119

101 A. a. O., S. 118

102 Fromm, S. 223

103 Göring, S. 115

104 A. a. O., S. 100

105 A. a. O., S. 114

106 A. a. O.

107 Gun, S. 118

108 A. a. O., S. 112

109 A. a. O., S. 284

110 Mann, Klaus, S. 706

111 A. a. O.

112 A. a. O., S. 212 ff

*Carin Göring – Muttertochter sucht Muttersohn*

1 Gritzbach, S. 309 ff

2 Fraenkel / Manvell (Göring), S. 15

3 Kube, S. 5

4 Fraenkel / Manvell (Göring), S. 15

5 Kube, S. 4

6 Fraenkel / Manvell (Göring), S. 16

7 A. a. O., S. 14

8 Kube, S. 5 f

9 Maser, S. 78 f

10 Hitler, S. 20

11 A. a. O.

12 A. a. O.

13 A. a. O.

14 Hanfstaengl, S. 244

15 A. a. O., S. 244 f

16 Goebbels (F), 8. 12. 1929, Bd. 1, S. 466

17 A. a. O., S. 467

18 Goebbels in seiner unver-
   öffentlichten autobiogra-
   phischen Schrift «Michael
   Voormann's Jugendjahre»
   (1919), zitiert in Reuth,
   S. 13
19 Reuth, S. 15
20 Reuth, S. 619, der den sowjetischen Obduktionsbericht
   vom 9. 5. 1945 zitiert
21 Fraenkel/Manvell (Goebbels), S. 19 f
22 Reuth, S. 13
23 Goebbels (F), 11. 12. 1929,
   Bd. 1, S. 468
24 Fraenkel/Manvell (Goebbels), S. 20
24 a Goebbels (L), S. 62. Das Zitat wurde von Elke Fröhlich
   im Institut für Zeitgeschichte
   in München bestätigt. Ihre
   Neuausgabe der Tagebücher
   konnte noch nicht berück-
   sichtigt werden.
25 Goebbels (F), Bd. 2, S. 219
26 Fraenkel/Manvell (Himmler), S. 27, 47, 80, 95
27 Wilamowitz-Moellendorff,
   S. 25
28 A. a. O., S. 11
29 A. a. O., S. 100
30 Göring, S. 112
31 Die Braut, Bd. 1, S. 60 ff,
   102 ff, Bd. 2, S. 414 ff, 476 ff,
   494 ff, 568 ff
32 Wilamowitz-Moellendorff,
   S. 13
33 A. a. O., S. 7
34 A. a. O., S. 13
35 A. a. O.
36 A. a. O., S. 19
37 A. a. O., S. 18
38 A. a. O., S. 19
39 Mosley, S. 77
40 A. a. O.
41 A. a. O., S. 78
42 Wilamowitz-Moellendorff,
   S. 49 f
43 Schirach, S. 98
44 A. a. O., S. 99
45 A. a. O.
46 A. a. O., S. 100
47 A. a. O.
48 A. a. O.
49 Wilamowitz-Moellendorff,
   S. 57, 109
50 A. a. O., S. 68–70
51 A. a. O., S. 71
52 A. a. O., S. 73
53 A. a. O.
54 A. a. O., S. 74
55 A. a. O., S. 78 f
56 A. a. O., S. 82 f
57 A. a. O., S. 83–85
58 A. a. O., S. 86 f
59 A. a. O., S. 87 f
60 A. a. O., S. 88–91
61 A. a. O., S. 95–97
62 A. a. O., S. 102–104
63 A. a. O., S. 119 f
64 A. a. O., S. 125 f
65 A. a. O., S. 126–128
66 A. a. O., S. 129 f
67 A. a. O., S. 132
68 A. a. O., S. 133
69 A. a. O., S. 134–136
70 A. a. O., S. 140–142
71 A. a. O., S. 144
72 A. a. O., S. 149
73 A. a. O., S. 7
74 A. a. O., S. 137
75 A. a. O., S. 13

76  A. a. O., S. 86 f
77  A. a. O., S. 111 f
78  A. a. O., S. 107
79  A. a. O., S. 138–140
80  A. a. O., S. 93
81  A. a. O., S. 24
82  Göring, S. 328
83  A. a. O.
84  A. a. O., S. 321
85  A. a. O., S. 322
86  A. a. O., S. 327
87  Wilamowitz-Moellendorff,
    S. 73
88  A. a. O., S. 107
89  Gun, S. 163
90  A. a. O., S. 164 f
91  Ebermayer / Roos, S. 338
92  Gun, S. 164
93  Göring, S. 173
94  Wulf, S. 17 f
95  Gun, S. 112
96  Albert Speer, zitiert in
    Koonz, S. 440
97  Zitiert in Koonz, a. a. O.

## Elektras Schwestern

1  Kerényi, S. 260
2  Ranke-Graves, Bd. 2, S. 60
3  Siehe Pilgrim, «Der Untergang des Mannes», S. 129,
   dort weitere Bemerkungen
   zu Klytämnestra
4  Ranke-Graves, S. 54
5  A. a. O., S. 60
6  Sophokles, Z. 186 f, 190,
   S. 11

7   A. a. O., Z. 204–208, S. 12
8   A. a. O., Z. 597–600, S. 27
9   A. a. O., Z. 545–548, S. 25
10  A. a. O., Z. 367, S. 17
11  A. a. O., Z. 462–464, S. 22
12  A. a. O., Z. 1233 f, S. 57
13  A. a. O., Z. 1355 f, 1362 f,
    S. 63
14  A. a. O., Z. 140–144, S. 10
15  A. a. O., Z. 116–120, S. 9
16  A. a. O., Z. 163–167, S. 11
17  A. a. O., Z. 216–219, S. 12
18  A. a. O., Z. 223 f, 230, S. 12 f
19  A. a. O., Z. 133–135, S. 9 f
20  A. a. O., Z. 261 f, S. 14
21  A. a. O., Z. 304 f, S. 15
22  A. a. O., Z. 606 f, S. 27
23  A. a. O., Z. 617–621, S. 28
24  A. a. O., Z. 1224, 1226, 1228,
    1232 f, S. 56 f
25  A. a. O., Z. 1276 f, S. 59
26  A. a. O., Z. 1285–1287, S. 60
27  A. a. O., Z. 1302 f,
    1314–1319, S. 60 f
28  A. a. O., Z. 816–819, 823,
    S. 36
29  Euripides, Bd. 3, Z. 686–688,
    S. 333
30  Ebermayer / Roos, S. 264
31  A. a. O.
32  Euripides, Bd. 3, Z. 947–950,
    S. 351
33  A. a. O., Z. 982, S. 353
34  Sophokles, Z. 1415, S. 66
35  Ebermayer / Roos, S. 83
36  Kersten (Geschlecht),
    S. 123 f, mit weiteren Litera-
    turangaben auf S. 125
37  Katharina II., Bd. 1, S. 5

# Literaturverzeichnis

Arlosoroff, Chaim: Leben und Werk. Ausgewählte Schriften, Reden, Tagebücher und Briefe. Berlin 1936

Avineri, Shlomo: Arlosoroff. London 1989

Baarová, Lída: Útěky (Fluchten). Toronto 1983

Die Braut. Geliebt, verkauft, getauscht, geraubt. Zur Rolle der Frau im Kulturvergleich. Hg. v. Gisela Völger und Karin von Welck. 2 Bde. Rautenstrauch-Joest-Museum, Köln 1985

Carossa, Hans: Ungleiche Welten. Lebensbericht. Wiesbaden 1951

Charlier, Jean/Jacques de Launay: Eva Hitler geb. Braun. Die führenden Frauen des Dritten Reiches. Stuttgart 1979

Domarus, Max: Hitler. Reden und Proklamationen. Vier Bände. München 1965

Ebbinghaus, Angelika (Hg.): Opfer und Täterinnen. Frauenbiographien des Nationalsozialismus. Nördlingen 1987

Ebermayer, Erich/Hans Roos: Gefährtin des Teufels. Leben und Tod der Magda Goebbels. Hamburg 1952

Euripides: Sämtliche Tragödien und Fragmente. Griechisch-deutsch. Sieben Bände. Übersetzt von Ernst Buschor. Herausgegeben von Gustav Adolf Seeck. München 1972 ff

Fraenkel, Heinrich/Roger Manvell: Goebbels. Der Verführer. München 1992

Dies.: Hermann Göring. München 1965

Dies.: Himmler. Kleinbürger und Massenmörder. Berlin 1965

Frank, Johannes: Eva Braun. Ein ungewöhnliches Frauenschicksal in geschichtlich bewegter Zeit. Preußisch Oldendorf 1988

Fromm, Bella: Als Hitler mir die Hand küßte. Berlin 1993

Gilmore, David D.: Manhood in the Making. Cultural Concepts of Masculinity. London 1990 (Deutsch: Mythos Mann. Rollen, Rituale, Leitbilder. München, Zürich 1991)

Goebbels (F) – Goebbels, Joseph: Die Tagebücher von Joseph Goebbels. Sämtliche Fragmente. Herausgegeben von Elke Fröhlich im Auftrag des Instituts für Zeitgeschichte und in Verbindung mit dem Bundesarchiv. München 1987 ff

Goebbels (L) – Goebbels, Joseph: Goebbels. Tagebücher. Aus den Jahren 1942–1943. Mit anderen Dokumenten herausgegeben von Louis P. Lochner. Zürich 1948

Goebbels (R) – Goebbels, Joseph: Tagebücher. Fünf Bände. Herausgegeben von Ralf Georg Reuth. München 1992

Göring, Emmy: An der Seite meines Mannes. Begebenheiten und Bekenntnisse. Preußisch Oldendorf 1967

Gravenhorst, Lerke/Carmen Tatschmurat (Hg.): Töchter-Fragen. NS-Frauen-Geschichte. Freiburg im Breisgau 1990

Greer, Germaine: Der weibliche Eunuch. Frankfurt am Main 1973

Gritzbach, Erich: Hermann Göring. Werk und Mensch. Berlin 1938

Guinness, Catherine und Jonathan: The house of Mitford. A portrait of a family. New York 1987

Gun, Nerin E.: Eva Braun-Hitler. Leben und Schicksal. Velbert 1968

Hanfstaengl, Ernst: 15 Jahre mit Hitler. Zwischen Weißem und Braunem Haus. München 1980

Heiber, Helmut: Joseph Goebbels. Berlin 1962

Heydrich, Lina: Leben mit einem Kriegsverbrecher. Mit Kommentaren von Werner Maser. Pfaffenhofen 1976

Hitler, Adolf: Mein Kampf. München 1942

Katharina II.: Memoiren. Zwei Bände. München 1987

Kempowski, Walter: Das Echolot. Ein kollektives Tagebuch. Januar und Februar 1933. Vier Bände. München 1993

Kerényi, Karl: Die Mythen der Griechen. Zwei Bände. München 1966

Kersten, Joachim: Geschlecht als Gegenstand Kriminologischer Theorie- und Praxisanalyse. In: Monatsschrift für Kriminologie und Strafrechtsreform. Heft 2, 1994

Ders.: Kriminalität, Kriminalitätsangst und Männlichkeitskultur. In: Kriminalsoziologische Bibliographie. 1991. Heft 72/73

Koonz, Claudia: Mütter im Vaterland. Frauen im Dritten Reich. Freiburg im Breisgau. 1991

Kube, Alfred: Pour le mérite und Hakenkreuz. Hermann Göring im Dritten Reich. München 1986

Mamozai, Martha: Schwarze Frau, weiße Herrin. Frauenleben in den deutschen Kolonien. Reinbek 1982

Mann, Klaus: Briefe und Antworten 1922–1949. Herausgegeben von Martin Gregor-Dellin. Reinbek 1991

Mann, Thomas: Gesammelte Werke. Frankfurt am Main 1960 ff

Marßolek, Inge: Die Denunziantin. Die Geschichte der Helene Schwärzel 1944–1947. Bremen (1993)

Maser, Werner: Adolf Hitler. Legende, Mythos, Wirklichkeit. München 1992

Meissner, Hans-Otto: Magda Goebbels. Ein Lebensbild. München 1978

Mitscherlich, Margarete: Die friedfertige Frau. Eine pychoanalytische Untersuchung zur Aggression der Geschlechter. Frankfurt am Main 1992

Mittäterschaft und Entdeckungslust. Herausgegeben vom Studienschwerpunkt «Frauenforschung» am Institut für Sozialpädagogik der TU Berlin (Thürmer-Rohr u. a.). Berlin 1989

Mosley, Leonard: Göring. Eine Biographie. München 1975

Oven, Wilfred von: Wer war Goebbels? Biographie aus der Nähe. München, Berlin 1987

Picker, Henry: Hitlers Tischgespräche im Führerhauptquartier. Vollständig überarbeitete und erweiterte Neuausgabe mit bisher unbekannten Selbstzeugnissen Adolf Hitlers... Stuttgart 1976

Pilgrim, Volker Elis: Dressur zum Bösen. Warum wir uns selber und andere kaputt machen. Reinbek 1986

Ders.: Muttersöhne. Reinbek 1993

Ders.: Der Untergang des Mannes. Reinbek 1990

Ders.: Vatersöhne. Reinbek 1993

Ders./Alexej Mend: Das Paradies der Väter. Versprechen und Verbrechen. Reinbek 1987

Pryce-Jones, David: Die Mitfords. Ein Familienroman aus der englischen Aristokratie. In: Nancy Mitford: Englische Liebschaften. Frankfurt am Main 1990, S. 321 ff

Ranke-Graves, Robert von: Griechische Mythologie. Quellen und Deutungen. Zwei Bände. Reinbek 1960

Reitlinger, Gerald: Die Endlösung. Hitlers Versuch der Ausrottung der Juden Europas 1939–1945. Berlin 1956

Reitsch, Hanna: Fliegen – mein Leben. Stuttgart 1951

Dies.: Das Unzerstörbare in meinem Leben. München 1979

Reuth, Ralf Georg: Goebbels, München 1991

Riefenstahl, Leni: Memoiren. München 1987

Riess, Curt: Joseph Goebbels. Eine Biographie. Baden-Baden 1950

Ders.: Goebbels. Dämon der Macht. München 1989

Ders.: Das war ein Leben. Erinnerungen. München 1986

Schirach, Henriette von: Frauen um Hitler. München 1983

Schubert, Helga: Judasfrauen. Zehn Fallgeschichten weiblicher Denunziation im Dritten Reich. München 1992

Sophokles: Elektra. Übersetzung und Nachwort von Wolfgang Schade-
waldt. Stuttgart 1989
Stockhorst, Erich: 5000 Köpfe. Wer war was im Dritten Reich. Wiesba-
den 1987
Theweleit, Klaus: Männerphantasien. Zwei Bände. Reinbek 1980
Thürmer-Rohr, Christina: Vagabundinnen. Feministische Essays. Berlin
1992
Toland, John: Adolf Hitler. Bergisch Gladbach 1977
Wilamowitz-Moellendorff, Fanny Gräfin von: Carin Göring. Berlin 1934
Wulf, Joseph: Martin Bormann. Hitlers Schatten. Gütersloh 1962

## Danksagung

Vom Keimlegen bis zum Fertigstellen eines Buches helfen mir jedesmal viele Menschen. Den Weg der Entstehung zurückverfolgend denke ich an die Hilfe von: Gedda Aklif, Ortrud Beginnen, David Bennent, Gerlach Bommersheim, Kathrin Brigl, Jim Brumwell, Manfred Chlupak, Michael und Sigrid Cienskowski, Cornelia Cullmann, Katharina Dreyer, George und Kay Dreyfus, Johanna und Robert Exiner, Brigitte, Claus und Hannelore Fuchs, Martina Gollhardt, Malte Hartmann, Hans Georg Heepe, Irmgard Hülsemann, Oralie Jaanart, Yara Jendryewski, Claudia und Joachim Kersten, Dieter Kleintje, Betina Krause, Edith Lackmann, Doris und Herbert Liffman, Christa Loose, Gudrun Markowski, Alexej Mend, Imelda Mück, Jutta Pachnicke, Nicole Plodeck, Hildegard Raum-Mend, Ute Rose, Annelie Runge, Siegfried Schmidt-Joos, Burgel und Martin-Jochen Schulz, Helga Sittl, Manfred Stinnes, Bernie und Eileen Taft, Sina Walden, Angelika Wellmann, Barbelies und Werner Wiegmann, Gisela Zieren.

In der Endphase unterstützten mich großzügig Ute Kirchhelle, Johanna und Hans Rambeck und Lutwin Weitner.

Den schwierigen Umgang mit den Tagebüchern von Joseph Goebbels, deren komplette Veröffentlichung immer noch im Entstehen begriffen ist, half mir Elke Fröhlich im Institut für Zeitgeschichte in München zu meistern.

Wissenschaftliche Mitarbeit, die mir die Absicherung heikler Thesen und Behauptungen ermöglichte, leistete Dirk Mueller in professionell präziser Weise.

Die Niederschrift spannte sich in einer geistigen Auseinandersetzung mit zwei sich extrem voneinander unterscheidenden Personen, der Feministin Ulfa von den Steinen und dem Maskulisten – das Wort hier durchaus positiv verstanden – Wolfgang Korruhn, der mir im letzten Augenblick mit einer unschätzbaren Hilfe zur Seite sprang.

Die erste, mich bestärkende Resonanz auf die Idee, aus diesem Thema ein Buch zu machen, bekam ich von Krista Maria Schädlich.

Bis zum Schluß sparte mein Lektor, Jürgen Volbeding, nicht mit der Mobilisierung zulaufender Gedanken und positiver Energien, auf daß die Sache zum guten Ende geführt werden konnte.

Allen danke ich vielmals.